Betrüger-Mörder-Diebe

Martin Hagenmaier

Betrüger-Mörder-Diebe

Straftäter und Gesellschaft

TBT
Verlag

Bibliografische Informationen der Deutschen Bibliothek
Die Deutsche Bibliothek verzeichnet diese Publikation in der Deutschen Nationalbibliografie; detaillierte bibliografische Daten sind im Internet unter http:/dnb.d-nb.de abrufbar.

Dieses Buch ist eine vollständige Neubearbeitung des Titels „Straftäter. Die Zehn Gebote in unserer Gesellschaft“ von 1997.

Originalausgabe: 1. Auflage Januar 2017
Printed in Germany by BoD.

ISBN 978-3-930763-90-0

Inhalt

EINFÜHRUNG **7**

Befragung zur Punitivität 10
Die Wiederkehr des „gefährlichen Psychopathen“ 14
Ein mustergültiger Patient *17*
Im Sarg in der JVA? *17*
Anton gibt sich unverbesserlich *18*
„Ich hau' alle weg...“ *18*
„Familiendrama“ *19*
Keine Gefahr *21*
Wie kann man Gefährlichkeit messen? *22*
Schuld sind immer die anderen *26*

DAS BÖSE **29**

Die Notwendigkeit, Willensfreiheit anzunehmen 29
Der Mensch tut, was er muss – die Hirnforschung 37
Das Gehirn des Mörders *43*
Gut und Böse 45

ALLTAG HINTER GITTERN I **51**

Bitte um ein Gespräch und was daraus wird 53
Gefängnis 56
Knastwährung 59
Suizidale Krisen 60
Gedanken an die Opfer 66
Kommunikationsfalle 69
Das Gefängnis als gefährlicher Ort 69
Drogen 75

STRAFZWECK: RESOZIALISIERUNG **81**

Möglichkeiten, sich neu zu orientieren *84*
Übergangsmanagement und Resozialisierung *85*
Resozialisierung theoretisch 91
Anlehnung an Kriminalisierung *91*
Anlehnung an Sozialisation *92*
Verschiedene Ausrichtungen *94*
Weitere nahe liegende Begriffe *95*
Weitere Begriffe *98*
Rechtliche Begründung der Resozialisierung 100
Strafvollzugsziel *100*
Der Raum des Lernens *100*
Verfassungsrechtliche Begründung *101*

Ist Resozialisierung im Justizvollzug richtig platziert? *102*

ALLTAG HINTER GITTERN II **107**

URLAUB UND VOLLZUGSLOCKERUNGEN 107
INSTITUTIONENPROBLEMATIK 114
FAMILIENBEZIEHUNGEN 118
Arbeit mit Familien in Haft *120*
Gespräche mit Familien - Kurzauswertung *122*
Ansätze zur ‚Lösung' des Problems *124*

SKURRILE SZENEN AUS DEM GEFÄNGNISALLTAG **127**

Robert *127*
Hermann *129*
Fin *130*
Peter *132*
Franco *134*
Dem Schicksal muss man sich fügen! *136*

GEWALT ALS THEMA IM JUSTIZVOLLZUG **139**

GEWALT THEORETISCH - EIN AUSSCHNITT 141
RATLOSIGKEIT GEGEN GEWALT? 144
INSZENIERUNGEN DER GEWALT 152
DIE GEWALT UND DIE ‚LOSER' 156
BRAUCHEN MÖRDER AUCH HILFE? 160

SEELSORGE IM GEFÄNGNIS **167**

KIRCHENKAFFEE HINTER GITTERN 167
SEELSORGERIN IM GEFÄNGNIS 172
Ungerechtigkeit und Neubeginn *176*
TAGESPROGRAMM IN DER SEELSORGE 178
Sind wir den Insassen etwas schuldig? *183*
„Was hast du gemacht?" *185*
Internet – streng verboten! *185*
Soviel Ehrlichkeit muss belohnt werden *186*
Wer hat schon Wünsche ? *188*

WO BLEIBT IM GEFÄNGNIS DIE MENSCHENWÜRDE? **195**

STRAFZWECKE **205**

AUGE UM AUGE, ZAHN UM ZAHN 212
Eine Anweisung zur Wiedergutmachung *215*
Die Zehn Gebote *216*
Das salomonische Urteil *217*
Wer von euch ohne Sünde ist... .... *219*

DIE ROLLE DES OPFERS **223**
Opfergeschichten *227*
Psychische Abwehrmaßnahmen *232*
DER OPFERBEGRIFF 238
Bedeutung des Opfer Werdens *239*

KRIMINALITÄT IN DER STATISTIK **243**
ÄNGSTE 244
STATISTIK IM GE-(MISS-) BRAUCH 248
KRIMINOLOGIE 255

DIE SOZIALE SCHLAGSEITE DER JUSTIZ **259**
ERZWINGUNGSHAFT FÜR RENTNER KARL Z. 260
EIN "ALTER DIEB" 267
DAS LEBEN IST UNGERECHT – EIN BEISPIEL 268
ERSATZFREIHEITSSTRAFE 270
BAGATELLDELIKTE? 274

KRIMINALITÄT UND KRIMINALISIERUNG **279**
BERUF DIEB 279
VERKEHRSDELIKT 282
DER SPEKTAKULÄRE FALL 282
„AUSLÄNDISCHE KRIMINELLE" 288
Wer ist der „kriminelle Ausländer"? *289*
Kriminalisierung von Ausländern *295*
WELTKRIMINALITÄT – MENSCHENHANDEL 299
Zwangsarbeit *301*
Kriterien für Human Trafficking (HT) *302*
Die Situation in Deutschland und Europa *303*
Menschenschmuggel *306*
Wie Menschenschmuggel zu bekämpfen wäre *308*

(ZWANGS-) THERAPIE ALS LÖSUNG? **313**
Heinrich ‚aus der Unterwelt' *314*
Brandstifter? *315*
Mutter getötet *316*
Gruppenarbeit in der Forensik *318*
SICHERUNGSVERWAHRUNG 323

ÖFFENTLICHKEIT UND VOLLZUG **331**

KONSEQUENZEN **337**

HEILENDE GERECHTIGKEIT - RESTORATIVE JUSTICE **341**

Woher kommt Restorative Justice? 341
Die Vergewaltigung der Dina 344
Zachäus 347
Christlicher Glaube als heilende Gerechtigkeit ? 348
Erkenntnisse über heilende Gerechtigkeit 352
Und die Umsetzung? 353
Irrtümer über restorative Justice 355
Moslemische Antwort 356
Schritt für Schritt 357
Überwindung der Täterorientierung bei RJ........................360
RJ und die Opfer *362*

DIE STRAFE IST DAS PROBLEM, RESTORATIVE JUSTICE KÖNNTE DIE LÖSUNG SEIN 365

ANHANG 369

1. Theologische Begründung des Maßnahmerechts 369
2. Eine Denkschrift der Evangelischen Kirche in Deutschland 371
3. Reform von Strafen, Haftvermeidung und Wiedergutmachung - was in den 1990igern zur Diskussion stand und bis heute wirkt… 374

INDEX 383

LITERATURVERZEICHNIS 383

ANMERKUNGEN 393

Einführung

Der Umgang der Gesellschaft mit Kriminalität gehört zu den schwierigen Themen. In schlechten Phasen oder bei aufsehenerregenden Verbrechen wissen dennoch ziemlich viele Menschen genau, was hilft: Eine harte Strafe. Wem aber hilft eine Strafe? Wer misshandelt oder beraubt wurde, hat von einer Strafe nichts weiter als die Gewissheit, dass der Täter nicht „davongekommen" ist, dass zumindest das Unrecht durch ein Gericht festgestellt wurde. Wer gleicht den Schaden aus? Diese Frage bleibt dem Opfer zivilrechtlich oder privat überlassen. Was wird aus dem Täter? Diese Frage bleibt uns allen überlassen. In schwereren Fällen wird er in Haft genommen. Aber was passiert danach? Macht er einfach weiter? Kann man Einfluss nehmen? Muss man sich schützen? Diese Fragen warten auf Anworten und werden allenfalls in Fachkreisen diskutiert.

Die Behörden werden schon das Richtige tun. Es ist ihre Aufgabe. Wozu haben wir Polizei, Gerichte, Gefängnisse und Bewährungshilfe? Wenn die ihre Arbeit richtig machen, dann gibt es nichts zu befürchten. So mögen die häufigsten Gedanken über den Umgang mit Kriminalität aussehen. Den Gedanken, dass die bestraften Täter wieder unsere Nachbarn werden könnten, lassen wir lieber nicht aufkommen.

Interessant wird es dann, wenn Prominente bestraft werden müssen. Da wird plötzlich der Sinn des Strafens überall diskutiert. Wenn dann ein Prominenter aus dem Gefängnis entlassen wird, fühlt sich niemand bedroht. Das Gegenteil tritt bei terroristischen Tätern ein. Bei denen möchte, wenn sie sich nicht selbst getötet habe, niemand auf eine Sicherung im Gefängnis verzichten. Also: Es handelt es sich um ein schwieriges Thema, um das es hier gehen soll.

Die frühere bundesdeutsche Gesellschaft hat die Diskusion darüber leidenschaftlich geführt. In den sechziger und siebziger Jahren des letzten Jahrhunderts gab es eine breite, grundsätzliche und auf hohem Niveau geführte Diskussion über den Umgang der Gesellschaft mit ihren Straftätern. Die schriftlichen Hinterlassenschaften gipfeln in Büchern wie Tilman Moser, Jugendkriminalität und Gesellschaftsstruktur (1970), Arno Plack, Plädoyer für die Abschaffung des Strafrechts (1974) oder Karl Menninger, Strafe - ein Verbrechen? (deutsch 1982, USA 1968). Hat Strafe Sinn? fragte im Jahre 1974 der Titel eines Buches, das Referate zusammenfasst, die auf Gefängnisseelsorgerkonferenzen der kath. und ev. Kirche gehalten wurden. Grundlegend war die „Erkenntnis, dass eine reflektierte und verantwortete Mitwirkung im Strafvollzug heute eine grundlegende Neu- oder Wiederbesinnung auf das Wesen der Strafe erfordert.“[1] Dass ein Schuldstrafrecht die Sozialisierung von Menschen, die in ihrem Handeln von den Normen abweichen, „nicht nur nicht fördert, sondern ihr oft entgegenarbeitet“[2], war damals gängige Überzeugung. Die Strafrechtsreform von 1976 schloss den Diskussionsprozess teilweise ab. Die Feststellung: „Soziale, pädagogische und therapeutische *Maßnahmen* sind auf die Mitarbeit der Betroffenen angewiesen. Diese ist in der Organisationsstruktur des heutigen Verwahr- und Verwaltungsvollzugs mit seinen Leitprinzipien Sicherheit und Ordnung nicht möglich“[3], gilt allerdings nach wie vor, wenn auch nicht in der lapidaren Allgemeinheit. Reformen haben am Schuldstrafrecht nichts geändert, jedoch im Strafvollzug bis heute nicht voll ausgeschöpfte Möglichkeiten geschaffen. Die aus den Faktoren Sicherheit, Schuldstrafrecht und Sozialisierungsforderung bestehende Spannung neigt sich immer noch stark zu den ersten beiden Punkten, auch wenn ein Fortschritt in der Humanisierung eindeutig feststellbar ist.

Fast zur gleichen Zeit begann in den 1970igern vor allem in den USA bereits eine Debatte darüber, dass die Behandlung von Tätern nicht wirksam ist, sondern dass viel eher potentielle Opfer geschützt werden müssten.[4] „Diese neue Kriminalpolitik bedeutete zunächst die Forderung nach einer härteren Bestrafung der Täter und gipfelte in den 90iger Jahren mit der in den USA propagierten Strategie der ‚zero tolerance'. Gleichzeitig ermöglichte dieser Paradigmenwechsel aber auch präventive Konzepte des Opferschutzes, der Opferberatung, der Opferhilfe und des Täter-Opfer-Ausgleichs."[5] Es gehört zu den besonderen Erfahrungen in der Kriminalpolitik, dass die Erkenntnis, Resozialisierungsbemühungen in Haft seien unwirksam, u.a. zu mehr Haft führt. Die Politik mit dem Namen „zero tolerance" wurde hier zwar debattiert, hat sich aber nicht durchgesetzt.

In den 1990iger Jahren hat sich aber doch der Blick auf die Sicherheit in den Vordergrund geschoben. Sicherungsverwahrung wurde zum Thema, sozusagen eine langandauernde Vorbeugungshaft. Man begann auch, andere Präventionsgedanken umzusetzen und richtete den Blick darauf, ob man gefährliche Täter schon im Vorfeld an Taten hindern oder wenigstens von den anderen unterscheiden kann. In den siebziger Jahren startete auch die Bewegung „Restorative Justice" in Kanada und den USA und stellt bis heute die „criminal justice" oder die vergeltende Justiz in Frage.

Der Blick auf die Sicherheit spielte noch eine andere Rolle. Manche Kriminologen entdeckten eine „neue Straflust" in Politik und Gesellschaft, vielleicht auch in der Justiz.[6] So hat Fritz Sack Folgendes formuliert: „In den avancierten Gesellschaften der Moderne erleben wir auf der Ebene von *law in the books* wie *law in action* eine ungeschminkte Wiedereinsetzung gerade der repressiven Seiten des alten Strafrechts in ihren alten Stand. Ein Strafrecht, das unverhüllt, gewollt, ohne sonderlichen Begründungsaufwand daherkommt, erneut Strafrecht pur und *sans phrase*."[7] Nach meiner Einschätzung betraf diese so genannte neue Straflust nicht die Gesellschaft als ganzes, sondern vor allem die Politik und die Medien. Es handelte sich um einen so zu nennenden ‚politisch-medialen Durchlauferhitzer': Die Medien schlachten einzelne schreckliche kriminelle Vorkommnisse bis ins Detail aus, die Politik liest und nimmt sich vor, etwas zu tun, weil angeblich die ‚Öffentlichkeit' sie drängt. Die Medien berichten über die Reaktion der Politik, besonders über die markigen Sprüche der Opposition. Dann „muss" die Politik handeln. Schon sind Gesetze verschärft und jeder wundert sich, was da passiert ist. Aber die Justiz muss es umsetzen. Im Alltag hat diese Bewegung so nicht gegriffen, so dass man nicht von einer neuen Straflust insgesamt sprechen kann. Das fiel mir bei einer nicht repräsentativen eigenen Umfrage unter Besuchern der Justizvollzugsanstalt Kiel auf.

Befragung zur Punitivität

Befragt wurden 162 Personen zwischen 12 und 38 Jahren, welche die JVA Kiel zum Treffen mit der Seelsorge und mit Gefangenen besucht haben. Die Befragung erfolgte vor dem Gespräch. Die BesucherInnen kamen aus der Berufsschule, aus einem Gymnasium, vom 'freiwilligen sozialen Jahr' und aus Konfirmandengruppen. Der Altersschwerpunkt lag zwischen 17 und 22 Jahren (n=83). Die Gruppe der Konfirmanden war 12-14 Jahre alt (n=28). Nicht alle gaben auf dem Fragebogen ihr Alter an (n=30). Von den Befragten waren 34% männlich und 53% weiblich. Rund 13% versäumten es, ihr Geschlecht anzugeben. Die Befragung umfasst einen Zeitraum von 2004 – 2008. Sie ist für niemand repräsentativ, sondern allenfalls als hinweisende oder vorbereitende Befragung zu sehen. Allerdings ist sie insofern valide, als sie jederzeit wiederholbar ist.

Die Fragestellung ergab sich aus der Behauptung oder der These, in Deutschland habe eine neue Straflust Einzug gehalten. Diese Umfrage kann die These nicht unterstützen. Im Gegenteil sind schon beim ersten Überblick über die Antworten klare andere Tendenzen abzulesen:

• Zwar wird Strafe für notwendig gehalten. Nicht umsonst gibt es das deutsche Sprichwort: Strafe muss sein! Drei Viertel stimmten dieser Aussage zu.

• 72 Prozent Zustimmung gab es für: „Jeder Mensch sollte helfen, die Straffälligen wieder ins normale Leben einzugliedern." Resozialisierung als gesellschaftliche Aufgabe wird also ebenso für notwendig erachtet.

• Ungefähr 60 Prozent teilten die Ansicht, dass eine Gefängnisstrafe jedem Menschen unterlaufen könnte. 72 von 100 lehnen die Meinung ab, dass sorgfältig erzogene Menschen nicht Gefahr laufen, ins Gefängnis zu geraten. Sie halten also JVA-Insassen nicht für grundsätzlich andere Menschen.

• Bei der Abschreckungswirkung gab es mit der üblichen Vermutung ein Übergewicht auf Seiten der Zustimmung: „Harte Strafen schrecken die Leute ab, Verbrechen zu begehen!" Allerdings teilten auch knapp 36 Prozent diese Ansicht nicht. Bei „Man muss Verbrecher durch möglichst harten Strafvollzug von weiteren Taten abhalten!" allerdings gab es eine deutlichere Zustimmung. Hier wird die Abschreckung auf den Vollzug bezogen. Das ist konkreter als eine allgemeine Abschreckung. Die Ablehnung lag hier bei 27%, die Zustimmung bei 49,5%.

• Andererseits wurde von 50 % eine möglichst lange Haft abgelehnt und nur von knapp 20 % befürwortet („Straffällige sollten möglichst lange eingesperrt werden, weil sie eine Gefahr für alle darstellen."). Immerhin 30 % bezogen dazu keine Stellung.

• Die Ansicht „Ein Mensch, der Anderen geschadet hat, und deshalb im Gefängnis sitzt, bedarf der größten Sorgfalt, damit er dort lernt, wie er leben kann, ohne die Anderen zu bedrohen oder ihnen etwas wegzunehmen!" Die Haft sollte also mit Sorgfalt durchgeführt werden (nur 9% Ablehnung). Härte im Vollzug scheint nicht gegen sorgfältigen Umgang zu sprechen. Zusammengenommen ergibt sich eine Vorstellung, die einen strikten, nicht zu langen

Vollzug mit großer Sorgfalt für die Verurteilten beschreibt.

• Ob der Strafvollzug das gegenwärtig gewährleisten kann, erscheint nicht sehr sicher, oder viele können es nicht beurteilen – über 54% entscheiden sich weder dafür noch dagegen („Moderner Strafvollzug ist zu teuer!“). Das wird durch die Ausage „Der ‚moderne Strafvollzug' ist zu human“ bestätigt, die neben 45 % Unentschiedenheit 26,5% Ablehnung erfährt. Nur 23,5% bezeichnen den modernen Strafvollzug als zu human.

• 8) Als ‚Strafersatz' könnte man sich die Wiedergutmachung vorstellen. Zustimmung und Ablehnung halten sich bei „Vergeben oder Verzeihen, das ist die falsche Reaktion auf Straftaten“ fast die Waage (28% gegenüber 29,5%), relative Mehrheit erhält mit 42% die Unentschiedenheit. Ähnlich ist das bei der Alternative Wiedergutmachung oder Gefängnis („Es ist besser, jemand macht seine Fehler wieder gut, als dass er ins Gefängnis kommt.“). 28,5% stimmen dem Vorrang der Wiedergutmachung zu, 32% lehnen ihn ab, aber die Mehrheit ist unentschieden (39,5%).

• Ob eine Behandlung eine Veränderung der Lebensführung herbeiführen könne, wird positiv beantwortet: Die Aussage der Nichtveränderbarkeit wird von 57% abgelehnt und nur von 20 % akzeptiert („Menschen kann man nicht ändern. Man muss sie nehmen, wie sie sind.“). Bei Sexualstraftätern ist das nahezu umgekehrt. Hier glauben 55%, dass man ihnen nicht helfen kann. 29% lehnen diese Ansicht ab („Sexualstraftätern kann man nicht helfen.“).

Spezialfragen waren

• die nach den christlichen Assoziationen zum Thema Strafe („Wer sich Christ nennt, sollte besonders für einen „humanen Strafvollzug sein!“) mit unentschiedenem Ausgang. Offenbar ist darüber keine richtige Meinung vorhanden.

• Die Ausländerfrage: 50% lehnen die Ansicht ab, Ausländer seien gewaltätiger als Deutsche, immerhin 23,5% stimmen hier zu.

• Dass man das Fahren ohne Führerschein mit Gefängnis bestrafen muss, fand 17 % Prozent Zustimmung, aber 63% Ablehnung.

Aus der Umfrage ergibt sich ein differenziertes Rohbild über Strafe, Punitivität und Strafvollzug. Besorgt machen muss das Ergebnis zu Sexualstraftätern, das durch eine offene Frage verdeutlicht wurde. Die Antwort auf die Frage, wen man für immer einsperren müsste, lautete bei 69 von 83 weiblichen Antworten: Sexualstraftäter, Mörder und in wenigen Fällen Psychisch Kranke. 38 von 55 männliche Antworten ergaben dasselbe mit der zweimaligen Nennung von Präsident Bush und Osama Bin Laden. Die Toleranz gegenüber schweren oder gefährlichen Straftaten, die auch noch unkontrollierbar erscheinen, ist gering. Das entspricht den allgemeinen Erfahrungen in der Gesellschaft, was die Validität der Ergebnisse belegen kann.

Dass Männer den großen Anteil an Gefangenen ausmachen, liegt nach Meinung der Befragten an ihrem Drang, sich zu beweisen, an ihrer Aggressivität. Frauen dagegen sind eher einfühlsam, überlegt und suchen eher den Ausgleich. Soweit die Befragungsergebnisse.

Daraus eine neue Straflust abzulesen, ist nicht möglich. Überzeugungen gegenüber der Kriminalität sind offenbar zäh und werden nicht leicht geändert. Die Resozialisierung scheint zu diesem Bestand an Überzeugungen zu gehören. Bei der Wiedergutmachung dagegen schcint cs noch unsicherer zu sein.

Aus der Praxis heraus stellt sich bei dieser Gemengelage die Aufgabe, die Diskussion um die Straftäter in unserer Gesellschaft und den Umgang mit ihnen immer wieder neu zu führen. Die vor allem in der Politik beliebten Sätze von der „vollen Härte des Gesetzes“, die immer nach Aufsehen erregenden Untaten in generalpräventiver Absicht gesagt und zitiert werden, stellen eine eher unreflektierte Reproduktion des Schuldstrafrechts- oder Vergeltungsgedankens dar. Durch die stetige Wiederholung gerät die Frage nach dem angemessenen Umgang mit abweichendem Verhalten und seinen Opfern immer wieder ins Abseits. Das gipfelte zuletzt in der Wiederentdeckung eines scheinbar gefährlichen Typs von Menschen: des ‚Psychopathen'. Bei dieser Entdeckung fragt sich, ob es sich nicht eher um die Wiederentdeckung eines gefährlichen Menschenbildes handelt.[8]

Die Wiederkehr des „gefährlichen Psychopathen"

Männer, die anderen als gefährlich und unberechnbar erscheinen, werden umgangssprachlich oft als Psychopathen bezeichnet. Der Begriff ist in der Fachdiskussion umstritten. Eigentlich wurde er sogar ausgetauscht. Persönlichkeitsstörung[9] ist heute in Deutschland der Ausdruck für das, was einst in der Sprache der Psychiatrie Psychopathie genannt wurde und wegen des Missbrauchs in der Nazizeit zu recht in Verruf gekommen war[10]: „… in der Weimarer Republik erfuhren die Forschung und die therapeutischen Institutionen zur Psychopathie eine Intensivierung und Ausbreitung, so daß man diese Jahre als ‚Blütezeit' der Psychopathie bezeichnen kann. Nach 1933 waren die als Psychopathen Diagnostizierten gefährdet. Die Erkenntnisse aus früheren Jahren wurden nun radikal im erbhygienischen Sinn gedeutet, der Psychopath war „Volksschädling", und damit wurde seine Existenz zur Ermordung und Vernichtung freigegeben."[11]

Psychopathie war als Diagnose und Begriff immer sehr unscharf, obwohl eine große Zahl von Psychiatern sich damit befasste und viele mehrfach aufgelegte Schriften dazu schrieb.[12] In den 1980iger Jahren wurden im psychiatrischen Lehrbuch die Begriffe Psychopathie und Psychopath zurückgewiesen.[13] Im englischsprachigen Forschungsraum wird der Begriff psychopathy ‚ungeniert' weiter genutzt und schlägt sich differenzierter als vor hundert Jahren in einer Liste der psychopathy nieder, die dann wiederum in den internationalen Diagnoseschlüssel eingegangen ist.[14] Die Diagnose hat aber nichts von ihrer Unschärfe verloren. Sie ist nach wie vor eine Bezeichnung für unerwünschte Verhaltensweisen, also nur ein Etikett. Es trifft auch nach dem Umweg über die USA und der Änderung der Bezeichnung zu, was Kölch zusammengefasst hat: „Insofern bedeutet „Psychopathie“ zunächst einmal nichts anderes als eine wissenschaftliche Etikettierung altbekannten Verhaltens. Die mit einem Namen versehene Störung war keine neu isolierte Erkrankung, war keine Erkenntnis an sich, sondern der Sammelbegriff für eine Vielzahl von Verhaltensweisen, denen lediglich die gesellschaftliche Unerwünschtheit gemein war.“[15]

Die Folgen der Wiederkehr des Psychopathen zeigten sich in der Diskussion um die Sicherungsverwahrung und den „gefährlichen Täter“. Wenn der gefährliche Täter überhaupt definiert werden kann, dann besonders gut durch terroristische Männer. Bei diesen weiß niemand, wann sie ihre Tat begehen, noch warum und wo und ebenso wenig, wer betroffen sein wird. Nur durch lange direkte Beobachtung können die Sicherheitskräfte Anschlagspläne enttarnen. Bekannt ist aber, dass Terroristen die Achtung des Lebens anderer nicht zu ihren Werten zählen. Ob das der Psychopathie zuzurechnen wäre, bleibt m. E. sehr fraglich. In den Beschreibungen der Psychopathie wurde – außer von Arno Plack - in diese Richtung nicht gearbeitet: „Dies aber, dass ein Mensch besseren Einsichten zum Trotz gegen seine eigenen Interessen handelt, ist ein Kennzeichen des Psychopathen.“[16] Plack benutzt hier eher einen allgemeinen Begriff der Psychopathie, der in dieser Form keine kriminologischen Erkenntnisse bringt.

Einen Perspektivwechsel zum Thema Psychopathie hat Kevin Dutton präsentiert. In seiner Schrift werden als Kennzeichen die für ‚Lebenserfolg' notwendigen Eigenschaften Skrupellosigkeit, Charme, Fokussierung, mentale Härte, Furchtlosigkeit, Achtsamkeit und Handeln aufgeführt. Diese Merkmale kommen bei jedem vor. Der Psychopath aber liegt mit allen immer ‚am Anschlag' und kann sie nicht „herunterregeln". Das ‚normale Leben' verlangt jedoch stets eine angemessene Dosierung.[17] Wenn es sich um Eigenschaften aller Menschen handelt, kann man daraus schließen, dass jeder unter Umständen für seine Mitmenschen gefährlich werden kann. Diese Sichtweise leitet dazu an, mit dem Etikett ‚Persönlichkeitsstörung' sehr restriktiv umzugehen und ‚Gefährlichkeit' äußerst vorsichtig zu handhaben. Das Gegenteil passiert(e) – fast könnte man sagen: wie immer - im Justizbereich.

Beispiel: Die Durchführungsverordnung zur nachträglichen Sicherungsverwahrung in Schleswig - Holstein, einem Land, das sich gegen diese Regelung ausgesprochen hatte, sprach Bände: Anträge auf nachträgliche Sicherungsverwahrung (wegen verschärft fortbestehender oder neu entdeckter Gefährlichkeit) wurden durch eine schlichte Prüfung der Häufigkeit von früheren Verurteilungen ausgelöst und die Prüfung betraf alle Inhaftierten, nicht nur besonders herausragende „Schwerkriminelle".[18] Die nachträgliche Verwahrung schwebte wie ein Damoklesschwert über allen mehrfach Verurteilten mit Freiheitsstrafen. Es zeigte sich schnell, dass kluge Vollstreckungsgerichte dem Grenzen setzten.[19] Im Jahr 2010 wurde die nachträgliche Sicherungsverwahrung wieder abgeschafft, die vorbehaltene nicht.[20] Außerdem wurde die Sicherungsverwahrung auf schwerste Straftaten begrenzt.[21] Was aber besagen solche Vorgänge in der Kriminalpolitik für den Umgang mit Männern, deren Leben in der Gesellschaft und in ihren kleineren Subsystemen für einzelne ihrer Mitglieder eine (körperliche und / oder seelische) Gefahr bedeuten? Um der Antwort näher zu kommen, beschreibe ich Erfahrungen im Umgang mit vier Männern, denen das Etikett gemeingefährlich nach allen menschlichen Übereinkünften, aber auch vor Gericht zustand / zusteht. Danach folgen noch zwei weitere schwere Verbrechen, die nicht als gefährlich anzusehen waren und auch nicht so bewertet wurden.

Ein mustergültiger Patient

Dieter erlebte die forensische Psychiatrie als Sexualstraftäter (§ 176 I StGB) und etwas zu mustergültiger Patient. In Gesprächen wirkte er freundlich, aber auch unnahbar und merkwürdig unbeteiligt. Arbeiten auf der Abteilung erledigte er unglaublich akkurat. Er verbarg in Gesprächen seine Straftaten nicht, setzte sich aber damit auch nicht auseinander. Immer wieder betonte er ungefragt und nachdrücklich, er sei zu zwei Jahren Haft verurteilt und müsse danach auch aus der Psychiatrie entlassen werden. Den verurteilenden Richter rief er stets zum Zeugen an. Alle Erläuterungen, in der Psychiatrie dauere die Unterbringung bis auf weiteres, zumindest bis zum nächsten Gutachten, glitten an ihm ab. Er weigerte sich nachdrücklich, die Situation wahrzunehmen. Ohne Probleme auf der Abteilung kam nach einiger Zeit die Verlegung in den halboffenen Bereich in Betracht. Die erste Lockerung sollte der Gang zur Gärtnerei im Krankenhausgelände sein. Als Dieter dann verschwunden war, stellte sich heraus, dass er genau zwei Jahre in der Psychiatrie verbracht hatte. Er hatte sich selbst entlassen. Psychiatrisch war er offenbar unauffällig gewesen. Dieter brachte nach dieser Flucht auf grausame Weise ein 13jähriges Mädchen um und wurde erst Monate später durch Zufall auf dem Hamburger Dom verhaftet.

Im Sarg in der JVA?

Hans wagte sich nicht ohne Begleitung aus seiner Gefängniszelle. Zu Gesprächen, Gruppenveranstaltungen und zum Gottesdienst wurde er gebracht. Achtzehn Jahre hatte er bereits wegen Kindesmissbrauchs hinter und zwei Jahre wegen desselben Delikts (§176 I StGB) noch vor sich. In der Haft wurde er sechzig. Einer seiner Standardsätze hieß:

„Wenn die alles gefunden hätten, müsste ich noch im Sarg hier stehen." Er hatte zwei in (an der?) Haft gescheiterte Ehen hinter sich. Durch therapeutische Betreuung und viele Gespräche differenzierte sich sein Selbstbild. Er fand einen Zugang zu der Frage, wie sich seine sexuellen Handlungen mit Kindern anbahnen. Seine therapeutische Betreuung hielt nach der Entlassung an. Er suchte auch weiter Kontakt mit anderen Betreuungspersonen aus der Haftzeit. Ein eher kleiner Rückfall erfolgte trotz schwerer persönlicher Probleme erst nach acht Jahren Freiheit. Kinder kamen dabei nicht zu Schaden.

Anton gibt sich unverbesserlich

Anton erklärte in jedem Gespräch während seiner zweiten Haft, dass er natürlich nach der Entlassung dort weitermachen werde, wo er vor der Inhaftierung aufgehört habe (§ 176 III Nr. 3 StGB). Und wenn er dafür auf die Philippinen fliegen müsste. Therapie sei nicht nötig. Gespräche waren auch fast unnötig. Sie endeten immer mit der Ankündigung, dass er weitermachen wird wie bisher. Das änderte sich auch nicht, als seine Mutter im Sterben lag und er infolge seines Verhaltens nicht einmal ausgeführt wurde. Das Verhalten als Trotzreaktion zu interpretieren, untersagte der Gefangene regelmäßig. In der folgenden Haftzeit war das Bild etwas differenzierter. Anton bedauerte sein Verhalten ein ganz klein wenig und äußerte sich weniger provokativ. Die Freiheit hält inzwischen ein Jahr an und ein weiteres – so schien es. Denn plötzlich stand er nach seiner Verhaftung in Thailand in der Zeitung mit den großen Buchstaben. Die Kinder wurden zum Prozess eigens eingeflogen.

„Ich hau' alle weg…"

Daniel kam mit dem Anspruch in die Strafhaft, ein furchterregender Gewalttäter zu sein. Er erzählte mal mit mal ohne Drogen im Kopf, wen er alles wie „weggehauen" hat (§ 223, 224 I Nr. 4 StGB). Er gestand einmal einen Mord, wo ihm die Polizei nachwies, dass er es gar nicht gewesen sein kann. Die Gespräche mit ihm glichen Ringkämpfen. Ereignisse in seiner (Pflegeherkunfts-)Familie und bei seiner geschiedenen Frau versetzten ihn in massive Unruhe mit der Folge aggressiver Attacken gegen Mitgefangene und Bedienstete. Ging es ihm besser, versuchte er, Mitgefangene zu dominieren, führte Attacken im Auftrag anderer Gefangener durch und tyrannisierte Schwächere. Verständnis für ihn und andere legte er gerne als Schwäche aus.

Wer in Haft ein derartiges Bild zeigt, kann nicht damit rechnen, positiv beurteilt zu werden. Dennoch durfte Daniel in begleiteten Ausgang gehen und wurde kurz danach sogar beurlaubt. Er wohnte im Urlaub bei seiner Freundin und dem gemeinsamen Sohn. Beim zweiten Urlaub blieb er zum Entsetzen der Freundin lange von zu Hause weg. Da er auch nicht rechtzeitig zum Urlaubsende zurück war, meldete sie sich bei der Polizei. Nachdem Daniel schon einmal wegen Waffengebrauch verurteilt war und als gefährlich galt, wurde er bei der Rückkehr durch ein SEK festgenommen. Das hat ihn „schwer beleidigt". In einer solchen Situation wollte er nicht von seiner Freundin und seinem Sohn gesehen werden.

Zwei Jahre nach der Entlassung gab es unter den Gefangenen in der JVA Gerüchte, Daniel habe eine Frau umgebracht. In der Tat kam er nach einiger Zeit zur Verhandlung. Der Prozess endete mit einer Verurteilung wegen vorsätzlichen Vollrausches (§ 323a StGB), da sich der genaue Hergang des brutalen Verbrechens an der getöteten Frau nicht rekonstruieren ließ.

„Familiendrama"

Axel kam in einem dramatischen Zustand in die forensische Psychiatrie. Schon am ersten Tag verlangte er ein Gespräch. Die Situation war unwirklich im Aufnahmebereich der Klinik. Axel hatte nichts an als eine Papierunterhose. An seinem Kopf sah ich eine blutige tiefe Delle, als habe ihm jemand heftigst darauf geschlagen. Der Raum war völlig überhitzt. Wir wurden zusammen in dem Raum eingeschlossen. „Sie müssen das rückgängig machen“, sagte er im fordernden Ton. „Was rückgängig machen?“ „Das wissen Sie nicht? Dann kann ich sie auch nicht brauchen! Dann hat das Gespräch gar keinen Zweck!“ „Ich kann nichts machen, wenn Sie mir nicht sagen, worum es sich handelt.“ „Mein Pastor kann das, der weiß auch Bescheid.“ „Dann können wir ihn anrufen und bitten, herzukommen.“ „Nein, das will ich nicht. Sie können jetzt gehen!“ „Ja. Soll ich morgen wieder kommen?“ „Wenn Sie wollen.“

Axel wirkte zerfahren und aufgebracht. Ich wusste nicht so recht, was ich nun mit ihm anfangen sollte. Der Auftritt hinterließ eine niederschmetternde Wirkung bei mir, ohne dass ich mir erklären konnte, warum. Eigentlich war ich bizarr-bedrohliche Begegnungen gewohnt. Jedenfalls glaubte Axel offenbar, ein Seelsorger könne Dinge rückgängig machen. Ich erfuhr dann von Pflegern und vom Abteilungsarzt, dass Axel seine Familie mit einem Hammer nahezu ausgelöscht hatte: Mutter und Bruder im Schlaf erschlagen, der Vater überlebte. Sich selbst hatte er ebenfalls mit dem Hammer traktiert.

Der Grund, das war bereits bei der ersten Befragung herausgekommen, war die Einbildung, Axel habe seine Familie mit dem HI - Virus angesteckt. Deshalb habe ihr Leben und seines keinen Sinn mehr ergeben. Das schreckliche Ereignis war gerade am Tag vorher passiert.

Am folgenden Tag suchte ich Axel wieder auf. Er schien etwas weniger aufgebracht zu sein, fragte aber erneut, ob das nicht alles rückgängig gemacht werden könne. Ich musste ihm nun erklären, dass die Pfleger mir gesagt haben, warum er hier ist. Und wenn das richtig sei, könne ich das natürlich nicht rückgängig machen. Mir sei klar, dass das für ihn jetzt keine sehr angenehme Situation sein könne. Vielleicht könne er mir davon erzählen, wie er sich jetzt fühle. Das leuchtet ihm aber nicht so sehr ein. Ich müsste wissen, wie er sich fühlt. Wir einigten uns auf das Wort „schlecht“. Mehr kam von ihm nicht. Und er wisse nicht, wie es jetzt weiter gehen solle. Jetzt werde er zunächst untersucht und dann komme ein Verfahren. Das konnte sich Axel als Student der Medizin nicht vorstellen.

Die vielen Gespräche, die folgten, ließen erkennen, dass es sich hier um ein isoliertes Ereignis im Leben handelte, das mit Personen seiner engsten Beziehungen zu tun hatte. Es stellte sich heraus, dass er nicht mit HIV infiziert war. Die Form des Wahns, das Leben seiner Familie sei wegen der Infektion nichts mehr wert, ist sehr persönlich und individuell. Eine Gefahr für die Öffentlichkeit ist Axel nicht gewesen und wird es nicht werden. Aber in seinen Beziehungen kann es gefährlich werden, wenn er wieder einen Wahn entwickeln sollte. Kann man einem Menschen raten, sich von engsten Beziehungen fernzuhalten? Familiäre Beziehungen können sich doch bei allen gefährlich entwickeln. Irgendwann kam übrigens der Vater von Axel zu Besuch.

In diesem Fall war die Steuerungsfähigkeit zur Tatzeit nicht vorhanden gewesen (§§ 20, 63 StGB). Die Einweisung in die forensische Psychiatrie war die logische Folge. Nach wenigen Jahren traf ich Axel in der Stadt. Er wirkte etwas scheu und erzählte, es gehe ihm besser und er werde wieder studieren. Aber nicht sein ursprüngliches Fach.

Keine Gefahr

Franz war Versicherungsagent. Ich lernte ihn während seiner über 5 Jahre dauernden Untersuchungshaft kennen. Er wirkte nicht wie übliche Gefängnisinsassen. Er konnte Reden halten und Briefe schreiben, er konnte seine Mitgefangenen einschätzen und auch noch im Gefängnis Kontakte jeder Art pflegen. Ein Geschäftsmann! Seinen Weg hatte ein anderer cleverer Geschäftsmann gekreuzt. Beide hatten die ganz große Idee, ein Schiff voll Metallschrott zu Geld zu machen. Das Schiff wurde als Atomfabrik deklariert und entsprechend versichert. Der Versicherungsfall trat im Indischen Ozean ein. Leider kamen dabei „aus Versehen“ sechs Seeleute ums Leben. Der Versicherungsbetrug flog durch die genauen Untersuchungen des gesunkenen Schiffes auf. Der Untergang des Schiffes war nicht auf die stürmische See, sondern auf eine Explosion im Schiffsrumpf zurückzuführen. Der Tod der Seeleute erfüllte die Voraussetzungen des Mordes wegen der Heimtücke gegenüber der ahnungslosen Besatzung. Nachdem Franz volle fünfeinhalb Jahre vor Gericht geschwiegen hatte, wurde endlich das Urteil gesprochen oder, genauer gesagt, ausgehandelt. Alle Beteiligten waren mit dem Urteil zufrieden. Danach wurde Franz sehr schnell Freigänger und dann nach Zweidrittel der Haftzeit entlassen. Eine weitere Gefahr geschäftlicher noch gesellschaftlicher Art sah niemand. Nie vorher war er mit dem Gesetz in Konflikt gekommen und nachher auch nicht mehr, obwohl er bald wieder ins Geschäftsleben eingestiegen war. Ob er nicht doch Persönlichkeitszüge aufwies, die etwas über das Übliche hinausgingen, stand nie zur Debatte. Vielleicht wirkte er ‚etwas zu überzeugend’, unter Umständen ein wenig ‚zwingend’, auf mögliche Geschäftspartner.

Wie kann man Gefährlichkeit messen?

Die Fälle sind nicht repräsentativ, sondern beispielhaft ausgewählt. Auf die ersten vier wird der Begriff „gemeingefährlich“ deshalb angewandt, weil man entweder nicht oder zu genau weiß, was passieren könnte. Die Hauptfragestellung ist, wie die Gefährlichkeit auf prognostisch sichere Beine gestellt werden soll. Die Gefährlichkeit durch nachbarschaftliche Beobachtung oder Medienberichterstattung festzustellen, wird wahrscheinlich allgemein als unangemessen angesehen. Anton stellt seine Gefährlichkeit durch eigene Reden heraus. Daniel fällt durch die Art seines Urteiles bereits in der Vorprüfung durch, obwohl die

Karriere der Gefährlichkeit durchaus nicht nur in seinen Worten nachvollziehbar ist. Hans erfüllt rechtlich sämtliche Anforderungen der Prüfliste, lebte aber seit Jahren ohne Rückfall. Im Fall Dieter hätte die schlimmste der Taten nach der Flucht eventuell durch sehr viel Erfahrung in der Bedeutung von Kommunikation verhindert werden können. Das aber hängt von vielen Zufällen ab. Die betreuende Ärztin wurde der falschen Prognose wegen, die zur Lockerung führte, zu einer Geldstrafe verurteilt. Ob sie wirklich dafür verantwortlich zu machen war, erscheint mir unklar. Bei restriktiver eher laienhafter Auslegung wäre nach § 66 a StGB diesen vier Fällen Sicherungsverwahrung zu verhängen, weil die Verantwortung für eine Prognose zur Entlassung aus der Haft zumindest fragwürdig erscheinen müsste. Bei Axel und Franz dagegen schien die weitere Sicherung nicht notwendig zu sein. Ihre Verbrechen hängen an Bedingungen, die wieder herzustellen sehr schwer fällt. Damit aber steigt die Anforderung an die Maßnahmen und Behandlungsversuche, die während der Haft angesetzt werden.

Haben der Strafvollzug und die forensische Psychiatrie in Deutschland für Wiederholungstäter - Karrieren dieser Art Kapazität, wissenschaftliche und therapeutische Ansätze? Nach unserer Gesetzeslage und dem dazugehörigen Menschenbild kann es eigentlich nicht vorkommen, dass Männer mit derartigen Problemen und Gefährdungen allenfalls „antherapiert" den Vollzug wieder verlassen. Die Alternative heißt jedoch nicht Sicherungsverwahrung. Sie heißt mehr Diagnose- und mehr Behandlungsmöglichkeiten im Laufe des Vollzugsgeschehens. Wenn die Alternative zur Entlassung aufgrund einer Gefährlichkeit in der Sicherungsverwahrung liegen sollte, wenn dazu die gängigen Methoden der Messung von Gefährlichkeit als Persönlichkeitsstörung und Psychopathie zugrunde gelegt werden, wird es in absehbarer Zeit neue Formen von wirklich lebenslänglich geben. Das System scheint jedoch einigermaßen trennscharf zu sein, wie die Fälle Axel und Franz zeigen. Die Trennschärfe sagt aber auch, dass das erst im längeren Kontakt mit den Betroffenen und eher nicht durch Gutachten wirklich deutlich wird. Das Problem bei der besseren Kenntnis liegt aber in der entstehenden Vertrautheit, die subjektive Verzerrungen mit sich bringt.

Die Sichtweisen von „Gefährlichkeit" haben sich vor allem in der grundsätzlichen Einschätzung verändert. So kann man heute im Wissenschaftsbetrieb wieder ungeniert behaupten, es gäbe Menschen, die gemeingefährlich „sind". Das dringt schnell in die Alltagspraxis durch. Selbst kleinere Vollzugsentscheidungen werden tendenziell mit Rasterfragebogen unterlegt, um keine Einschätzungsfehler mehr zu machen. „Da Menschen mit antisozialer Persönlichkeitsstörung gesellschaftliche Normen und Gesetze häufig nicht akzeptieren, neigen sie zu Kriminalität und Gewalt. Im Arbeitsleben sowie in zwischenmenschlichen Beziehungen erweisen sich Betroffene in der Regel als unzuverlässig und verantwortungslos. Die Rechte anderer werden häufig missachtet und verletzt. Menschen mit dieser Störung sind wenig selbstkritisch. Meist mangelt es ihnen an Einsicht und Schuldbewusstsein bezüglich begangenen Unrechts."[22] Wer möchte einem so klassifizierten Menschen nach bereits mehrfach erfolgter Inhaftierung eine positive Prognose ausstellen? Das gilt besonders deshalb, weil therapeutische Zugänge zu dieser Diagnosegruppe äußerst zurückhaltend beurteilt werden.

Besonders kritisiere ich die Behauptung, gemeingefährliche Täter seien von denen, die diese Eigenschaft nicht haben, durch Gutachten und Profilfragebogen zu unterscheiden.[23] Dasselbe denke ich auch über die Vorstellung, Kriminalität sei durch längeres Einsperren und Verwahren minimierbar, obwohl Länder mit hohen Haftquoten eher höhere Kriminalitätsraten aufweisen als die mit niedrigeren Haftquoten. Schließlich ist die Idee, Sicherheit ließe sich durch Prognosen herstellen, nahezu obsolet. Menschen verhalten sich oft nicht nach Prognosen und die Fähigkeit zur treffsicheren Prognose ist sehr eingeschränkt vorhanden. Die meisten Fälle, in denen sich später „Gemeingefährlichkeit“ herausstellte, waren vorher mehrfach begutachtet und prognostiziert. Bisher gibt es wenige Untersuchungen, welche die Treffsicherheit von Prognosen im Langzeitvergleich nachvollziehen. Daher kommt es häufig auch in Gutachtenfällen zu der Ansicht, gefährlich sei eigentlich jedes impulsive und risikoreiche Verhalten. Dass gemeingefährliches Verhalten von politisch oder religiös motivierten gruppenbezogenen Straftätern mit diesem Instrumentarium nicht gemessen werden kann, obwohl diese wirklich gefährlich sind, scheint in dieser Denk- und Diagnoseweise niemand zu stören.

Die Psychopathieidee folgt der Vorstellung, abweichendes Leben könne und müsse durch diagnostische Auslese gesteuert werden, nicht durch Fördern und Einüben in Verbindung mit flexiblen Kontrollformen. Der Paradigmenwechsel in hochmodernen westlichen Gesellschaften ist vollzogen und beginnt sich in der Gesetzgebung auszuwirken.

Wer Justiz betreibt, wird sich damit auseinandersetzen müssen, dass tendenziell mehr Männer nach den für sie üblichen Wiederholungstaten für sehr lange Zeit in Haft bleiben werden. Unangemessen ist daran nicht der Versuch, Beurteilungskriterien für den Umgang mit diesen schwierigen Mitmenschen zu finden, sondern die Idee, das als alleinigen Weg zur Lösung des Problems zu propagieren. Die Realität verlangt immer erfahrungsgebundene Entscheidungen, keine weltanschaulichen Lösungen. Die Frage ist deshalb immer wieder neu zu stellen, welche Maßnahmen der Gesellschaft Rechtsfolgen von Verhaltensweisen ihrer Mitglieder sinnvoll und angemessen regeln können, um sowohl Tätern wie Opfern gerecht zu werden.

Dieses Buch geht vom Alltag hinter Gittern aus und bemüht sich, das Thema konkret anzugehen. Das Ergebnis ist ein heftiges Plädoyer für die weitere Stärkung des Maßnahmegedankens und der restorative justice anstelle des Schuldstrafrechts.

Schuld sind immer die anderen

Das geht allerdings nicht, ohne die Grundsatzdiskussion über „Schuld" zu berühren. Der Versuch, den Schuldgedanken zu eliminieren, hat den Theologen Helmut Thielicke im Jahre 1976 zu folgender grundsätzlichen Überlegung veranlasst: „Alle werden angeklagt, nur nicht wir. Diese Vorgänge sind allzumal Varianten des immer gleichen Versuches, Schuld in Schicksal zu verwandeln. Sie gehören zum klassischen Inventar unseres Plädoyers auf Freispruch. Psychologen und Soziologen werden als zusätzliche Argumentationshelfer aufgeboten, um kriminelle Taten als logische Konsequenz von ... zu interpretieren. Das Wort Strafe wird zunehmend verpönt. In der Tat: Wie kann man strafen wollen, wenn man nicht mehr weiß, was Schuld ist? Die 'défense sociale' mag das letzte Stichwort sein, das noch Widerstand gegen das Kriminelle begründet. Im Übrigen haben vor Gericht die Gutachter das Wort. Der Richter droht auf die Rolle des Vollstreckungsgehilfen zurückgeschraubt zu werden. Er hat, zugespitzt ausgedrückt, nur noch die Funktion, auszusprechen, dass und inwiefern der vorliegende Fall nur sehr bedingt unter das einschlägige Strafgesetz subsumierbar sei."[24]

Im Strafrecht wird „Schuld" jedoch nicht in diesem Sinne gebraucht, sondern eher mit dem Begriff „Zurechenbarkeit" interpretiert: Inwieweit können die Folgen einer Handlung gerade dieser einzelnen Person zugerechnet werden oder eben nicht? Das wird in verschiedenster Form auch von den Betroffenen aufgenommen.

Ein Denkmodell von verurteilten Straftätern ist die Selbstdarstellung als Opfer, sei es von Verhältnissen, Eltern,

Lehrern, anderen Straftätern, ungerechten Strafverfolgern, unfähigen Anwälten und das deshalb, weil man gerade sie herausgepickt hat aus der Menge der Menschen, die grundsätzlich alle gegen das Gesetz handeln, aber nicht erwischt oder verurteilt werden. Schuld sind also die anderen.

Diese Denkfigur begegnet jedoch nicht nur in Gefängnissen, sondern überall, wo Menschen auf ihre Verantwortung angesprochen werden. Das Böse / Kriminelle wäre dann nur noch eine Summe von Zwängen, denen von der jeweils mit Definitionsmacht versehenen gesellschaftlichen Gruppe eben dieses Etikett verpasst wird. Im Labeling - Ansatz[25] hat letzterer Gedankengang seinen soziologischen Niederschlag gefunden, wenn auch nicht mit der von den Verurteilten gedachten Tendenz der Entschuldigung. Das Missverständnis der psychologischen, gesellschaftlichen und sogar hirnphysiologischen Diagnose als Freistellung von Verantwortung für den einzelnen erschwert den sinnvollen Einsatz der Erkenntnisse, bringt jedoch nicht die Erklärungsansätze selbst in Misskredit. Erklärungsversuche führen lediglich zur Differenzierung für die jeweilige Verantwortungssituation des einzelnen, damit er selbst, Gerichte und Vollzug sowie die gesellschaftliche Umgebung immer wieder angemessen mit Verantwortung umzugehen lernen.

Wenn es mir notwendig scheint, diesen Umgang wie bereits gesagt, mehr als Maßnahme denn als Vergeltung der Schuld zu verstehen, dann will ich auch gleich das Problem benennen: Die Vergeltung der Schuld ist bisher bei uns eine begrenzte Aktion: Der Freiheitsentzug ist zu einem bestimmten Zeitpunkt zu Ende. Bei Maßnahmen ist das nicht so. Sie hängen von den Variablen des Daseins ab, möglicher Weise in völliger Unverhältnismäßigkeit zum Anlass. Deshalb müsste der Gesetzgeber sicherstellen, dass Maßnahmen einen Verhältnismäßigkeitsbezug z.B. zur Anlasstat bekommen. Ansonsten ist der Mensch, der mit Maßnahmen belegt wird, durch seine Mitmenschen zumindest in seinen Rechten gefährdet. Beim Einsatz von ‚Restorative Justice' oder ‚Heilender Gerechtigkeit' brauchte man diese Befürchtung nicht zu haben. Sie zielt darauf ab, dass alle Beteiligten dem Ergebnis einer „Verhandlung" freiwillig zustimmen können. Dafür ist die Übernahme von Verantwortung beim Täter nötig, aber auch Anerkennung und Unterstützung der Opfer.

Das Böse

Die Notwendigkeit, Willensfreiheit anzunehmen

Einer der Grundsätze des Strafrechts ist der Gedanke der Willensfreiheit. Für eine Handlung kann bei genauer Betrachtung nur jemand verurteilt werden, der die Möglichkeit besaß, diese Handlung auch zu unterlassen. Das setzt voraus, dass neben den Handlungsalternativen auch die Möglichkeit der freien Willensentscheidung besteht. Die Handlungsalternativen werden in der philosophischen und theologischen Tradition mit Gut und Böse bezeichnet. Fraglich und strittig blieb stets, wie das Gute resp. Böse zu bestimmen sei und welche Handlungsmöglichkeiten aus der Sicht des Individuums gegeben seien. In der humanwissenschaftlichen Diskussion bestimmte eher die mehr oder weniger starke Unfreiheit des Willens die Sicht der Dinge. Danach werden Handlungen eines Individuums durch die Faktoren Umwelt, Lebens- und Interaktionschancen, seelischer Zustand und gesellschaftliche Position bestimmt. Der freie Wille gilt vielen, die ihn wohl als Grundrecht der individuellen Selbstbestimmung reklamieren, im Hinblick auf Straftäter als (philosophische oder rechtliche) Fiktion. Kaum jemand wird in einer Diskussion oder gar schriftlich darauf pochen, dass ein Mensch, der sämtliche Verkehrsregeln dauernd übertritt, jeden Euro gegen das Gesetz um die Steuer herumführt, stiehlt, raubt, brandstiftet, vergewaltigt, andere verletzt oder tötet, dies im Zuge seiner Selbstverwirklichung tut. Im Allgemeinen gilt als Grundsatz, es handle sich dabei zumindest um fehlgeleitete, durch falsche Vorbilder oder mangelnde Sozialisation, durch nicht ausschließlich vom Täter zu verantwortenden psychischen Druck, durch Drogen oder direkte Gewalt anderer ausgelöste Handlungen.

Nur bei den weiter aus dem eigenen Gesichtkreis entfernten Tätern sind fast alle bereit, Willensfreiheit doch zu unterstellen. Die kurzschlüssige Argumentation übersieht zumeist, dass der freie Wille nicht für das eine gelten kann und für das andere nicht. Wenn die Neigung zu Handlungen, die anderen schaden, durch nicht vom Individuum zu verantwortende Einflüsse determiniert wäre, könnte auch die als positiv eingeschätzte Selbstverwirklichung nicht freien Willensentscheidungen entspringen. Andererseits wäre es natürlich denkbar, Selbstverwirklichung aus dem Bereich des Wollens herauszunehmen und im Bereich der Affekte, der Psyche oder des Glaubens anzusiedeln. Wer wollte jedoch Handlungen, die diesen Bereichen entspringen, gar noch im Sinne des teilweise Vor- oder Unbewussten, einer Wertung der Vernunft oder gar der gerichtlichen Beurteilung unterziehen? Folgt die Selbstverwirklichung gar zum größten Teil unbewussten Impulsen, müsste der andere Mensch und der Versuch, Recht zu setzen oder zu sprechen, als Unterdrückung des Individuums begriffen werden. Das Individuum in eine Gemeinschaft einzuordnen, aus der es sich auch in seiner Sozialisierung empfängt, wäre dann die Idee der Unterdrücker, denen Recht und Unrecht, gut und böse als Mittel zum Zweck der Herrschaft dienen. Definition von Recht und Unrecht bedeutet folglich in diesem Denksystem Herrschaft und nicht Übereinkunft. Insoweit wäre es der Vernunft entzogen und nicht diskutier-, sondern lediglich auskämpfbar.

Unsere Diskussionen über den freien Willen greifen weit zurück. Aristoteles ist einer der definierenden Gewährsleute. *„Da es die Tugend mit Affekten und Handlungen zu tun hat und freiwilligen Handlungen Lob und Tadel, unfreiwilligen dagegen Verzeihung, manchmal auch Mitleid zuteil wird, so muss eine ethische Untersuchung wohl auch bestimmen, was freiwillig und unfreiwillig ist. Das wird auch für die Gesetzgeber nützlich sein bei der Zuerkennung von Auszeichnungen und Strafen.“*[26] ... *„Ist somit unfreiwillig, was unter Zwang und aus Unwissenheit geschieht, so ist offenbar eine Handlung dann freiwillig,* *wenn ihr Prinzip in dem Täter selbst liegt und dieser die einzelnen Umständen kennt, unter denen sich die Handlung vollzieht..."* [27]

Zum Vorsatz wird das freiwillige Handeln dadurch, dass wir nach etwas streben, was in unserer Macht steht. *„Da nun also der Zweck Gegenstand des Wollens ist, Überlegung und Vorsatz aber sich auf die Mittel dazu beziehen, so sind die hierauf gerichteten Handlungen vorsätzlich und freiwillig. ... Also steht die Tugend und ebenso auch das Laster in unserer Gewalt. ... Wenn also das tun des Guten in unserer Gewalt steht, dann auch das Unterlassen des Bösen; ... oder aber man muss das eben Ausgeführte bezweifeln und bestreiten, dass der Mensch ebenso das Prinzip und der Erzeuger seiner Handlungen sei wie seiner Kinder."* [28]

Diese etwas zusammengeschnittene Gedankenführung des Aristoteles zum freien Willen leuchtet unmittelbar ein. Sie hat zumindest im Abendland ihre Stringenz und Bedeutung behalten. Nur unter dieser Prämisse kann ein Mensch überhaupt für sein Handeln bestraft oder belobt werden. Die vielen Faktoren, die heute zur Erklärung von Kriminalität herangezogen werden, zielen alle mehr oder minder auf die Eindämmung der Vorstellung vom freien Willen des einzelnen Täters. Sie sind zahlreich. So wird die Entscheidung eines Menschen, eine Sache zu tun oder zu lassen, nach unserer Vorstellung häufig unter anderem durch folgende Faktoren beeinflusst:

- Gruppendruck / Angst vor Verlust der Anerkennung und Gemeinschaft; Angst, lächerlich dazustehen, körperlich misshandelt zu werden etc.
- Sucht: a) Die Furcht, es könnte durch den Entzug des Stoffes ein Zustand des schlechten Befindens eintreten. b) Ausschaltung der Wahrnehmungsschwellen des Bewusstseins.

- Abhängigkeit von anderen, die die Mittel besitzen, Angst vor körperlicher oder seelischer Misshandlung zu erzeugen.
- Psychische Krankheit, die adäquate Beziehungen zu anderen und zur Realität nicht zulässt.
- Reaktion auf Misshandlung durch andere.
- Übermäßig ungleiche Verteilung der Lebenschancen.
- Die Kalkulation, dass die zu erwartende Strafe die Vorteile des kriminellen Handelns nicht zunichte machen wird.
- Mangelnde persönliche Erziehung, die Alternativen im Handeln überhaupt zu kennen, d.h. eine fehlende Vorstellung von Gut und Böse.
- Der Zwang, durch Dealerei und Hehlerei sein Leben sicherstellen zu müssen.
- Werteverfall, Nützlichkeitsethik, Recht des Stärkeren.
- Hirnorganische Störungen.

Die von diesen und anderen Faktoren ausgehende Beeinflussung des freien Willens lässt sich sicher nicht verleugnen. Vor allem beeinflussen sie die Vorstellung von dem, was Gut und Böse ist. Dass aber zu der Theorie vom freien Willen noch weitere Bestimmungen hinzukommen müssen, wird daraus und aus den bisherigen Ausführungen deutlich.

In der christlichen Theologie leiteten Theologen das Böse aus dem Begehren des Menschen ab. Die Sündenfallgeschichte in 1. Mose 3 wurde dafür als Beleg herangezogen. Darin pflückt Eva die Frucht vom Baum der Erkenntnis des Guten und des Bösen, weil sie *„sah, dass von dem Baum gut zu essen wäre und dass er eine Lust für die Augen wäre und verlockend, weil er klug machte."*

Das Problem jedoch bestand darin, zu erklären, welche kriminelle Handlung das Essen gewesen sein soll. Auch die Ausdeutung des Begehrens als Sexualität erklärt in unserem Zusammenhang nichts. Das Begehren wird hier als menschliche Grundausstattung eingeführt.[29] Es ist sogar als menschliche Ausstattung zu fordern, wenn ein freier Wille als grundlegend menschlich verstanden werden soll. Man kann dem Begehren nachgeben oder auch nicht, braucht dazu aber einen freien Willen. Das führt keineswegs immer zur Kriminalität. Die Geschichte des Brudermordes von Kain an Abel zeigt besonders schlimme kriminelle Folgen dieses Gefühls. Kain begehrt dieselbe Anerkennung seines Opfer wie sie Abel erfährt. Er fühlt sich und sein Opfer von Gott zurückgewiesen. Da erschlägt er den anscheinend bevorzugten Abel. Die von ihm wahrgenommene ungleiche Verteilung der Lebenschancen korrigiert er durch ein Kapitalverbrechen und weiß auch gleich, dass er sein eigenes Leben damit verwirkt hat.[30]

Das Begehren und andere Gefühle leiten das Handeln auch wider besseres Wissen. Das geht aus dieser zweiten Geschichte hervor. Deshalb ist die Idee des freien Willens nicht etwa als Illusion abzutun. Die Handlung wird vom Gefühl zwar nahe gelegt, aber nicht zwingend vorgeschrieben. Ansonsten müsste aus dem Leben des Menschen als Individuum die Verwicklung in nicht zu lenkende Schicksale im tragischen oder komischen (klassischen) Sinne herausinterpretiert werden. Dem Gebiet der Verwicklungen haben sich die Theologie und die Psychologie näher gewidmet.

Im Alten Testament steht der Satz, das Dichten und Trachten des menschlichen Herzens sei „böse von Jugend“ auf (1. Mose 8, 21), sein Begehren gehört zur Ausstattung. Das dient als anthropologische Grundbestimmung, die Gott zu der Selbstverpflichtung veranlasst, nicht mehr strafen zu wollen. Denn ein Wesen für seine Grundausstattung bestrafen zu wollen, würde immer wieder in eine Katastrophe wie etwa die Sintflut führen. Er entlässt also sein Geschöpf in die Freiheit. Diese Grundeinstellung erweitert die Geschichte mit Eva dahin, dass ihr Begehren der

Selbstbestimmung sich gegen Gott und damit im wohlverstandenen Sinne auch gegen die eigene Bestimmung, „glücklich als Gottes Kind im Garten Eden zu leben“, richtete. Das kann als Selbsterfahrung der Menschheit gelten, die in der Freiheit auch die Verantwortung für das eigene Handeln spürt.

Der Ansatz, der dieses auf die für den Verhaltenshorizont des Individuums auch noch in der Postmoderne brauchbare Ebene bringt, folgt erst im Neuen Testament. Dort schreibt der Apostel Paulus über die Unfähigkeit, das Gute zu vollbringen: *„Wollen habe ich wohl, aber vollbringen das Gute finde ich nicht. Denn das Gute, das ich will, das tue ich nicht; sondern das Böse, das ich nicht will, das tue ich. Wenn ich aber tue, was ich nicht will, so tue nicht ich es, sondern die Sünde, die in mir wohnt. So finde ich nun ein Gesetz, dass mir, der ich will das Gute tun, das Böse anhanget.“*[31]

Der so formulierte Gegensatz zwischen Fleisch und Geist, zwischen dem natürlichen und dem von Gott gerechtfertigten Menschen wird im Glauben aufgehoben, nach dem Gott den Menschen in den Stand des Gerechtfertigten setzt, ganz gleich, wie seine tatsächliche Handlungsebene aussieht. Der Glaube daran bringt das Tun des Guten dann soweit hervor, wie nicht der Unglaube, der sich in Selbstrechtfertigung ausdrückt, es verhindert. Diese dialektische Verflechtung von Gut und Böse in der realen Existenz des Menschen redet nicht etwa dem schicksalhaften Verfallensein das Wort, sondern mündet gerade in den Aufruf, sich zum Guten bekehren zu lassen. Dass Jesus den Menschen die Umkehr zum Guten zutraut, wurde schon aus den oben zitierten Passagen deutlich.

Die dialektische Verflechtung von Gut und Böse als wirkungsmächtige Kräfte im menschlichen Leben hat sich bis in die Psychoanalyse durchgehalten. Im Freud’schen Modell von Es - Ich - Über-Ich spielt, stark vereinfacht dargestellt, der Trieb (das Gesetz des Fleisches) die Rolle des nicht der bewussten Kontrolle unterliegenden Handlungsfaktors. (Unbewusste Über-Ich Anteile und die Unterscheidung von unbewusst und vorbewusst können hier nicht diskutiert werden.) Die Psychoanalyse versucht in der therapeutischen Arbeit, Inhalte des Unbewussten bewusst und damit für das Ich steuerbar zu machen. („Wo Es war, soll Ich werden"). So sehr die Idee des freien Willens durch das Persönlichkeitsmodell ins Wanken gerät, so sehr bleibt die Therapie ihr verhaftet. Sie ist philosophisch gesehen nichts anderes als der Versuch, mit der (ärztlichen, therapeutischen und allgemeinen) Vernunft die als unbewusst postulierten Triebe der bewussten Steuerung und damit eben der Vernunft zur Verfügung zu stellen. Diese so gewonnene Steuerbarkeit bringt jedoch zunächst keine ethische Entscheidungsmöglichkeit hervor, sofern nicht in der Steuerbarkeit selbst das ethisch Wertvolle zu sehen wäre. Wer sollte dem Therapierten verwehren, die gewonnene freiere Handhabbarkeit seiner Triebanteile in Zukunft zur Erfüllung der Triebe statt zu ihrer Kontrolle zu nutzen? Dann würde aus unbewusst gesteuertem bösem Handeln bewusst gesteuerte Kriminalität. Dass das nicht das Ziel der Analyse sein kann, gehört zu den unmittelbar evidenten Einsichten.

Weitere Gegner des freien Willens könnten unter das Stichwort „das Sein bestimmt das Bewusstsein" subsumiert werden. Der freie Wille wäre eine Illusion, deren Förderung sich die gesellschaftlich herrschenden Kräfte jeweils verschrieben haben, um ihre herrschende Stellung zu behalten. In Wirklichkeit wird das Verhalten des Individuums von den Strukturen bestimmt, in denen es steht bzw. die es geprägt haben. Deshalb kann die Justiz nur eine Klassenjustiz sein, die eine Illusion von Gerechtigkeit verbreitet, in Wirklichkeit Herrschaftsinstrument der herrschenden Klasse sein muss. Wer seine Arbeitskraft verkaufen muss, kann keine freie Willensentscheidung treffen. Er oder sie ist alleine an die Reproduktion der Arbeitskraft gebunden. Wie sehr diese Sicht ihrerseits zum Illusionären neigt, hat sich in den historischen Versuchen des Kommunismus gezeigt, die sehr wohl Kriminalität kannten, sie jedoch mit ausgeklügelten Systemen verschleierten, auf den Einfluss des Klassenfeindes zurückführten oder sich ihrer gar zur Herrschaftssicherung bedienten. Dass auch im kommunistischen System der Einzelne entscheiden konnte, ob er stehlen, morden oder vergewaltigen will, steht wahrscheinlich außer Frage, soweit er nicht durch Machtstrukturen gezwungen war, die die Willensfreiheit bis an die Grenze des Menschlichen zurückdrängten. Das zu erstrebende Gute und das abzulehnende Böse bekamen für den einzelnen eine andere Gewichtung als in der Geschichte des Abendlandes. Wer aus dem kommunistischen Denken heraus fiel, wurde als für den geschichtlichen Fortschritt schädlich betrachtet. Unter der Hand jedoch kamen Menschen, die der Gemeinschaft beispielsweise durch Alkoholismus schadeten, hinter Gitter und in Zwangsarbeit. Damit wurde im rechtlichen und gesellschaftlichen Handeln der freie Wille doch unterstellt. Um auch individuelle Freiheiten, die im Verborgenen und Privaten stattfanden, zu unterbinden, etablierte der Staat das überdimensionale Spitzelsystem der Staatsicherheit.

Auch in der Aufarbeitung der Hitler - Vergangenheit kamen vielfache Fragen nach der Möglichkeit der freien Willensentscheidung vor. Konnte ein Psychiater sich dem Auftrag zur Beseitigung psychisch kranker Menschen entziehen. War es möglich, einen zur Deportation anstehenden Juden nicht zu deportieren? Es war möglich, sich dem Anspruch des Staates zu entziehen, wenn man als Individuum bereit war, für seine freie Willensentscheidung mit der eigenen Biographie oder dem eigenen Leben einzustehen. Wo jedoch der äußere Zwang so groß wird, muss faktisch die Willensfreiheit als eingeschränkt gelten. Die Umwertung aller Werte mit Sätzen wie: „Du bist nichts, dein Volk ist alles!“, die Propagierung des gesunden

Volkskörpers und die Raumforderung für den Herrenmenschen war die politische Entscheidung für die Freiheit kriminellen Handelns als Staatsraison. Die böse Absicht der Herrschaft des Stärkeren bildete den Hintergrund für Kontrolle, Unterdrückung und Ausrottung. Recht und Rechtsprechung hatten die Funktion der Herrschaftssicherung. Alle Institutionen, die für einen freien Willen des Individuums hätten stehen können, wurden ausgemerzt oder gleichgeschaltet. (Parteien, Gewerkschaften, Kirchen). Die Entscheidung des Individuums konnte nicht mehr das Tun oder Unterlassen zum Inhalt bekommen, sondern das Für und Wider gegen die Partei und ihre Exponenten. Die Gestapo hatte die Funktion, auch im Verborgenen getätigte, nicht öffentliche freie Willensentscheidungen aufzuspüren und der Gleichschaltung oder Ausmerzung zuzuführen.

Gerade an diesen jüngsten Vergangenheiten auf deutschem Boden muss man die Lehre vom freien Willen des Menschen zu messen. Offenbar kann die Freiheit des Willens für den einzelnen derart bedrohlich eingeschränkt werden, dass die freie Entscheidung für das Böse oder das Gute nicht mehr definierbar ist bzw. sich auf das Für und Wider zur herrschenden Moral reduziert. Die Antwort auf die Frage nach dem Willen nahm mit der Hirnforschung dann wieder eine überraschende Wendung.

Der Mensch tut, was er muss – die Hirnforschung

In der Hirnforschung gibt es scheinbar Tendenzen, zu behaupten, dass der Mensch für seine Taten nichts kann. Der freie Wille sei eine Illusion[32]. Alles, was an Gedanken zu Handlungen zu führen scheint, ist in Wirklichkeit nur ihr gedanklicher Nachvollzug, in vielen Fällen sogar die Rechtfertigung für den Handlungsimpuls. Das hätte erhebliche Auswirkungen auf die Behandlung von Straftaten, weil beispielsweise bei einem solchen Modell nicht mehr von (persönlicher) Schuld gesprochen werden könnte. Da viele Menschen, die sich in Gefängnissen sammeln, in ihrem Verhalten und vor allem dessen Änderung wenig zugänglich erscheinen, kommt es immer wieder zu letztgültigen Erklärungsversuchen. So hat Lombroso im 19. Jahrhundert Kriminalität aus angeborenen Charakterzügen erklärt und Typen ‚geborener Verbrecher' beschrieben.[33] In diese Linie scheint auch das zu passen, was heute durch die Hirnforschung beschrieben wird. Das ist aber nur bedingt der Fall. In einer Zusammenfassung stellen Markowitsch und Siefer fest, *„dass Fehlfunktionen des Gehirns, die Veranlagung zu psychischen Erkrankungen sowie eine nachteilige Umwelt verbrecherisches Verhalten begünstigen."*[34] Und weiter: *„Die allermeisten Verbrecher sind in ihrer Psyche und damit in ihrem Sozialverhalten gestört – sie sind Psychopathen, Soziopathen oder leiden an einer antisozialen Persönlichkeitsstörung."*[35] Um das zu erkennen, wäre keine Hirnforschung nötig gewesen. Das ist gewissermaßen Alltagserkenntnis und Alltagsüberzeugung zugleich. Die eigentliche Bedeutung der Hirnforschung liegt darin, dass sie behauptet, ein „Täter" könne gar keine rationale Wahl zwischen Handlungsalternativen treffen. Er sei gewissermaßen alternativlos und daher auch nicht als ‚schuldig' zu betrachten. Die erstaunliche Folge: *„Die Neurowissenschaften machen aus dem Menschen ein erklärbares und in seinem Verhalten bestimmbares Individuum."*[36]

Deshalb sollte man Straftäter möglichst bereits vor ihrer Straftat erkennen und aus dem Verkehr ziehen, ja sogar Kinder und Jugendliche durch einfache Tests als mögliche Delinquenten erkennen und mit präventiven Programmen behandeln.[37] Schließlich wird eine „Neurojurisprudenz" angekündigt, über die allerdings nur sehr verschwommene Vorstellungen herrschen: *„Die traditionellen Bewertungsschemata – kriminelle Akte erfordern Intentionen, sind mit Zwecken und Absichten verknüpft, basieren auf einem Unrechtsbewusstsein, zeigen Rücksichtslosigkeit oder zumin-*

dest Fahrlässigkeit – berücksichtigen nicht oder kaum den Hintergrund einer Person. Unser Rechtssystem muss jedoch wegkommen von Vergeltungs- und Bestrafungsgedanken und hin zu einem System, das fest, aber gnädig mit denen umgeht, die handelten, wie sie mussten.“[38]

Die Grundlage dazu liegt aber auf einer Ebene, die gerade das Phänomen nicht klären kann. Experimente von Benjamin Libet und später John-Dylan Haynes hatten zum Ergebnis, dass es Aktivitäten von Hirnregionen gibt, die vor einer bewussten Entscheidung eines Menschen, eine einfache Handlung auszuführen (Knopfdrücken), bereits das Ergebnis ahnen lassen. Die Vorhersagewahrscheinlichkeit liegt bei sechzig Prozent und damit wenig über dem Zufall. Da es sich bei dem Experiment um reine Grundlagenforschung handelt, kann es nur ansatzweise für komplexe Bewusstseinsprozesse herangezogen werden. Haynes wird denn auch in einem Artikel der Zeit folgendermaßen zitiert: *„Alle unsere Handlungen sind die Überlagerung von Tausenden von kleinen Ursachen – Erfahrungen in Kindheit und Beruf, unsere Kultur, die Menschen, mit denen wir uns umgeben, die Medien, die wir zu Rate ziehen .... Auch unbewusste Prozesse folgen einer Logik. Doch diese können wir in uns selbst nicht beobachten. Und die bewussten Gründe, die wir dafür angeben, stimmen oft nicht.“*[39] Es geht somit bei der Hirnforschung nicht um Freiheit oder Unfreiheit des Willens, sondern darum, wie das Gehirn Wirklichkeit konstruiert und was wir davon wahrnehmen. Ein völlig losgelöster freier Wille kann gar nicht existieren. Wirklichkeitskonstruktionen sind stets kulturell und individuell kodiert. Einen losgelösten (abstrakten) freien Willen hat noch nie jemand diskutiert. Es ging immer um Freiheit in einem System von Konstruktionen der Wirklichkeit. Im Gegensatz zu der von Bieri vertretenen Deliberationsfähigkeit, d.h. einer Fähigkeit, die eigene Motivationslage zu überdenken[40], verschärft Roth die These, dass Handlungsfreiheit nicht möglich sei. Es handle sich um *„einen komplexen, wenngleich vollständig determiniert ablaufenden Prozess des Widerstreits der Motive"*. Menschen seien nicht im Sinne eines persönlichen Verschuldens haftbar zu machen, wenn sie etwas wollen oder nicht. *„Die Gene, die vor- und nachgeburtlichen Entwicklungen und Fehlentwicklungen, die frühkindlichen Erfahrungen und Traumatisierungen, die späteren Erfahrungen und Einflüsse aus Elternhaus, Freundeskreis, Schule und Gesellschaft – all dies formt unser emotionales Erfahrungsgedächtnis, und dessen Auswirkungen auf unser Handeln unterliegen nicht dem freien Willen."*[41]

Die neurobiologische Forschung zeige auch: Eine rein verstandesmäßige Einsicht in die Strafwürdigkeit des eigenen Verhaltens sowie auch dessen unerwünschte Konsequenzen führten nicht automatisch zu einem Unterlassen desselben. Damit ist die Wirkungslosigkeit des Schuldstrafrechts angesprochen, das vorwiegend aus unerwünschten Konsequenzen besteht. So denkt Gerhard Roth aus der Anhäufung von Erkenntnissen aus allen Wissenschaften den Menschen als automatisierten Sklaven der ihm vorausgehenden und umgebenden gesellschaftlichen Makro- und Mikrosysteme. In Antwort auf diese Thesen entstand eine lebhafte Diskussion, deren Ergebnis Roth dazu bewogen hat, seine Sicht der Willensfreiheit zu präzisieren.[42]

Auch vorher schon hat Roth sich mit einer „naturalistischen Theorie der Willensfreiheit" an die Tradition wieder angeschlossen. Das geschah mit dem Begriff der Selbstbestimmung: „Wenn ein Mensch aufgrund der ihm zuschreibbaren Wünsche, Überzeugungen und sonstigen Motiven handelt, dann handelt er selbstbestimmt und damit frei. … Handelt eine Person selbstbestimmt, dann kann sie für ihr Handeln verantwortlich gemacht werden; verletzt sie mit einer derartigen Handlung eine Norm, dann wird die Person schuldig."[43] So entstandene Schuld rechtfertigt nicht automatisch auch eine Strafe, sondern u.U. auch eine

Maßnahme der gesellschaftlich garantierten Sicherheit von Leib und Leben. Somit ist das Ergebnis der Hirnforschung nicht die Verhinderung von Zuschreibbarkeit, sondern lediglich eine genauere Grundlage für die individuelle Einschatzung von „Schuldfähigkeit".

Da zeigt sich, dass es sich beim Begriff der Willensfreiheit um eine streng philosophisch gemeinte Sicht der Willensfreiheit mit metaphysischem / dualistischen Hintergrund gehandelt hat (traditioneller Begriff der Willensfreiheit), der nirgendwo mehr vertreten wird. Im Ergebnis führt Roth also einen Motivstreit ein, bei dem das eine oder andere Motiv gewinnt. Das aber ist lediglich eine andere Definition von Willensfreiheit. Wenn nämlich ein Motivstreit vorliegt, dann wird dieser irgendwie entschieden. Da enden die Möglichkeiten der Hirnforschung. Wie diese Entscheidung schließlich geschieht - sie ist eine individuelle Entscheidung, die in dieser Form nur von diesem Gehirn getroffen werden kann. Damit ist sie zurechenbar und der Hirnforscher wieder da angelangt, wo die anderen Wissenschaften vom Menschen und seinen Kulturen auch sind. Jetzt entstehen die Fragen von Legitimität und Machtverhältnissen: Warum darf das eine automatisierte System, das aber letztlich doch individuell den Motivkampf in seinem Gehirn entscheidet, das andere für kriminell erklären und ihm per gesellschaftlicher Macht bestimmte automatisierte Handlungen verbieten?

Dass Handlungen in jedem Fall persönlichen Wirklichkeitskonstruktionen in ihrer gesellschaftlichen Verfassung unterliegen, ist jedenfalls nicht die Erkenntnis der Hirnforschung. Der von allen zitierte Gewährsmann Libet selbst lehnte es bereits ab, in seinen Forschungsergebnissen einen Nachweis für oder gegen den freien Willen zu sehen. Die Seite der deterministischen Vorstellung, dass nämlich alles vorprogrammiert sei, veranlasst Libet zu folgender Aussage: *„Die Annahme, dass die deterministische Natur der physikalisch beobachtbaren Welt subjektive bewusste*

Funktionen und Ereignisse erklären kann, ist ein spekulativer Glaube und keine wissenschaftlich bewiesene Aussage.“[44] Auch die umgekehrte Sichtweise führt zu keinem belastbaren Ergebnis: *„Der Indeterminismus, die Ansicht, dass der bewusste Wille manchmal Wirkungen ausüben kann, die nicht mit bekannten physikalischen Gesetzen übereinstimmen, ist natürlich ebenfalls ein nicht bewiesener, spekulativer Glaube.“*[45] So folgt Libet der Tradition in der Philosophie, die einen freien Willen annimmt, ohne ihn beweisen zu können. *„Die phänomenale Tatsache ist einfach, dass die meisten von uns das Gefühl haben, dass wir eine Art von freiem Willen haben, zumindest bei einigen unserer Handlungen und innerhalb bestimmter Grenzen, die uns vom Status unseres Gehirns und von unserer Umgebung auferlegt werden. ... Bei einer Frage, die für unser Selbstverständnis von so grundlegender Bedeutung ist, sollte die Behauptung der illusorischen Natur von Willensfreiheit auf recht direkte Belege gegründet werden. ... Es ist töricht, auf der Grundlage einer unbewiesenen Theorie des Determinismus unser Selbstverständnis aufzugeben, dass wir eine gewisse Handlungsfreiheit haben, und keine vorherbestimmten Roboter sind. ..., warum sollen wir nicht die Sichtweise annehmen, dass wir einen freien Willen haben...?“*[46]

Die Behauptung, Menschen begingen Straftaten als etwas, was sie tun müssen, ist jedenfalls nicht wissenschaftlich nachgewiesen. Weg vom Bestrafungsgedanken hieße hin zu Maßnahmen, die fördern und umorientieren: Was sollte das nützen, wenn das Gehirn Handlungen erzwingt und insofern nicht veränderbar ist? Dann läuft die ganze Veranstaltung auf das gnädige oder vorbeugende Einsperren der als möglicher Weise kriminell identifizierten Personen hinaus. In der Logik liegt es, bereits vor der Zeugung präventive Maßnahmen zu ergreifen. Was das bedeutet, hat man zumindest in Deutschland zwischen 1933 und 1945 gesehen. Daher sollte man mit der Programmierungsthese sehr sorgfältig umgehen.

Dass das nicht gemeint ist, sagt Roth auch. Es geht ihm schließlich um einen nicht moralischen Schuldbegriff, der es ermöglicht, als ‚Strafzweck' die auf Täter zugeschnittenen Maßnahmen erzieherischer und therapeutischer Art zu ergreifen, die notwendig sind, anstatt einem Vergeltungsgedanken zu folgen.[47]

Die ältere Hirnforschung ging einen anderen Weg, der aber auf das Gleiche hinauslief. Sie untersuchte Gehirne von Gewalttätern, um dort etwas zu finden, das sich vom „Normalen" unterschied. So kam man auf die hirnstrukturelle Pathologie, die Gewalttäter deutlich von anderen Straftätern und strafrechtlich Unauffälligen unterscheidet. An einzelnen Fällen ließen sich Läsuren im Gehirn von Gewalttätern nachweisen. So fand sich bei dem Amokläufer Charles R. Whitman (1966) ein Tumor neben dem Mandelkern. Bei dem Massenmörder Ernst August Wagner (1913) wurde eine Läsion im limbischen Kortex festgestellt. Erhöhtes Aggressionsrisiko besteht bei Temporallappen-Verletzungen, Schläfenhirnepilepsien, Psychosen und bei frontobasalen sowie temporobasalen Gewebszerstörungen.[48] Diese Erkenntnisse oder Diagnosen gehören zu den Ergebnissen der Hirnforschung. Die genannten Beeinträchtigungen lassen sich nicht beseitigen, aber eventuell medikamentös beeinflussen. Wenn eine Gehirnschädigung bekannt ist, kann man der Gewalt möglicher Weise vorbeugen. Bei misslungener Vorbeugung geht es dann nicht um Strafe, sondern um Schutz. Die ältere Hirnforschung stellt damit auch die Frage der Schuldfähigkeit von Gewalttätern.

Das Gehirn des Mörders

Adrian Raine, Professor für Kriminologie und Psychiatrie hat ein ganzes fiktives Programm entworfen, wie eine Gesellschaft die biopsychosozialen Erkenntnisse über das

Gehirn anwenden könnte. Dieses Programm ähnelt dem, was Markowitsch und Siefer sich vorstellen. Da gäbe es gut ausgestattete Haftanstalten für die Männer, die durch einen Reihenhirnscan aller 18jährigen sowie dessen Verknüpfung mit ihren anderen vorhandenen sozialen und sonstigen Daten aufgrund der Wahrscheinlichkeit (Algorithmus) schwere Verbrechen begehen werden. Sie werden intensiv therapeutisch behandelt und können bei jährlicher Begutachtung auch wieder entlassen werden. Wenn das erfolgreich sein sollte, würde das Verfahren auf Jungen im Alter von zehn Jahren ausgedehnt, die dann bei Auffälligkeiten ihren Eltern weggenommen und in geschlossener Unterbringung erzogen würden. Schließlich müssten alle Menschen, die Eltern werden wollen, einen „Eltern-Führerschein" erwerben, damit sie ihre Verantwortung gegenüber Kindern kennen. Der Autor selbst wird an George Orwells 1984 erinnert, argumentiert aber, dass man so der Gesellschaft und einzelnen eine Menge Leid und Kosten ersparen könne, indem man die Möglichkeiten der Früherkennung nutze.[49] Die Idee nennt Raine „Lombroso-Programm". Ein Schauer, der über den Rücken läuft, ist hier durchaus nicht unangemessen.

Im Übrigen aber ist Raines Buch aber eine spannende Anatomie der Gewalt, wie auch der amerikanische Titel heißt. Es beschreibt mögliche biologische und soziale Wirkungen, etwa das Verhalten der Mutter während der Schwangerschaft und der ersten Lebensjahre ebenso wie andere soziale und materielle Umwelt - Einflüsse in ihrer Wirkung auf das Gehirn. Das kann Menschen zu Gewalttätern prädisponieren. Das Gehirn ist jedoch nach Raines Auffassung nicht ein für alle Mal determiniert, sondern in jedem Lebensalter durch verschiedenste Umstände und Erfahrungen, durch Umstellung der Ernährung, durch soziale Interaktion, Therapie oder Meditation form- und veränderbar. Durch diese Beschreibung entkommt die Diskussion der biologistischen Falle, die das Wort Lombrosoprogramm eigentlich vorzeichnet. Es gibt ihn nicht, den geborenen Kriminellen, den der deutsche Buchtitel entgegen dem Inhalt suggeriert. Er wird es durch seine mit der Empfängnis beginnenden Lebensumstände, die das Gehirn in seinen Abläufen und Vernetzungen formen.

Raine plädiert dafür, ähnlich wie andere ‚gemäßigte' Ansätze, dass der freie Wille bei Individuen in abgestufter Form vorhanden ist. Das verlangt eine eher gnädige oder milde Be- und Verurteilung der jeweiligen Täter und eine Prüfung der Schuldfähigkeit.

Auch hier muss ich den Gedanken anschließen, dass die „heilende Gerechtigkeit" durch Einbeziehung der Opfer und Verantwortungsübernahme der Täter die aufgekommenen Fragen besser bewältigen könnte als das Schuldstrafrecht mit dem Gedanken der „gerechten Vergeltung".

Gut und Böse

Mit allen Einschränkungen muss, wer Rechtsprechung im Sinne des Zusprechens von Verantwortung von Schuld betreiben möchte, nicht nur die Lehre von der Freiheit des Willens aufrechterhalten, sondern darüber hinaus sich der Frage nach dem Guten und Bösen stellen. Der Erfahrung nach rechtfertigt sich fast jeder Täter kleiner oder großer Delikte schon lange vor irgendeiner Gerichtsverhandlung vor sich selbst und weist dadurch die Freiheit der Entscheidung nach. Eine der großen Einschränkungen dieser Freiheit stellt die Angst vor dem Verlust von Anerkennung und Geborgenheit in der Gemeinschaft dar. Selbst in theoretischen Situationen von Anerkennung wie beim Autofahren bestimmt die Furcht das Handeln. Wenn alle zu schnell fahren, warum kann ich mir das Recht heraus nehmen, die vorgeschriebene Geschwindigkeit einzuhalten und dadurch Fahrer hinter mir in ihrem Drang nach vorn zu bremsen? Kann ich mich entziehen, wenn jeder sich die Freiheit nimmt, mal einen Tag nicht zu arbeiten?

Der freie Wille hängt mit dem Persönlichkeitsbild des Abendlandes eng zusammen, nach dem sich das Individuum um Freistellung aus den Zwängen von innen und außen zu bemühen hat. Selbsterziehung und Selbstbeherrschung bilden neben dem Aufschub der Befriedigung von Impulsen dabei Hauptaspekte. Sie sind eng mit dem „Guten" verbunden, während jede Gier, Maßlosigkeit, sofortige Befriedigung, Abhängigkeit, willenloses Erfüllen oder über das 'Normale' hinaus gehende Gebrauch noch immer mit dem „Bösen" in Verbindung gebracht wird. Dahinter steht die Definition der klassischen Philosophie, von Aristoteles als das Mittelmaß definiert: Tugend *„ist das Mittlere zwischen zwei Fehlern, einem Übermaß und einem Abmangel,..."*[50]. Damit wird jedoch auch deutlich, dass es sich hier um eine Definition im Vorfeld handelt. Die Tugenden beschreiben nur das gute Verhalten. Auch das Menschenbild der Aufklärung setzt auf die Herrschaft der Vernunft über die Affekte. Im Gegensatz dazu steht auf derselben (Verhaltens-) Ebene jener Satz des Alten Testaments, der bereits zitiert wurde: *„Das Dichten und Trachten des menschlichen Herzens ist böse von Jugend auf."*

Also müsste das Gute und das Böse außerhalb des Verhaltens zu finden sein. Das Strafrecht kann sich an mehr oder weniger Affekt und seinem Grad an Herrschaft über das Handeln nur begrenzt ausrichten. So scheint es jedenfalls auf den ersten Blick. Dennoch brachte die Beschreibung von Tätern eine solche Erfahrung zu Tage. Viele Wiederholungstäter im quantitativen Hauptstraftatenbereich Diebstahl und Verkehr unterscheiden den Täter vom Nichttäter vor allem durch die Quantität der Übertretungen. Daraus lässt sich auch erklären, wie wenig das Böse mit den kleineren Wiederholungsstraftaten - und seien sie noch so ärgerlich und für das Opfer auch schmerzlich - assoziiert wird. Sie gelten eher als Ausdruck von Verwahrlosung oder, wie der Ausdruck Resozialisierung nahe legt, als nicht angepasstes oder falsch eingeübtes Verhalten.[51]

Dagegen ergibt sich die Verbindung des Bösen mit den Kapitalverbrechen von selbst. Bei Mord, Totschlag, Vergewaltigung oder anderen Verbrechen gilt dem Täter, so scheint es, das Leben und seine Würde nicht als Wert an sich. Also wäre das Böse lebens- und menschenfeindliches Verhalten, dessen Qualität „Böse“ als unmittelbar einleuchtend gelten kann. Die Summe des Bösen stellt die organisierte Menschenvernichtung dar. Selbst hier wurden Ausnahmen gefunden. Notwehr und Kriegshandlungen werden nicht gesetzlich verfolgt. Wenn Leben gegen Leben steht und das eine Leben nur gegen das andere durchgesetzt werden kann, gilt dies als übergesetzlicher Notstand. Je nach Definition kann der Notstand gegen die zwingende Anwendung des Nicht - Tötungs - Gebotes auch auf die Sterbehilfe oder die Abtreibung angewendet werden. Übrigens sind auch die Tiere aus dem Tötungsverbot ausgenommen. Menschliche Definition von Gut und Böse ließe sich mittels letzteren Beispiels sogar als schlicht innerartliche Tötungshemmung begreifen.

Als böse wäre zu verstehen, was die Würde und die Lebensgrundlagen des anderen Menschen oder die Lebensmöglichkeiten der Menschheit beeinträchtigt. Gut ist dann das, was der Würde und dem Leben der Menschen dient. In einem Satz des Neuen Testaments hört sich das so an: *„Alles, was ihr wollt, dass euch die Leute tun sollen, das tut ihnen auch!“*[52]

Damit könnte man erklären, dass sowohl Mord als auch Diebstahl als der Würde des Mitmenschen abträglich und damit als Ausfluss des Bösen definierbar werden. Die Qualität ihrer negativen Auswirkungen auf Lebensmöglichkeiten weisen sie als unterschiedlich schwere Beeinträchtigungen aus. Auf der anderen Seite der Skala zeigt sich die gegenteilige Klimax: Völkermord als Auslöschung der Mitglieder einer Volksgruppe, weil sie deren Mitglieder sind, gilt als das nahezu „total Böse“. Atomwaffen können, weil sie die Lebensgrundlage der Menschheit zerstören, als das Böse selbst gelten.

Kann Böses zum Guten werden?

In der Gruppe oder in der Gesellschaft können Punkte erreicht werden, an denen das Böse nur mittels des Bösen niedergehalten werden kann oder das Böse gar in das Gute umschlägt. Wenn beispielsweise Besitzverhältnisse die Lebensmöglichkeiten für wenige Mitglieder reservieren, kann es gut sein, böse zu handeln, um die Lebensmöglichkeiten breiter zu streuen. So wurden die Opfer bei Revolutionen als im ethischen Sinne unvermeidbar verstanden. Ein weiteres Beispiel für diesen Gedankengang waren die Attentäter des 20. Juni 1944, die nach langer Diskussion und Gewissensbefragung zu der Überzeugung kamen, es sei besser, eine Sünde (Attentat auf Hitler) zu begehen als dem durch den Faschismus angerichteten Übermaß des Bösen weiter zu dienen oder den Untergang des ganzen Volkes zuzulassen. Die Vermengung von Gut und Böse liegt in Faust I klassisch formuliert vor: Mephisto bezeichnet sich als *„Theil von jener Kraft, die stets das Böse will und stets das Gute schafft."*[53] Ethisch gesehen kann jedoch das Böse nicht ins Gute umschlagen, sondern allenfalls die eine böse Handlung als hinnehmbar gelten, wenn dadurch ein noch größeres Böses abgewehrt wird.

Die abendländisch christliche Tradition hat das Verwobensein des Menschen in das Böse als Lehre vom sündigen Menschen formuliert. Danach kann kein Mensch aus dem Zusammenhang der Sünde heraus, sei sie nun sozusagen angeboren oder durch unvermeidliche Übung (Lernen am Modell der jeweiligen Vorgeneration) erlernt.[54] Diese Sichtweise erfordert komplizierte theologische Überlegungen, um auch das Gute sichtbar und der Handlung zugänglich zu machen.

Wenn wie bei terroristischen Akten, Revolutionen oder Diktaturen das Ziel der breiteren Streuung von Lebensmöglichkeiten zur Rechtfertigung der Beseitigung von

Menschen ('Repräsentanten des Systems') oder von ganzen Gruppen ('Ballastexistenz') herhalten muss, schlägt die gute Absicht in das Böse um. Das Böse selbst in Form der Atomwaffen entstand in der Logik eines Versuchs, sich zum Herrn über andere durch einen „Endsieg" aufzuschwingen. Weiterentwickelt wurden sie aus Angst vor dem anderen. Auch ein Rechtssystem kann dem Bösen dienen, indem es die Vernichtung von Lebensmöglichkeiten festschreibt und so als Herrschafts- und nicht als Regelungsinstrument genutzt wird.

Das Gute dient dem Leben und der Würde des Menschen als Einzelwesen und in der Gesamtheit. Das Böse beschneidet oder zerstört Würde und Leben. In freiem Willen und nach jeweiligem Stand von Einsicht und wissenschaftlichen Erkenntnissen muss die „Konkretdefinition" den jeweils Beteiligten in der jeweiligen Situation überlassen werden. Dabei spielen dann alle jene, in geschichtlicher, ökologischer und politischer Hinsicht wechselnden, Faktoren eine Rolle, die das Verhältnis des Einzelnen zu seinen verschiedenen Bezugsgruppen und umgekehrt bestimmen: Gesellschaftliche Rangordnungen, Wirtschaftweise, Religion, Geschichte, Konventionen. Was die Freiheit des Willens oder die Freiheit des Individuums jeweils einschränkt, habe ich bereits dargestellt. Die Freiheit ist eine notwendige Bedingung dieser Definition. Würde sie nicht hinzugedacht, könnte zwischen Gut und Böse nicht unterschieden werden und niemand könnte für seine Entscheidung für das eine oder andere zur Rechenschaft gezogen werden. Inwieweit der freie Wille wiederum aus psychoanalytischer oder gruppendynamischer Sicht als Fiktion gewertet werden müsste, auch das muss der Bewertung in der Situation vorbehalten werden. Deshalb kann man Entscheidungen nur dann als ethisch verantwortbar bezeichnen, wenn sie die Grundsätze für das Leben in einer der besten Einsicht angemessenen Anwendung auf die einzelne Situation beziehen. Diese Bestimmung von Gut und Böse als dem

Leben dienend bzw. das Leben verneinend macht auch deutlich, wie weit der ethische Grundsatz vom realen Verhalten entfernt liegt, und wie sehr die Freiheit (des Willens) notwendige Bedingung für die ethische Grundlegung ist.

Wenn es dann schließlich um die Einschätzung geht, ob jemand „gut“ oder „böse“ gehandelt hat, assoziieren wir im Falle des „Bösen“ automatisch die Konsequenz der Strafe. Das böse Handeln, das jemand auch hätte unterlassen können, führt im schlechtesten Falle ins Gefängnis. Ob es auch anders ginge, wird relativ selten gefragt. Wenn der Täter hinter Gittern landet, ist der Fall für die Öffentlichkeit abgeschlossen. Das Opfer hat vom Täter hinter Gittern nichts.

Alltag hinter Gittern I

Was weiß man eigentlich vom Leben hinter Gittern, was sind das für Menschen, wer wandert in den Knast?[55]

Über bundesdeutsche Prominente, weshalb auch sie in Untersuchungshaft genommen werden, klären uns die Medien angeblich gewissenhaft auf. Wir können uns ein ganz genaues Bild machen, wie sie oder er zum Zeitpunkt der Festnahme aussah, wie sie im Alltag „normalerweise“ leben und wohnen, ihr Geld verdienen. Es wird uns ja eindrucksvoll in bunten Bildern geschildert. Weil wir sie, ihre Lebensgeschichte gut zu kennen glauben, werden sie so vertraut wie Nachbarn. Je nach individueller Neigung bilden wir uns auch schnell eine Meinung darüber, ob ihnen der Aufenthalt hinter Gittern recht geschieht oder sie da ganz einfach nicht hingehören. Führen sie dort ihr besonders herausgehobenes Lebensstil weiter, wie sieht ihr „Hotelzimmer aus Steuermitteln“ aus? Die Öffentlichkeit bildet ihr Urteil bereits in den Medien und das Internet ruiniert Existenzen ganz ohne Gerichtsurteil.

Über allgemeine Kriminalität wird man ebenfalls regelmäßig informiert. Es vergeht kein Tag, an dem man in der Zeitung nicht über Einbrüche, Diebstahl, Raubüberfälle, Verfolgungsjagden und andere Untaten lesen kann. Extremfälle wie organisiertes Verbrechen, Sexualstraftaten, Mord und Totschlag scheinen an der Tagesordnung zu sein. Irgendwo geschieht immer etwas, so dass die Presse Meldungen über „kleinere Vorfälle“ kaum noch unterbringen kann. Wenn Fersehkrimiserien dann plastisch und mit viel action verarbeiten, was „draußen“ so abläuft, und uns ins Wohnzimmer liefern, kann man erst aufatmen, wenn die Gerechtigkeit ihren Lauf nimmt. Der richtige Täter wird allermeistens dingfest gemacht. Danach sieht man dann manchmal auch eine Zelle von innen oder hat das Glück, „den Verbrecher vor Ort“ zu beobachten.

Die erfolgreiche Festnahme und Verbringung in die Zelle der Haftanstalt scheint ein beruhigendes Gefühl zu provozieren. Die meisten aufregenden aktuellen Gangsterstories der Presse enden mit der Verhaftung. Dann ist die Story ausgelutscht, die Existenz den Bach hinunter und der Nächste ist dran. Denn, so gut wie jede Frau und jeder Mann weiß über eigene Erfahrungen mit „Verbrechen“, von Haus- und Kfz-Einbrüchen, Handtaschen-, Geld- und Scheckkartenraub zu berichten, oder musste zuhören, was Freunden, Nachbarn, Arbeitskollegen widerfahren ist. Hinter Gitter bringen wollen wir alle instinktiv diejenigen, die uns in irgendeiner Weise in unserer Existenz bedrohen. Vielleicht, so hoffen wir, kommen sie nicht so schnell wieder frei, können uns nichts mehr anhaben. Aber vielen erscheint das Leben hinter Gittern noch viel zu wenig Strafe für jede Form von Straftaten zu sein.

Die Zeitungen schildern auch noch den Prozessverlauf bei schwereren Fällen und berichten über das Urteil. Dann aber verschwindet der oder die Verurteilte (der Frauenanteil in Gefängnissen liegt bei ca. knapp 5%). Von da an taucht erst wieder in der Zeitung auf, wer durch “Ausbruch” oder Flucht auffällt und gar noch durch Geiselnahme Betreuer oder Unbeteiligte gefährdet und schädigt. Wer erinnert sich nicht an die Geiselnehmer von Gladbeck oder Celle? Was für einen Polizeiaufwand löste eine Flucht aus dem Gefängnis am 26. November 2009 in Aachen aus! Ein Ausbruch von zwölf Häftlingen aus einer dänischen Haftanstalt mittels eines Bulldozers ging durch die Weltpresse und die Weltfernsehanstalten. Das zeigt, wie sehr eine bestimmte Art Ausbrecher selbst inzwischen auf die Öffentlichkeitswirkung ihrer Flucht setzt. Dabei erhebt sich allerdings die Frage, ob Medienvertreter in solchen Fällen nicht viel mehr den Behörden ihrerseits Informationen zur Verfügung stellen müssten, statt sich unter dem Deckmantel der Berichtspflicht Sensationen und Einschaltquoten zu ergattern.

Auch Straftaten während eines Gefängnisurlaubs interessieren die Zeitung. Sollte die Haftzeit ohne weitere Vorkommnisse verlaufen, verlangt dafür niemand irgendeine Form der Öffentlichkeit. Als Zusammenfassung kann ein Abschnitt aus einer Wochenzeitung dienen: „Es ist ein Paradox: Für nichts interessiert sich die Öffentlichkeit mehr als für das Verbrechen, für den Verbrecher. Der Angeklagte rückt in den Mittelpunkt, im Gerichtssaal wird jedes biografische Detail durchleuchtet, jede Gefühlsregung registriert. Die Gesellschaft stürzt sich förmlich auf den Täter, sicher auch deshalb, weil die Frage, wie einer so werden konnte und ob das nicht auch irgendwie mit uns allen zu tun hat, bedenkenswert ist. Und dann schließen sich hinter dem Täter die Gefängnistore, und augenblicklich erlischt das Interesse. Der Verurteilte tritt in eine Schattenwelt, aus der so gut wie nichts nach draußen dringt, außer wenn einer zu Tode gefoltert wird. Als hätte die Gesellschaft kollektiv entschieden, die Augen vor der Tatsache zu verschließen, dass 99 Prozent der Häftlinge eines Tages wieder in die Freiheit entlassen werden und dass es niemandem egal sein kann, in welcher Verfassung diese Menschen sind, wenn sie wieder Mitglied der Gesellschaft werden."[56]

Bitte um ein Gespräch und was daraus wird

Ungefähr 35 Jahre alt ist der Mann, der mir auf einem gefängnisüblichen Antrag geschrieben hat: "Bitte um ein Gespräch! Dringend! Es geht um meine Entlassung." In großer Unruhe zeigt er mir den Brief eines Gerichts und seines Bewährungshelfers. Das Gericht hatte ihn zu einem Datum auf Bewährung entlassen, das bereits verstrichen war. Der Bewährungshelfer hatte geschrieben, das Versprechen, sich sofort zu melden, sei wohl nicht erfüllbar gewesen. Deshalb setzte er jetzt einen Termin. Auch der war bereits verstrichen. Dann zeigte mein Gegenüber mir noch einen Zettel, auf dem zu lesen stand, dass an das Strafende weitere zwei Monate angehängt worden seien.

Das war ein Rest aus einer Ersatzfreiheitsstrafe. Mir fiel jetzt ein, dass Herr A. auch am Anfang seiner Haftzeit in größeren Nöten gewesen war.

Damals hatte es ihm an Geld fürs Rauchen und Kaffeetrinken gefehlt. Dreißig Euro, die ich ihm geliehen hatte, hatte er allerdings ohne Murren und korrekt von sich aus zurückgezahlt. In den Justizvollzugsanstalten kommt fast wie anderswo auch auf einen, der sich vor Verpflichtungen zu drücken versucht, einer, der ehrlich und von sich aus zurückgibt, was er bekommen hat. Die jetzige Not allerdings wog für Herrn A. weitaus schwerer.

In Erwartung der Entlassung und - so legte ich es mir zurecht - wahrscheinlich unter Verdrängung des Strafrestes, der ihm wohl bekannt war, schloss er bereits Verträge über eine Wohnung ab. Ein Betreuungsverein schoss ihm die Maklergebühren vor - als Kredit. Das Sozialamt hatte sich bereit erklärt, die Miete zu übernehmen. Nun fieberte er fast vor Aufregung. Siedend heiß war ihm "eingefallen", dass da ja noch etwas zu begleichen war: 56 Tagessätze á zwanzig Euro, Rest aus einer Geldstrafe. "Wenn ich die nicht bezahlen kann, dann muss ich das auch noch absitzen! Das Sozialamt ist sicher nicht bereit, noch zwei Monate für nichts Miete zu zahlen. Das bedeutet aber, ich stehe noch zwei Monate später ohne Wohnung, aber mit über dreitausend Euro Schulden auf der Straße!" Weil mir das einleuchtete, schloss er nun seine "dringende" Bitte an. Er habe während seiner Haftzeit wie jeder andere Gefangene Geld sparen müssen. Das reiche aber nicht aus, um die Strafe zu bezahlen. Ich solle ihm doch die restlichen dreihundert Euro leihen. Er würde sie mir ganz sicher zurückgeben.

Wahrscheinlich denkt jeder, das sei eine merkwürdige Situation, ausgerechnet den Seelsorger in der Justizvollzugsanstalt mit einer derartigen Bitte anzugehen. Wen aber soll der Betroffene sonst fragen? Doch, es gibt Adressen, auch im Vollzug. Sozialamt, Arbeitsamt oder Abteilungsleitung innerhalb, Beratung durch Betreuungsvereine (z.B. Hilfe für Gefährdete) oder Entlassungsberatung von außerhalb. Viele Gefangene aber versuchen, einen für sie selbst übersichtlichen und einfachen Weg zu gehen. Den vermuten sie bei der Seelsorge. Warum das so ist, sei erst einmal dahingestellt.

Jedenfalls konnte dem Gefangenen A. geholfen werden. Relativ einfache Schritte führten zum "Erfolg". Herr A. bekam nicht etwa Geld geliehen, sondern ein wenig Anlaufhilfe gegenüber der Staatsanwaltschaft, die die Geldstrafe zu vollstrecken hat. Einige direkte Gespräche zwischen mir und der Staatsanwaltschaft lagen dazwischen. Das war für mich zur eigenen Einschätzung der Situation wichtig. Herr A. musste nun also im Schnellverfahren lernen, der "anderen Seite" seinen ehrlichen Willen zur Lösung des Problems zu zeigen und zu formulieren. So besprachen wir, welches Angebot er von sich aus machen könne, ohne sich zu verausgaben. Den Brief schreiben, das musste er schließlich selbst. Freudestrahlend kam er einige Tage später auf mich zu und sagte: "Es hat geklappt!" In dem Brief, den er mir dann zeigte, stand zu lesen, dass die Staatsanwaltschaft auf sein Angebot eingehen könne. Er solle sich nach der Entlassung melden.

An diesem Erfolg hat Herr A. vielleicht gelernt, sich aus bedrohlich oder verwirrend erscheinenden Lagen nicht durch Ungeradigkeiten, sondern durch "Verhandlung" zu befreien. Andere wissen sehr viel besser, mit Behörden und Ämtern umzugehen. Manche sogar, sie auszunutzen. Aus diesem Grunde, auch das musste Herr A. lernen, kann auf der "Gegenseite" durchaus das Misstrauen überwiegen.

Wer seinen Alltag stets ohne weitere Umstände besteht, aus Gewohnheit oder weil er oder sie es gründlich gelernt hat, hält das für vernachlässigenswert. Für den Menschen, der zeitlebens Probleme mit Behörden, Ämtern und Gerichten erlebt hat, wird jeder Vorgang zum Alptraum. Wer gar noch diverse Male von Gerichten verurteilt worden ist, meistens ganz zu recht, und Haftstrafen abgesessen hat, verliert jede Kompetenz im Umgang mit seiner Umwelt. Damit umzugehen, das ist Alltag hinter Gittern.

Gefängnis

Ein Gefangener bewohnt eine Zelle von ungefähr sieben Quadratmetern Größe. In älteren Gefängnissen sind die Zellen drei Meter hoch. Macht rund 21 Kubikmeter für einen Menschen. Ab 22 Kubikmeter kann die Zelle auch mit zwei Mann belegt werden. Das betrifft bundesweit immer noch einige Häftlinge[57], obwohl der Bundesgerichtshof die Einzelunterbringung[58] höchstrichterlich bestätigt[59] hat. In der Bundesrepublik Deutschland existieren zwischen 70000 und 80000 Haftplätze.

Bevor der Häftling die Zelle bezieht, muss er in der so genannten Kammer alle persönliche Habe abgeben und registrieren lassen. Sie wird dort aufbewahrt. Geld kommt auf das Gefangenenkonto. Der Gefangene muss sich völlig ausziehen und fürs erste Gefängniskleidung anlegen. Dies dient der Sicherheit. In den eigenen Kleidungsstücken könnten gefährliche Gegenstände versteckt sein. Allerdings nicht nur dort. Die Extreme sind Rauschgift, in Kondomen geschluckt, im Darm kaum zu finden, oder Rasierklingen im dichten Haar. Die Anstaltskleidung wird im Haus gewaschen, nicht überall jedoch Privatkleidung. Deshalb darf Privatkleidung nur tragen, wer einen stetigen gesicherten Wechsel z.B. durch Familienangehörige garantieren kann. Dieses Problem wurde mit den Landesstrafvollzugsgesetzen gelöst. Jetzt wird die Privatwäsche in der Anstalt gewaschen.

Ein Gefangener ist, wenn er dann seine Zelle bezogen hat, per Gesetz zur Arbeit verpflichtet. Dem Arbeitsplatz gleich stehen Schule oder Ausbildung. Allerdings stehen in vielen Gefängnissen längst nicht für alle Gefangenen Arbeitsplätze in Werkbetrieben oder als Reinigungspersonal zur Verfügung. Der Lohn für Arbeit, Ausbildung oder

Schule beläuft sich auf neun Prozent der Durchschnittslohnsumme der BfA. Im Höchstfall mit allen Leistungszulagen kann man damit ca. 450,-- Euro im Monat erzielen. Davon werden vier Siebtel zwangsweise als Übergangsgeld angespart, damit der Unterhalt für die ersten Wochen nach der Entlassung sichergestellt ist. Der Rest des Arbeitslohns kann verbraucht werden. Dafür verfügen Haftanstalten über einen Anstaltskaufmann. Eine Krankenversicherung besteht nicht, dafür aber die ärztliche Versorgung durch den anstaltseigenen Arzt. Der Gefangene wird gegen Arbeitslosigkeit versichert. Zahlungen an die Rentenkassen erfolgen nicht. Deshalb besteht für die Zeit der Haft kein Rentenanspruch.

Wer tagsüber in der Anstalt keine Arbeit hat, verbringt fast den ganzen Tag auf dieser Zelle, in der zumindest auch ein Waschbecken und eine Toilette vorhanden sind, oder im angrenzenden Flur. Eine Stunde am Tag findet die "Freistunde" statt, Spaziergang im Gefängnishof. In der Zeit nach der Arbeit, für die meisten von 16.00 Uhr an, bestand früher die Möglichkeit, sich auf andere Zellen mit einschließen zu lassen. Das heißt Umschluss. Heute sind viele Zellen tagsüber geöffnet. Über diese Erleichterung gibt es allerdings die üblichen Diskussionen mit dem Tenor, der Schutz der Mitarbeiter würde vernachlässigt.[60]

In dieser Zeit werden auch Sport- und Gesprächsgruppen angeboten. Der Kraftsport erfreut sich größter Beliebtheit, ist aber nicht überall erlaubt. Außerhalb der Arbeitszeiten kann ein Gefangener unüberwacht vom Gefangenentelefon aus telefonieren, mit wem er will. Vorausgesetzt, er ist im Besitz von Telefonkarten oder eines Telefonkontos. Bei Untersuchungshäftlingen (vor der Rechtskraft des Urteils, im Bund etwa 30%, in Schleswig Holstein unter 20% der Inhaftierten) tritt eine generelle Kontaktüberwachung mit Postkontrolle und Telefonverbot in Kraft. Jede Ausnahme muss einzeln genehmigt werden. Strafgefangene können Briefe oder andere Post empfangen. Diese werden einer

Sichtkontrolle auf verbotene Gegenstände oder Bargeld unterzogen. Praktisch muss der Gefangene den Brief in Gegenwart eines Beamten öffnen. Der schriftliche Inhalt wird nicht kontrolliert. Pakete können mehrmals im Jahr gegen Paketmarken in Empfang genommen werden. Sie unterliegen Beschränkungen nach Inhalt und Gewicht und werden durchsucht. Da mit Paketen ein Aufwand an Durchsuchung verbunden ist, gibt es immer wieder Pläne, Pakete durch Geldeinzahlungen zu ersetzen oder ganz zu streichen.

In vielen Anstalten werden bis zum abendlichen Einschluss die Zellentüren geöffnet. Das berühmte Hamburger Gefängnis Fuhlsbüttel bot vor allem für die Langzeithäftlinge die Möglichkeit, sich im gesamten Haus frei zu bewegen. Das geriet immer wieder in die Diskussion, weil bei über 500 Häftlingen niemand mehr einen Überblick haben kann. Nach einem Gefängnismord wurde das geändert.

Die Nacht verbringt man als Gefangener in der Zelle. Man kann sich durch ein Lichtzeichen auf Knopfdruck, ähnlich wie im Krankenhaus, bemerkbar machen. Früher wurde das mittels einer herauszuschiebenden Fahne bewältigt. Deswegen heißt es immer noch: „Die Fahne schmeißen".

Sonntags findet in fast allen Gefängnissen ein Gottesdienst einer der beiden großen christlichen Konfessionen statt. Veranstaltungen wie Konzerte, Lesungen oder Diskussionen erfreuen sich weniger großer Beliebtheit, seit in jedem Haftraum ein Fernseher steht. Wer selbst keinen besitzt, kann sich mit etwas Glück ein Anstaltsgerät ausleihen.

Ein Gefangener hat, wenn er nicht an den Angeboten zum Gespräch oder zur Beratung teilnimmt, eine Menge freier und unausgefüllter Zeit. Das gilt umso mehr, als alle Versorgungsarbeiten (mit Ausnahme des Sauberhaltens der Zelle) notgedrungen durch die Anstalt erledigt werden. Waschen, Kochen, Zeit einteilen, mit Vermietern verhandeln, sich um die Einnahmen fürs tägliche Leben zu kümmern, sogar das Geld einteilen - alles machen andere. Manche nutzen die Zeit, um etwas Neues zu lernen, zu studieren, zu schreiben oder ausgefallene und zeitraubende Hobbys zu entwickeln. Durch die fehlenden Anforderungen, die Menschen in Freiheit viel Stress bereiten, gelingt es manchen Gefangenen jedoch auch, die ausgeruhtesten Menschen zu sein, die es gibt.

Der Besuch der eigenen Familie oder anderer ist zeitlich begrenzt. Eine Stunde im Monat hatte (bisher) laut Gesetz mindestens ermöglicht zu werden. Die neueren Gesetze schreiben eher zwei und mehr Stunden vor, gestaffelt nach Familienstand. Der Besuch wird "optisch" überwacht, bei Untersuchungsgefangenen und in besonderen Fällen auch "akustisch", d.h. durch Zuhören. Je nach Sicherheitsstufe und regionaler Übung gibt es auch manchmal die in vielen Filmen zu sehenden Trennscheiben. Die Überwachung ist angeblich nötig, um das Übergeben von Gegenständen zu verhindern. Manchmal, aber eher selten, müssen auch handgreifliche Auseinandersetzungen unterbunden werden. In Gefängnissen mit längeren Aufenthalten (meist über 5 Jahre) sind „Langzeitbesuchseinrichtungen" vorhanden, in denen – selbstverständlich nach eingehender ‚Prüfung' - Gefangene mit ihrer Familie oder Frau unbeaufsichtigt ganze Tage zusammen verbringen können.

Knastwährung

In vielen Zellen herrscht die Zeit - Totschlag - Mentalität. Da läuft der Fernseher, was das Programm hergibt. Weil Bargeld für Gefangene grundsätzlich verboten ist, treibt der Handel mit anderen Währungen seltsame Blüten. Knastwährungen sind Tabak, Kaffee und Telefonkarten oder -pins. Wem es daran mangelt, fühlt sich unangenehm. Nur selten trifft man echte Nichtraucher, die sich dann aber auch durch Unabhängigkeit auszeichnen. Im Allgemeinen sucht jeder, sich mit den kleineren Suchtstoffen auszustatten. Wer sich etwas von anderen Gefangenen leiht, kann in böse Abhängigkeiten kommen. Selten gilt der Grundsatz: Wir haben alle das gleiche Problem und helfen uns daher auch solidarisch aus.

Die Zinsen sind noch höher als bei den Banken. Wer einen "Koffer" (Päckchen) Tabak geliehen hat, muss oft nach ein paar Wochen zwei zurückgeben. Wehe, er kann das nicht! Da werden dann alle verfügbaren Leute angegangen. Besucher lassen sich erweichen und holen den Tabak aus den Automaten im Besucherraum. Die Beamten der Abteilungen müssen sich häufig mit dem Mangel an Tabak auseinandersetzen. Auch SeelsorgerInnen werden zu diesem Zweck oft mit beeindruckenden Schilderungen und dem Appell an die viele Kirchensteuer in die Zange genommen. Wer da hofft, mit Appellen weiterzukommen, die Leute sollten lernen, ihre Genussmittel einzuteilen und vielleicht auch daran denken, dass die Familie zu Hause von der Sozialhilfe lebt, steht oft auf verlorenem Posten. Aber gerade das zu lernen, ist ein Ansatz der Resozialisierung.

Suizidale Krisen

Wie in jedem Lebenszusammenhang entwickeln sich auch in Justizvollzugsanstalten Krisen. Wie verstärkt krisenanfällig die Umgebung im Vergleich zum 'normalen täglichen' Dasein jederzeit und in jeder denkbaren Schattierung reagieren kann, haben vorige Abschnitte schon deutlich gemacht. Wo Angst und Druck sich zur Erlangung von Gunst paaren und das manipulative Element als konstitutiv hinzutritt, wo das Eingeschlossenwerden einen Menschen auch völlig dem eigenen Gefühlsdruck ausliefert, muss sich gegen andere oder gegen sich selbst einiges an Aktion oder Reaktion entwickeln. Die ernsteste Krise scheint die Gefährdung durch Suizidgedanken. Wer die Unmöglichkeit sieht, andere wieder gnädig zu stimmen, oder sich seiner Lage voll bewusst wird, ohne jede Möglichkeit, ihr oder dem angerichteten Schaden zu entgehen, kann schon in den Strudel von Selbstmordgedanken geraten.

Bei dieser Gefahr läuft ein abgestuftes Betreuungsprogramm an, das alle Bediensteten einbezieht. Der Gefangene wird jede halbe Stunde aufgesucht. Der Arzt gibt seine Diagnose über den Grad der Gefährdung ab und ordnet u.U. an, dass der Betroffene auf eine Gemeinschaftszelle kommt. Seelsorger oder Psychologen versuchen, den Gefangenen durch Gespräche mit dem Charakter der Krisenintervention aus der Engführung der Gedanken, die nur noch um den Selbstmordkreisen, herauszuführen. Bei dieser Intervention stellt sich manchmal heraus, dass die Suizidabsicht gezielt eingesetzt wurde, um Angehörige, Richter oder Abteilungsleiter unter Druck zu setzen. Doch auch das stellt eine Krise dar, wenn ein Mensch sich der Angst vor Liebesverlust oder Vernichtung nur noch auf diese Weise erwehren kann. Wer eine schwere oder gar neue schwere Straftat begangen hat, steht in den Tagen und Wochen danach auch selbst vor einer ernsten Lebenskrise.

In Niedersachsen hat eine Arbeitsgruppe die Ursachen und Zusammenhänge von Suizidhandlungen in den dortigen Haftanstalten untersucht. Ihr Resume lautet: „Es gibt weder eine 'Lösung' des Suicidproblems in Haftanstalten noch an andere Stelle in der Gesellschaft. Es geht vielmehr um die angemessene Hilfestellung bei individuellen Problemlagen, welche so schwer wiegen, dass sie der betreffenden Person ein Weiterleben unmöglich machen. Von daher sind die ... Risikofaktoren (psychische Krankheit, Erstinhaftierung, Partnerschaftskonflikt etc.) keine Erklärungen, sondern allenfalls Stichworte, die an bestimmte Problemlagen denken lassen sollten. ... Suicidprävention kann in Haftanstalten wie an anderer Stelle lediglich darin bestehen, den Menschen in unerträglich erscheinenden Konflikten so beizustehen und sie so zu entlasten, dass sie Alternativen zur Selbsttötung zu erkennen vermögen. Bei aller Betroffenheit über jeden Suicid muss aber festgestellt werden, dass letztlich kein Mensch auf lange Sicht und gegen seinen Willen an der Selbsttötung gehindert werden kann, will man nicht zu absolut unmenschlichen Überwachungsverfahren greifen. Dennoch ist es in Krisensituationen, wenn Menschen nicht mehr Verantwortung für sich selbst übernehmen können, ethisch und rechtlich zwingend geboten, effektiven Schutz auch gegen deren Willen zu gewährleisten."[61]

Als Risikofaktoren für das suizidale Syndrom benennen die Autoren der Studie die Anstaltsgröße und stärkere Gefährdung bei Erstinhaftierung und Umstrukturierungsphasen in Anstalten mit entsprechenden Desorientierungsphasen. Eine Studie aus Kassel nennt als mögliche Variablen von Suiziden: Die ersten sechs Monate nach Inhaftierung vor allem bei jungen Gefangenen, verstärkt bei U-Gefangenen und zu Haftbeginn; Tötungsdelikte im persönlichen Umfeld; Sucht / Entzug; psychische Auffälligkeit im Sinne psychischer Krankheit.[62]

Beide Studien entsprechen den Ergebnissen einer Studie im Bereich der Psychiatrie.[63] In der geschlossenen Akutpsychiatrie wurde seit Ende der siebziger Jahre (auch in der Schweiz und in den USA) ein Anstieg der Suizide gefunden. Ein Erklärungsweg waren die Umstrukturierungsphasen unter psychotherapeutischen Gesichtspunkten, wo durch veränderte Therapeuteneinstellung (Therapieoptimismus) gesteigerte Ansprüche auf die Patienten zukamen. Da sich die therapeutische Situation authentisch entwickeln sollte, wurden weniger Verhaltensvorgaben gemacht, was ein Gefühl der Regellosigkeit zur Folge haben kann[64]. Selbst verstärkter Personaleinsatz und großes Bemühen verhinderten in dieser Situation nicht den Anstieg der Suizide. Wenn man dann bedenkt, dass der Altersgipfel bei Suizidversuchen zwischen zwanzig und vierzig Jahren liegt, wäre es geradezu unwahrscheinlich, dass Suizidversuche und Suizide in Gefängnissen nicht vorkommen. Alle Suizidabsichten erkennen und jede Handlung verhindern zu können, das wäre Omnipotenzvorstellung, die im Strafvollzug fehl am Platze ist. Dass gerade diese Vorstellung jedoch auch das Handeln prägt, erklärt sich leicht. Suizide in Gefängnissen sind ein erhebliches Pressethema und bringen den Strafvollzug in inhumanes Zwielicht, in das er gerade nicht geraten will. Es läuft den offiziellen Zielen der „Sicherung" zuwider, die sich der Öffentlichkeit so darstellt, als sei der Mensch hinter Gittern auch vor sich selbst sicher, oder kehrt zu offen auch für den Stab die Erfahrung der Ohnmacht heraus.

Für den Strafgefangenen ist die Inhaftierung kein vernachlässigenswerter Vorgang, auch wenn die meisten Veröffentlichungen im Medienbereich eher die Bilder nachzeichnen, in denen Gefangene sich als nicht allzu sehr beeindruckt darstellen. Der Entzug der Freiheit unter teils entwürdigenden, teils gefährlichen Aspekten und von da an die dauernde Bewachung kommt der Vernichtung einer Person gleich. Zumindest lassen sie Vernichtungsangst aufkommen, die man gerade auch brutal auftretenden Straftätern nicht zutraut. Der brutal auftretende Räuber, Mörder oder Zuhälter stellt ohnehin in den meisten Anstalten den geringsten Teil der Inhaftierten. Auch wenn in den Gefängnissen ein Machokult zelebriert wird, so ist doch bei einfühlsameren Gesprächen und Beobachtungen Vernichtungsangst zu spüren, die sich in verschiedensten Facetten äußert. Sie kann in der Klage über das zu harte Urteil ebenso liegen wie in der Angst, von Mitgefangenen drangsaliert zu werden oder in der täglichen Arbeit innerhalb der Anstalt überfordert zu sein. Sogar die bevorstehende Entlassung kann erhebliche Angstgefühle produzieren. Manche der Gefangenen lassen sich aus Angst in ihrer Zelle einschließen, so oft das möglich ist. Eine besonders schwierig zu fassende Gruppe stellen auch in dieser Hinsicht die verurteilten Sexualstraftäter dar. Mit einer aus der Schule von C.G. Jung stammenden These zum Suizid ließe sich diese Wahrnehmung gut korrelieren. Danach versucht jemand, der einen Suizidversuch unternimmt, der befürchteten (psychischen) Vernichtung zu entgehen.

Andere psychotherapeutische Theorien passen auch zur (Suizid-) Krisensituation in der Freiheitsstrafe. Der Todeswunsch kann als Symbol gedeutet werden, der Versuch strebt eine seelische Wandlung an. Suizidversuche mögen auch als vorzeitiger Krisenabbruch gedeutet werden. Und schließlich gibt es die Theorie der narzisstischen Krise: Größenphantasien und Wut sind die Abwehrformen für die Angst vor dem Verlust des Selbst. Wenn diese Abwehrformen misslingen, wozu es durch eine Inhaftierung mit Isolierung und Beschränkung auf kleinsten Raum eigentlich fast keine Alternative gibt außer ihrer weiteren Steigerung in die Größenidee vom 'großen Verbrecher' oder die unstillbare Wut auf alle, die gerade da sind, wäre der Selbstmordversuch der Rückzugsversuch in die ursprüngliche Harmonie. Auch die alte psychoanalytische These von der Aggressionsumkehr (Aggression richtet sich statt gegen einen anderen - evtl. Mächtigeren oder ein Objekt, das man nicht zerstören darf - gegen sich selbst) hätte vielleicht noch ihren Platz. Wenn man schließlich noch die Risikogruppen bei Suiziden betrachtet: Süchtige, psychisch kranke, alte und vereinsamte Menschen (wobei nur das dritte nicht zutrifft), muss man nach aller Erfahrung und Forschung mit suizidalen Krisen geradezu rechnen.

Die völlig falsche Konsequenz daraus wäre Angst vor suizidalen Krisen. So lange es Gefängnisse gibt, die vorwiegend der Sicherheit der Gesellschaft und der Sicherung der Insassen dienen, braucht man Personal, das sich in den Krisenverläufen auskennt, jedoch keine Omnipotenzphantasien an den Gefangenen austobt. Sollten eines Tages offenere Formen der Betreuung und Behandlung von Straftätern gefunden sein, sind damit sicher die suizidalen Krisen nicht ein für alle mal behoben.

Gefangener F. bittet um ein Gespräch in einer für ihn ganz schwierigen Situation. Er hat sich zwar freiwillig zum Strafantritt begeben, seiner Frau jedoch nicht die genaue Haftdauer mitgeteilt, sondern sich herausgere-

det. Mehrere Bewährungsstrafen haben sich zusammen mit der letzten Haftstrafe wegen Betrugs zu einer mehrjährigen Haftzeit angesammelt. Es ist zwar unvorstellbar, aber offenbar doch möglich, dass die Ehefrau auch in vielen Ehejahren nichts Genaues von Verurteilungen ihres Mannes weiß. Da Betrügereien oft dazu dienen, einen bestimmten Lebensstil illusionär gegenüber der eigenen Familie oder der anderen Umgebung zu demonstrieren, kann eine illusionäre Verwicklung auch gegenüber der Familie bestehen. Nach einer ihm nicht angenehmen Vollzugsentscheidung sah der Gefangene das Ende seiner Möglichkeiten gekommen, zumal dies ihn auch zwingen musste, seiner Frau die genaue Haftsituation und -dauer mitzuteilen. Das bedeutete das Zusammenbrechen seiner Lebens- und Selbstvorstellung, weil Ausflüchte nicht mehr zur Erklärung dienen konnten. Die schwere narzisstische Kränkung, in der das Größenselbst in Depression untergehen musste, ließ sich auch durch eine eher geduldige und freundliche Reaktion der Ehefrau nicht mildern. Er verstand das als Mitleid, das seine Kränkung noch erheblich vergrößerte. Die Anstalt sprach in dieser Situation die ihm nicht genehme oder ihn gar ängstigende Vollzugsentscheidung aus. Das gab ihm die Möglichkeit, einen Schuldigen für seinen Suizidversuch zu finden. Das auffälligste Detail am Suizidversuch erzählt der Gefangene in einem Gespräch kurz hinterher. Er hat seinen Mitgefangenen mit Schlaftabletten außer Gefecht gesetzt, dann jedoch so viel Lärm veranstaltet, dass dieser doch aufwachte. Die Suizidneigung bleibt mit wechselnden Zuweisungen erhalten. Gespräche vor und nach dem Suizidversuch scheinen dem Betroffenen seinen Identitätsverlust noch weiter zu bestätigen. Bei einem – nach einer Verlegung in eine andere JVA - frühzeitig gewährten Ausgang brachte sich der Gefangene um, nachdem er vorher die Wohnungseinrichtungzu Hause zerstört hatte.

Zu den Krisen zählt auch die Drohung mit Beschädigung oder Selbstbeschädigung ohne Suizidabsicht. Manche Menschen im Gefängnis versuchen so bestimmte Forderungen durchzusetzen. Wer nie gelernt hat, hart und sachlich an seinen Möglichkeiten zu arbeiten, droht anderen mit Folgen. So kündete ein Gefangener an, seine Zelle anzuzünden, wenn sein Taschengeld nicht bis zu einer festgesetzten Zeit bewilligt worden sei. Taschengeld kann ein mittelloser Gefangener bekommen, wenn er nicht selbstverschuldet ohne Arbeit ist. Da jedoch der Betroffene seine Arbeit wegen irgendwelcher Kleinigkeiten niedergelegt hatte, war kein Anspruch gegeben. Auch die Erleichterungen in der Haft, vor allem der Urlaub, sind immer wieder Anlass zu unnachgiebig erscheinender Härte auf Seiten der Gefangenen. Wenn sie glauben, das Ihre durch „Wohlverhalten“ getan zu haben, reagieren sie auf Ablehnung in erhöhtem Maße mit Drohungen gegenüber den Entscheidungsträgern. In solchen Fällen sind Seelsorger gefragt, weil sie nichts entscheiden, sondern nur das Wort von Mensch zu Mensch einsetzen können, gewissermaßen wie ein Libero im Fußball, der keinen direkten Gegenspieler hat. Durch oftmals aufreibende Gespräche unter Achtung der Verärgerung und Wut des Gefangenen führen Wege auch aus solchen Sackgassen.

Gedanken an die Opfer

Immer wieder fragen Besucher oder wir uns selbst, ob eigentlich verurteilte Straftäter nur an ihre eigene Lage denken und wie sie sich daraus befreien können. In Seelsorgegesprächen taucht jedoch oft der Gedanke an die Opfer auf. Die Täter beschäftigen sich durchaus mit den Opfern. Bei Geschäftsleuten und Banken, so sagen sie unverblümt, besteht kein Problem. Die holen sich den Schaden und mehr von der Versicherung und der Steuerabschreibung wieder - was vielleicht in den großen Betrugsfällen stimmt. Bei den anderen Opfern aber zeigen sich andere Gefühle. Bedauern, dass es gerade den oder die getroffen hat, manchmal Wut, dass man angezeigt wurde, aber auch Mitleid kommen zum Vorschein. Manches Opfer bekommt in Abwesenheit noch Drohungen und Verwünschungen zu hören. Momente der Reue wechseln ab mit Vorwürfen, dass der oder die Geschädigte die Straftat ja geradezu provoziert und sich dann im Gericht noch so unverständig verhalten habe. Bei Körperverletzungen entwickelt sich auch Scham, die zuzugeben allerdings ganz schwierig ist. Wer einen Menschen getötet hat, wird damit meist nur durch schwerste psychische Verbiegung und Verdrängung fertig, von ganz wenigen abgesehen, die dem Klischee vom eiskalten Mörder zu entsprechen scheinen.

Wie die Gedanken an das Opfer aufgegriffen werden, hängt auch vom jeweiligen Gesprächspartner ab. Auch in der Justiz und im Vollzug gibt es Menschen, die sich an den Straftaten der anderen ergötzen oder ihrer Abscheu in jeder geeigneten oder ungeeigneten Situation freien Lauf lassen. Auch unter Gefangenen kann es vorkommen, dass Opfer wie Trophäen dargestellt werden. Das Opfer hat im Strafrechtssystem unserer Prägung wenig Platz. Alle Versuche, das Opfer als Subjekt bei der Bewältigung von kriminellen Handlungen zu etablieren, scheitern bisher am unter anderen Aspekten auch sehr nützlichen Strafanspruch des Staates. Nur im Täter – Opfer – Ausgleich gelingt es, die Opfer mehr ins Zentrum zu rücken.

Menschen, die Straftaten begehen, schaffen sich Rechtfertigungen wie wir alle für ihr Handeln. Ein Gefängnis gleicht auch einem Schmelztiegel von unangepassten, fehlangepassten und bewusst oder unbewusst unter Missachtung anderer Menschen vollzogenen Wegen zur Erfüllung von Wünschen, die wir alle haben. Viele Gefangene stellen sich vor, in welcher Traumwelt sie leben könnten, wenn sie wie andere einmal vier-, fünf oder sechstausend Euro im Monat nach Hause bringen. Ungläubig oder spöttisch schütteln sie den Kopf, wenn ich ihnen erzähle, dass mein Pastorengehalt durch die Familie ziemlich aufgebraucht wird, wenn wir alle einigermaßen ordentlich zur Arbeit und zur Schule gehen. Der Unglaube steigert sich zum Unverständnis, wenn ich weiter erzähle, dass wir diesmal nicht in Urlaub fahren, um zu sparen. Verständnis dafür zu entwickeln, wie viel Anpassungleistung es verlangt, wenn ein Beamter oder ein Arbeiter täglich zur Arbeit gehen und sich in die ihn umgebenden Gruppen eingliedern muss, nur um den täglichen Broterwerb zu erzielen, das wäre schon eine Meisterleistung der Resozialisierung. Daran nämlich könnten sich die eigenen Wünsche orientieren. Wenn dann noch die Erfahrung vermittelt werden könnte, dass die Frustrationserfahrungen in beruflichen Situationen aus psychischer und systemischer Sicht ähnliche Qualität haben wie die im Vollzug, hätten wohl viele Gefangene den Weg in die in ihrer Phantasie so ganz andere Welt der anderen leichter. So scheitern sie zum Teil auch an der Größen- oder Idealvorstellung vom „richtigen Leben", die sich mit ihren Erfahrungen einfach nicht zur Deckung bringen lassen und deshalb das Dasein eines wahnähnlichen Gebildes führen.

Verstrickung von Menschen in Angst, Schuld, Scham, Sehnsüchte nach Anerkennung und Wünsche, ja Gier nach Leben und der Gunst der Mitmenschen, das ist der Alltag hinter Gittern. Fast schon provozierend klein und alltäglich sind die Wunscherfüllungen der meisten. Besuchergruppen wundern sich stets über die 'Normalität' der Gefangenen und stellen erschreckt fest, dass sie auch selbst schon „schwarzgefahren" sind, bei der Versicherungsleistung etwas nachgeholfen haben oder alkoholisiert am Steuer saßen. „Die Kerle, die Polizei und Richter in Atem halten und die unsere Gefängnisse füllen, haben nichts Faszinierendes. Sie sind in der Regel auch keine finster aussehenden Rowdies oder gerissene Tausendsassas. Der landläufige Missetäter ist ein ganz alltäglich und normal wirkender Bursche, er ist im allgemeinen arm und schlecht gekleidet, hat nur selten Freunde."[65]

Kommunikationsfalle

Die Menschen, die sich im Gefängnis eingerichtet haben, ziehen sich und alle Betreuer in eine Kommunikationsfalle hinein, bei der auch die veröffentlichte Meinung zu gerne mitmischt. Stets sind sie in der Lage, die negativen Auswirkungen des Gefängnislebens daran zu verdeutlichen, dass für sie nicht genug getan wird. Es scheint, als sagen sie: „Nun resozialisiert uns mal schön!“, um dann die mehr oder weniger verzweifelten Bemühungen der Betreuer und Bewacher, der Justiz, der Polizei und der Öffentlichkeit jeweils als ‘gerade das Falsche’ durch ihr erneut nicht gesetzeskonformes Verhalten zu bewerten. Schöner lässt sich Verantwortung nicht abschieben als durch die Übernahme des infantilen Verhaltens, das die Behandlung als Straftäter und Inhaftierte ihnen auferlegt. „Die werden schon sehen, was sie davon haben, mich zu bestrafen!“ Schon alleine die Gefahr, in eine derart schlichte und gleichzeitig durch eine totale Institution kaum zu umgehende Kommunikationsfalle hineinzustolpern, müsste Anlass genug sein, über neue Formen des Vollzuges verstärkt nachzudenken, wenn die Umgestaltung des Verhaltens von Straffälligen ein wichtiges Ziel bleiben soll.

Das Gefängnis als gefährlicher Ort

Die Mediensicht auf Gefängnisse zwingt immer wieder zur summarischen Selbstvergewisserung. Wenn Gefangene durch Mitgefangene zu Tode kommen, ist das immer wieder ein riesiges Medienereignis. Alle tun so, als wüssten sie nichts über Gefängnisse und hätten noch nie derartiges gehört. Darüber wird aber seit Jahrzehnten, nein mindestesns seit weit über hundert Jahren geschrieben und berichtet. Die Empörung und der Medienhipe kann nur durch die übliche Seinsvergessenheit der Medien erklärt werden, für die die Nachricht von gestern nur noch für Historiker von Interesse zu sein scheint. Noch vor der Mitte des 19. Jahrhunderts schrieb der Gründer des Rauhen

Hauses, Johann Hinrich Wichern, über die „Verbrechergesellschaft“ in den Gefängnissen.[66] Er begrüßte den Import der Idee der Einzelzelle aus England bzw. der Neuen Welt aus dem Grunde, dass hier der Einfluss der besonders starken und bösen Männer zurückgedrängt werden kann. In den bis dahin üblichen Sälen mit vielen Gefangenen könnten sie sich ungehemmt ausbreiten und voneinander lernen. Männer aus dem Gefängnis würden nach ihrer Entlassung dann auch in der Freiheit eine Verbrechergesellschaft bilden, die allmählich die „ordentliche“ Gesellschaft aufzehren könnte. Die Einzelhaft kam und damit mehr Schutz für die Gefangenen voreinander und für die Bediensteten gegen eine Zusammenrottung. Zudem sollten Gefangene vor allem Umgang mit sittlich gefestigten Personen – Bediensteten, Direktoren, Lehrern oder Geistlichen und auch damals schon den ehrenamtlich tätigen Damen der Bürgerschicht - bekommen und nicht voneinander lernen.

Nach der schlimmen Nazizeit mit dem Missbrauch der Gefängnisse zur tausendfachen willkürlichen Tötung von Häftlingen wurde in Deutschland die Gefängnisszene mit der baulichen Substanz aus der Kaiserzeit und wohl auch mit dem entsprechenden Inhalt wieder installiert. Wer sich daran noch erinnert, den beschleichen immer wieder angesichts der hysterischen Medienberichterstattung über Gefängnisse und alles, was mit der Justiz zu tun hat, schlimme Befürchtungen des „Zurück in die Zukunft“.

Seit Generationen ist von Subkultur die Rede, von (Dealer -) Hierarchien und von Gewalt unter Gefangenen. Schon die Konfirmanden, die als „Praxisbeispiel“ für „tätige Kirche“ ein Gefängnis zur Information besuchen, können die entsprechenden Fragen stellen.

Die Entrüstung also ist hysterisch und pharisäisch. Wir sperren in den Gefängnissen Leute mit verschiedensten kleinen und großen Straftaten alle zusammen wie Schwerverbrecher ein. Die große Mehrheit stellen auch in den Gefängnissen die „Kleinen“. Für alle verurteilten Mörder würden in Deutschland zwei große Gefängnisse ausreichen. „Lebenslänglich" verbüßten 2013 2000 Gefangene.[67]

Warum sollten die Leute, die wegen Gefährdung anderer in Gefängnisse gesperrt werden, dort mit dem Eintritt ganz anders werden, als sie sind? So liegt der Dauerknacki mit einer langen Latte an Verstößen mit einem anderen auf der Zelle, der wenige Tage Geldstrafe wegen Schwarzfahrens absitzen muss. Der hochgradige Polytoxikomane trifft auf den Totschläger, der raffinierte Betrüger trinkt mit einem schwach begabten Dieb Kaffee und alle zusammen versuchen, den Sexualstraftätern so übel wie möglich mitzuspielen bis hin zur Morddrohung. Die Sexualstraftäter müssen weggeschlossen bleiben, weil man nicht drei Viertel der Gefangenen eines Hauses unter Verschluss nehmen kann, obwohl man es eigentlich tun müsste. Denn von ihnen geht die ‚innere Bedrohung' aus, nicht von den Sexualstraftätern. Wenn schon in ganz normalen Familien bisweilen Gewalt und sexueller Missbrauch stattfindet, dann sollte das ausgerechnet in Gefängnissen anders sein?

Die Skandalisierung um jeden Preis durch die Medien ist ein großes Problem und in den wenigsten Fällen sachgerecht. Dadurch wird nur der Druck innerhalb der Gefängnisse erhöht. Für mehr Möglichkeiten zur Resozialisierung und das zugehörige Personal macht sich nur Fachleute stark. Wie viele Menschen werden durch nachlässige Kontrollen (von Geschwindigkeit, Alkohol und Drogen) im Straßenverkehr getötet, ohne dass es täglich einen Aufschrei gibt? Sicher, das eine macht das andere nicht besser. Aber wenn Geld für Gefängnisse oder andere wirksamere Methoden der Kontrolle und Schulung von Straftätern gebraucht wird, findet man keinerlei offene Ohren. Im Gegenteil, die Haushalte der Länder machen schon die angemessene Ausstattung der Justizvollzugsanstalten mit Personal zur bloßen täglichen Routine fast unmöglich.

Dass die Gefängnisse die Aufgaben, die ihnen vom Strafvollzugsgesetz zugeschrieben werden, nicht ausführen können, weiß jeder Fachmann.

• Es gibt zu wenige Arbeitsplätze, die neben der Anbindung an das soziale Netz für Beschäftigung und Ablenkung sorgen. Die Ideologie der beruflichen oder zumindest der Ermächtigung zur geregelten Arbeit lässt noch kaum Ansätze der in den Psychiatrien mit Erfolg eingesetzten Beschäftigungs- und Arbeitstherapie zu.

• Die drogensüchtigen Gefangenen werden wohl z.T. substituiert, aber weder konfrontiert noch behandelt. Da steht die Ideologie im Wege, man könne in Gefangenschaft das Suchtproblem nicht aus therapeutischer Sicht angehen. Außerdem würde das wieder Geld kosten, weil erfahrenes therapeutisches Personal nicht umsonst arbeiten kann. Für die Zukunft ist eine multiprofessionelle und dichte Bearbeitung der Suchtprobleme vom ersten Tag der Haft an zu fordern. Wenn Gerichte Sucht als hervorstechendes Merkmal einer Beschaffungskarriere festgestellt und die Freiheit entzogen haben, macht es keinen Sinn, einem Verurteilten die versteckte weitere Ausübung seiner Sucht auch noch hinter Gittern lediglich als ‚mangelnde Mitwirkung' auszulegen und ihn im negativen Fall sich selbst zu überlassen.

• Gefangene können derzeit beim besten Willen nicht jeden Tag oder zumindest jede Woche ein ausführliches Gespräch angeboten bekommen. Dafür ist das Personal weder ausgebildet noch vorhanden. Auch die Seelsorge vor Ort betreut pro Arbeitskraft zwischen dreihundert und über tausend Gefangene und teilweise auch ihre Angehörigen. Regelmäßige Gespräche wären aber dringend notwendig.

• Mit dem jeweils gegebenen Personalschlüssel kann mit Mühe und Not der allgemeine Betrieb eines Gefängnisses aufrechterhalten werden, d.h. stetige Aufnahmebereitschaft, rechtzeitige Entlassungen und im besten Falle für einige, die es nicht alleine können oder von der Straße ins

Gefängnis kommen, die rechtzeitige Wohnungssuche. Auch ehrenamtliche Einsätze, von denen es nicht wenige gibt, sind der Natur nach in ihrer Anzahl begrenzt.

In der Kritik steht immer wieder die Tätigkeit der Bediensteten. Ihrem Wirken sind hinter Gittern Grenzen gesetzt. Natürlich müssen Gefangene und ihre Zellen kontrolliert werden, wenn mehrere Gefangene dort untergebracht sind. Auch bei zwei Gefangenen in einer Zelle kann Schlimmes passieren. Kleinere Quälereien und das Abhängigmachen, Benutzen zum Dealen u.a. wird kaum bemerkt. Es ist ja selten nachweisbar. Auch eine Einzelzelle ist nicht frei von Gefahren – jedenfalls für den, der dort eingesperrt ist: Plötzliche Attacken der Physis oder der Psyche werden vielleicht nicht rechtzeitig bemerkt. Dann kann der Notarzt nicht schnell genug gerufen werden. Oder ein Suizidversuch wird zu spät bemerkt. Suizide kommen sogar während einer Zeit vor, in der die Zellen geöffnet sind und jederzeit von Personalangehörigen oder Mitgefangenen betreten werden können. Wie erkennt man, dass Gefahren drohen? Viel „Erfahrung“ kann auch zu falschen Schlüssen verleiten. Supervision als Entlastungs- und Fortbildungsangebot gibt es kaum und wird gegebenenfalls eher als Kontrolle denn als Angebot verstanden. Bedienstete fühlen sich auch aufgrund der behördlichen Hierarchisierung der Verantwortung schnell angegriffen als die, die immer den Kopf hinhalten müssen. Die Nachteinschlüsse dauern bis zu zwölf Stunden. Das in der Nacht vorhandene Personal ist zahlenmäßig extrem schwach.

Die Lösung wäre hier die dem Recht entsprechende Einzelunterbringung. Diese wurde von einigen Bundsländern in Frage gestellt, nachdem sie die Hoheit über die Gesetzgebung zum Strafvollzug erlangt haben. Wer aber Menschen gefangen hält, übernimmt damit in jeder Form des Vollzugs eine extreme Form von Verantwortung. Einsperren ist und bleibt gefährlich.

So bestürzend in Gefängnissen und Maßregeleinrichtungen regelmäßig wiederkehrende Todesfälle durch Fremd- oder Selbsteinwirkung auch sind; die Frage heißt nicht: „Wie konnte das passieren?“ sondern: Wie können wir als Staat eine besseren, sichereren und förderlicheren Umgang mit Menschen pflegen, die aus den verschiedensten Gründen so mit dem Recht in Konflikt geraten, dass ihnen die Freiheit genommen werden muss? Ist der Freiheitsentzug nicht in vielen Fällen sogar kontraproduktiv, wenn man bedenkt, dass Bewährungen und andere Auflagen weniger Rückfälle zur Folge haben als Freiheitsentzüge? Die Debatte darüber geht regelmäßig in der skandalisierenden „Kakophonie“ (das Wort stammt aus der altgriechischen Antike und bedeutet ‚schlechter Klang’, etwa wie Dissonanz oder Missklang) der Medien unter. Sie beschleunigen mit ihren Berichten den politisch – medialen Durchlauferhitzer[68], der dann wieder Politiker dazu zu zwingen scheint, wider besseres Wissen erneut irgendetwas zu verschärfen oder zu erleichtern und sich hinterher über die Auswirkung zu wundern.

Vergessen darf man auch nicht, dass die Bediensteten in diesen Häusern auch nicht so sicher sind. Es gibt in jedem Jahr Verletzte zu beklagen. Einige werden auf Dauer dienstunfähig – meist wegen psychischer Probleme. Die bereits erwähnte schleswig-holsteinische Debatte über steigende Gewalt der Gefangenen gegeneinander und gegen die Bediensteten kommt nicht von ungefähr. In diesem Falle wurde das Strafvollzugsgesetz, das am 1. September 2016 in Kraft trat, bereits nach gut zwei Monaten als Ursache ausgemacht, obwohl es auch vorher genug Gewalt gegeben hatte.[69] Die Gefängnisse sind aufgrund der dortigen Zusammenballung von schwierigen Männern auf wenig Raum gefährliche und gefährdete Einrichtungen sowohl in physischer wie in psychischer Hinsicht.

Drogen

Ein Übriges tut der nicht auszurottende Konsum harter und weicher Drogen. Niemand weiß die Konsumdichte genau einzuschätzen. Geht man nach den Aussagen der Gefangenen selber, so nehmen neunzig Prozent aller Gefangenen irgendwelche Drogen. Lieferantenkanäle aufzudecken gelingt dann und wann. Stets aber befinden sich mindestens weiche Drogen aller Art und Tabletten im Umlauf. Ganz besonders gut Eingeweihte wollen wissen, dass richtige Dealerhierarchien in den Justizvollzugsanstalten arbeiten. Das könnte vielleicht für Anstalten mit Lebenslänglichen und Langstrafen richtig sein. Bei den Wiederholungshaftstrafen zwischen wenigen Monaten und wenigen Jahren - und das ist die große Mehrheit - klingt diese Behauptung eher weniger wahrscheinlich. Das Rauschgift hat gegenüber dem früher beliebten Schmuggelgut Alkohol den Vor- bzw. Nachteil, dass es weder durch Tasten noch durch Sonden gefunden wird.

Dennoch stellen sich auch immer noch viele relativ dumm an. Sie benutzen weiter die alten Verstecke zum Transport von Suchtmitteln. So wollte doch tatsächlich eine etwas alkoholisierte Dame mittleren Alters unter einer Baseballmütze auf ihrem Kopf Tabletten in die Anstalt bringen. Von Tabaksbeuteln entfernen ‚treue Ehefrauen' oder ‚gute Freunde' sorgfältig die Plastikumhüllung, füllen den Stoff ein und verschließen den Beutel wieder original. Sie vergessen nicht einmal das Aufkleben der knastinternen Kontrollmarke, die sie zuvor von einem gebrauchten Beutel mit nach Hause genommen haben. Unter den Angehörigen gibt es Spezialisten für das Öffnen und wieder Verschließen von Vakuumverpackungen. Ganz einfach lässt sich Haschisch in der Umhüllung einer Tafel Schokolade unterbringen. Auch Zigaretten lassen sich statt mit Tabak mit anderen Stoffen füllen. Ein eindeutig nicht abhängiger Gefangener brachte vom Urlaub in einem rektal eingeführten Kondom neben Heroin sogar eine zerlegte Spritze mit.

Versorger von außerhalb haben vor allem zwei Motive: Sie stehen in Abhängigkeit von Gefangenen und haben schweren Druck zu erwarten, wenn sie nicht liefern. Oder sie sind selbst abhängig und bringen den Stoff aus insofern fehlgeleitetem Mitleid für die Gefangenen mit. Die wiederholten Zellenrevisionen (Durchsuchung) auch mit Rauschgifthunden zeitigen wenig Erfolg. Nur Fahrlässige verstecken noch ihren Stoff in der eigenen Zelle.

Besonders schwierig wird die Verfolgung von Drogenkonsum hinter Gittern, seit der Besitz von weichen Drogen zum Eigenverbrauch außerhalb nicht mehr verfolgt wird. Manche Gefangenen erzählen, sie könnten das Gefängnis ohne Stoff gar nicht überstehen. Genau dieses Argument trifft in die Mitte der Abhängigkeit. Drogen ersparen auch außerhalb den Nutzern die Auseinandersetzung mit schmerzlichen Erfahrungen. Sie schüren innerhalb der Gefängnisse Misstrauen, weil nur der nachweislich drogenfreie Gefangene Urlaub bekommt. Das Cleansein kann durch Urinkontrollen nachgewiesen werden, um die sich dann diverse Tricks herumranken.

Nach sechs Monaten Haft fühlt sich Herr X. wieder gut. Durch seine Verhaftung plötzlich vom Drogenkonsum abgeschnitten, war er in einen schweren Entzug geraten. Mit zunehmender geistiger Klarheit muss er wahrnehmen, was sich alles in den letzten Monaten und Jahren an Schwierigkeiten aufgetürmt hatte. Er erklärt mir, dass Diebstähle und Einbrüche dem Ziel dienten, Drogen zu beschaffen. Die Drogen wieder brauchte er, um zu vergessen. „Das hält du nicht aus, ohne Stoff und dauernd die Polizei und die Dealer, denen du was schuldest, am Hals!“ So erklärt er mir den Zwang zur Beschaffungskriminalität. Natürlich wende ich ein: Wenn die meisten seiner Probleme mit Drogen zusammenhängen, wäre es das Sinnvollste, damit aufzuhören. Außerdem hätte er überall ein besseres Leben. Wer hinter Gittern Schulden macht, um Stoff zu erstehen, ist sogar da dauernd auf der Flucht vor den Gläubigern.

Von den im Monatsabstand eingehenden Widerrufen aus früheren Verurteilungen „auf Bewährung“ dann doch beeindruckt, bemüht sich Herr X. erneut um einen Platz in einer therapeutischen Einrichtung. Ich erinnere ihn an seinen letzten Versuch, von dem er entnervt nach einer Woche zurückkam. „Die haben mir zugesetzt und da war sogar das Telefonieren und der Besuch verboten“, hatte er damals seinen Abbruch begründet. Dann wendet er sich weitschweifigen Erzählungen zu, wie verlogen die Gesellschaft doch sei: „Saufen tun sie alle - aber die bestraft keiner!“ Dass seine Haftstrafen fast alle nicht auf den Besitz von Drogen, sondern auf die zu ihrem Kauf notwendigen kriminellen Handlungen zurückzuführen sind, bewegt ihn eher zu weiteren Rechtfertigungsversuchen. Weil der „Stoff“ unter Strafe steht, ist er so teuer. Deshalb muss soviel Beschaffungskriminalität entstehen. Mein Hinweis, er komme doch seit einiger Zeit ohne aus, ringt ihm nicht mal ein müdes Lachen ab. Er verlangt aggressiv und ultimativ, endlich mit seinem Hausarzt und seiner Freundin zu telefonieren. Schließlich müsse er dafür sorgen, dass seine Freundin mit dem gemeinsamen Kind zurechtkomme, das sei nämlich krank. Vom Hausarzt verlangt er irgendein nebulöses Rezept. Seine Freundin brauche das und werde es abholen. Gleich darauf ruft er seine Freundin an und fordert sie mit deftigen Worten auf, „endlich ihren Arsch herzubewegen“. Wenn ich richtig gehört habe, soll sie wohl die für ihre Substitutionsbehandlung zur Verfügung stehenden Medikamente bei ihm abliefern. Dieses Telefongespräch muss ich gegen meine Gewohnheit beenden. Die Sucht ist eins der größten Probleme bei dem Versuch, eine Haftzeit sinnvoll zu gestalten.

Ein Gefangener beschwerte sich bei mir im eigens am Sonntag nach dem Gottesdienst angeforderten Gespräch darüber, dass er eingeschlossen werde. Er könne nicht zum Gottesdienst und auch sonst keine Aktivitäten unternehmen. Er habe „so einen Hals“ und nichts zu rauchen. Offenbar war er der Meinung, ein Pastor müsse ihn aus dieser Situation befreien können. Der Grund für den 'Einschluss' sei das Kiffen. Er habe laut und deutlich gesagt, er als Kiffer müsse und werde auch weiter kiffen. Schließlich sei es doch unverschämt, ihn wegen des Rauschmittels doppelt zu bestrafen. Die erste Bestrafung bestand in der Verurteilung zur Haftstrafe wegen des Handelns mit erheblichen Mengen, die zweite folge jetzt bei fortgesetztem Konsum innerhalb der Haftanstalt. Dem Gefangenen kommt zupass, dass die Gerichte den Besitz von weichen Drogen in kleinen Mengen zum eigenen Gebrauch nicht mehr ahnden. Den Versuch der Abteilung, ihn wenigstens als Stofflieferanten für andere auszuschalten, versteht er als Angriff auf sein gutes Recht, weiche Drogen zu nutzen.

Der Kreislauf schließt sich, wenn man sich vor Augen hält, wie sehr die Beschaffungskriminalität in der Drogenszene dominiert. In den Gefängnissen dient die Knastwährung vorwiegend zur Beschaffung von Drogen. Gutmeinende Helfer im Strafvollzug, aber besonders auch Seelsorger und Seelsorgerinnen geraten zusehends in die Gefahr, durch „milde Gaben" an Mittellose wesentlich zur Drogenfinanzierung beizutragen. Das geht so weit, dass Gefangene, mit denen die meisten Mitleid empfinden, mit voller Absicht geradezu auf die Seelsorge angesetzt werden, um dort die größtmögliche Menge an milden Gaben herauszuschlagen.

Mit der Einführung der Subsitution in nahezu allen Gefängnissen sollten eigentlich alle Drogenprobleme dieser Art verschwinden. Merkwürdiger Weise ist das nicht eingetreten. Nach wie vor wird gedealt - jetzt sogar mit Methadon - und geraucht.

Ein ganz erhebliches Problem wirft beim Umgang mit Drogen die theoretisch sehr sinnvolle Möglichkeit „Therapie statt Strafe" auf. Aus therapeutischer Sicht kann die Zuweisung zur Therapie durch ein Gericht keine Motivation begründen. Entscheidend für den Therapieerfolg sind ja gerade die Freiwilligkeit und die dahinter stehende Bemühung, den Konsum einzudämmen oder abzubauen. Wer jedoch hoffen kann, einer längeren Haftzeit durch Therapie zu entgehen, hat wohl eher weniger Chancen, therapeutische Schritte erfolgreich zu tun. Andererseits wäre eine vollkommene Trennung von Strafe und Therapie auch sinnlos, weil die Straftaten mit dem Abusus von Rauschmitteln zusammenhängen. Wer innerhalb einer Justizvollzugsanstalt Drogen konsumiert, weist nicht gerade seine Bereitschaft nach, etwas für eine Verhaltensänderung an sich tun zu wollen. Bei harter Interpretation tut er genau das Gegenteil. Wenn jedoch Therapie die Strafe für Süchtige zum Teil ersetzen kann, wie sieht es dann mit Straftaten aus, deren Suchtcharakter unverkennbar scheint?

Der Stoff, zu dessen Beschaffung die Straftaten dienen, kann auch anderer Art sein. Ein Dieb hat sich darauf spezialisiert, kleinere elektrische Maschinen zu stehlen und sie zu verkaufen. Gegen Ende seiner Heimkarriere begann er damit. Er stellte fest, dass die Maschinen gut zu verkaufen waren. Nach kurzer Übung hatte er einen festen Abnehmerkreis, den er auf Bestellung belieferte. Das Einbrechen bereitete ihm nicht viel Mühe. Er ging nachts auf Baustellen und brach mit einem großen Kuhfuß die Behältnisse und Verschläge auf, in denen die Maschinen eingeschlossen waren. Er bekam Bargeld und ging damit noch in der gleichen Nacht in eine Kneipe, um dort wieder einmal den spendablen Gönner spielen zu können. Er genoss es, wenn die Menschen ihm wegen seiner Großzügigkeit dankbar waren. Zuerst reichte das Geld eine ganze Nacht durch. Es sprach sich jedoch schnell herum, wenn er wieder einmal Geld hatte. Deshalb musste er zuviel spendieren und brauchte schon bald zwei Einbrüche, um die gewünschte Anerkennung von allen Anwesenden zu erreichen. Wenn er nichts hatte, fühlte er sich geringschätzig behandelt und musste bisweilen brutal um sich schlagen, um vermeintliche Beleidigungen von anderen zu sühnen.

Das suchtartige Ringen (zunehmende Dosis bei abnehmender Befriedigung) um Anerkennung durch Verschleudern von Geld artete so aus, dass auch schon mal am helllichten Tag der nächste Einbruch fällig wurde. Das ermöglichte schließlich der Polizei den Zugriff. Der Täter erhielt vom Gericht, obwohl immer Alkohol im Spiel war, keine Therapie angeboten. Die Frage scheint auch, ob sie ihm geholfen hätte und vor allem, welche Therapieform dafür geeignet gewesen wäre.

Strafzweck: Resozialisierung

Das Ziel der Strafhaft wird vom Strafvollzugsgesetz so definiert: "Im Vollzug der Freiheitsstrafe soll der Gefangene fähig werden, künftig in sozialer Verantwortung ein Leben ohne Straftaten zu führen (Vollzugsziel). Der Vollzug der Freiheitsstrafe dient auch dem Schutz der Allgemeinheit vor weiteren Strafen." (§2) Seit 2004 haben die Bundesländer Gesetzeshoheit über den Strafvollzug. Einige benutzten das Bundesgesetz noch längere Zeit weiter. Die meisten haben seither neue Gesetze erlassen, die dem alten ähnlich sind. An dem Hauptziel hat sich wenig geändert, auch wenn da und dort die Sicherheit mehr betont wird. Neu ist die ausdrückliche Benennung „tataufarbeitender Maßnahmen". Sie können beispielsweise als Opferempathietraining oder als Täter-Opfer-Ausgleich im Vollzug umgesetzt werden. In Schleswig-Holstein z.B. nimmt allerdings die Resozialisierung nun einen entschiedeneren Vorrang ein. Die Sicherung folgt erst in § 5 und die Gewaltfreiheit wird auch nach innen gerichtet gesetzlich geregelt.

Wie schwer das Ziel zu erreichen ist, zeigt, dass z.B. in der Kieler Haftanstalt mit ihren 274 Plätzen Menschen inhaftiert sind, die mehrere Vorstrafen zu verzeichnen haben. Welche soll man da ausgleichen und aufarbeiten? Davon abgesehen ist das in diesen Fällen schon mehrmals nicht gelungen.

Die Schwierigkeiten werden durch den Gefangenen C. deutlich. Er sagt von sich selbst, er habe eine gerechte Strafe erhalten und stehe auch dazu. Bloß, dass sie ihm „alle das dauernd aufs Butterbrot schmieren", wenn er wieder entlassen wird, das kann er nicht ertragen. "Sie sagen doch auch, man soll vergeben!", greift er überraschender Weise meine Predigtgedanken auf. "Davon haben die Leute draußen wohl noch nichts gehört!" Er ist wie viele andere hier der Überzeugung, das Gefangensein sei Strafe genug. Er habe damit seinen Teil zur Wiedergutmachung beigetragen.

Gefangener C. kennt sich aus im Strafvollzug: Seine siebte Haftstrafe hat ihm scheinbare Routine und Sicherheit im Umgang mit den Gittern verschafft. Er legt für sich selber nicht die Hand ins Feuer, dass es der letzte Einbruch gewesen sei. Wie Imponiergehabe wirkt es schon, wenn er über "seine" Schadensummen berichtet wie andere über ihr Einkommen. Wer seiner Erzählung folgt, dass man ja nie genug Geld haben könne und die Einbrüche schon jahrelang auf Bestellung mit Abnahmegarantie fußten, kann sich schwer vorstellen, dass Gefangener C. irgendwo in einem Büro sitzen soll und erst am Monatsende dafür Geld bekommt. "Außerdem", fügt er hinzu, "ich wär' doch verrückt, wenn ich irgendeine Arbeit annehmen würde. Meine Schulden kann ich lebenslang nicht bezahlen. Sobald ich verdiene, kommen die Pfändungen. Daher habe ich weniger als von der Sozialhilfe. Beknackt wär' ich!" Wie soll aus dieser, mit vernünftigen Gründen scheinbar noch nicht einmal zu bestreitenden Problemlage der Gefangene C. resozialisiert werden? Der Kreislauf dreht sich weiter, weil C. sich auch im Gefängnis nichts sagen zu lassen braucht. Er hat nämlich nichts zu verlieren, denkt er.

Es gäbe durchaus in jeder Justizvollzugsanstalt die Möglichkeit, mit der Schuldnerberatung und zur Verbesserung seiner Lebenslage durch Übereinkommen mit den Geschädigten beizutragen. Der Start in einer Übergangswohnung unter Betreuung wäre ebenso denkbar. Auch für die Aufarbeitung der seelischen Lage gibt es Hilfen. Die dann auftauchenden Schuldgefühle, Gedanken an die Opfer, Angst vor dem Hass oder der Wut der Opfer, die eigene Geschichte als Opfer (Kindheit im Heim oder Opfer von Angst und Gewalt als Kind und Jugendlicher z.B.) und Angst vor Strafe verlangen psychische Schwerstarbeit. Im besten Falle führt die Aufarbeitung im juristischen, seelsorgerlichen, pädagogischen oder therapeutischen Sinne dazu, dass der Gefangene in die Lage versetzt wird, die Verantwortung für seine mit Sanktionen belegte Handlung anzunehmen und den Sinn der Sanktion nachzuvollziehen. Er lernt vielleicht in einem Opferemapthietraining begreifen, welchen Schaden er bei den Opfern angerichtet hat, und kann sich vielleicht sogar entschuldigen oder etwas wiedergutmachen. Und er kann den Blick nach vorne richten. Wer scheute nicht diese seelische Schwerstarbeit? Es bringt auch wenig Anerkennung bei den Mitgefangenen mit sich. Wer so an sich arbeitet, gilt fast schon als Verräter, der zur anderen Seite übergelaufen ist.

Zusätzliche Probleme schafft ein anderes Wahrnehmungsschema. Der Gefangene sieht, dass ihm durch die mit der Strafe verbundenen Defekte und Zerstörungen wiederum erhebliches Unrecht zugefügt wird. Er entwickelt die Ansicht, dass schon dies alleine seine Straftat mehr als aufwiegt. Die Gesellschaft ist ihm nach dieser Übelzufügung etwas schuldig. Da sie ihm das aber nicht in Form von Zuwendung oder vorauseilender Betreuung zukommen lässt, liegt darin der Grund fürs Weitermachen wie bisher, also für weitere Straftaten. Der Gefangene empfindet das Einsperren als Rache, welche Behandlungsanstrengungen auch immer unternommen werden. Sein Weltbild sagt ihm, dass er genau genommen für etwas bestraft wird, was alle tun. Nur er hatte das Pech, erwischt zu werden. (Die Ubiquitätsthese des abweichenden Verhaltens bestätigt ihn darin.)

Mancher Gefangene jedoch zahlt seine Schulden zurück oder verhandelt mit den Gläubigern. Seine Verstrickung in schwierigste Umstände legt ein anderer dar, seine Art, den Vollzug gnädig zu stimmen, um die frühzeitige „Lockerung" wie Ausgang, Urlaub, Freigang oder eine Entlassung nach Verbüßung der Hälfte der Freiheitsstrafe zu bekommen. Einige gehen durch den Vollzug, als sei es eine ihrer Lebensaufgaben.

Möglichkeiten, sich neu zu orientieren

Von diesen Grundfragen abgesehen, lebt hinter Gittern eine Männergesellschaft, die sich auch misstrauisch gegenübersteht. Die Bediensteten sind sich einig, dass die Gitter dazu reizen, sie durchzusägen. Weil sie das nachvollziehen können, argwöhnen sie auch, dass es vorkommen könnte. Die Mauern üben auf manche magische Anziehungskraft aus, ihre Überwindbarkeit wenigstens in der Phantasie zu testen. Das Sicherheitsdenken schlägt besonders nach Ausbrüchen und Geiselnahmen in irgendeiner Haftanstalt in Deutschland Kapriolen. Wer jedoch Menschen hinter Gitter bringt - eine überzeugende Alternative konnte offenbar noch keine Gesellschaft finden -, muss sie wohl oder übel misstrauisch bewachen. Der Vollzug besitzt dadurch immer noch einen hervorstechenden Sicherheitsaspekt. Sicherheit bedeutet in diesem Zusammenhang: Sicher einsperren. Bei Menschen, die Habe und Leben anderen nicht achten können, ist das auch nicht von der Hand zu weisen. Es bleibt jedoch offen, ob Habe und Leben anderer durch die heutige Form von Vollzug wirklich geschützt werden oder durch die so genannten Sicherheitsvorkehrungen am Ende vielleicht der Vollzug sich nur selber als System erhält.

Nichtsdestoweniger aber entwickelt sich, wenn auch etwas leiser als das mit medialer Macht diskutierte Sicherheitsproblem, die betreuende bzw. sozialisierende Seite weiter. Wer im heutigen deutschen Strafvollzug den festen Vorsatz entwickelt, die Zeit zu einer Verhaltensänderung zu nutzen, findet dazu Möglichkeiten. In vielen Haftanstalten arbeiten neben Vollzugsbediensteten, der Leitung, Verwaltung, Lehrern und der Seelsorge auch Sozialpädagogen und Psychologen. Sozial- und Arbeitsämter führen Sprechstunden durch. Schuldnerberatung versucht, Schuldenverhältnisse, die im Lauf der Jahre in völlige Verwirrung geraten sind, aufzuklären. Und als neuere Entwicklungen entdeckt der Vollzug das Opferempathietraining, den Täter.Opfer-Ausgleich und alle Dienste zusammen auch als „Übergangsmanagement“ nach der Haft. Das Ziel liegt darin, die Motivation der Gefangenen, ihr Leben neu zu ordnen, zu steigern und zu verstetigen. Und doch ergeben sich Probleme, die mit Prioritätenbildung zu tun haben.

Übergangsmanagement und Resozialisierung

Die Justizministerien haben – vielleicht aus dem Grund des Scheiterns - seit kürzerer Zeit das Übergangsmanagement zu einer der wichtigsten Aufgaben im Vollzug erklärt[70]. Übergangsmanagement ist in anderen geschlossenen Einrichtungen, wie z.B. in der Psychiatrie, lange geübte Praxis.[71] Es gilt aber erst jetzt im Strafvollzug als sicher, dass vor allem die Vorbereitungen zur Aufnahme einer Beschäftigung entscheidend für den Resozialisierungserfolg sind: „Tatsächlich gibt es reichlich empirische Belege dafür, dass die Behandlungsmaßnahmen im Strafvollzug ihre Wirkungspotenziale nicht hinreichend entfalten können, wenn sie nicht durch geeignete Folgemaßnahmen nach der Entlassung aufgegriffen und verstärkt werden. Berücksichtigt man, dass gerade das erste halbe Jahr nach der Entlassung als ‚Hochrisikozeit‘ für die Rückfälligkeit ehemaliger Gefangener gilt, kommt einer möglichst nahtlosen Gestaltung der Übergänge aus der Haft in die Freiheit oder aus stationären in ambulante Behandlungs- und Wiedereingliederungsmaßnahmen eine besonders große Bedeutung zu.“[72] Dagegen hieß noch vor fünfzehn Jahren die Antwort auf die Frage nach einer Hilfe beim Übergang: „Das fällt nicht in unsere Zuständigkeit. Wenn die Strafe beendet ist, darf sich der Vollzug gar nicht mehr kümmern.“

Die Gefangenen aber beschweren sich ständig über mangelnde Resozialisierungsbemühungen und meinen damit die in den letzten Jahren drastisch zurückgegangenen Lockerungszahlen in der Haft. Im unerklärlichen Gegensatz zu den Übergangsmanagement – Bemühungen der Vollzugsanstalten sind die gewöhnlichen Lockerungen erheblich zurückgegangen. Gefangene werden daher trotz vermehrten Personaleinsatzes wieder häufiger ohne Perspektive entlassen, sie werden nicht zur Wohnungssuche und zu anderen Vorbereitungen, ja sogar nicht einmal zu Vorstellungsgesprächen, gelockert, wenn ein hervorstechendes Merkmal ihrer Person eine Suchtkarriere ist, wenn sie leicht beeinflussbar erscheinen, wenn sie Sexualstraftäter sind oder gar dem Betrügersegment angehören. Das Übergangsmanagement hilft nur ohnehin einigermaßen vermittelbaren Gefangenen. Und es ist in der Diskussion. „Übergangsmanagement kann nur dann mehr als die traditionelle und unzureichende Entlassungsvorbereitung sein, wenn neue Netzwerke vor Ort geschaffen werden, in denen alle Akteure in geregelter Weise wirkungsorientiert zusammenarbeiten. Dazu sind Verbundsysteme und Servicestellen erforderlich, die diese Aufgabe der Systementwicklung inkl. einem professionellen Schnittstellen- und Überleitungsmanagement ausfüllen („Integrierte Resozialisierung“).“[73] Bernd Maelicke weist auch darauf hin, dass diese Erkenntnisse und Bemühungen „extrem unter restriktiven Rahmenbedingungen“[74] leiden, weil die Finanzierung des Justizvollzugsbereiches nach wie vor den Schwerpunkt auf den Strafvollzug und nicht auf die Wiedereingliederung setzt.

Bei den Bemühungen um Resozialisierung ist ein wichtiger Punkt ganz in Vergessenheit geraten und nie so richtig bearbeitet worden. Resozialisierung ist nur möglich, wenn es eine aufnehmende Gesellschaft gibt. Die wird gewöhnlich in der Weise vorausgesetzt, dass es in der Gesellschaft einen Platz für Entlassene gibt, den sie nur noch einnehmen müssen. Dabei mehren sich die Anzeichen dafür, dass die Gesellschaft nicht aufnahmebereit ist. Ein Grund dafür liegt in der Opferdebatte der letzten Jahrzehnte. Sie hat dafür gesorgt, dass Straftäter als Feinde betrachtet werden, gegen die man sich durchgehend schützen muss. Die Opfer müssen erstmalig in der Geschichte der Justiz auch als

Argument für härtere Strafen herhalten. Der andere ist nicht länger in seiner Würde unantastbar, er wird zum Feind, zur „schrecklichen, furchterregenden Über –Ich -Figur, der die narzisstische Welt der ‚Opfersubjekte' bedroht, sodass ihm gegenüber rigorose Schutzmaßnahmen und Sicherheitsvorkehrungen notwendig werden."[75] Diese Einschätzung aus der psychoanalytischen Debatte wird durch das folgende Beispiel illustriert.

Die Mitarbeiter von Eurogate in Bremerhafen fühlten sich im Recht, einen verurteilten Sexualstraftäter, der seine Stieftochter missbraucht hatte, durch Streik wegzumobben.[76] Was im Gefängnis gegenüber Sexualstraftätern mit Gewaltandrohung und grober Missachtung vor sich geht, das lässt sich in Freiheit anders bewerkstelligen. Verurteilung und Haft führten in den Augen der Kollegen nicht zu einer Wiederherstellung seiner menschlichen Würde, womit er als Kollege wieder akzeptiert worden wäre. Weder das Arbeitsgericht noch die Betriebsleitung konnten das Verhalten beeinflussen. Der fünfstellige Verlust des Betriebes war den Mitarbeitern gleichgültig. Dabei war der Betroffene vorher schon Kollege und jedenfalls in seiner Täterkonstellation gerade für Mitmenschen an seinem Arbeitsplatz extrem ungefährlich. In der Arbeit liegt seine einzige Chance, sein Leben wieder würdig bestreiten zu können. Das Recht ist auf seiner Seite, was den Arbeitsplatz betrifft. Ein Jahr später aber bestätigte eine höhere Instanz die Kündigung wegen Störung des Betriebsfriedens.[77]

Was also passiert, wenn – mehr noch als in vielen Mobbingfällen – Kollegen einander die Würde als Mitmensch absprechen? Hier hilft die Einschätzung eines anderen Autors weiter: „Die meisten BürgerInnen erleben Strafvollzug jedoch nur in diesen Momenten des Scheiterns, mit der Folge, dass hierdurch oftmals ein verzerrtes Bild von der Vollzugswirklichkeit entsteht. Auf dieser Grundlage - einem Zu-wenig an Informationen - wird dann nach mehr

Sicherheit und härteren Strafen verlangt.“[78] Diese Sichtweise ist noch ein wenig zu erweitern: Die Bevölkerung möchte offensichtlich Straftäter nicht wieder unter sich sehen. Der Gang ins Gefängnis ist für die Menschen im Alltag keine Vorbereitungsphase, sondern eine Entfernung aus diesem Alltag. Und bei der Entfernung soll es bleiben. Die Gesellschaft versteht sich nicht als Empfangsraum für verurteile Straftäter. Im Gegenteil möchte Sie gerne ganz und gar vor Menschen geschützt werden, die irgendetwas – sei es Gesundheit, sei es Geld, Leben oder Freiheit – bedrohen. Ein erkanntes Risiko in Zukunft zu vermeiden, ist die Alltagsstrategie. Ein Risiko möchte man schließlich ausschalten. Die exzessive Opferberichterstattung bestärkt sie darin. Der Täter ist ein Gefährder, der nach seinem Bedrohungspotential und nach seinem „Bedrohungsergebnis“ beurteilt werden soll, nicht nach seiner Schuld. (Schuld ist im Strafgesetzbuch die Grundlage der Strafzeitzumessung (§46)). Dazu eine weitere Einschätzung von Kai Bamann: „Und im anderen Extrem haben Untersuchungen belegt, dass Opfer von Wohnungseinbruchdiebstählen oftmals nach der Tat unter einem besonders intensiven Traumaerleben leiden. Kann ein solches Opfererleben zum Maßstab werden, die Gesellschaft auch vor solchen TäterInnen schützen zu müssen? Sicher nicht, denn aus juristischer Sicht ist eine solche Maßnahme unverhältnismäßig und mit dem Schuldprinzip unseres Strafrechts unvereinbar.“[79]

Die Debatten um den Übergang in die Gesellschaft finden also einen zunehmend weniger vorbereiteten Boden für ebendiesen Übergang. Der Bestrafte muss sich selber wieder in die Gesellschaft hineinkämpfen. Die Übergangsbemühungen von Institutionen reichen dafür nicht aus. Die aufnehmende Gesellschaft hat keine vorgegebene Überzeugung mehr, dass sie auch ihren Teil zur Resozialisierung beitragen muss. Das wurde auch an den Debatten über und am Verhalten gegenüber Menschen deutlich, die aus der Sicherungsverwahrung entlassen werden sollten.

Niemand war oder ist bereit, ihr Nachbar zu sein. Auch bei Bauplanungen für Justizvollzugsanstalten oder forensisch psychiatrische Einrichtungen zeigt sich das gleiche Phänomen. Jede Kommune wehrt sich, so gut sie kann. Politische Randgruppen bemühen sich, auf diese Stimmung aufzusatteln. Das zeigt, die Vorstellung, dass Straftäter wiederkommen, wenn die Strafe abgesessen ist, ist zunehmend unerwünscht. Dass auch die gesellschaftliche Umwelt für die Menschen, die Straftaten begehen, eine Mitverantwortung trägt, rückt zunehmend in den Hintergrund. Straftaten werden persönlichen Entscheidungen oder Merkmalen zugerechnet und nicht als Ergebnis von Sozialisation betrachtet. Das bedeutet, wer Straftäter ist, bleibt es und muss - wie alle anderen Gefahren auch – abgewehrt werden. Damit ist das Konzept der Resozialisierung erledigt. Das wirft aber einen Schatten auf die Gesellschaft: Wer einmal aussortiert wurde, hat kaum eine Chance, wiederzukommen. Dabei taucht eine Assoziation aus dem ‚ganz normalen' Leben auf: Junge Leute werden immer wieder gewarnt, sich auf Facebook allzu offen zu präsentieren. Wer dort mit einem großen Besäufnis auftritt, kann damit rechnen, bei Internetrecherchen im Zuge einer Bewerbung aussortiert zu werden. Jede auffallende Handlung kann also zum Ausschluss oder zumindest zur Behinderung im Lebenslauf werden, da sie nicht vergessen wird, und wenn sie nicht durch neue Eindrücke ergänzt werden kann. Einem solchen Modell folgt auch die Logik der Sortierung von Menschen nach Gefahrenkategorien.

Das könnte man auf die Weigerung, mit Verurteilten zusammenarbeiten zu wollen, ausdehnen. Da hier jemand gegen die Regeln verstoßen hat, soll er auf Dauer als Risikoträger gelten und so durch seinen Ausschluss die Gefahren des Lebens vermindern. Wenn man ihn nicht mehr unter sich haben muss, ist auch die Gefahr vorbei. Dass diese Form von Sicherheit eine Illusion sein dürfte, erscheint mehr als von selbst plausibel.

Es gäbe auch Modelle der Bewältigung von Straftaten mit tendenziell weniger Zurückweisung, Ausschluss und Abwehr. Im englischen Sprachraum werden sie als Restorative Justice bezeichnet. Der ‚unübersetzbare' Begriff erscheint als solcher auch in Deutschland. Hier hat jedoch eher der ‚Täter – Opfer – Ausgleich' diese Funktion übernommen. Täter und Opfer werden, wenn es irgendwie zu verantworten ist, in eine Mediation begleitet, an deren Ende der zugefügte Schaden gutgemacht wird. Im besten Fall ist das Opfer zum Vergeben und Neuanfang bereit, wenn es Bemühungen des Täters um Ausgleich sieht. Hier übernehmen Täter und Opfer gemeinsam Verantwortung für einen zu erreichenden neuen Rechtsfrieden, ohne dass einem die Würde ab- oder Gefährlichkeit als Person zugesprochen werden muss. Natürlich ist das für Opfer schwieriger, weil sie es nicht waren, die diese im Verfahren zu bewältigende Beziehung initiiert haben. Auch für Täter ist es nicht leicht, ihren Opfern gegenüberzutreten. Für beide und die Gesellschaft aber wäre dieses Verfahren, das öffentlich stattfindet, das Unterstützer und Mitbetroffene einbezieht, zum Ausgleich geeignet, sofern es keine „Schließ ihn weg" – Phase erlebt und so auch keine Resozialisierungsmühen bzw. Übergangsmanagement betreiben muss. Der Ausgleich ist die Resozialisierung. Ausgleichsbemühungen zu gestalten wäre eine gemeinsame Anstrengung von Tätern, Opfern und Betroffenen unter Anleitung und Mitgestaltung der Justiz.

Weder das mühsame Übergangsmanagement noch Gesetzesformeln können die Idee der klassischen Resozialisierung retten. Da die klassische Resozialisierungsidee vor dem Aus steht, beginnt die Zeit der aktiven Bewältigung von Gesetzesbrüchen durch direkten Ausgleich. Das ist natürlich Träumerei. So weit ist es in der Praxis noch lange nicht, von Anfängen des Opferemapthietrainings und rund 5000 Täter-Opfer-Ausgleich-Fällen in Deutschland abgesehen. Es geht in der Hauptsache weiter um die konkrete Gefängnissituation und die herkömmliche Theorie von der Resozialisierung.

Resozialisierung theoretisch

Die Resozialisierung kann als Wort auf zwei verschiedene Bedeutungen hinweisen.

Anlehnung an Kriminalisierung

Die erste rührt aus dem Verständnis von abweichendem Verhalten als eines Vorgangs, bei dem ein Mensch sich eben durch abweichendes Verhalten aus der (Norm-) Gemeinschaft entfernt und dann durch verschiedene Maßnahmen wieder in diese zurückgeführt werden soll. Es käme also darauf an, die durch die Normabweichung im abweichenden Verhalten entstandene Ausgliederung des Individuums mit verschiedenen Methoden zu ver- und bearbeiten und so die Distanz zur Gemeinschaft zu überwinden, damit eine erneute Aufnahme in der Normgemeinschaft möglich wird. Die Gemeinschaft müsste eine Wiederaufnahme nach dem Normbruch bestätigen. Der Focus der Methodik müsste auf der Suche nach Gründen für das abweichende Verhalten und ihrer Beseitigung liegen. Das abweichende Individuum steht dabei im Zentrum der Betrachtung, aber auch die Bedingungen des Abweichenden in der Gesellschaft. Das ‚re' ist der Ausdruck für eine Wiederaufnahme in die Gesellschaft. Der Vorgang selbst kann sehr verschieden verlaufen und könnte sogar eine Normenveränderung beinhalten, falls das abweichende Verhalten ein Ausdruck dafür ist, dass die Norm in der Gesellschaft nicht mehr stabil befolgt wird. Dieses Verständnis hat jeweils eine neue Verständigung über den Normenbestand zur Folge und erscheint flexibel. Die Ausgliederung eines Individuums erfolgt nicht durch den Vorgang der Bestrafung, also der Missbilligung abweichenden Verhaltens, sondern durch das abweichende Verhalten selbst. Der Vorgang oder Prozess des ‚re' bezieht sich nicht auf die Beseitigung von Defiziten beim abweichenden Individuum, sondern auf die Geltung und Bestätigung der Normen in der Gesellschaft. Ein solches Verständnis kommt dem *Labeling Approach* Verständnis der Kriminalität nahe, der sich auf den Vorgang der Kriminalisierung konzentriert.[80]

Anlehnung an Sozialisation

Die andere lehnt sich an die Sozialisation an, also die Eingewöhnung jedes Individuums in die Struktur- und Normengefüge seiner Gesellschaft. Mit dieser Bedeutung wäre die Aussage verbunden, ein Mensch, der sich abweichend verhält, sei nicht genügend sozialisiert und dies müsse in der Resozialisierung nachgeholt werden. Dann hätte die Vorsilbe ‚Re' die Bedeutung von ‚erneut' oder ‚wieder'. Das Individuum, das resozialisiert werden soll, wird unter dem Blickwinkel des Defizits betrachtet. Die Defizite können dabei sehr stark variieren, vom nahezu völligen Fehlen einer Sozialisation vor allem im Bereich der Normanpassung, aber auch der Bildung, bis zu Motivations- oder Normverständniseinbußen. Es geht hier nahezu ausschließlich um die Anpassung des Individuums. Die Gesellschaft ist statisch verstanden, gekennzeichnet ausschließlich durch Vorgaben dessen, was richtig und was falsch ist. Die Anpassung ist eine Einpassung in die verschiedenen (versäumten) Stufen oder Schritte des Sozialisationsprozesses. Im Hintergrund stehen hier die Sozialisationstheorien des 19. und 20. Jahrhunderts. Diese verstanden Sozialisation so, dass die Individuen durch den Sozialisationsprozess in aufeinander folgenden Stufen zum angepassten Mitglied der Gesellschaft werden. Wenn dieser Prozess misslingt, ist eine mögliche Folge das abweichende Verhalten. Die Resozialisierung ist in der Folge theorieabhängig und gewinnt ihre Möglichkeiten in dem Nachholen der jeweils vorhandenen Defizite. Wer etwa dem Phasenmodell der Sozialisationsentwicklung nach Freud[81] folgt, wird versuchen, die Defizite psychotherapeutisch zu beheben. Wer der Parsons'schen Idee der Sozialisation folgt, wird versuchen, die Motivation zur Anpassung des Individuums zu stärken.[82] Die Perspektive des Ansatzes von Parsons ist, wie das Wertesystem zum Teil der Persönlichkeitsstruktur wird[83], und damit die Bedingungen des Erhaltes der gesellschaftlichen Ordnung. Wenn das Individuum das Wertesystem der Gesellschaft nicht internalisiert hat, muss es re-sozialisiert werden, also Sozialisation nachholen. Dem dient die Behandlung im Strafvollzug. Nur daher kann die Vorstellung rühren, man könne Menschen hinter Gittern re-sozialisieren. Mit einem schönen paradoxen Wortspiel lässt sich das auch formulieren: Man kann im Ausschluss Einschluss lernen oder erwerben.[84] Es ist nicht schwer, hier den Mainstream zu erkennen, der zur Resozialisierungidee im deutschen Sprachraum geführt hat. Auch hier ist die Notwendigkeit zur Resozialisierung nicht im Entfernen aus der Gesellschaft durch eine Freiheitsstrafe begründet, aber auch nicht Folge des abweichenden Verhaltens, sondern in einem Sozialisationsdefizit. Dem folgen im Grunde heute noch die Kontrolltheorien[85], die ein Bindungsdefizit für abweichendes Verhalten verantwortlich machen. Zur Behebung des Sozialisationsdefizites sind dann die Fachleute aus dem jeweiligen Fachgebiet der Sozialisationstheorie geeignet. „Zusammenfassend muss festgestellt werden, dass eine inhaltliche produktive Bezugnahme auf den Begriff der Sozialisation in der Fachliteratur zur Resozialisierung kaum stattfindet. Nicht einmal die gängigsten Differenzierungen der Sozialisationsforschung werden rezipiert oder gar aufgenommen. Resozialisierungskonzepte beschränken sich in ihrer Berufung auf die Sozialisationstheorien, im wesentlichen auf die Konstatierung von Sozialisationsdefiziten und –mängeln, die zudem manchmal direkt aus der Kriminalisierung abgeleitet werden, und einigen Grundthesen der Lern- und Rollentheorie."[86] Cornel hält nach dieser Einschätzung den ganzen Rückgriff auf die Sozialisationstheorien für „nicht sehr fruchtbar"[87] im Ansatz für die Begriffsbestimmung. Dem widerspreche ich. Der Rückgriff zeigt, wie wenig fundiert der Resozialisierungsbegriff ist und woher seine diffuse Bestimmung rührt. Die Anknüpfung erfolgte nicht auf wissenschaftlicher Augenhöhe, sondern im Bereich dessen, was einst Pragmatistenanarchie[88] genannt wurde.

Verschiedene Ausrichtungen

Schon die beiden Bezüge und des Resozialisierungsbegriffes bedeuten, dass er in verschiedene Richtungen zeigt.

Im Falle des Sozialisationsbezuges geht es um eine Nachsozialisierung des Individuums mit dem abweichenden Verhalten. Seine Defizite sind zu beheben, während das System der Gesellschaft und ihre Normen als richtig vorausgesetzt werden. Darauf kann sich das Justizsystem mit seinem schuldig-unschuldig-Dualismus einlassen. Defizite sind als Voraussetzung einer Rückkehr in die Gesellschaft abzubauen. Die Methodik reicht von schulischer Bildung bis zur Verbesserung der Beschäftigungschancen durch Ausbildung und durch Gewöhnung an einen kontrollierten regelmäßigen Tagungsablauf. Weitere Methoden bestehen in der Behandlung von Suchterkrankungen, von unangemessenem Aggressionsverhalten oder Einübung von angemessenem Sozialverhalten. Im Spektrum liegt alles, was soziale Anpassung erleichtert oder ermöglicht. Die Resozialisierung ist die Behandlung, nicht der Vorgang der Integration in die Gesellschaft.

Bei dieser Form von Resozialisierung stellen sich die Fragen des Zwanges bzw. der Motivation. Denn sie findet bei Erwachsenen oder Heranwachsenden statt, die je nach Umständen vielleicht gar keine Motivation zu einer erneuten Sozialisierung entwickeln. Eine aufgezwungene oder durch den Druck der Haft nahe gelegte Therapie wäre ein Eingriff in ihre Persönlichkeitsrechte nach Art. 2 I GG. Der reale Ablauf des Therapie-statt-Strafe-Ansatzes nach § 35 BtMG zeigt, dass (Drogen-) Therapie zur Haftvermeidung genutzt wird und nur im seltenen Falle zum Therapieerfolg führt. Dieser Ansatz der Resozialisierung ist nur gesetzeskonform durchführbar, wenn er nicht als Zwang oder Druck, sondern als Angebot existiert. Dem kommt das Strafvollzugsgesetz entgegen durch § 4 I entgegen, indem es die Resozialisierungsaufgabe unter die Mitwirkung des Gefangenen stellt und seine Motivierung zu wecken und zu fördern verlangt. Das bedeutet auch, dass nicht im Sinne des Zwanges oder des Drucks über ihn verfügt werden darf.

Im Falle des Gesellschaftsbezuges geht es darum, die persönlichen und gesellschaftlichen Bedingungen zu klären, unter denen abweichendes Verhalten stattfindet. Resozialisierung wird als die Klärung der Beziehung zur Gesellschaft und nicht therapeutisch verstanden. Es geht nicht um eine Instandsetzung der schuldigen Person, sondern um eine Realisierung der Normbedeutung in der Gesellschaft durch ein sich abweichend verhaltendes Individuum. Nicht Therapie, sondern Verhandlung und Klärung ist hier methodisch angebracht. Eine therapeutische Behandlung findet nur statt, wenn der sich abweichend Verhaltende diese als Ursache des abweichenden Verhaltens ansieht und den Versuch unternimmt, seinerseits eine Ursache des Verhaltens zu bearbeiten. So wird die Therapie ein Teil der Resozialisierung.

Weitere nahe liegende Begriffe[89]

Die „Behandlung“

Der Strafvollzug in der Bundesrepublik Deutschland wird als Behandlungsvollzug (im Gegensatz zum Verwahrvollzug) bezeichnet. Was damit gemeint ist, geht aus keiner rechtlichen oder sonstigen Definition hervor. Im Strafvollzugsgesetz des Bundes von 1976 ist in den §§ 4 und 6 von Behandlung die Rede. „Der Gefangene wirkt an der Gestaltung seiner Behandlung … mit“ (§ 4 I). Die Behandlungsuntersuchung erforscht „die Persönlichkeit und die Lebensverhältnisse des Gefangenen“ (§ 6 I) für eine

„planvolle Behandlung“ (§ 6 II), die „mit dem Gefangenen erörtert“ wird §6 III). Behandlung kann als Begriff dafür verstanden werden, dass irgendwelche Maßnahmen ergriffen werden sollen, das Vollzugsziel zu erreichen. Eine bestimmte Richtung gibt die Aussage vor, man müsse dazu die Persönlichkeit und die Lebensverhältnisse des Gefangenen erforschen. Offenbar herrscht die Vorstellung, dass abweichendes Verhalten irgendetwas mit Lebensverhältnissen oder Persönlichkeiten zu tun hat, die behandelt werden können. Die Methoden der Behandlung wirken aber eher wie ein Konglomerat dessen, was vom Hörensagen als wirksam betrachtet wird. Eine Behandlung im wissenschaftlich untermauerten Sinne findet allenfalls im Rahmen der Gesundheitsfürsorge durch Ärzte statt. Gerade diese dient aber nicht der Resozialisierung, sondern der allgemeinen Gesunderhaltung. Die Drogenprobleme der Gefangenen werden im Gefängnis nicht therapeutisch behandelt. Die Therapie wird hier lediglich angebahnt. Durch Psychologen und Seelsorger erfolgt oftmals Krisenintervention, die ebenfalls nur zufällig zur Resozialisierung beiträgt, wobei die Seelsorge als selbständiger religionsorientierter Dienst ausdrücklich nicht in das staatliche Behandlungsprogramm einbezogen ist. Wo dies doch geschieht, gibt es ausdrückliche Vereinbarungen. Damit bleibt die Frage, wie die Behandlungsvorstellung in den neueren Ländergesetzen zum Strafvollzug seit 2006 realisiert wurde.

Behandlung in den Gesetzen der Länder (Auswahl)

Im Hamburger Gesetz über den Vollzug der Freiheitsstrafe vom 14. Juli 2009 wird der Versuch gemacht, Behandlung zu definieren.

„Den Gefangenen werden im Rahmen eines an ihren persönlichen Erfordernissen orientierten Vollzugs- und Behandlungsprozesses alle vollzuglichen Maßnahmen und therapeutischen Programme angeboten, die geeignet sind, ihnen Chancen zur Förderung ihrer Eingliederung in ein

Leben in sozialer Verantwortung ohne Straftaten zu vermitteln und ihre Fähigkeiten zur Selbsthilfe zu stärken (Behandlung). Die Behandlung dient der Prävention und dem Schutz der Opfer von Straftaten. Als Bestandteil der Behandlung sollen sich die Maßnahmen und Programme insofern auch auf die Auseinandersetzung der Gefangenen mit den eigenen Straftaten, deren Ursachen und Folgen, insbesondere für die Opfer, richten." (§ 4, Grundsätze der Behandlung)

Hier werden geeignete Maßnahmen und therapeutische Programme genannt. Die Vorstellung von Wirksamkeit in Richtung auf das Vollzugsziel ist der Maßstab für ihren Einsatz, ebenso wie die persönlichen Erfordernisse. Resozialisierung wäre somit individuelle Behandlung wie in medizinischen oder anderen therapeutischen Programmen. Das deutet aber nicht auf spezielle Programme hin, die für die Wiedereingliederung in die Gemeinschaft besonders geeignet sind. Das wäre auch von einem Gesetz zu viel verlangt. Erwartet werden kann aber nach dem Wortlaut, dass zumindest nach therapeutischem und wirksamen Fachwissen Ausschau gehalten werden muss. Es ist zu vermeiden, dass der Behandlungsgedanke ein „Rechtfertigungsmechanismus" der Justiz gegenüber der Öffentlichkeit bleibt[90] und ohne Nachweis der Wirksamkeit pragmatistisch entstellt wird.

Niedersachsen verzichtet auf den Behandlungsbegriff.

In *Bayern* werden Seelsorge und Freizeit in den Behandlungsbegriff einbezogen:

„1 Die Behandlung umfasst alle Maßnahmen, die geeignet sind, auf eine künftige deliktfreie Lebensführung hinzuwirken. 2 Sie dient der Verhütung weiterer Straftaten und dem Opferschutz. 3 Die Behandlung beinhaltet insbesondere schulische und berufliche Bildung, Arbeit, psychologische und sozialpädagogische Maßnahmen, seelsorgerische Betreuung und Freizeitgestaltung. 4 Art und Umfang der Behandlung orientieren sich an den für die Tat ursächlichen Defiziten der Gefangenen.“ (Art 3 Behandlung im Vollzug, Gesetz über den Vollzug der Freiheitsstrafe, der Jugendstrafe und der Sicherungsverwahrung vom 10. 12.2007.) Das klingt nach der vollen Entfaltung des pragmatistischen Behandlungsbegriffs, wie er im Strafvollzug entwickelt wurde: Was der Strafvollzug macht, ist Behandlung. Daher führt diese Form begrifflich nicht weiter.

Hessen bemüht sich um Kürze: „Bei der Gestaltung des Vollzugs sind die unterschiedlichen Betreuungs- und Behandlungserfordernisse der Gefangenen, insbesondere im Hinblick auf Alter, Geschlecht und Herkunft, zu berücksichtigen.“ (Hessisches Gesetz über den Vollzug der Freiheitsstrafe und der Sicherungsverwahrung vom 28. Juni 2010, §3 IV.) Der Behandlungsbegriff wird vorausgesetzt und nicht etwa definiert.

Kein übergreifendes Konzept

In den Landesvollzugsgesetzen ist – außer dem Ansatz in Hamburg - ebenso wenig eine Form von Definition der Behandlung wie der Resozialisierung zu finden. Der Begriff Behandlung wirkt eher als der alltägliche, nämlich wie man einen Menschen behandelt, gut oder schlecht oder eben vollzuglich. Deshalb ist hier nichts für den Begriff der Resozialisierung Erhellendes niedergeschrieben.[91] Behandlung ist das Mittel, durch das Resozialisierung erreicht werden soll. Ein übergreifendes Konzept wird nicht ersichtlich.

Weitere Begriffe

Auch Begriffe wie Integration oder Rehabilitation werden bisweilen als Synonyme für Resozialisierung angenommen.

Die Integration

enthält die Überwindung der Desintegration durch den Strafvollzug. Diese Bedeutung war dem Begriff der Resozialisierung bereits eigen. Da der Resozialisierungsbegriff bei aller Unbestimmtheit ein weiteres Bedeutungsfeld umfasst, wäre es nicht sinnvoll, ihn durch den Begriff der Integration zu ersetzen. Die Integration in die Normengemeinschaft ist ein Ziel der Resozialisierung.[92]

Die Rehabilitation

wird jedoch eher im medizinischen Bereich verwendet, wo es um die Wiederherstellung von Leistungsfähigkeiten bei Beeinträchtigung durch körperliche oder auch seelische Krankheiten geht. Dass dabei gleichzeitig ein Hilfebedarf nach dem Sozialgesetzbuch bestehen kann[93], mag Resozialisierung und Rehabilitation verbinden, erscheint mir aber nicht entscheidend. Die Rehabilitation strebt an, den Zustand vor einer Krankheit wieder zu erreichen. Die Resozialisierung strebt an, den vorherigen Zustand z.B. sozialer Desintegration möglichst zu überwinden, und eine Eingliederung in die Normengemeinschaft zu ermöglichen. Resozialisierung könnte allenfalls eine „spezielle Form der Rehabilitation"[94] sein, wenn sie wie im englischen Sprachraum mit dem Zusatz Straftäter („*Offender Rehabilitation*"). versehen würde. Das würde das Fachgespräch der Kriminologen erleichtern, die deutsche Begriffsbildung in Öffentlichkeit und Kriminologie überflüssig machen, aber die Prägnanz des Begriffs für den Bereich der Kriminalitätsbewältigung beeinträchtigen.

Robinson und Crow stellen das Feld der *Offender Rehabilitation* umfassend bis in die Grundkonzepte hinein dar. [95] Das Ergebnis aber ist dasselbe wie im deutschen Sprachraum. Der andere Begriff erbringt kein anderes Ergebnis. *Offender Rehabilitation* unterliegt den Ansätzen kriminologischer Theorien oder von Theorien der Sozialisation und Gesellschaft und hat ebenso ein Feld von unterschiedlichen Praktiken hervorgebracht wie die Resozialisierung. Bliebe noch die Auswertung der unterschiedlichen Ergebnisse in Praxis und Politik. Die USA und England&Wales haben ganz andere, höhere Raten von Gefangenen als der gesamte deutsche Sprachraum. Vielleicht liegt das an den Auswirkungen eines äußerst wirksamen Autors, der einst

Offender Rehabilitation unter dem Stichwort „Nothing works“ zusammengefasst hat.[96] Dennoch ist vor allem die Kritik an der Offender Rehabilitation auch für deutsche Verhältnisse nachvollziehbar. Wie kann es kommen, dass Straftäter einem gesetzlichen Behandlungsauftrag unterliegen, nicht straffällige Menschen jedoch genau so wenig wie die Opfer von Straftaten?

Rechtliche Begründung der Resozialisierung

Das führt weiter zu den Erwägungen und Festlegungen des Bundesverfassungsgerichtsurteils zur Resozialisierung von 1973 („Lebach-Urteil“).[97]

Strafvollzugsziel

Zunächst beschäftigt sich das Urteil mit dem Ziel eines Gefängnisaufenthalts zu einer Zeit, als in Deutschland der Strafvollzug noch als besonderes Gewaltverhältnis[98] galt und nach Verwaltungsanordnungen vollzogen wurde.

„IV. … Dem Gefangenen sollen Fähigkeit und Willen zu verantwortlicher Lebensführung vermittelt werden, er soll es lernen, sich unter den Bedingungen einer freien Gesellschaft ohne Rechtsbruch zu behaupten, ihre Chancen wahrzunehmen und ihre Risiken zu bestehen.

Ein so verstandener Strafvollzug kann jedoch nur die Grundlage für die Resozialisierung schaffen; das entscheidende Stadium beginnt mit der Entlassung. Nicht nur der Straffällige muß auf die Rückkehr in die freie menschliche Gesellschaft vorbereitet werden; diese muß ihrerseits bereit sein, ihn wieder aufzunehmen.“

Der Raum des Lernens

Das Gericht führt in seiner Definition für Resozialisierung nicht nur das auf, was der Gefangene zu lernen hat, sondern bestimmt auch den Raum des Lernens und der Anwendung des Gelernten richtig. Resozialisierung ist nicht im Gefängnis, sondern bei der Rückkehr in die Gesellschaft mit der Entlassung notwendig und angebracht und hängt von der Aufnahmebereitschaft der Gesellschaft ebenso ab wie von den Lernergebnissen des Entlassenen. Eine derart weit reichende Dimension kann schon fast als Vision gelten, wenn man die heutigen Auseinandersetzungen um entlassene Straftäter als Maßstab nimmt.[99]

Verfassungsrechtliche Begründung

Menschenwürde und Sozialstaatsprinzip

erfordern, dass der Verurteilte die Chance erhält, sich in die Gemeinschaft wieder einzugliedern. Das beruht auf Art. 2 I, 1 I GG als Interesse an der und Anspruch auf Resozialisierung. Die Gemeinschaft ist aus dem Sozialstaatsprinzip Art. 20 I und 28 I 1 GG heraus verpflichtet, Menschen mit Hilfebedarf zu unterstützen, egal worin die Hilfsbedürftigkeit begründet ist.

Interesse und Mitwirkung der Gesellschaft

Zudem hat die Gesellschaft auch ein Interesse, dass Straftäter nicht erneut Schaden in der Gesellschaft und bei Einzelnen anrichten. „Gerade deren Resozialisierung kann jedoch erst gelingen, wenn auch die äußeren Bedingungen dafür geschaffen werden, daß der Straffällige sich nach seiner Entlassung in die normale freie Gesellschaft eingliedert. Neben einer angemessenen Hilfe von seiten des Staates (…) kommt es namentlich in diesem Stadium auf die Mitwirkung der Gesellschaft an. Dabei genügt es allein noch nicht, daß der Entlassene Unterkunft und Arbeit findet. Nach den Erfahrungen der Praxis scheitert die Resozialisierung selbst bei insoweit günstigen Vorbedingungen und gelungener kriminaltherapeutischer Behandlung in vielen Fällen an der Mißachtung und Ablehnung, mit denen die Umwelt den Entlassenen begegnet.“ (unter IV. c)

Das Gericht legt den Schwerpunkt auf die Aufnahmebereitschaft der Gesellschaft und erklärt damit, dass die beste Behandlung im Strafvollzug noch keine Resozialisierung darstellt, wenn die insoweit entscheidende Aufnahmebereitschaft in der Bevölkerung fehlt. Resozialisierung ist nach höchstrichterlicher Ansicht die Wiederaufnahme des verurteilten Straftäters in die Gesellschaft und nicht die Behandlung im Gefängnis.

Ist Resozialisierung im Justizvollzug richtig platziert?

Das entspricht den Erfahrungen in der Praxis. Ist die Resozialisierung falsch platziert? Eigentlich kann im Gefängnis niemand resozialisiert werden, weil dort die Gesellschaft fehlt. Die Resozialisierung beginnt mit der Entlassung aus dem Gefängnis, oder allenfalls mit dem offenen Vollzug. Im geschlossenen Vollzug ist das Ziel aller Handlungen, die Gefangenen an das Eingesperrtsein zu gewöhnen, sie ruhig zu halten und sie von jeder Verantwortung abzuhalten. Alles wird durch andere geprüft und entschieden. Niemand lernt die Wirkung einer eigenen Handlungsweise kennen. Wenn Gruppenarbeit, zum B. soziales Training, angeboten wird, ist dies lediglich eine Laborerfahrung. Denn die Umsetzung in die Realität kann in der Gefängnisumgebung nicht gelingen. Nach der Entlassung aber gibt es wenige Chancen, entsprechende Begleitung zu bekommen. Hier soll seit einigen Jahren das schon oben erwähnte Übergangsmanagement helfen. Sowohl die Befassung der Bewährungshilfe als auch eigene Übergangsbegleiter werden eingesetzt, um die Verurteilten nach der Entlassung aus dem Gefängnis durch Kontrolle und Hilfe bei Alltagsfragen zu betreuen. Dabei spielt die Arbeitsaufnahme eine entscheidende Rolle. Der Schwerpunkt von Resozialisierung wird danach auf die Zeit nach der Haft verschoben, weil der Übergang der Gestaltung bedarf. „Der ‚Ernstfall der Resozialisierung' findet nicht während der Inhaftierung, sondern in der Zeit nach der Entlassung statt! Im Vollzug kann man bestenfalls Fähigkeiten für ein Leben nach der Haft vermitteln – ob aus diesen Fähigkeiten reales und dauerhaftes Handeln entsteht, zeigt sich erst in den Wochen, Monaten und Jahren nach der Entlassung, im alten oder neuen sozialen Umfeld, mit den alten oder neuen Lebenskrisen.“[100]

Resozialisierung und Gesellschaft

Resozialisierung ist das Zurückbringen des Menschen, der aus der Gesellschaft entfernt worden war und sich durch Normverstoß selbst aus der Normgemeinschaft ausgeschlossen hat, in die Gesellschaft, wo er wieder unter den anderen leben soll. Die Phase im Gefängnis soll ihn darauf vorbereiten. Dahinter steht nicht nur die Idee, dass sich der Täter durch seine Straftat theoretisch oder symbolisch aus der Gesellschaft entfernt, sich gegen sie gewendet und ihre Rechte missachtet hat, sondern die Entfernung folgt konkret als Reaktion auf die Tat durch eine Freiheitsstrafe. Wenn die Gesellschaft jemand von sich ausgrenzt, hat sie auch die Pflicht, dafür zu sorgen, dass er nachher wieder hineinkommt. Niemand darf nach einem gesetzlich erlaubten Eingriff in seine Freiheit chancenmäßig schlechter dastehen als vorher. Dieses gilt z.B. beim Gesundheitszustand allgemeiner Art und wird dort auch durch die ärztliche Fürsorge beachtet. Bei allen anderen, besonders den sozialen Belangen, gilt das nicht. Für behinderte Menschen gibt es die strafbewehrte gesellschaftliche Verpflichtung, sie zu beschäftigen. Warum gilt das nicht bei Straftätern als ‚sozial behinderten' Menschen, die ihre sozialen Verpflichtungen zur Achtung der Mitmenschen und ihrer Rechte nicht einhalten können? Es wäre möglich, Firmen und Behörden vorzuschreiben, Entlassene nach einer bestimmten Quote einzustellen. Ließe sich das unter dem Gesichtspunkt der sozialen Gerechtigkeit durchsetzen? Müsste man dann nicht jedem Menschen einen Arbeitsplatz garantieren? Oder Langzeitarbeitslosen auch eine Quote geben? (Diskriminierungsverbot, Art 3 GG, §14 Europäische Menschenrechtskonvention, Allgemeines Gleichbehandlungsgesetz §§ 1und 2.)

Resozialisierung und öffentlicher Dienst

Eine besondere Anmerkung verdient das Verhältnis der staatseigenen öffentlichen Dienste zur Resozialisierung. Wenn man sich fragt, welche gesellschaftliche Ebene

Straftäter am meisten zurückweist, kommt ausgerechnet der staatliche Bereich an erster Stelle. Niemand kann Beamter bleiben oder gar werden, der Eintragungen im Bundeszentralregister aufzuweisen hat. Auch in ein Angestelltenverhältnis kann man kaum hineinkommen. Die staatliche Ebene setzt die von ihr selbst geforderte und als der Menschenwürde entsprechende Resozialisierung nicht um. Damit wird das bestätigt, was in der Gesellschaft ohnehin gedacht wird, dass Straftäter auch nach ihrer Haft keine verantwortliche Aufgabe in der Gesellschaft einnehmen dürfen. Der Staat selbst missachtet nicht nur das Recht auf Sozialisierung, sondern riskiert Diskriminierung.[101] Am feindlichsten gegen Resozialisierung ist also der Staat selbst in seinen Institutionen und Einrichtungen.

Die soziale Komponente

Eine große Rolle spielt im Verständnis der Resozialisierung zuletzt die soziale Komponente. Resozialisierung hat sich in der deutschen Sprache eng mit dem Geschehen in der Justiz und besonders mit dem Strafvollzug verbunden und gilt im Grunde nur dort. Dort aber finden sich im wesentlichen Männer aus schwierigen sozialen und gesellschaftlichen Verhältnissen, deren Familienverhältnisse schon in der Ursprungsfamilie, aber oft auch in der eigenen Familie mit Stichworten wie (siehe oben im Abschnitt Familien) „Multiproblemfamilien", hilfebedürftige Familien, die ‚von der Stütze' leben, Suchtkarrieren oder gar mit dem Fehlen jeglicher Beziehungen dieser Art, einhergehen. Wie sehr die Verurteilung zu einer Gefängnisstrafe, nein bereits Ermittlungen, die Betroffenen aus der Gesellschaft herauskegeln, zeigt sich bei Prominenten. Sie werden bereits von der Öffentlichkeit –zumindest der Presse – verurteilt, bevor ein Gericht dazu überhaupt in der Lage ist.[102] Die meisten brauchen sich nicht mehr um öffentliche Ämter zu bemühen, manche überstehen solche öffentlichen Urteile und können weitermachen, ganz ohne resozialisierende Maßnahmen. Niemand kommt auf die Idee,

Menschen aus den vermögenden oder eliteähnlichen Gesellschaftsschichten eine Resozialisierung anzubieten oder ihnen gar ein Recht darauf zuzusprechen. Bei den meisten ist es schon aus materiellen Gründen nicht notwendig. Sie müssen sich nirgendwo um Arbeit bemühen. Daraus lässt sich eine weitere Erkenntnis für die Definition von Resozialisierung ziehen: Resozialisierung wird mit Menschen assoziiert, die nicht nur unter Justizbehandlung gefallen sind, sondern sowieso eine Förderung durch die Gesellschaft brauchen. Dem entspricht dann auch die unterentwickelte Methodik. Therapien herkömmlicher Art sind vor allem für Menschen entwickelt, die mittleren oder oberen sozialen Schichten angehören.[103] Auch hier stellt die Praxis wieder ihre eigenen Probleme. Gefangenen geht es eher um die Frage: Wann komme ich endlich raus?

Alltag hinter Gittern II

Urlaub und Vollzugslockerungen

Gitter brauchen angeblich nicht mehr zersägt zu werden, weil den Gefangenen die Möglichkeit des Ausgangs und des Urlaubs gegeben wird. Bis zu einundzwanzig Urlaubstage und acht Tage Sonderurlaub im Jahr schreiben die Gesetze vor. Ausgänge können zu bestimmten Anlässen gewährt werden wie etwa zur Wohnungssuche oder zum Besuch einer Therapie. Wer für geeignet befunden wird, kann als „Freigänger" außerhalb der Anstalt arbeiten und so einen gleitenden Übergang finden. Außerdem bekommt er dann am Wochenende Urlaub. Es handelt sich somit um unspektakuläre Maßnahmen, die Haft sinnvoll zu nutzen und die normalen Lebenszusammenhänge nicht mehr als nötig einzuschränken. Die „Versagerquote" bei Urlaubern aus den Gefängnissen liegt bei einem Prozent. Viele Gefangene kehren in Deutschland Woche für Woche ohne jedes Aufsehen wieder ins Gefängnis zurück. Viele wiederholt Gefangene haben jedoch keinen Urlaub (s.o.) und dadurch bisweilen nicht einmal die Chance, sich eine Wohnung zu suchen. Da befürchten vorsichtige Abteilungsleitungen „Missbrauch", was immer das ist.

Das Recht auf Urlaub und andere Lockerungen schafft jedoch auch knasttypische Probleme. Alles wird ja vom Vollzug beurteilt und genehmigt. Urlaub setzt beispielsweise eine Adresse voraus, die man besuchen kann. Eine Familie zu haben, bedeutet also zugleich, die erste Voraussetzung für die Beurlaubung und weitere darauf folgende so genannte Vollzugslockerungen zu besitzen. Wer alleine lebt und möglicherweise während der Haftzeit seine Wohnung verliert, oder wer gar auf der Straße lebt, kann nur sehr begrenzt mit Urlaub rechnen. Es geht nur, wenn eine Institution, ein Hilfeverein, die Diakonie, eine Kirchengemeinde, Verwandte oder Bekannte ein Zimmer zur Verfügung stellen. Was dem außenstehenden Betrachter selbstverständlich erscheint, dass nämlich das so genannte intakte soziale Umfeld die beste Gewähr für einen erfolgreichen Urlaub auch unter dem Resozialisierungsaspekt bildet, das halten die meisten Gefangenen aus ihrer verständlichen Sicht für einen gravierenden Nachteil. Viele können unter diesen Voraussetzungen keinen Urlaub bekommen oder sie müssen erst Leute mit einem Zimmer oder einer Wohnung dafür gewinnen, ihnen dieses für Urlaub tatsächlich oder pro forma zur Verfügung zu stellen.

Ungemein im Vorteil sind die Männer mit normalen Familien, die ohne größere Vorbehalte zu ihnen halten. Die andere Variante der Familienzugehörigkeit kann aber auch sein, dass der, der eine gute und belastbare Familienbeziehung hat, keine Lockerungen braucht, weil zum Strafende alles bereit steht. Falls der Gefangene schon in einer gefährdeten Beziehung zu seiner Familie stand, kann vor allem die Ehefrau eine Art Schicksal spielen, wenn sie zu seinen Gunsten oder zu seinen Ungunsten den wahren Stand der Beziehung verbirgt oder zeigt, eine Sache, die auch schon beim Strafmaß und sogar in der Vorphase des Prozesses bei Gutachten eine Rolle spielen kann. Die ohnehin schwierige Situation einer Familie oder Partnerschaft bei Menschen, die mit dem Gesetz mehrfach in Konflikt geraten sind, kompliziert sich beim Strafvollzug also noch um einige Grade. Sowohl der Gefangene als auch die Ehefrau oder Freundin besitzt ein Druckmittel, das je nach Stand der Beziehung benutzt werden kann. Wenn dazu noch eine sozial schwierige Situation tritt, kann es schon vorkommen, dass eine Ehefrau in der Justizvollzugsanstalt darum bittet, den Mann über Festtage nicht zu beurlauben, weil sie nicht weiß, wie sie das Essen bezahlen soll. Auch andere Partnerschaftsentwicklungen spielen eine Rolle.

Wenn die Frau notgedrungen selbständiger wird, erlebt der urlaubende Ehemann sich in seiner Macht und männlichen

Würde beschnitten. Das führt zu Konflikten, die zu verbergen dem Gefangenen sehr dringend erforderlich scheint, weil sie die „Urlaubsfähigkeit“ berühren. Wenn gar während der Haftzeit eine Trennung oder Scheidung erfolgt, kann sich das für die Urlaubspläne negativ auswirken. Das wiederum kann Folgen für die vorzeitige Entlassung auf Bewährung haben. Die ohnehin durch die Haft schwierige Situation kompliziert sich so weiter. Dringend notwendige Klärungen, die jede Partnerschaft braucht, unterbleiben deshalb. Dem versuchen seelsorgerliche Paar-, Familien- oder andere Partnerschaftsgruppen entgegenzuwirken.

> *Ein älterer Gefangener gab als Adresse die seiner ehemaligen Frau an. Dass er in Wirklichkeit auf einer Parkbank schlief, wussten wohl seine nächsten Bekannten, nicht aber die Entscheidungsträger. In Wirklichkeit spielte der Konflikt mit der geschiedenen Ehefrau sich dann so hoch, dass diese ihn wegen eines angeblichen Diebstahls anzeigte. Als sich bei den Ermittlungen herausgestellt hatte, dass es gar keinen Diebstahl gegeben hatte, waren sechs urlaubslose Monate vergangen. Das Verfahren hatte nun die Ehefrau zu überstehen, weil sie die Gelegenheit genutzt hatte, sich die Sozialhilfe zweimal auszahlen zu lassen.*

Gefangene, die keine ‚feste Beziehung' haben, nutzen die Zeit hinter Gittern dazu, über Kontaktanzeigen Frauen für sich zu interessieren. Einige schaffen es auch und bieten diesen Kontakt als Urlaubsadresse an. Aus solchen Anzeigen entwickeln sich Beziehungen bis hin zur Eheschließung während der Haftzeit. Während der Haftzeit werden auch Ehen geschlossen, um die Lockerungswilligkeit des Vollzugs zu „bessern“. Die Folgen für die Beziehung entsprechen diesem Vorgang. Woher soll eine Frau wissen, wie sich der Partner später in der Freiheit benehmen wird? Es wäre jedoch vorschnell geurteilt, die Chance einer Beziehung wie sie auch außerhalb entwickelt wird, für den

Vollzug gänzlich zu verneinen. In anderen Lebenszusammenhängen hat niemand die Gelegenheit, die Anbahnung einer Beziehung anderer wie im Labor mitzuerleben. Für viele Frauen sind die Gitter, hinter denen der mögliche Partner gerade sitzt, kein Hinderungsgrund. Sie haben fast alle ihrerseits gescheiterte Partnerschaften oder Ehen hinter sich. Kinder jeden Alters sind mitbetroffen.

Bei einer „Knasthochzeit" kam mir die Braut so bekannt vor. Ich wusste sie jedoch nicht einzuordnen. Schließlich fragte ich beim nachfolgenden Kaffeetrinken unter „Pastorregie" einfach nach. Sie lachte und sagte: Ich hab` doch vor neun Monaten hier schon mal geheiratet, sie wissen doch.... Das hielt halt nicht lange."

Wer keine Familie, Frau oder Freundin hat, sucht nach anderen Möglichkeiten. Deshalb werden in Gefängnissen Urlaubsadressen regelrecht gehandelt. Die Eltern, von denen sich der Gefangene distanziert hatte oder umgekehrt, sind plötzlich wieder 'in'. Gefangene verschaffen sich untereinander Urlaubsadressen, nicht ohne Folgen für die Inpflichtnahme. So kann die Urlaubsadresse beispielsweise eine Paketmarke kosten oder zum Einstieg in das Kuriergeschäft für Rauschmittel und andere verbotene Gegenstände werden. Der Wunsch nach Beurlaubung fördert auch die Anpassung an die in der Wahrnehmung der Gefangenen 'erwünschten Verhaltensweisen'. In einem Fall führte ein solcher Handel mit Urlaubsadressen zu der unerwünschten Folge, dass die Freundin bereits nach dem zweiten Urlaub mit dem anderen „durchging".

Gewährung oder Versagen von Lockerungen empfinden Gefangene auch im höheren Erwachsenenalter noch als Gunst oder Missgunst des jeweils für die Entscheidung verantwortlichen Menschen. Dies zu beeinflussen greifen sie zu Mitteln, die fast wie religiöse Opfer an die Götter wirken. Vieles dient dazu, die 'Götter' zu besänftigen oder jedenfalls nicht ihren Zorn auf sich zu ziehen. Etwas weniger exotisch ist die richtige Bezeichnung dafür, dass das

Verhalten sich der infantilisierenden Situation anpasst. Ob das dann zu größerer Verantwortlichkeit im zukünftigen Handeln führen kann, fragt sich eigentlich nicht mehr. Auf jeden Fall baut sich eine Menge an Kränkungserfahrung und Wut auf.[104]

Die Fixierung auf die Lockerungen enthebt manche der Arbeit am eigentlichen Problem, sich für die Zeit in Freiheit so vorzubereiten, dass kein erneuter Aufenthalt notwendig wird. Gerade dieser Bereich bietet eine große Breite an abwehrenden Verhaltensweisen wie Projektion, Verschiebung oder Verdrängung an. Besondere Schwierigkeiten schafft eine weitere Variante des Verhaltens, die einige Gefangene immer noch für tauglich halten, sich in der 'Gunst der Anstalt' nach vorne zu schieben. Sie zeigen tatsächliches oder vermeintliches Fehlverhalten von Mitgefangenen unter dem Siegel der größten Verschwiegenheit an und erwarten als Gegenleistung bevorzugte Behandlung. Weil die meisten doch dem infantilisierten Eindruck nachgeben, Lockerung sei nicht etwa Erprobung und Vorbereitung, sondern hänge von Gunst und Missgunst ab, werden Mitgefangene, die relativ schnell für Urlaub oder Freigang geeignet erklärt werden, mit Argwohn betrachtet: Wen sie wohl verraten haben könnten....

Auch die gegenteilige Variante kommt nicht selten vor und sie passt spiegelverkehrt zur vorigen. Gefangene setzen alle Mittel, einschließlich des formalen Rechts ein, um ihnen angenehme Entscheidungen herbeizuzwingen. Sie sind überzeugt, dass im letzten niemand ihnen etwas wirklich verwehren kann, obwohl die Haft sie eigentlich doch gerade vom Gegenteil überzeugt haben müsste. Dieser ‚Machttyp' teilt sich in zwei Untergruppen: der eine Gefangene setzt sich körperlich durch übermäßiges Bodybuilding in Szene. Der andere bringt nur spitzfindige und rechtlich bis ins äußerste ausgefeilte formalisierte Argumente ins Gespräch. Sie erwarten nicht Gunst, sondern Verbeugung vom Entscheider, notfalls auch per Drohung zu erzielen. Es ist nicht schwer zu erraten, dass Menschen dieses Typs, die aller Erfahrung nach genau wie die anderen auch im durchschnittlichen Alltag zu Hause sind, in einem Gefängnis viele von der anderen Art treffen, die sich durch Dienen ihrer Gunst versichern.

Beide Verhaltensweisen passen gut zu einem psychoanalytischen Theorieansatz für kriminelles Verhalten. Es geht dabei um die stetige Wiederkehr des Gleichen: die Wiederholung von Situationen aus der frühen Kindheit, in der überharte Über - Ich - Anforderungen die Ausbildung der vermittelnden Ich-Instanz verhindern. Das Kind identifiziert sich mit dem Aggressor und führt dessen Aggressionen selbst aus. Aus dem Opfer übermäßig aggressiver Behandlung durch „Größere“ wird ein Täter.

Eine der wichtigen Aufgaben auf dem Wege der „Sozialisierung“ von Menschen, die immer gegen die Gesetze verstoßen, dabei ertappt und verurteilt werden, liegt in der Verfeinerung der Wahrnehmungsfähigkeit: Natürlich hängt vieles in den Beziehungen des täglichen Lebens auch von Gunst oder Missgunst ab. Längst nicht alles kann rational oder mit den objektiven Regelungen erklärt werden. Je mehr jemand aber von seiner Wahrnehmung der Gunst oder Missgunst anderer, vor allem scheinbar Mächtiger, abhängt, desto eher richtet er sein Verhalten danach, jemandes Gunst zu erringen. Er wird oder bleibt abhängig und benutzbar, statt seine Frustrationstoleranz und Ich-Stärke zu entwickeln, die es ihm erlauben, auch eigene Maßstäbe und Ziele einzusetzen. Der Machttyp benutzt den entgegengesetzten Weg, um sich die Gunst zu sichern. Er garantiert sich Gunst von Menschen dadurch, dass er sie von sich abhängig macht oder sie in vermeintliche oder tatsächliche Angst setzt.

Es gibt keinen Weg, einen Vollzug zu schaffen, in dem die Männer nicht versuchen, ihre Wahrnehmung der Umstände in ein Verhalten umzusetzen, das im Grunde nicht erwünscht ist. Gerade hier aber setzt der „Behandlungsauftrag“ ein. Die infantilisierende Haftsituation bringt die Verhaltensweisen wie im Brennglas zum Vorschein, die es anderswo auch gibt, die aber in ihrer Konzentration eine der Grundlagen von kriminellem Handeln darstellen. Wollte man diese Verhaltensweisen einfach als abnorm oder gar hochabnorm abtun, gäbe es keinen Zugang zum Behandlungsvollzug. Vielmehr handelt es sich in den meisten Fällen um normales Verhalten, das nur in seiner jeweiligen persönlichen und situationsbedingten Zuspitzung in die von der Gesellschaft als kriminell definierten Bereiche führt. Die Behandlung kann nur in der Auseinandersetzung mit diesem Verhalten überhaupt ansetzen. Allzu oft sind die „vollzuglichen Kräfte“ an der Schwelle zur therapeutischen Auseinandersetzung bereits verbraucht. Einerseits werden sie in den institutionalisierten Verfahrensformen und Wahrnehmungsweisen verschlissen, andererseits liegt das Schwergewicht auch personalmäßig fast überall noch eher auf der Sicherungs- und Bewachungsseite. Das führt dann im Ergebnis nicht zur Weiterentwicklung über die infantile Stufe hinaus, sondern durch Regression noch tiefer in sie hinein.

Psychoanalytisch orientierte Persönlichkeitsbeschreibungen von delinquenten Menschen zeigen noch konsequenter, wie sehr der Vollzug auf die Persönlichkeit eingeht, statt die erforderliche Distanz zu schaffen: „Aus psychoökonomischen Gründen versucht der Dissoziale (unbewusst) immer wieder geradezu verzweifelt, seine Projektionen zu validieren (d.h. zu bestätigen), indem er andere dazu provoziert, sich seinen negativen Erwartungen entsprechend zu verhalten. Dabei darf nicht übersehen werden, dass die Umwelt gerade Straffälligen gegenüber außerordentlich bereit ist, sich in eine versagende, punitive Haltung drängen zu lassen...“[105].

Institutionenproblematik

Ich habe Urlaub und Lockerung so ausführlich geschildert, um zu zeigen, wie sehr das gesellschaftliche System Gefängnis unerwünschte Verhaltensweisen fördert und belohnt. Die Gefangenen setzten die Bedingungen dieses Subsystems nicht, sie versuchen jedoch, es zu nutzen, so weit sie können. In umgekehrter Weise gilt dasselbe für viele Aktionen des Stabes. Wer die Informationen über seinen „sozialen Status“ gezielt zu manipulieren versteht, wird durch Urlaub belohnt. Das ist kein Automatismus, sondern liegt wiederum daran, dass auch Entscheider sich manipulieren lassen - auch das aus verschiedensten Gründen und in verschiedenem Maße. Dabei tritt auf Seiten der Bediensteten besonders die Forderung nach Anpassung und Einsicht ins Zentrum. Denn nur diese können eigentlich die allmähliche Lockerung des Vollzuges begründen. Die Institution Gefängnis hat die gesellschaftliche Aufgabe, die Gefangenen den Normen des Strafrechts und der anderen Gesetze zu unterwerfen. Um nicht zu sehr an den offiziellen Zielsetzungen wie vollkommene Sicherheit und vollkommene Entkriminalisierung bzw. deren Nichterreichbarkeit zu leiden und das Gefühl der Machtlosigkeit aufkommen zu lassen, werden auch vom Stab manipulative Mittel eingesetzt:

- Was jeder weiß, kann nach den bürokratischen, formalistischen oder rechtlichen Regeln nicht ‘bewiesen’ werden. Also weiß es auch niemand.
- Auch bei Vorliegen objektiver Tatbestände wiegen die Aussagen von Gefangenen weniger als die von Bediensteten.
- Belohnung und Bestrafung erfolgt durch strikte oder weniger strikte Auslegung, im äußersten Fall durch Umgehung der Vorschriften.
- Man richtet sich nach dem aus, was gerade mächtig scheint.

• Entscheidungen werden nach der Aussicht getroffen, dass sie sich durchsetzen lassen, d.h. dass man Verbündete findet, und nicht nach dem, was man für richtig hält.

Um ähnliche Verhaltensweisen zu finden, braucht man bloß in eine Schule oder Verwaltung oder auch in die Politik zu gehen.[106] Die psychologische Deutung wird durch Erkenntnisse der Gefängnissoziologie ergänzt und gestützt. Nicht nur die Psyche des einzelnen Gefangenen oder Bediensteten sorgt für Verhaltensmöglichkeiten. Das System selbst, das als zugespitztes Beispiel auch mit jedem anderen System vergleichbar ist, arbeitet mit offiziellen und inoffiziellen Zielen, die zu beachten das Leben erleichtert und das System am Leben hält. Damit verliert im Extremfall jedoch das System seine dienende Funktion auf dem Weg zu einem öffentlich durch Gesetz, Tradition, Gewohnheit oder anders definierten Ziel. Es geht schließlich vor allem denen, die davon leben, dem jeweiligen Stab also, um die Erhaltung des Systems um seiner selbst willen. Vielfach aber sind auch Insassen, SchülerInnen, Kranke oder die BürgerInnen daran interessiert, das System zu erhalten, weil darin für einen Teil von ihnen Gewinne verschiedener Art zu liegen scheinen: Der Gefangene braucht sich nur anzupassen, nicht aber zu ändern, der Schüler kann die Verantwortung auf die Lehrer schieben und der Kranke genießt es, versorgt zu werden, Konflikten und Anforderungen zu Hause und/oder am Arbeitsplatz entronnen zu sein und als BürgerInnen ersparen wir uns Anstrengungen einer Veränderung unserer Weltsicht.[107]

Im Falle des Gefängnisses heißt das dann: Verhinderung von Systemänderungen, die eine angemessenere Form für Resozialisierungsbemühungen anstreben, weil die Manipulationsmöglichkeiten im System jeweils für Stressausgleich und Triebabfuhr sorgen. Die Gesellschaft (Politik, Medien, Menschen) fördert die offene Diskussion von Zielsetzungen nicht, obwohl sie sich oft über die Ineffektivität des Strafvollzuges beschwert.[108] Zudem fehlen immer noch exakte Untersuchungen zur Wirkung von Strafen überhaupt und speziell von Haftstrafen.[109] Eine offene Diskussion würde auch die eigenen manipulativen Zonen aufdecken. Das aber ist zu beschwerlich und mit erheblicher Verunsicherung verbunden. Um die Frage nach den gesellschaftlichen Abläufen nicht andauernd kritisch stellen zu müssen, entsorgt man auch kleinere Kriminelle hinter Gittern. Gerade im Umgang mit der Kriminalität beweisen Medien und Politik die hohe Kunst der Manipulation.

Neben diesen Gesichtspunkten kommt noch ein weiterer in Betracht. Eine Justizvollzugsanstalt ist genau das, was das Wort sagt: Eine Einrichtung, die lediglich vollzieht. Der Form nach handelt es sich um eine Verwaltungseinheit. Verwaltet wird dort infolge dessen der Entzug der Freiheit. Eine weitere leitende Idee braucht ein solcher Vollzug nicht zu haben. Wenn auch in den Vollzugsgesetzen die Behandlung im Mittelpunkt steht, so hat doch die Leitung wie jede Verwaltung einen Ermessensspielraum, wie und ob die Behandlung stattzufinden hat. Der Haupteingriffspunkt wird hier durch die Generalklausel „Sicherheit und Ordnung“[110] formuliert. Die Formulierung lautet im Musterentwurf: „Sicherheit und Ordnung der Anstalt bilden die Grundlage des auf die Erreichung des Vollzugszieles ausgerichteten Anstaltslebens und tragen dazu bei, dass in der Anstalt ein gewaltfreies Klima herrscht.“ (§72) Das wird in der Verwaltungsstruktur so ausgelegt, dass alles unter dem Vorbehalt von Sicherheit und Ordnung zu stehen hat. Damit werden die Gefangenenbewegungen in der Anstalt begrenzt/gelenkt. Damit kann im Zweifel sogar das seelsorgerliche Gespräch reglementiert werden. Nun bin auch ich der Ansicht, dass durchaus Situationen auftreten können, in denen Sicherheit und Ordnung zum Zusammenleben unabdingbar sind. So kann z.B. die Bedrohung der Sexualstraftäter, anderer Mitgefangener oder gar Angehöriger des Personals nicht geduldet werden. Eine Verwaltung aber denkt anders.

Wie eine Verwaltung die Menschen sieht, kann daran sichtbar werden, dass auch Gefangene, um deren seelisches und physisches Wohlergehen sich der Vollzug gemäß §§ 4f. Musterentwurf eigentlich kümmern soll, dem Grundsatz unterliegen: Wenn der Bürger etwas will, dann kann er einen Antrag stellen. Wenn der Antrag eingegangen ist, wird er beschieden. Eine Verwaltung tut in der Regel nichts von sich aus, um bestimmte Ziele zu erreichen. Die Verwaltung hat bei uns durchaus ehrenwerte Rahmengrundsätze wie etwa die Gleichbehandlung. In einer Einrichtung mit dem Ziel der Korrektur von Lebenseinstellungen muss aber extrem individuell gearbeitet werden, um bei den Ressourcen des Betroffenen anzusetzen und von da aus das angestrebte Ziel zu erreichen. Die grundrechtlich vorgeschriebene Gleichbehandlung kann dabei sogar hinderlich sein. Das bedeutet, um die Idee des Behandlungsvollzugs in die Tat umzusetzen, müsste eine JVA inhaltlich ausgerichtet werden und sich am Ziel der Behandlung orientieren. Die verwaltungsgemäße Ausrichtung muss in den Hintergrund treten und kann allenfalls den Rahmen bilden, in dem die Entziehung der Freiheit nicht übermäßig hart betont wird. Wenn aber schon ein Gericht keine Möglichkeiten der Differenzierung hat, indem es für alle möglichen Straftaten nur dieselbe Strafe verhängen kann, die allenfalls durch Abstufung in Geldstrafe und Freiheitsstrafe mit Bewährung differiert, fällt es erst dem „Verwaltungsvollzug" schwer, sich anders zu orientieren. Dass das trotzdem gelingen kann, beweist die forensische Psychiatrie. Hier weist das Gericht ein und tritt nur auf, wenn die Einweisung überprüft wird.[111] Das könnte zum Modell für eine andere Art des Strafvollzuges werden. Allerdings gilt auch da die Problematik, dass die Behandlung von Individuen sehr unterschiedlichem Fortschritt unterliegen kann. Wenn man das Ziel des straffreien Lebens ansetzt, könnte es passieren, dass ein Mörder dieses Ziel nach drei Jahren erreicht, während ein Dieb, der alkoholkrank ist, nie soweit kommt, sondern bei jeder Erprobung rückfällig wird. Das ist in der forensischen Psychiatrie auch schon geschehen. Dann hilft in unserem Rechtssystem der Grundsatz der Verhältnismäßigkeit.[112] Fazit: Leicht ist es nicht, sich ein anderes institutionalisiertes Vollzugsmodell vorzustellen, geschweige denn, es in die Tat umzusetzen. Bei der Maßregel tritt etwas anderes als die Verwaltungsmentalität in den Vordergrund. Hier geht es um die Treffsicherheit von Gutachten und Prognosen, die oft nicht viel sicherer als der Zufall erscheint.[113] Deshalb wäre die zeitbegrenzte Maßregel angemessen, die in einem gut verwalteten institutionellen Umfeld anzusiedeln ist. Dadurch entgeht man letztlich den Institutionenproblemen auch nicht. Der Vollzug muss somit den Freiheitsentzug verwalten, aber die inhaltliche Zielsetzung entschieden deutlicher akzentuieren. Es sei denn, Restorative Justice setzt sich durch.

Familienbeziehungen

Eine Haftstrafe trifft auch die Familie des Straftäters. Manche der Gefangenen sehen darin sogar den erheblicheren Teil der Bestrafung.

Auf der Beziehungsebene kommen Frau und Kinder in die schwierige Lage, sich ohne den meistens plötzlich verhafteten Mann oder Vater zu organisieren. Die Rolle von Frau und Kindern ändert sich durch größere Selbständigkeit, was der Gefangene vielleicht als eine Form der Abwendung erlebt. Die erlebte Ohnmacht kompensiert er dann auch damit, in den Ämtern harsche Forderungen für seine Familie zu stellen, was dieser das Leben nicht immer erleichtert. Besonders erschwerend wirkt sich darüber hinaus aus, dass körperlicher Kontakt kaum möglich ist. Wenn die Beziehung ohnehin krisenhafte Züge trug, kann sich die Krise jetzt manifestieren. Ein großer Teil der Gefangenen lebt in labilen Beziehungsstrukturen. Viele Familien werden als ‚Multiproblemfamilien' verortet, die gleichzeitig in allen Bereichen des Alltags gravierende Probleme aufweisen. Genannt werden Entwicklungsrückstände der Kinder, psychische Probleme, heftige Partnerschaftskonflikte, Misshandlungen im Familienbereich, Wohnungsprobleme, materielle Schwierigkeiten (hohe Verschuldung und geringstes Einkommen), Arbeitslosigkeit. Die Summe der Probleme ist oft beeindruckend und darin liegt auch der Unterschied zu anderen Familien, die auch die eine oder andere Schwierigkeit durchleben und nicht immer bewältigen.

Gefangene entwickeln den Wunsch nach Versorgung selbst dann, wenn die Frau diese finanziell gar nicht leisten kann. Die meisten verlangen einen Fernsehapparat und ein Radio auf der Zelle zu haben, obwohl es vielleicht das einzige Gerät im Haushalt ist. Die Frau oder Freundin soll nicht vergessen, beim Besuch die gewünschten Dinge abzugeben, Wäsche zu tauschen und alle sonstigen Angelegenheiten als erledigt zu melden. Und wehe, sie sitzt nicht parat, wenn er anzurufen gedenkt.

Durch einen oder mehrere längere Gefängnisaufenthalte wird die soziale Lage der ganzen Familie weiter geschwächt. Die Frau gilt während der Haftzeit des Mannes in Bezug auf die Sozialleistungen als allein stehend, obwohl sie sich den Anforderungen ihres inhaftierten Mannes nicht entziehen kann und mehr Ausgaben hat als wenn beispielsweise in der Familie jemand lange im Krankenhaus liegen würde. Ihre Rentenansprüche werden geschmälert, weil der Gefangene in der Haftzeit keine Sozialversicherungsbeiträge zahlen kann.

Schließlich gilt die lang bekannte Tatsache, dass die Familien von Inhaftierten in ihrer Nachbarschaft und weiteren Umgebung, auch bei Ämtern, unter Druck geraten. Die Kinder müssen sich in der Schule diskriminierende Äußerungen anhören. Kontakt mit ihnen wird gemieden. Aber das ist nicht das ganze Spektrum. Zu Besuch kommen auch Mütter und Väter, wobei die Väter eher kritisch zu ihren Söhnen stehen, weil diese sich nicht „am Riemen reißen“. Es gibt auch in Gefängnissen herzzerreißende Szenen, wenn kleine Kinder nach dem Besuch bei Vater oder Opa ihrem Trennungsschmerz freien Lauf lassen oder wenn die alleingelassene schwangere Freundin jeden Tag einen Brief ins Gefängnis bringt. Andererseits nutzen Gefangene auch die Familien manipulativ als Druckmittel gegenüber denen, die über ihren Vollzugsplan entscheiden.

Arbeit mit Familien in Haft

Dieser Abschnitt beruht auf der Erfahrung mit fünfzehn Jahren regelmäßiger monatlicher Gruppentreffen in einer Familienrunde und hunderten von Einzelgesprächen mit Familien in verschiedener Konstellation.

Das Problem in wissenschaftlicher Sicht: Es handelt sich – wie gesagt - um Multiproblemfamilien, die zusätzlich der Inhaftierung des männlichen Teils der Familie unterliegen. Multiproblemfamilien sind eine „Zielgruppe mit gravierenden Problemlagen in nahezu allen relevanten Bereichen des täglichen Lebens“. Es handelt sich „in der Regel um Familien mit schwerer klinischer und psychosozialer Symptomatik: psychische Probleme, schwere Partnerkonflikte teilweise mit Gewaltexzesesn verbunden, extremen Entwicklungsrückständen der Kinder, Kindesvernachlässigung und –misshandlung, und das begleitet von Arbeitslosigkeit, Wohnungs- und Mietproblemen und äußerst geringen materiellen Ressourcen. Hinzu kommt quasi als Leitsymptomatik hohe Verschuldung.“[114] Diese Familien sind außenorientiert. Sie haben nicht das Gefühl, dass ihre Probleme etwas mit ihrem Verhalten zu tun haben. Man spricht mit ihnen über die Fehler der anderen. Einsicht in sich selbst besteht kaum.

In einem europäischen Projekt wurden die Auswirkungen der Haft eines Familienteils auf Kinder untersucht.[115] Als erstes Ergebnis zeichnete sich ein erhöhter Bedarf der Kinder an psychosozialer Betreuung im weitesten Sinne – auch bei Besuchen im Gefängnis - ab.[116] Inwieweit die

Familiensituation möglicherweise kriminogen auf die nächste Generation wirken könnte, ist unklar.[117]

Neben der üblichen Problematik von ‚Multiproblemfamilien' folgen hier weitere Deprivationen:

- Ausländeranteil und extremes Patchwork: Freundin und Ex-Freundin sind gleichzeitig schwanger. Ein Gefangener hat 9 Kinder in ganz Deutschland mit acht verschiedenen Frauen.
- Bezugsfamilie des Inhaftierten ist für die Anstalt die Ex-Familie mit Kindern. Beide Eltern leben aber in neuen Partnerschaften. Die neue Partnerin möchte auch zu Besuch kommen.
- „Alte" Partnerschaft besteht nur noch aufgrund der ausländerrechtlichen Fragestellungen (Verhinderung der Abschiebung etc.). Die wirkliche Partnerin ist die „Neue".
- Die Familien sind von der Abschiebung des männlichen Partners bedroht oder haben solche schon hinter sich.
- Die Partnerschaft ist in der Haftzeit durch eine Zeitungsannounce zustande gekommen.
- Innerhalb der Familienrunde werden Partnerinnen „getauscht".
- Die Verhaftung erfolgte wenige Tage oder Wochen nach dem Beginn der Beziehung.
- Die Familie hat bereits ausgedehnte Erfahrung mit der Freiheitsstrafe des ‚männlichen Teils'.
- Angehörige wissen wenig oder nichts über die Straftaten bzw. die zusätzlich vorliegenden Urteile und fühlen sich hintergangen oder desinformiert.
- Kinder klagen über diverse Formen von Unwohlsein, Schulschwierigkeiten etc.
- Bisweilen wird der Kontakt der Kinder zum leiblichen Vater eingeschränkt oder erschwert. Bisweilen hat der inhaftierte Vater auch nur dieses Gefühl. Manchmal legt die soziale Betreuung der Familie die Trennung nahe.

Problematisierung des Begriffs ‚Multiproblemfamilie'

Es sollte bei diesem Thema klar sein, dass in unseren Tagen (wieder) sehr schnell mit „Begriffen" und „Diagnosen" gearbeitet wird, die diskriminierende Züge tragen. Wenn man den Begriff Multiproblemfamilie sehr stringent anwendet, könnte er sehr viele Familien mitbetreffen und diskriminieren, die mit Straftaten bei weitem nichts zu tun haben. „Der Begriff Multiproblemfamilie ist ein Label, keine Diagnose."[118]

Gefängnisbedingungen wirken auf Selbsteinschätzung und Bewältigungsversuche von Familien ein:

- Alles unterliegt der als **ungerecht empfundenen** Einschätzung der Haftsituation. Für diese Sichtweise der Gefangenen haben nicht alle MitarbeiterInnen Verständnis. Dennoch muss sie einkalkuliert werden.
- Die Kontakte sind manipulationsanfällig in Richtung „Besuchszeiten rausholen".
- Gespräche mit den Partnerinnen sind in den meisten Fällen keine Gespräche zum Thema Beziehung oder Familie. Die Gefangenen sind an einer Ausweitung der Besuchszeit interessiert. Regelmäßig begründen sie ihre Anträge auf einen Termin mit der Seelsorge mit der „zu kurzen" Besuchszeit. Mein Hinweis, das betreffe alle, wird mit der Frage beantwortet, was das mit ihnen zu tun hat, wenn es alle betrifft.
- Besuchszeitverlängerung kann nur per Antrag an die Abteilungsleitung initiiert werden. Seelsorgerliche Gespräche sind grundsätzlich nicht als ‚Sonderbesuch' zu verstehen.

Gespräche mit Familien - Kurzauswertung

- Die Gespräche auf ein Thema zu konzentrieren, ist oftmals sehr schwierig. Eine Ausnahme bildet hier das Gespräch über die negativen Einwirkungen der Haft auf die Beziehung und über die Ablehnungen (von Ausgang, Urlaub etc.) durch „die Anstalt". Darüber finden sich alle

Beziehungskrisen überformende gemeinsame Gegnerschaften.

- Die Betroffenen können entweder ihre Situation nicht in Worte fassen oder sehen sie nicht als etwas an, was gestaltet werden kann oder gar muss.
- Gefangene und ihre Familien wollen nur selten mit anderen Betroffenen wirklich über ihre Probleme und deren individuelle Eigenarten sprechen. Ein Gruppengesprächsversuch endet nach spätestens zehn Minuten im Chaos.
- Gelegentlich suchen die Partnerinnen Hilfe, um ihrem im Gefängnis befindlichen Partner die Trennung „beizubiegen".
- In mehreren Fällen kommen Kinder alleine, um mit dem Vater zu sprechen oder ihn zu besuchen.
- In einigen Fällen finden Gespräche statt, um die durch Haft entstandene Situation zu bewältigen. Dies geschieht eher nicht in den Gruppentreffen.

Wegen dieser Umstände sind Familienkontakte intensiv vorzubereiten und zu begleiten. Eine Methode zur Vertiefung ist, die Frauen zeitweise zu einer „Frauenrunde" unter weiblicher Leitung zu versammeln, während die Männer sich mit den Kindern (natürlich auch unter Anleitung) beschäftigen.

Vorläufige Bewertung

Das Problem der Inhaftierung des männlichen Teiles einer Partnerschaft erzeugt vielfältige soziale und emotionale Problemlagen. Die Schwierigkeiten beginnen nicht mit der Inhafticrung, sondern meistens lange vorher. Manche Partnerschaften sind aber auch in der Gefängniszeit erst entstanden. Jedenfalls stellt die Inhaftierung für eine Partnerschaft oder Familie bis in die finanziellen Verhältnisse hinein ein erhebliches Problem dar. Die Inhaftierten fordern von ihren Partnerinnen (das betrifft auch Eltern oder andere Angehörige) in dieser Situation besondere Zuwendung und Verständnis. Allein regelmäßiger Besuch kann erhebliche Kosten verursachen und frustriert angesichts der zu vernachlässigenden Dauer von einer Stunde pro Woche.

Grundlagen der Arbeit mit Familien

Die Notwendigkeit, sich mit dem Thema auseinander zu setzen ergibt sich sogar rechtsverbindlich aus Art 6 GG sowie aus den Grundsätzen des §2 sowie aus den §§ 23, 24 II StVollzG. Die neuen Vollzugsgesetze der Länder weiten deshalb die Besuchszeiten bis zu sechs Stunden monatlich aus und nehmen die Familien in die Grundsätze der Vollzugsgestaltung auf.[119] Die Notwendigkeit entsteht aus Sicht der Seelsorge auch aus dem inhaltlichen Grundansatz, dass der in Strafhaft befindliche Mensch (Mann) auch ein gesellschaftliches Wesen ist und ohne seine Beziehungsstrukturen weder zu verstehen ist noch gar einer Resozialisierung näherkommen kann. Die Strafe ist nach dem Strafgesetzbuch eine Freiheitsstrafe für den Bestraften und keine Strafe, die den Abbruch der Beziehungen des Inhaftierten erzwingt. Es gibt aber die These, dass Familien die eigentlich Bestraften sind, obwohl sie vor keinem Gericht gestanden haben. Diese vom Justizsystem hervorgebrachte Folge muss eigentlich das Justizsystem selbst rechtskonform beheben.

Ansätze zur ‚Lösung' des Problems

- Die Besuchszeit könnte und sollte weiter flexibilisiert werden. Dadurch wären Sonderbesuchsanträge seltener oder gar überflüssig.
- Gelegenheiten zum unregelmäßig überwachten (Langzeit)besuch sind auf Dauer unumgänglich und auch in manchen Landesvollzugsgesetzen vorgesehen.
- Die Frage, ob alle Besuche überwacht werden müssen, zumal hinterher eine Durchsuchung stattfindet, bedarf neuer Klärung.
- Eine Beratung für Angehörige von Gefangenen wäre sinnvoll, jedoch im Flächenland schwer zu organisieren.

- Beratung / Betreuung für Paare und/oder Familien sollte von externen MitarbeiterInnen angeboten werden.
- Ein monatlicher Familienbesuchs(nachmit)tag könnte die Nachfrage nach Einzelterminen oder Besuchszeitverlängerungen für Familien wirksam und sinnvoll begrenzen.
- Vater-Kind Gruppen wären ebenfalls sinnvoll.

Konkretes Angebot der ev. Seelsorge

Die Seelsorge kann Familienbesuchsnachmittage organisieren und durchführen, evtl. zusammen mit Ehrenamtlichen und unter verantwortlicher Beteiligung des Allgemeinen Vollzugsdienstes.

Ein Angebot zur Familien- und Angehörigenberatung durch die Seelsorge mit externer Fachkraft ist ebenso möglich.

Seelsorgerliche Gespräche mit Familien befinden sich ohnehin im Programm, auch in Form von (zumindest) monatlichen Familienrunden.

Besuche mit Kindern im Gefängnis

Familien sollten in besonders eingerichteten Bereichen des Gefängnisses auch die Gelegenheit haben, den inhaftierten Familienteil direkt in seinem ‚Wohnraum' zu besuchen. Das bedarf jedoch umfangreicher Umgestaltungen nicht nur in baulicher Hinsicht. Zudem setzt das eine andere Organisation des Gefängnisalltags voraus, wie etwa einen Wohngruppenvollzug.

Skurrile Szenen aus dem Gefängnisalltag

Ein Gefängnis kennt auch Geschichten mit unfreiwilliger oder tragischer Komik. Die dürfen beim Alltag hinter Gittern nicht fehlen. Sie beleuchten den Umgang häufiger bestrafter Männer mit ihrer Situation.

Robert

Zuerst fällt mir Robert ein. Robert war ein sehr unruhiger Gefangener mit ungeheurem Bewegungs- und Rededrang. Seine Freundin kam dann und wann zum Dreier-Gespräch. Ich hatte immer den Eindruck, sie wolle sich eigentlich von ihm trennen. Sie sagte es aber nicht. Er dachte dauernd nach, ob sie sich von ihm trennen wolle, sagte im Dreier-Gespräch aber nichts darüber. So hatte wenigstens ich immer den Eindruck, es bleibe stets eine Reserve im Raum. Doch das war nicht zu ändern, wenn sie es selber nicht taten. Eines Tages war Robert verschwunden, tatsächlich aus dem Gefängnis verschwunden – und das wurde auch noch vor Mittag festgestellt, als der Putztrupp aus der internen Baustelle zurückkam. Die Suche ergab lediglich, dass in der Baustelle eine Tür nicht abgeschlossen war.

Eine Woche später war Robert wieder da. Seine Erzählung hörte sich so an: „Ja, ich sollte in der Baustelle mit den anderen die Grobreinigung übernehmen. Wir wurden spontan losgeschickt, am Montagmorgen. ‚Wer geht mit?' wurde auf dem Flur gerufen. Da habe ich gedacht: ‚Ist doch gut!' Das Putzen war dann aber sehr langweilig und anstrengend. Da bin ich ein bisschen rumgelaufen und habe eigentlich aus Gewohnheit die Türen angefasst. Eine Tür war offen. Als ich durch war, dachte ich, vielleicht ist da noch eine offen. Eigentlich war das nie der Fall, wenn ich offene Türen zum Zutritt in Häuser suchte, … Sie wissen schon! Aber dann ging eine Tür auf und ich war draußen. Zum Glück hatte ich mein verbotenes Handy in der Tasche. Ich sah zu, dass ich wegkomme, und rief hinter der nächsten Ecke meine Freundin an. Es waren nur noch 30 Sekunden drauf. Ich sagte, als sie sich gemeldet hatte, wir treffen uns am Treffpunkt und ‚denk an Deinen Sohn'!"

Da musste ich nun doch nachfragen, was das heißen sollte. „Ja, Sie haben Recht. Das hat sie falsch verstanden. Sie dachte, ich wollte dem Kleinen irgendwas tun. Ich meinte aber nur, sie soll an ihn denken und sich deshalb mit mir treffen. Wir wollen doch miteinander und mit ihm weiter machen.

Jedenfalls kam ich Hannover an. An der Tankstelle, an der wir uns immer getroffen hatten, wollte ich mir noch Zigaretten kaufen!" Woher er denn das Geld hatte, fragte ich lieber nicht. „Und dann zog da plötzlich einer die Pistole. Da dachte ich: ‚Scheiße, ein Überfall', und ich rannte weg, so schnell ich konnte. Aber draußen warteten mehrere Männer auf mich und nahmen mich fest. Es war die Polizei." „Pech gehabt! Wer hat die geholt? Na ja, Ihre Freundin wollte wohl, dass ihrem Sohn nichts passiert. Da hat sie die Polizei eingeweiht." „Ja und die waren mit zwanzig Mann vor Ort." „Das war ein schöner Schuss ins eigene Knie!" „Das können Sie wohl sagen. Und die Freundin bin ich auch los. Sie wollte wohl schon länger nicht mehr!"

Erstaunlich, wie er das nun plötzlich mitbekommen hat. Er wiederholte noch einmal: „Haben Sie schon mal in einen Pistolenlauf geschaut? Ich hatte plötzlich so `ne Angst, da musste ich doch weglaufen." „Ich habe so etwas noch nie erlebt und möchte das auch gar nicht. Sind Sie nicht auf die Idee gekommen, dass die Polizei Sie erwartete? Sie waren ja immerhin auf der Flucht!" „Nein, daran habe ich nicht gedacht. Das wurde mir erst klar, als ich auf dem Boden lag." „Gelohnt hat sich das Ganze überhaupt nicht." „Nein, aber da waren doch zwei Türen offen. Ich konnte doch nicht raus- und wieder reingehen." „Doch, das wäre möglich gewesen." „Wenn ich da wieder hineingegangen wäre, hätten das doch die anderen gesehen und wären vielleicht abgehauen." Das ist natürlich eine nachvollziehbare Begründung, welche die Anstalt womöglich sogar zur Dankbarkeit verpflichtete.

Hermann

hatte im Gefängnis seinen Ruf weg. Von ihm wurde erzählt, er habe einst beim Urlaub einen Banküberfall begangen. Bei der Rückkehr ins Gefängnis wunderte sich der Mitarbeiter an der Kasse, dass Hermann 15.000 Deutsche Mark einzahlte. Seine Erklärung, das Geld müsse von zu Hause weg, weil es dort nicht sicher sei bei all den Ganoven, die es heute gibt, klang einleuchtend. Zwei Tage später kam dann die Polizei. Der Raubüberfall war aufgeklärt und das Geld noch in der Gefängniskasse.

Also Hermann kam später wieder ins Gefängnis und hatte die Idee, zu heiraten. Das gab ein Geschwätz im Haus: Ich denke, der ist schwul, hieß es da und dort. Ich wusste davon nichts, denn er wollte eine Frau heiraten. Nach Terminabsprache mit dem Standesamt sollte die Hochzeit stattfinden. Die Braut stand an der Pforte. Zufällig kam der Standesbeamte fast gleichzeitig. Er meldete sich an, sah die fein gekleidete Braut und fragte sie: „Wen wollen Sie heiraten?" Sie: „Den Mann hier im Haus." „Wie heißt Ihr Mann?" Sie: „Weiß nicht!" Der Standesbeamte: „Da sehe ich keinen Grund zur Eheschließung, wenn sie nicht einmal den Namen ihres zukünftigen Mannes wissen." Er ließ sich die Tür öffnen. Die Braut ging hinterher.

Hermann, der im Gruppenraum auf die Trauung wartete, war nur ein ganz klein wenig erbost: „Schade um das schöne Geld!" „Ach, das sollte eine Scheinehe werden!" „Die armen Schweine werden doch sonst abgeschoben." Nun will man schon mal was Gutes tun und dabei angenehmer Weise ein wenig schnelles Geld machen. Selbst das geht schief!

Fin

legte großen Wert auf seinen Ruf als Ausbrecherkönig. Bei meinem ersten Kontakt mit ihm schloss ich die Tür seiner Zelle auf und sagte: „Was muss ich befürchten, wenn ich bei Ihnen aufschließe? Die Anstalt hat Sie mit besonderen Sicherungsmaßnahmen ausgestattet, weil Sie schon ein paar Mal geflüchtet sind. Aber ich glaube, das geht bei uns gar nicht." „Freiheit ist ein Menschenrecht. Ich habe das Recht zu fliehen." „Na dann, probieren Sie es doch. Aber sagen Sie niemand, dass ich das gesagt habe." Dann plätscherte das Gespräch dahin. Er erzählte, dass er in einer anderen Anstalt drei Mal geflohen sei. Immer habe sich eine Lücke gefunden, sei es der Sprung über einen Zaun oder aus dem maroden Fenster über die Mauer. Er suchte wohl Bestätigung für seine Heldentaten. Sein eigentliches Anliegen war aber, seinen Freund zu kontaktieren. Der lag auf einer anderen Abteilung. Das lies sich mit Hilfe der Abteilungsleitung einrichten.

Im Verlauf seiner Haft war Fin dann ein eifriger Gruppenteilnehmer. Er berichtete von seinen Taten, die sich erstaunlicherweise im ländlichen Raum als Trecker-Diebstahl abspielten. Eine schnelle und unauffällige Flucht ist wohl mit einem Trecker eher nicht möglich. Aber Schäden können ein ziemliches Ausmaß annehmen, wenn man den Trecker beispielsweise in den Graben setzt und nicht mehr flott bekommt. „Es ist eben so schön, hoch oben auf dem Trecker 250 PS zu bewegen." Dass man sich für dieses Gefühl jahrelange Gefängnisaufenthalte einhandelt, ist dann wohl doch weniger erhaben. „Das stimmt schon. Aber ich kann das einfach nicht lassen."

Na gut – Fin wurde auch mal wieder entlassen. Ich fuhr ihn zu seinem Bruder, bei dem er ein paar Tage oder Wochen wohnen konnte. Irgendwann rief er an und erzählte, er wohne nun in Sachsen und habe Anschluss an eine Familie gefunden. „Alles in Ordnung! Keine Trecker mehr."

Wie immer passierte es dann am Freitagnachmittag. Die Pforte informierte mich, draußen warte mit einem dringenden Anliegen ein ehemaliger Gefangener. Nach einiger Zeit schaute ich draußen nach. Da stand ein aufgeregter Fin. „Ich denke, Sie sind in Sachsen untergekommen.“ „Ja, stimmt. Aber jetzt brauche ich Hilfe. Ich habe Anja mit, die sich mit ihrer Mutter gestritten hat. Jetzt muss ich sie irgendwo unterbringen.“ Anja war 15 ½ Jahre alt. Ein wenig verschüchtert bestätigte sie, dass sie nicht mehr nach Hause wolle. Ich schlug vor, zum Jugendamt zu gehen oder vielleicht auch zu Hause Bescheid zu sagen, wo sie sich befindet. Es wäre wohl sinnvoll, mit der Mutter noch mal zu reden. Sie hielt weder von dem einen noch von dem anderen etwas. Dann fiel mir auf, dass die beiden im Auto unterwegs waren. In meiner Überraschung fing ich an, Fin zu duzen: „Fin, Du fährst ohne Führerschein mit einem minderjährigen Mädchen in Deutschland herum. Weißt Du, was daraus für Folgen für Dich entstehen können? Am besten setzt ihr Euch beide in die Karre und fahrt auf dem schnellsten Weg nach Hause. Unterwegs keinen Unfall bauen und nicht in eine Polizeikontrelle geraten! Und die Mutter benachrichtigen, mit der Du angeblich guten Kontakt hast! Danach fährst Du nicht mehr mit einem Auto!“ Fin überlegte einen Moment. „Sie haben Recht. Wenn ich bedenke, dass da sogar ‚Entführung einer Minderjährigen’ im Raum steht, dann ist es wohl besser, das als kleinen Ausflug darzustellen.“ Dann fuhren die beiden wieder los. Fin meldete irgendwann telefonisch, es sei alles gut gegangen. Anja hat sich wieder mit ihrer Mutter vertragen. Auch er konnte sich - wie Hermann bei seiner Hochzeit – nicht so richtig darüber freuen, dass er einfach nur mal was Gutes tun wollte und damit sich selber bei seiner Vergangenheit in erhebliche rechtliche und tatsächliche Gefahr brachte und Anja ebenso.

Später erlebte Fin ein schwedisches Gefängnis von innen. Er hatte zusammen mit einem Kumpel in Dänemark diesmal keinen Traktor gestohlen, sondern ein ganzes Wohnwagengespann. Damit fuhren sie nach Schweden und in Schweden herum. Irgendwann wurden sie von einem Einsatzkommando unsanft an der Weiterfahrt gehindert. Es gab acht Monate hinter „schwedischen Gardinen“. Als er danach wieder einmal in der JVA gelandet war, wegen Treckerdiebstahl mit Unfall und Fahrerflucht (!), pries er den tollen Strafvollzug in Schweden. Während der Haft ergab sich durch neue Ermittlungen und Verurteilungen eine Verlegung in eine andere JVA. Fin versuchte sich dagegen zu wehren, womit er aber keinen Erfolg hatte. Nach einiger Zeit meldete er sich telefonisch von dort und plauderte gemütlich, dass es dort nicht so schlimm sei, wie er es sich vorgestellt hatte. Nur das Essen…. „Können Sie so lange telefonieren? Das ist doch teuer!“ „Nicht für mich. Ich habe alles auf der Zelle, mit Flatrate.“ „Dann beenden wir unser Gespräch jetzt.“ Ich konnte nicht guten Gewissens mit einem Häftling telefonieren, von dem ich weiß, dass das Gespräch von einem Funktelefon ausgeht. Diese sind in allen Gefängnissen streng verboten. Sogar die Bediensteten müssen die Geräte im Schlüsselfach einschließen. Aber Fin weiß sich zu helfen, jedenfalls bis zu nächsten Entdeckung. Dann folgt ein hausinternes Disziplinarverfahren. Aber das kennt er ja schon. Trauriges Perpetuum Mobile.

Peter

war zum ersten Mal im Gefängnis. Er saß meistens einbisschen depressionsähnlich in seiner Zelle. Irgendwann ließ er sich bewegen, zur Gesprächsrunde zu kommen. Jede Woche brauchte er zudem ein Einzelgespräch. Immer wieder erzählte er seine Geschichte.

Er trinkt ein wenig zu viel. Er hat seine Frau betrogen. Er fürchtet, dass sie ihn ganz verlässt. Und mit den großen Kindern ist es auch nicht einfach. Er hat zur Entkrampfung der Situation eine eigene Wohnung genommen. Wenn er seine Frau bewegen könnte, ihn im Gefängnis zu besuchen, ließe sich vielleicht der Gesprächsfaden wieder aufnehmen. Seine Frau wollte aber nicht ins Gefängnis kommen. In der Altenpflege habe sie Probleme genug. Das klang alles wie in einer Lebens- oder Eheberatung.

Deshalb wollte ich wissen, warum er uberhaupt im Gefängnis sitzt. Ja, sagte Peter, das sei eine merkwürdige Geschichte. Die geht so: Er hatte guten Kontakt mit dem Hausmeister der Schule. Zusammen haben sie mal Bier getrunken, mal hat er dem Hausmeister bei der Arbeit geholfen. Da gab es viel zu tun, denn die Schule wurde renoviert. Irgendwann bekam er mit, dass auf der Baustelle eine große Rolle Teppich abhanden gekommen war. Das bewegte den Hausmeister, nicht aber Peter.

Eines Tage kam die Polizei in seine Wohnung und bat darum, sich im Keller umsehen zu dürfen. Er hatte schon ein wenig getrunken, ging aber doch mit in den Keller. Zu seiner Überraschung lag dort eine große Teppichrolle, die aus der Schule. Er wisse nicht, wie diese dahin gekommen sei. Die Rolle wurde abtransprotiert und er wurde angezeigt und angeklagt: Diebstahl einer Teppichrolle. Vor Gericht betonte Peter, er wisse nicht, wie die Teppichrolle in seinem Keller gelandet sei. Diese sei doch mindestens dreihundert Kilo schwer. Er könne sie wohl kaum transportiert haben. Das kam beim Gericht nicht gut an. Er wisse wohl nicht, was er tue, bei seinem Alkoholkonsum! Da die Rolle in seinem Keller gefunden wurde und er zugab, dass er oft beim Hausmeister in der Schule war und die Gegebenheiten dort kannte, sah es das Gericht den Diebstahl als erwiesen an. Den Einwand, er könne das gar nicht gemacht haben und schon gar nicht allein, lies der Richter nicht gelten. Es gab acht Monate Haft ohne Bewährung, weil da vorher schon einige unklare Sachen bei der Polizei gelandet waren, bei denen der Alkohol stets eine Rolle gespielt hatte.

Wenn man sich jetzt vorstellen soll, ein betrunkener fünfzig Jahre alter Mann geht nachts in die Schule, nimmt die dreihundert Kilo schwere Teppichrolle und macht sich damit auf den Heimweg. Dann verstaut er die Rolle in einem Keller im Wohnhaus mit mehreren Wohnungen und niemand bekommt es mit – da versagt zumindest meine Vorstellungskraft. Wurde er hereingelegt? Hat jemand etwas gegen ihn?

Peter benutzte die Haft dazu, sich zu ordnen, endlich mal einen Kopf ohne Alkohol zu erleben und sich klarzumachen, was er nach der Haft tun möchte, um seine Frau wieder zu gewinnen und ein auch ihm selbst zuträgliches Leben zu führen. Da wäre zuerst der Versuch angebracht, den Alkohol loszuwerden, dann Gespräche mit seiner Frau. Das klang logisch. Ob er etwas davon umgesetzt hat, weiß ich nicht.

Franco

kenne ich seit über zwei Jahrzehnten. Seine Familie lebte in einer großen Wohnung die meiste Zeit ohne ihren Vater. Die „kleinen" Töchter sind inzwischen verheiratet und haben selbst Kinder. Die eindrucksvollste Szene dieser Familie spielte sich in der Stadt ab. Ich war auf der Straße unterwegs, als jemand meinen Namen rief. Nach einiger Suche sah ich auf der anderen Straßenseite eine junge Frau winken. Über die vorbeifahrenden Autos hinweg rief sie laut: „Hallo, Herr Pastor, er ist schon wieder drin." Jetzt wusste ich, wer sie war: Die jüngere Tochter von Franco. Sie kam nicht über die Straße und rief weiter: „Er ist aus der Therapie abgehauen. Er hält es einfach nicht durch. Und unsere Mutter hat nun auch Schluss mit ihm gemacht, wie versprochen." Jetzt kam sie herüber. „Das sind ja schöne Neuigkeiten", antwortete ich. Sie: „Leider doch eher das alte Lied. Da ist wohl nichts mehr zu machen. Soll er doch drin bleiben." „Wollen Sie ihn nicht mehr besuchen?" „In ein paar Wochen überlege ich mir das. Jetzt, wo Mutti ihn nicht mehr besucht, muss ja irgendjemand aus der Familie zu ihm halten." Dann ging sie ihren Weg weiter.

Sie erinnerte mich durch diese Begegnung an eine Weihnachtsfeier mit Familie im Gefängnis. Mit einer kleinen List hatte Franco alle seine sechs Kinder dabei, obwohl eigentlich nur drei pro Familie zugelassen waren. Ein kinderloses Paar, das bedeutet der weibliche Teil davon, hatte die Kinder für die Gefängnispforte kurz mal adoptiert. Zur Feier konnten sie am großen Familientisch Platz nehmen. Dabei saß auch die Oma. Sie hatte sich die Treppen hochgeschleppt, obwohl sie unter schwerster Atemnot litt.

Nach der Andacht beim Kaffeetrinken winkte Franco mich herbei. „Oma muss mal eine rauchen. Wo kann sie das?“ „Sie wissen doch, dass Rauchen hier verboten ist.“ „Aber Oma muss eine rauchen.“ Ich fragte Oma selber und sie nickte. Da erklärte ich ihr, dass das hier nicht geht. Sie könnte aber die Treppe hinuntergehen und draußen eine rauchen. Das war natürlich etwas gemein. Meiner Meinung nach würde Oma das ablehnen und dann auf das Rauchen verzichten. Ohnehin war das meiner Meinung nach für sie besser.

Nach einigen Minuten kam ich wieder an dem Tisch vorbei und stutzte, weil Rauch in der Luft lag. Ich ging zu Franco und fragte, was hier so riecht. „Ja“, sagte er, „Oma hat eine geraucht.“ „Wie ging das?“ „Sie war unter dem Tisch. Klein genug ist sie ja.“ Eine weitere Reaktion verkniff ich mir, verloren in dem Willen, die Gäste einer Weihnachtsfeier zu erziehen, statt zu feiern. Das machte ich nie mehr und werde es nie mehr tun.

Der aufsichtführende Vollzugsbeamte hatte nichts mitbekommen. So konnte die Weihnachtsfeier als friedlich und gelungen nach zweieinhalb Stunden beendet werden. Franco war mit dieser Feier sehr zufrieden. Besser wäre es gewesen, Franco hätte sich bemüht, irgendwann einmal bei seiner Familie zu sein statt seiner kranken Mama eine Zigarette unter dem Weihnachtstisch zu ermöglichen.

Dem Schicksal muss man sich fügen!

Auf der Straße vor der JVA begegnete ich den Eltern von Josef. „Guten Tag! Sind Sie auf dem Weg zum Besuch bei Josef?“ „Ja“, antwortete Frau Fritz, seine Mutter. Wir schüttelten uns die Hände. Dann sagte sie unvermittelt und etwas barsch: „Gib ihm Geld!“ Er zog den Geldbeutel heraus und entnahm ihm einen Fünfziger und streckte ihn in meine Richtung. „Wofür soll das sein?“ „Na, für Josef.“ „Sie wissen aber, wenn ich das auf sein Konto einzahle, dann bekommt er kein Taschengeld mehr, weil er ja etwas hat.“ Das störte sie nicht. Sie ballte die Faust und schlug sie ihrem Mann zur Seite gedreht auf die Brust. „Du Schuft, gib ihm mehr!“ Er zog noch einen Fünfziger heraus und wollte mir beide Scheine geben. „Das hilft ihm aber gar nicht. Denn er darf das Geld jetzt nicht ausgeben. Er kann nur einen Zugangseinkauf für sechzig Euro machen.“ „Egal“, antwortete sie. „Der Junge braucht Geld.“ Der Junge war immerhin schon fünfunddreißig und wusste seit Jahren, wie das im Knast funktioniert. Trotzdem würde er mit dem Geld nichts anfangen können. Die Argumentation kam nicht an. Ich nahm das Geld und zahlte es auf das Konto von Josef ein, nicht ohne ihm vorher Bescheid gesagt zu haben.

Einige Tage später erschien mir auf dem Gefängnisflur ein Geist: Herr Fritz kam aus dem Lazarett und war sichtlich kein Besucher. „Herr Fritz, was ist los?“ „Die haben mich einfach abgeholt.“ „Das geht aber nicht ohne juristische Grundlage.“ „Sie haben gesagt, ich muss fünfhundert Euro bezahlen oder mitkommen.“ „Fünfhundert Euro hatte ich nicht, nur vierhundert.“ Vater und Sohn Fritz wurden in der JVA in eine Doppelzelle gepackt. Sie waren damit zufrieden. Es gab offenbar keinen Streit, weil dem Vater die beiden Fünfziger fehlten, die ich ein paar Tage zuvor entgegen genommen hatte. „Der Junge brauchte Geld!“ Überblick ist nicht jeden Mannes oder jeder Frau Sache. „So habe ich meinen Sohn wenigstens ein paar Tage bei mir.

Sonst ist er ja dauernd weg! Schließlich geht die Familie über alles. Das wissen Sie doch!“

So diente die Ersatzfreiheitsstrafe der Familienzusammenführung. „Ihre Frau wird begeistert sein!“ „Sie kommt morgen zu Besuch. Mein Schwager fährt sie.“ Ich sah ein: Familie geht über alles und was im Leben so kommt, ist einfach Schicksal. Dem muss man sich fügen. Wer sind wir denn, dass wir alles vorhersehen oder gar steuern könnten? Vielleicht macht diese Einsicht das Leben leichter.

Gewalt als Thema im Justizvollzug

Auch beim Thema Gewalt ist es im Strafvollzug sinnvoll, von der Konkretion des Alltags auszugehen. Vorkommnisse, die schließlich in der Presse landen, sind auch im Strafvollzug so ungewöhnlich, dass daraus keine Schlüsse über die Verbreitung oder die Gestalt der Gewalt in diesen Einrichtungen gezogen werden können. Sie zeigen eher die Form der Auseinandersetzung in der Gesellschaft mit Gewalt und Justizvollzug.

Konkrete Beispiele aus der täglichen Gewalt-Praxis:

• Einer geht dem anderen an den Hals – Drogengeschäfte? Ein kleiner Zwischenruf wie ‚hei' reichte, um das zu beenden.

• Warten auf den Kaffee – gute Gelegenheit für ‚Abrechnung' mit einem Sexualstraftäter: Er bekam die Faust ins Gesicht.

• Einschätzung altgedienter Gefängnisbeamten: Heute gibt es wenig Gewalt. Schlägereien waren unter Gefangenen früher (d.h. in den 1950iger und 1960iger Jahren) an der Tagesordnung. Das haben erst die Ausländer wieder gebracht.

• Ein Mann weigert sich eine Stunde lang, mein Büro zu verlassen – er hat Angst vor angeblichen oder tatsächlichen gewalttätigen Übergriffen. Danach ließ er sich dann doch bewegen, in Begleitung auf seine Zelle zu gehen.

• Ein Gefangener muss abgeholt werden, er verlässt alleine seine Zelle nicht – Sexualstraftäter.

• Ein Abteilungsbeamter sagt zu mir: ‚Sie können mal versuchen, mit X. zu reden. Wenn er die Blockade nicht aufgibt, müssen wir mit Gewalt rein.' Bei dem Gespräch mit dem betreffenden Gefangenen ergab es sich, dass ich ihn fragte, ob er seine Zelle aufräume, weil alles durcheinander herumlag. Er ging darauf ein und antwortete: „So könnte man das auch sehen." Ich antwortete: „Dann gehe ich zu den Bediesteten und sage ihnen, dass sie ihre Zelle aufräumen und Gewalt nicht nötig ist." So passierte es auch.

• Gefangene glauben, ihre Forderung gegen andere mit Gewalt durchsetzen zu dürfen – gegen wen auch immer.

• Viele Gefangene sehen die Welt als eine Welt, in der nur sie herausgepickt werden und die in ihren Augen Mächtigen jede Art von übervorteilender Gewalt ausüben dürfen. Dagegen muss man sich schließlich wehren.

• In einer Abteilung im psychiatrischen Krankenhaus reden zwei Männer miteinander etwas heftig. Ich stehe dazwischen und kann mich gerade noch bücken, bevor die Faust des einen in das Gesicht des anderen trifft. Ich konnte dagegen offenbar nichts tun.

Abstrakte Gewalt:

• Einspruch gegen *jede* Entscheidung – eine Entscheidung wird als Gewalt empfunden.

• Gefangene fühlen sich als Opfer (von irgendwelcher Gewalt), nicht als Täter. Sie haben sich verteidigt, ihnen verweigerte Rechte erkämpft oder Unschuldige verteidigt.

• Wenn die mich einsperren, sollen sie doch sehen, was sie davon haben: Im Blick auf die Last, die sie sich damit aufladen....

• Wer will mir etwas erzählen? Der andere soll gefälligst die Klappe halten. Der ist doch zum ersten Mal im Gefängnis!

Die Empfindung von Zurückweisung, die Gefahr, Kontrolle zu verlieren, das Empfinden, jemand mache sich zu stark oder zu auffällig oder nehme seinen Platz als „dummes Schwein" nicht angemessen ein: in der Herleitung unterscheiden sich die Gewaltanlässe nicht von denen in anderen Lebenssituationen. Eine drastische Sicht stellt das Zeit-Dossier vor: „Deutsche Gefängnisse sind ein rechtsfreier Raum: Dort wird misshandelt, vergewaltigt, getötet.

... Der Staat hat sein Ziel der Resozialisierung aufgegeben.“[33]

Die Empfindung von Gewalt ist extrem individuell. Manchen Menschen erscheint bereits eine laute Stimme als Gewaltandrohung. Andere reagieren nur, wenn sie bereits körperlich verletzt sind. Viele Menschen sind demotiviert, weil sie Strukturen als „Gewalt“ empfinden, "gegen die man nichts machen kann". Das Gewaltmonopol des Staates ufert aus bis in die letzten Feinregulierungen menschlicher Existenz.

Gewalt theoretisch - ein Ausschnitt

Gewalt wird immer einseitig mit Blick auf die Unterschicht und dissoziale Menschen definiert. Sie üben schlichte und greifbare Gewalt aus. In den achtziger Jahren des 20. Jahrhunderts wurde vor allem bei der Erforschung der Jugendgewalt die These entwickelt, Gewalt sei Ergebnis der Individualisierung (so etwa Heitmeyer). Diese These ist nach neueren Entwürfen nicht zu halten. Vielleicht liegt dem Aufkommen neuer Gewalttätigkeit in der Gesellschaft eher eine Zunahme von kollektivistisch orientierten Lebensmodellen[121] zugrunde. Es wäre jedoch auch an Transformationsprozesse der Spätmoderne zu denken, die Gewinner und Verlierer hervorbringt und hohe Anforderungen an die individuelle Konstruktion der eigenen Identität und des eigenen gesellschaftlichen Status stellt. Im Zuge der durch diese gesellschaftlichen Umwälzungen hervorgerufenen Änderungen im Lebenszuschnitt moderner Städte sieht Manuel Eisner Milieu und situativen Kontext für Gewaltdelinquenz.[122]

Joachim Kersten hat die Gewalt in underclassgruppen mit der These der hegemonialen Männlichkeit dargestellt.[123] Die Kriminologie, so Kersten, hat sich erst seit Ende der achtziger Jahre auf die Diskussion einer geschlechtsspezifischen Problematik in der Kriminalitätsbeschreibung eingelassen. Dennoch gibt es selten eine genaue Beschreibung der Zusammenhänge zwischen Kriminalität, Geschlechtlichkeit und Sozialstruktur. Es dominieren gängige Alltagstheorien, die eine scheinbar selbstverständliche Kausalität zwischen Männlichkeit – Aggression – Randschichtenzugehörigkeit herstellen. Entgegen einer reduktionistisch-biologistischen Sichtweise vertritt Kersten das Konzept der hegemonialen Männlichkeit[124]: Rechtliche, ökonomische, kulturelle Makro- und Mikrostrukturen, die ohne Anwendung von Gewalt die Vorherrschaft eines Geschlechts aufrechterhalten und pflegen. Die Über- und Unterordnung erfolgt unter den Männern einerseits und gegenüber Frauen und Kindern andererseits. Daraus folgt ein geschlechtsbezogenes Überlegenheitsgefühl über- und untergeordneter Männlichkeiten. Die Bewerkstelligung von Männlichkeit erfolgt als „Teilhabe an hegemonialer Männlichkeit" und bezieht ihren Sinn aus der Auseinandersetzung mit anderen Männlichkeiten.

Domänen oder Elemente der hegemonialen Männlichkeit sind: Nachwuchssicherung, Kontrolle des sozialen Nahraums und Schutz der Gemeinschaft und Sicherstellung der Versorgung. Virulent werden diese Elemente bei statusniedrigen jungen Männern. Sie müssen ihre Statusfähigkeiten beweisen. Das produziert abweichende und gefährliche antithetische Leitbildentwürfe. Das Gegenstück zur hegemonialen Männlichkeit ist die „betonte Weiblichkeit". Eine Beschreibung kann für den Untersuchungszweck zur Gewalt entfallen.

Die soziale Position entscheidet im Rahmen der hegemonialen Männlichkeit über Kriminalitätsformen. Obere Gesellschaftsschichten produzieren Wirtschaftsschäden, untere Gewalt auf der Straße vor allem in Zeiten sozialen Wandels. Die Darstellung der Männlichkeit bei knapper werdenden Ressourcen erzeugt eine permanente Risiko- und Kampfbereitschaft. Jedoch sind gefährliche und risikobereite Männlichkeitsbilder gesellschaftlich konsensfähig. Am männlichen Selbstwert des Risikos und der Überlegenheit kann jeder Mann teilnehmen. Wenn der öffentliche Respekt eines Mannes angezweifelt und so Männlichkeit in Frage gestellt wird, muss sie verteidigt bzw. durch vorauseilenden Angriff wiederhergestellt werden. In den Oberschichten wird dieser Männlichkeitsbeweis durch „maskierte“ Machtdurchsetzungsmittel (Geld, Status, Rechtsanwälte) erbracht. In der underclass werden diese fehlenden Mittel durch Fäuste (Gewalt) und Waffen ersetzt, um die Männlichkeit unter Beweis zu stellen und um sich Ehre und Respekt zu verschaffen. Die Geschlechterrollen, Subkulturverhalten oder die Bösartigkeit des männlichen Geschlechts sind keine Erklärung für diese Gewaltformen.

Daraus stellt Kersten folgende Hypothese zum Zusammenhang von Kultur, Schicht und Geschlecht auf: „Je mehr die ehemals ‚selbstverständlich' männlich besetzten Funktionen im sozialen Nahraum und in der Gesamtökonomie einer Gesellschaft an Bedeutung verlieren, um so sichtbarer werden in marginalisierten Populationen die Ansprüche an hegemoniale Männlichkeit auf solche überkommenen Leitbilder von 'richtiger' Männlichkeit gerichtet.“[125]

Die Gewaltbereitschaft Jugendlicher findet kulturell nicht selten Zustimmung, da sie wenig Möglichkeiten haben, ihre hegemoniale Männlichkeit darzustellen und „Prügeleien“ unter Gleichaltrigen noch nicht als „kriminelle Taten“ anzusehen sind.

Der von Kersten beschriebene Mechanismus erinnert an die Anomietheorie. Warum wird der einzelne Mann gewalttätig wird, während das Konzept alle betrifft? Es geht in der Männlichkeit um Anpassungsvorgänge in einer gegebenen Ziel-Mittel-Konstellation. Gewalt tritt auf, wo die "erlaubten" Mittel nicht vorhanden sind. Sie tritt jedoch auch auf, weil sie als Nachweis von Männlichkeit gelten kann. Die gesellschaftlich positionierten Männer brauchen Gewalt nicht anzuwenden, weil die Strukturen oder Systeme ihnen die Position zugestehen, in der man die Ziele ohne sichtbare Gewalt erreichen kann. Das bedeutet für die nicht positionierten den verminderten oder gar keinen Zugang zu anerkannten Positionen der männlichen Lebensgestaltung und provoziert deren Gewalt.

Die soziologische Analyse wird ergänzt durch die Herleitung auch von Gewalt über die Figur der „dissozialen Persönlichkeit". Sie deutet die Problematik auf dem Hintergrund von Perönlichkeitsproblemen. Gewalttäter zeichnen sich aus durch Frustrationsintoleranz, Störungen im Realitätsbezug, Kontaktstörung, Depressivität, Über-Ich-Pathologie, Desintegration der Persönlichkeit und eine Chronifizierung der Störung.[126] So wäre die Gewalt das Problem einzelner Personen (Männer) und nicht Folge von Positionen im gesellschaftlichen System. In der Realität ergänzen sich beide Perspektiven.

Ratlosigkeit gegen Gewalt?

Ein junger Gefangener in Untersuchungshaft wollte gerne ein Gespräch mit mir führen und beantragte dies auf die im Gefängnis übliche Weise schriftlich. Als ich seine Zelle aufschloss, trat er etwas unsicher und überrascht von einem Bein aufs andere. Nachdem ich mich vorgestellt hatte, fragte er, ob es möglich sei, miteinander zu sprechen. Er schilderte sich als einen Menschen, der nicht weiß, was er von sich halten soll. Im Gericht würde er behandelt wie ein Unmensch, was er dann wahrscheinlich auch sei. Die Körperverletzung mit einem Messer werde ihm als Mordversuch ausgelegt, dabei habe es sich doch „nur" um eine Auseinandersetzung wegen Rauschgift gehandelt. Auf die Frage, warum er mir das erzähle, kam eine überraschende Antwort: Seine Frage sei, ob er sich als Ungeheuer oder Unmensch betrachten müsse. Er habe den Mut, mich zu fragen, durch folgendes Ereignis gefasst: Als er im Dienstzimmer stand und auf seinen bewachten Gang zum Gericht wartete, sei ich hereingekommen und habe alle Beamten und auch ihn durch Handschlag begrüßt. Es war das erste Mal nach seiner Verhaftung, dass ihm jemand die Hand gab. Seine Frage nach dem Unmenschen konnte ich ihm nur zurückgeben: Was wurde aus dem Opfer seiner Messerattacke und wie würde er den Täter bezeichnen, wenn er selbst das Opfer wäre?

Steigende Gewaltkriminalität bei jungen Männern in Zeiten sinkender Kriminalraten: So wurde die Situation in der polizeilichen Kriminalstatistik lange beschrieben. Die „gefährliche und schwere Körperverletzung" stieg auch nach 1993 stetig an. Gewalttäter sind nach wie vor fast ausschließlich männlich. Bei den Opfern von jugendlichen Gewalttätern ist das schon nicht mehr so eindeutig zu sagen bis auf die Tatsache, dass sich die Gewalt in der Mehrzahl auch auf jugendliche Männer richtet. Auf Gewaltkriminalität entfallen rund vier Prozent der gesamten angezeigten Kriminalität. Große Schlagzeilen machen aus diesem Bereich verunsichernder gesellschaftlicher Realität fast nur die „fremdenfeindlichen" Handlungen. Diese Schlagzeilen lösen wiederum teilweise heftige Medien - Reaktionen aus. Der ‚publizistisch – politische Verstärkerkreislauf' kommt auf Hochtouren, löst nicht das Problem, gibt aber allen Akteuren – meist mit Ausnahme der Opfer - die Möglichkeit, sich zu inszenieren oder inszenieren zu lassen. Ist jedoch die Inszenierung vorbei und hat Sieger und Verlierer, Helden und Antihelden produziert, bleibt die Realität und die komplizierte Auseinandersetzung mit den Folgen von menschlichen Handlungen.

In einem Gefängnisgottesdienst drohte die Lage zu eskalieren, als ein Gefangener im Rahmen eines – vorher abgesprochenen – Beitrages zum Thema „Nächstenliebe" fremdenfeindliche Gewalttaten thematisierte. Während üblicherweise solche Beiträge von Mitgefangenen mit Wohlwollen bis Duldung aufgenommen werden, rumorte es zunächst hörbar. Nach dem vierten Satz fing ein Zuhörer an, sich lautstark zu Wort zu melden: Die Nächstenliebe habe doch wohl nichts mit Politik zu tun. Jetzt sollte er endlich seinen Mund halten oder sich auf die Bibel beschränken. Der Zuhörer gehörte bis zu diesem Moment nicht zum rechtsradikalen Spektrum, setzte sich aber ganz entschieden dagegen zur Wehr, dass „deutsche Schläger" als solche bezeichnet wurden. Daran änderten auch sein christliches Bekenntnis und der sonntägliche Gottesdienstbesuch nichts. Die Lage beruhigte sich erst wieder, als der Gefangene seine Rede unter Protest beendet hatte. Auf meine etwas moderateren Äußerungen zum Thema Gewalt reagierten die gefangenen Zuhörer nicht. Offenbar wollten sie ihrem sich als „nichtdeutsch" definierenden Mitgefangenen nicht zugestehen, über „deutsche" Gewalt zu reden. Die untergründige Gewaltbereitschaft braucht bestimmte Stichworte zu ihrer Entladung. Dies gilt nicht nur beim Thema Fremdenfeindlichkeit. Latente Gewaltbereitschaft und die entsprechende Furcht vor Übergriffen bestimmen die Beziehungen vieler Gefangener untereinander und zu anderen Menschen.

Keiner regt sich mehr auf und den Medien ist es kaum mehr eine Zeile wert, wenn nicht höchste Repräsentanten das Thema wieder aufgreifen: „...erneute Gewalttat mit ausländerfeindlichem Hintergrund" – diese Formulierung klingt standardisiert und aseptisch. Ausländerfeindliche Gewalt hat „Bündnisse gegen rechts" auf den Weg gebracht. Sogar in der tiefsten Provinz fanden (zumindest zum Jahrestag der Befreiung des Konzentrationslagers Auschwitz) Kundgebungen statt. Die Statistiker melden einen starken Anstieg rechtsradikaler (jugendlicher) Gewalt in der Kriminalstatistik des Jahres 2000 und wieder 2015, da ohne den Zusatz ‚jugendlich'. Das gerade aufgelegte Programm der Bundesregierung gegen rechtsradikale Gewalt und Fremdenfeindlichkeit war nur mit diesem politischen Hintergrund möglich. Experten streiten sich kaum, ob rechtsradikale Gewalt ein Teil (steigender) Jugendgewalt ist, nicht nur, weil dies politisch nicht korrekt wäre.

Es herrscht Ratlosigkeit sowohl darüber, warum in einer Zeit zurückgehender Kriminalitätsraten die Zahl von Gewalttaten Jugendlicher noch ansteigt, als auch darüber, was mit diesen gewaltbereiten Jugendlichen zu geschehen hat. Wenn Jugendgewalt nicht mehr ansteigt, ist die Ratlosigkeit noch größer. Nur in der veröffentlichten Meinung herrscht die lückenlose Übereinstimmung über härtere (sprich längere) Strafen, was nichts anderes heißt, als sei auch hier das stets vorhandene Allheilmittel schnelleres und längeres Einsperren, egal ob die Jugendgewalt steigt oder sinkt.[127]

Wer erinnert sich an die Mörder von Dessau?[128] Sie haben Haftstrafen bekommen, wie der Gesetzgeber sie vorsieht. In den meinungsbildenden Kommentaren ließ sich ein Unterton der Zufriedenheit nicht übersehen: Der Rechtsstaat hatte schnell, konsequent und mit der notwendigen Eindeutigkeit gehandelt. (Als ob er das sonst nicht täte...) Der Kommentar des Vorsitzenden Richters half, Abscheu auch über das Urteil hinaus zum Ausdruck zu bringen. „Tiere schonen den am Boden liegenden Gegner", wurden seine Worte überliefert. (Allerdings wäre zu bemerken, dass das Tier vielleicht sogar zwischen einem Gegner und keinem Gegner unterscheiden kann. Wer bei einem Mord wie dem in Dessau von „Gegnern" spricht, rechtfertigt damit fast schon ein bestimmtes Weltbild.) Die Fortsetzung brauchte gar nicht ergänzt zu werden. Das Gericht hat also nur bestätigt, was alle sowieso gedacht und gefordert haben. Die Verurteilten sitzen im Gefängnis. Und draußen wurde der Gedenkstein, den sogar der Bundeskanzler aufgesucht hat, unzählige Male verunstaltet. Ob es richtig war, ihn vom Ort des Geschehens zu entfernen, statt ihn als Schandmal der Schänder gerade dort zu belassen...?

Verurteilte Gewalttäter können den Schaden, den sie angerichtet haben, weder konkret noch im übertragenen Sinne wieder gut machen, selbst wenn sie es wollten. Sie haben nicht nur Mitmenschen verletzt oder getötet, sondern seinen oder ihren Angehörigen sinnlose Schmerzen zugefügt. Sie haben ihre eigene Seele schwer verletzt, was man nicht nur an ihrer leider oft öffentlich zur Schau getragenen Unfähigkeit zum Bereuen ablesen kann. Oftmals sind sie der Meinung, sie seien nur der drohenden Gewalt anderer entgegengetreten oder hätten sich gar in einer Notwehrsituation befunden. Was sie mit ihren Taten den Familien antun, aus denen sie stammen, lässt sich oft auch nur erahnen und ist selten Gegenstand von Erörterung. Sie haben die grundlegende Gemeinschaft unter den Menschen aufgehoben, mit der Folge, dass Gesellschaften lange brauchen, um diese schlechten Erfahrungen zu verarbeiten. Für die Opfer der Taten kann die Justiz nichts tun, was die Täter bisweilen sogar als Bestätigung ihrer Handlungen ansehen. Aus der Erfahrung mit Opfern von (schweren) Straftaten ist bekannt, dass diese oftmals von den Verwaltungen trotz der Opferentschädigungsgesetzgebung sehr formalistisch behandelt werden. Viele müssen um berechtigte Ansprüche vor Gerichten klagen. Dass es aber doch Wege einer symbolischen Wiedergutmachung geben kann, lässt sich in der Restorative Justice Bewegung erahnen.

Gewalttäter kommen in einen Jugend- oder Strafvollzug, der ihnen laut Gesetz die Wiederholung einer ähnliche Handlung unmöglich, die Rückkehr in die Gesellschaft möglich machen soll. Die meistens in den Gefängnissen vorherrschende Umgangskultur wird ihnen wenig Chance lassen, wirklich über ihre Handlung nachzudenken und mit ihr immer wieder konfrontiert zu werden. Unterschwellige und reale Gewalt, Menschenverachtung, Rassismus und wirre Nationalgedanken kommen nahezu in allen Gefängnissen unter den Gefangenen selbst vor oder werden bisweilen in mehr oder weniger brutaler Form ausgetragen. Schließlich handelt es sich bei den Gefangenen um eine Auswahl von Menschen, die Achtung des anderen und Menschenwürde in wichtigen Momenten ihres Lebens zumindest außer Acht gelassen, wenn nicht absichtlich mit

Füßen getreten haben. Das will auch in der Männergesellschaft Gefängnis „gerechtfertigt“ sein! Dringend notwendige Sensibilisierung, die auch in Gefängnissen durchaus - beispielsweise durch Gefängnisseelsorge, therapieähnliche Betreuung oder durch Antigewalttraining oder zunehmend durch ein Opferempathietraining - nahe gebracht wird, hat in dieser Konstellation nur geringe Erfolgschancen.

Gewalttäter und Mörder bauen starke seelische Abwehrmechanismen gegen Sensibilisierung auf, damit sie die durch ihre Handlung sich selbst beigebrachte seelische Verletzung überhaupt überleben können. Nach Aussagen von Menschen, die andere absichtlich oder fahrlässig umgebracht haben, dauerte es einige Jahre, bis sie das Geschehen überhaupt an sich heranlassen konnten. In der Haftumwelt droht zudem jedem, der sich dem wirklich stellt, was er getan hat, der Ausschluss aus der pervertiert als Gemeinschaft verstandenen Haftkumpanei. Gerade Gewalttäter zeigen große Angst vor jedem Anzeichen von Missachtung durch andere und erzwingen „Achtung“ durch gewaltbereites Auftreten.

Eine Gruppe steht vor der Gefängnisküche. Es schien so, als unterhielten sich diese vier jungen Männer. Kaum war ich vorbeigegangen und hatte mich noch gewundert, dass keiner meinen Gruß erwidert hatte, gab es einen heftigen Schlag, als habe jemand einen großen Gegenstand fallen lassen. Ein Stockwerk tiefer angekommen, hörte ich jemand laut schreien: „Hier ist ein Verletzter. Holt doch endlich den Sanitäter.“ Einen Tag später erzählte mir der Schläger völlig ungefragt den Hergang. Er könne sich doch nicht von irgendjemand provozieren lassen. Da müsse er sich wehren. Die Provokation bestand darin, dass der andere heftig mit dem Finger auf ihn gezeigt hat. Ergebnis: Ein gebrochenes Jochbein und erheblicher Blutverlust. Obwohl ich jahrzehntelange Erfahrung im Umgang mit verurteilten Gewalttätern habe, war ich nicht in der Lage, diese blitzschnelle akute Gewaltentwicklung zu erkennen.

Nahezu ungebrochen scheint die Überzeugung, brutale Gewalttaten sei „unmenschlich“. „Sie stellen sich außerhalb der menschlichen Gemeinschaft“: Diese Diagnose gilt nahezu unwidersprochen. Sie zu wiederholen und zu bestätigen ist deshalb so notwendig, weil sie so ambivalent ist. Leider besitzen wir Menschen ganz offenbar keine instinktgeleitete Tötungs- oder Gewalthemmung gegen unseresgleichen. Diesen Mangel müssen wir durch Ethik und Gesetzgebung ausgleichen. Menschen meinten und meinen immer wieder, sich gegen andere oder deren (angebliche oder tatsächliche) Missachtung durch Gewalt wehren zu müssen. Eine der ersten Geschichten des Alten Testaments schildert den Mord von Kain an seinem Bruder Abel. Viele Könige der Völker werden heute noch verehrt, weil sie in ihrer Zeit ihre tatsächlichen oder vermeintlichen Feinde möglichst brutal und vollständig beseitigten. Viele Herrscher waren Verbrecher, deren Position es nicht zuließ, sie zur Rechenschaft zu ziehen. Wer ein politisches Amt innehat, darf sich auch in unserer Zeit immer noch nicht nachgiebig oder nachdenklich zeigen. Er wird nicht wieder gewählt.

In Deutschland werden täglich laut Statistik rund sechs Menschen Opfer einer (versuchten) Tötungshandlung. Fast alle Fälle werden aufgeklärt. In all diesen Fällen greifen weder unsere ethischen Bemühungen, noch die Gewissheit, nachher verurteilt und als Unmensch angesehen zu werden. Trotz einiger mit großem Medienaufwand dargestellten und ins Bewusstsein der Gesellschaft eingeprägten Prozesse gegen rassistische Untaten wie die Brandstiftungen von Mölln, Solingen oder Lübeck oder die Anschläge auf unzählige Asylbewerberunterkünfte 2015 kamen Untaten ähnlicher Art und Brutalität genau so wenig zum Erliegen wie andere Gewalttaten. Gesellschaften aus Geschichte und Gegenwart, die erheblich drastischer mit Mord und Totschlag, aber auch mit anderer Gewalt umgingen und umgehen, konnten keine wesentlich erfolgreichere Eindämmung dieser Taten erzielen. Eher erreich(t)en sie das Gegenteil.

Die menschliche Möglichkeit, brutal und vernichtend ohne Rücksicht auf sich und andere zu handeln, bedarf zu ihrer Eindämmung aller rituellen und öffentlich verfügbaren Mittel, damit sie nicht zum alltäglichen Gebrauch dient. Zu diesen Mitteln gehört auch die Forderung des Straf- und Vollzugsrechts an die Gesellschaft, selbst Mörder schließlich wieder in den Alltag aufzunehmen. Die christliche Ethik fordert sogar bei wirklicher Einsicht und Reue letztendlich auch Mördern zu vergeben, um den verhängnisvollen Kreislauf von Leben gegen Leben immer wieder zu beenden.

Es kann nicht der Justiz überlassen bleiben, den Angriff auf die Grenze des Menschlichen durch Urteile zurückweisen. Auch die öffentliche Versammlung gegen bestimmte Formen von Gewalt kann nicht alles sein. Es ist auch notwendig, den dann Verurteilten Menschlichkeit zuzumuten, indem sie von Mensch zu Mensch mit ihren Handlungen so lange konfrontiert werden, bis sie in der Lage sind, unter dem Unrecht dieser Handlungen selbst zu leiden. Das aber wird nur sinnvoll, wenn auch die (überlebenden) Opfer der Untaten so lange in die Mitte genommen werden, bis sie wieder selbst leben können.

Gewalttaten nicht nur von Jugendlichen stellen alle Beteiligten einschließlich der Medien vor schwierige Fragen der täglichen Praxis. Das Instrumentarium zum nicht gewalttätigen Behandlungsversuch befindet sich noch in der Entwicklung. Dass auf eine multifaktorielle Entstehung von Gewaltdelikten die multiprofessionelle Behandlung die richtige Antwort ist, sollte sich endlich auch dort herumsprechen, wo über gesellschaftliche Seelenzustände mittels medialer Inszenierung der handelnden Akteure entschieden wird. Justizpolitisch konnte ohne weitere Umstände die Erschwernis vorzeitiger Haftentlassung durchgesetzt werden (Strafrechtsänderungsgesetz von 1998). Das führte für etwa acht Jahre zur Überfüllung der Jugend- und Justizvollzugsanstalten. Es fehl(t)en jedoch Heerscharen von geeigneten Betreuern und Gutachtern, um die längere Zeit im Gefängnis auch zu nutzen. Die stärkere Beschäftigung mit den Opfern von Gewalttaten im Strafverfahren und in zuwendender Betreuung hat noch nicht einmal in der Phantasie stattgefunden. Hier müssen Opfer-Hilfs-Vereine das leisten, was eigentlich eine ebenso zentrale gesellschaftspolitische Aufgabe wäre wie Bestrafung von Gewalttätern. Im Konzept der „Restorative Justice" wird versucht, die beiden Seiten Zusammenzudenken und durch Ausgleich zwischen den Beteiligten Recht zu schaffen.

Gewalt gegen Mitmenschen auszuüben, das ist genau die Strategie von Verhalten in der Gesellschaft, die durch „einfache und schnelle Lösungen" eher unterstützt als beseitigt wird. Die einzige notwendige einfache und schnelle Handlung zur Verhinderung von Gewalttaten und weiteren Gewalttaten sind Überwachung und notfalls Verhaftung. Alles Weitere muss differenziert die Menschenwürde in den Mittelpunkt stellen und auf schnelle Lösungen verzichten.

Inszenierungen der Gewalt

Es scheint unglaublich, was sich in der Szene „Kriminalpolitik" abspielt. Die dauernde Wiederkehr des Gleichen oder ein wiederholtes Déjà-vu. Ein brutaler Fall von Aggression bestätigt anhaltende Verrohung eines kleinsten Teils der jungen Männer. Ein bekanntes Nachrichtenmagazin springt auf die Szene und titelt: „Junge Männer – Die gefährlichste Spezies der Welt." Und die Politik zieht eine Antwort aus der Tasche, welche die Bevölkerung für dumm hält. Es gibt schon noch ein paar Bundesbürger, die nicht dem geistigen Alzheimersyndrom verfallen sind, das offensichtlich manche Menschen befällt, die sich in der Politik tummeln. Dass die Medien sich nicht zu schade sind, sich für diese Inszenierung einsetzen zu lassen und sie auch selbst betreiben, gehört zur Seinsvergessenheit der Medien. Zehn Jahre zurück sind in diesen Inszenierungen so etwas Ähnliches wie Antike. Und so führen Politik und Medien vereint den politisch – medialen Durchlauferhitzer vor, gegen den weder Fachleute noch Praktiker etwas ausrichten können. Der läuft so: In Hamburg passiert eine rohe Brutalität. Die Presse berichtet entfesselt mit dem Riecher für das „Thema“. Weil die Presse berichtet, sehen Politiker (ja, meistens männlich!) die Chance, sich medial als große Retter zu inszenieren. Die Presse breitet das Thema weiter aus. Sätze mit selbstverständlichem Inhalt erhalten Nachrichtenqualität, wie der von der Gewalt, der man entgegentreten muss. Ist doch unser ganzes staatliches Gebilde ein Versuch, Gewalt von oben nach unten und untereinander zu unterbinden. Die Bevölkerung sieht sich mit einer breiten Welle von Gewalt konfrontiert und verunsichert – so jedenfalls interpretieren die Medien ihre eigene Inszenierung. Die Politik nimmt die Inszenierung für real und sieht sich daher „gezwungen“, etwas zu tun. Dafür benutzt sie stets die eigenen Konzepte und nicht die der Experten. Länger einsperren, früher einsperren, härter zugreifen, was immer das sein soll. Ganz vergessen wurde dabei, dass gerade erst die Sicherungsverwahrung auch für Jugendliche eingeführt wurde. Damit könnte man jugendliche Straftäter heute schon jahrzehntelang festhalten. Von dem Fall selbst, seinen Tätern und seinem Opfer bleibt nicht viel übrig.

Vor etwas mehr als zwei Jahrzehnten wurde die Rückkehr der Gewalt in westliche Gesellschaften bemerkt, die sich vorher im Kalten Krieg und seinen Folgen im Frieden wähnten. Folge war Ratlosigkeit auf der einen und politische Rufe nach härteren Gesetzen auf der anderen Seite. Die schärferen Gesetze wurden erlassen, die Praxis musste sich danach ausrichten, bekam aber nicht die entsprechenden Mittel an die Hand. Die Gewaltkriminalität stieg weiter. Der Fall aus Hamburg gehört zu den statistischen Ausnahmeerscheinungen. Die weitaus meisten Opfer von jungen Gewalttätern sind andere junge Männer. Der Anteil der ausländischen Tatverdächtigen geht insgesamt zurück. Sie stellen jedoch immer noch zweimal mehr Tatverdächtige als ihrem Anteil an der Bevölkerung entsprechen würde.

Argumente aber helfen in diesen Fällen nicht. Hier werden Stücke mit verteilten Rollen inszeniert, in denen jeder seine Wirklichkeit konstruiert. Bei dieser Wirklichkeitskonstruktion geht es um die Verteilung von Über- und Unterordnung sowie von der früher so genannten Definitionsmacht in der Gesellschaft und nicht um die Lösung von einzelnen Problemfällen. Diese Aufgabe wird am Ende den beteiligten Diensten überlassen. Die öffentlichen Inszenierer interessieren sich nicht wirklich für die Probleme mit der Gewalt, sondern fast ausschließlich für die Quote. Aus Praxis und Kriminologie neigen sie ohnehin nur das wahrzunehmen, was zur Quote passt. Da ihre Wählerinnen und Wähler ebenfalls der selektiven Wahrnehmung unterliegen, kommt in ihrer Wahrnehmung das vor, was ihr Weltbild oder ihre Konstruktion der Wirklichkeit stützt. Eine Chance, dem zu entkommen, hat man nur, wenn die eine oder andere Inszenierung stark übertrieben wird. Das könnte bei dem Vorstoß des hessischen Ministerpräsidenten zur Strafmündigkeit von Kindern der Fall gewesen sein, worin ihm nicht einmal die eigenen Parteifreunde mehr folgten. (Möglicher Weise war das auch die Ursache für das schlechte Wahlergebnis.)

Aus christlicher Sicht nützt es niemand, die Welt in Gute und Böse aufzuteilen. Darin entfalten sich nur die todernsten Inszenierungen der Menschen. Gott aber lässt seine Sonne aufgehen über die Bösen und über die Guten. In ihrem Lichte könnte die gute Inszenierung bösen Zielen dienen. Daher ist die Feindesliebe das Ergebnis dieser „göttlichen Sicht“. Wenn junge Männer zu Feinden ihrer selbst und ihrer Mitmenschen geworden sind, hilft entschlossenes und rasches Handeln der Behörden nur zur Unterbrechung der bösen Auswirkungen. Wie wir aber mit ihren Opfern und ihnen selbst weiter umgehen, damit pflanzt sich die Feindschaft fort oder sie wird unterbrochen.

Aus den Forschungen der Kriminologie ist bekannt, dass längeres Einsperren das Problem aufschiebt und den Hass fortpflanzt. Effektiver ist es, mit den Tätern ernst die Menschlichkeit zu verhandeln, damit sie aus ihrer Verachtung und Feindschaft aufgeweckt werden. Dazu gehören enormer Mut und viel Glauben und Hoffnung sowie große Standfestigkeit. Hass und Feindschaft stecken an. Daher muss man eigentlich aus Selbstschutz gegen sie antreten. Man kann die von Hass, Feindschaft und daraus folgender Gewalt zerfressenen Seelen nicht einfach beseitigen. Sie bleiben auch nach Wahlkämpfen erhalten. Die Praxis und die Kriminologie scheinen ganz manierliche Lösungen parat zu haben und sind zu jederzeitiger Revision und Anpassung dieser Lösungen bereit. Das Problem ist jedoch trotz immer neuer Gesetze, dass nach den Wahlkampf- und sonstigen Inszenierungen in der Politik niemand bereit ist, vorhandene Konzepte auch wirklich umzusetzen.[129] Das Argument heißt hier regelmäßig, dass leider die Kassen zu leer sind, um das erforderliche und geeignete Personal zu bezahlen. In vielen Fällen könnten eine gründliche Ausbildung zusammen mit dem Erlernen eines menschenwürdigen Umgangs (die Bemühung um die Opfer des eigenen Handelns eingeschlossen), die Bekämpfung der allgegenwärtigen Suchtprobleme und die Einführung in die Regeln eines gewaltfreien Lebens den Anfang einer gewaltfreieren Zukunft für die Täter begründen. Einig aber sind sich alle wissenschaftlichen Untersuchungen darin, dass verachtende und miese Behandlung von Tätern weder den Opfern hilft, noch die Gefahren, die von ihnen ausgehen, verringert.

Der politisch – mediale Durchlauferhitzer jedenfalls sollte abgeschaltet werden und einem besonnen - entschlossenen Denken und Handeln pragmatischer Art unter der Achtung der Menschenwürde weichen. Die Inszenierungen der von Feindschaft und Hass zerfressenen (jungen) Männer richten bereits soviel Schaden an, dass man daraus nicht auch noch Quote machen muss. Sonst könnte die Quote zum eigentlichen Schaden werden.

Die Gewalt und die ‚loser'

An einem konkreten Fall wurde deutlich, dass es doch eine gesellschaftliche Entwicklung zu geben scheint, welche die ritualisierten Verhaltensschemata gegen Gewalt überwinden könnte. Es handelte sich um den gewaltsamen Tod auf einer Münchener S-Bahnstrecke. Es scheint unverständlich, dass zwei junge Männer ohne jeden ersichtlichen Grund und ohne zu merken, was sie tun, so lange auf einen anderen, ihnen unbekannten Mann eintreten, bis der nicht mehr zu retten ist. Dann beobachten sie sogar noch aus dem Gebüsch in der Nähe die Szene. Der äußere Grund war, dass er sich bei einer ihrer anderen fiesen Handlungen gegen Schwächere einmischte. Warum kann die Einmischung derartig besinnungslose Gewaltkaskaden auslösen? Was schon kurze Zeit nach dem abscheulichen Vorfall über sie durch die Presse ging, schien alle Vorurteile (Vorerfahrungen?) zu bestätigen. Beim Prozess gegen die beiden Täter wurde deutlich, dass der Getötete an einem Herzversagen starb. Das ändert jedoch nichts an der Sinnlosigkeit dieser Hasstat.

Auch bei einem geplanten Amoklauf in Ansbach und seinen Vorbildern setzte das Einfühlungsvermögen aus. Hier gab es offenbar keine Vorurteile zu bestätigen und das macht die Sache noch schwieriger. Dass zwei mutige Polizisten die Ausführung der Hasstat unterbrachen, ermöglicht vielleicht, einmal mit dem Täter eines Amoklaufs zu sprechen und solche bizarre, böse, verzweifelte (?) und dunkle Handlungsfolge etwas aufzuhellen.

Was sich geändert hat, das waren die Reaktionen in der Öffentlichkeit. Nur ganz wenige Stimmen wussten wieder mal nichts Besseres, als – wie oben beschrieben - nach härteren Strafen zu schreien. (Man könnte das bei gut meinender Interpretation als Schockreaktion bezeichnen. Dann wäre es auch kein politischer Beitrag.) Bei den meisten anderen Reaktionen überwogen Bestürzung, Trauer, Ratlosigkeit und Nachdenklichkeit – im Falle des S-Bahn-Mordes von den Kirchen bis zur Bundesliga, vom ZDF bis zum Spiegel.

Das Strafrecht räumt hinterher die Scherben weg. Es verhindert keine einzige strafbare Handlung. Es übernimmt aber deren gesellschaftliche Bearbeitung und ordnet sie öffentlich ein – und das ist auch sein Zweck. Die schrecklichen Taten zu bewältigen und ihr Potential der Zerstörung menschlichen Vertrauens zu überwinden, dazu braucht es andere Mittel – zumal auch eine Wiedergutmachung nicht oder nur symbolisch möglich ist.

Das ganze Land hat sich vor allem durch das S-Bahnereignis betreffen lassen, war entsetzt, trauerte und schob die Ratlosigkeit nicht weg. Da geht es um das Selbstverständnis der ganzen Gesellschaft, welche die Gewalttaten immer wieder dem „Wegschauen" zuschreibt. Wir wissen tatsächlich kein Rezept dagegen, dass sich Menschen (besonders Männer) immer wieder durch mörderischen Hass präsentieren und ihre Verachtung gegenüber ihrem eigenen Leben und dem ihrer Mitmenschen in Handlungen umsetzen. Leider wissen es die, die sich so benehmen, oft auch nicht. Die Theorien ihrer Gutachter, der Gerichte und der Öffentlichkeit erleben sie als irgendetwas, was mit ihnen eigentlich nichts zu tun hat. Es sind ja sowieso alle gegen sie. Dass sich alle die Mühe machen, das schreckliche Verhalten zu erklären und angemessen damit umzugehen, sehen sie als eine Art Angriff auf ihre

Person. Warum sie selbst zu solchen Taten fähig sind, diese Frage schieben die meisten nach wenigen Tagen hartnäckig weg. Es ist bedrohlich oder sogar vernichtend, wenn man sich selbst als ‚widerlichen Unmenschen' ansehen muss. In den ersten Tagen nach der Tat oder Verhaftung kommt es daher zu ziemlich handfesten Suizidgedanken. Es ist nicht leicht, nach der Tötung eines anderen Menschen selbst zu überleben. Besonders schwer wird das, wenn man sich noch nicht einmal durch eine ‚besondere Lage' herausreden – vor sich selbst rechtfertigen – kann. Die Polizei gab im Falle Ansbach bekannt, der Amokläufer habe als Tatmotiv „Hass auf die Menschheit" und Zurückweisungsängste auf seinem Computer hinterlassen. Auch so konstruierte Legitimationen klingen bisweilen geradezu lächerlich, reichen aber Tätern als Motiv offenbar aus.

Es tut uns weh, ja kränkt uns sogar, dass ganz schlichte Allerweltsmotive sich bedrohlich entwickeln können und bis zum Töten anderer Menschen führen. Eigentlich wissen wir aber genau das ganz gut aus der Geschichte und den Geschichten. Kain hatte offenbar Konkurrenz mit Abel. Er fühlte sich zurückgesetzt. Es ist schon schwer, die Menschengeschwister als solche gelten zu lassen. Motive, Krieg zu führen und die Gegner umzubringen – auch diese gehen als ziemlich prosaisch in die Geschichte ein. Die Kränkung liegt darin, dass die Täter Menschen sind wie wir. Sie stellen einmal alles richtig und vernichten dabei andere und sich selbst. Wenn sie sich nicht suizidieren, vernichten sie sich im sozialen Sinne selbst. Was können die meisten von uns froh sein, dass ihnen das nicht oder nur in der Phantasie passiert.

In der Gefängnisseelsorge müssen wir oft mit Menschen durch angeblich dunkle Geheimnisse ihrer Täterseelen gehen, vor denen sie selbst manchmal mehr Angst haben als wir. Wir erhoffen uns, dass sich diese Seelen aufhellen, dass Umkehr anfängt und Einsicht in die eigene Weltkonstruktion möglich wird. Wir sehen, dass Vieles auch nicht anders ist als bei anderen Menschen, dass sich aber die Zurückweisungserfahrungen bei ihnen häufen. Solche Erfahrungen schildern sie als geradezu körperliche Eindrükke und schwerste Beeinträchtigungen im traumatisierenden oder retraumatisierenden Sinne. Oft erzählen sie von Dingen, die den meisten anderen auch begegnen. Die meisten werden dann wohl doch durch mitmenschliches Kümmern, auch dadurch, dass sie sich anderswo geborgen oder stark fühlen, mit diesen Erfahrungen irgendwie fertig. Einige werden zu Dauerklienten bei den therapeutischen und beraterischen Diensten. Und einigen hilft anscheinend nichts. Sie stehen immer gleich vor der Wand und haben keine Rückzugsräume.

Es ist nicht sinnvoll, nach dem ganz Besonderen, dem ganz Bösen oder dem Unmenschen Ausschau zu halten, wenn es um das rechtzeitige Erkennen von menschlichen Explosionen der Gewalt geht. Vielmehr sollte man um sich herum nachschauen, wer sich besonders benachteiligt oder ausgeschlossen fühlt und darüber mit niemand mehr spricht oder den coolen Macker rauskehrt. Dieses „sich Fühlen" muss aber keiner genormten Realität entsprechen. Bei dem einen reichen ‚kleinste Dosen', der andere verarbeitet alles. Vor allem aber lassen sich keine festen Regeln oder Muster aufstellen, nach denen Hasstaten logisch ablaufen. Es handelt sich immer nur um Zeichen, Hinweise, Andeutungen, Konstrukte und Situationen, die mit viel Erfahrung zutreffend gedeutet werden könnten. Das Vorbeugen verlangt also besonders viel Sorgfalt im Umgang untereinander. Sowohl durch das Zur-Sprache-Bringen einer Gefährdung als auch durch das Schweigen kann sie sich konkretisieren. Wahrscheinlich aber ist das Reden die bessere Methode.

Gewalt schockt und entsetzt zu Recht. So ganz ohne die großen und endgültigen Rezepte kommt die Debatte im zweiten Schritt dann doch nicht aus. Da aber ist Vorsicht geboten. Es gibt niemand, der *die* Methode hat. Es geht um die tägliche Bewältigung von Zurückweisen und Annehmen, von Lebensträumen und ihrem Scheitern, von fehlender gesellschaftlicher Position. Besonders gefährlich und gefährdend ist für Männer offenbar eine Selbsteinschätzung als zurückgewiesener ‚loser', die schon in der frühen Kindheit beginnt und im Laufe des Heranwachsens aus verschiedensten Gründen keine positiven Korrekturen erfährt. Zur konkreten öffentlichen Gewaltexplosion führt das nicht bei jedem. Das wäre auch bei den vielen ‚Abgehängten', die Gesellschaften produzieren, eine Art Dauerkriegszustand.[130] Zu vielen hassgeleiteten Beziehungen, gewalttätigem Denken und selbstschädigendem Verhalten kommt es schon. Die werden als Alltag betrachtet und lösen keine Diskussionen aus. Die „Sünde" ist sozusagen überall.

Die Seelsorge im Gefängnis beschäftigt sich täglich stellvertretend für die ganze Gesellschaft mit diesen bedrohlichen Seiten der menschlichen Existenz. Daraus ergibt sich dann, dass Annahme, Vergebung und Achtung der Würde des Mitmenschen keine veraltete Botschaft sein können. Nach dem Glauben, aus dem diese Botschaft hervorgeht, gibt es nämlich keine echten ‚loser'.

Brauchen Mörder auch Hilfe?

„Müssen solche denn auch noch betreut werden?", heißt die gar nicht zu seltene Reaktion in Diskussionen über den Umgang mit Strafgefangenen, die einen Mitmenschen getötet haben. „Können Sie denn als Seelsorger über alles das hinwegsehen?"

„Wir haben hier fast nur Schwerverbrecher, die haben doch mit der Kirche nichts zu tun!", gab mir vor vielen Jahren ein Bediensteter seine persönliche Meinung preis. Aber seelsorgerlicher Beistand mit Mördern findet selbstverständlich auch in einer massiv gesicherten Umgebung statt, möglicherweise wird anfangs das Beisein eines oder mehrerer Vollzugsbeamten angeordnet.

In einer forensischen Psychiatrie musste ich eine lange seelsorgerliche Auseinandersetzung mit einem wegen Mordes an einem Kind verurteilten Mann wegen dessen hochaggressiven Verbalattacken gegen jeden Mitmenschen unter der Aufsicht von vier kräftigen Pflegern beginnen. Beim ersten „Gespräch" schrie der Mann zunächst eine dreiviertel Stunde lang alles aus sich heraus, ohne mich zu beachten. Wen er alles umbringen wird und auf welche Art und besonders alle, die gegen ihn ausgesagt und ihn verurteilt haben. Und nicht nur die: Auch ihre Kinder werde er umbringen. Ich weiß nicht, was mich hielt, bei dieser schrecklichen Kaskade in der Zelle stehen zu bleiben. Als er eine Pause machte, fragte ich dazwischen, ob ich wieder kommen solle. Das Geschrei hörte auf und er sagte: Ja. Danach gab es jede Woche ein Gespräch: Fünfzig Minuten Geschrei in wüsten Drohungen. Dann die Bitte, wiederzukommen. Die zur Sicherheit angeforderten Pfleger verließen beim zweiten Termin einer nach dem anderen ihre „Posten". „Der hat ja mit Ihnen gesprochen", hieß die Begründung für dieses Verhalten. Ich fragte den aggressiven Mann, was das alles soll: Er sagte: ein Mann muss sich rächen. Er darf sich nichts gefallen lassen. Irgendwann fasste ich Mut und erwiderte zunächst laut und dann, als er zuhörte, etwas leiser: Wir sind hier anders gewickelt. Ich bin Christ. Ich kann auch böse Gedanken haben. Es ist jedoch keine gute und großartige Leistung, Drohungen auszustoßen und Rache auszumalen. Es gibt die Möglichkeit, sich zu besinnen und den Kreislauf der Rache zu unterbrechen. Wir sind keine Männer dadurch, dass wir die vermeintlich berechtigte Rache ausmalen und immer weiter führen. Sonst würde ich mich mit ihm ja auch nicht befassen, sondern ihn seine absurden Rachegedanken weiterbrüten lassen. Der Mann schwieg tatsächlich einen Moment. Dann sagte er nur: „Das hat mir noch keiner gesagt."

Von da an war es möglich, über seinen Mord an einem kleinen Kind wenigstens zu sprechen. Ich weiß nicht, was aus ihm wurde.

Erscheint der Verurteilte als wenig aggressiv im Umgang mit anderen – und das ist eher die Regel als die Ausnahme -, fallen Sicherungen dieser Art bald weg. Dann ist auch der Pfarrer, die Pfarrerin allein mit ihrem Gegenüber und seiner Tat. Es beginnt mit den einfachsten menschlichen Fragen: Kannst du eine Hand schütteln, die getötet hat? Nach einigen Monaten Erfahrung stellte ich mir in solchen Situationen die Gegenfrage: Weiß ich denn immer um die „Tätigkeiten" und Machenschaften derer, denen ich normalerweise ohne Problem die Hand gebe?

Über alles hinwegsehen kann und sollte kein(e) SeelsorgerIn. Niemand aber kann auch offensichtlich Falsches und gar Böses so be- und verurteilen, als handle es sich um unmenschliche Möglichkeiten. Wenn das Urteil nach bestem Wissen und Gewissen gesprochen ist, greifen in der Seelsorge die fast über alle Kräfte gehenden Zusagen, nach denen niemand nach dem Kreuzestod Christi aus der menschlichen Gemeinschaft vollständig ausgeschlossen werden kann. Selbst die Strafvollzugsgesetze beruhen auf der Vorstellung, ein über das Urteil hinausgehendes Bestrafen sei zu unterlassen.

Der Seelsorge fällt die Aufgabe zu, Schritt für Schritt Annäherungen an die schwierige Realität von Mördern zu suchen. Es beginnt mit der Selbstachtung des Betroffenen. Menschen, die andere umgebracht haben, weisen diese Realität zunächst weit von sich oder verstecken sie vor sich und anderen so gut es irgend geht. Hierbei müssen die psychoanalytischen Begriffe der Verdrängung, Verleugnung oder Spaltung bemüht werden. Kaum zu glauben und dennoch als Erkenntnis unumgänglich: Wer einen anderen getötet hat, nach dem greifen offenbar heftige Vernichtungsängste. Diese nicht ins Bewusstsein kommen zu lassen, gehört zu den schwer vermittelbaren psychischen

Abwehrvorgängen. Das Getötethaben ist unwiderruflich. Nichts kann daran ungeschehen gemacht werden. Deshalb kann Arbeit mit einem wegen Mordes oder Totschlags verurteilten Menschen allein darin bestehen, sich dem ganzen Ausmaß dieser Handlung zu stellen.

Wer von uns möchte den Weg nachvollziehen, der mit der Erkenntnis endet: „Ich bin ein Mensch, den die anderen am liebsten als Unmenschen aus ihrer Gemeinschaft ausschließen – oder, wenn sie könnten, sogar ebenso töten - wollen. Wie kann ich so weiterleben?"

Wer sich als Betroffener dieser Erkenntnis und Frage nicht stellt, geht nahezu unweigerlich den Weg der inneren und äußeren Versteinerung. Ein jahrelanger mühsamer Prozess steht bevor, von dem niemand sagen kann, wie er enden wird. Rechtfertigungsversuche diverser Art können diesen Weg durchkreuzen oder gar beenden.

Wer lebenslang im Gefängnis oder in der Psychiatrie bleiben muss, kommt auch auf die Idee, er habe nichts mehr zu verlieren. Diesem Gedanken folgen manchmal Brutalitäten aller Art gegen Mitgefangene und Personal. Er bildet auch eine Quelle für Geißelnahmen und gewalttätigen Umgang mit allem, was da kommt. Die andere Seite dieser Medaille sind Suizidgedanken auch als gnadenloser Umgang interpretierbar – fast immer vorhanden und nicht selten zumindest als Versuch in die Tat umgesetzt. In der Umgangssprache spricht man deshalb in diesen Fällen zu Recht von Selbst-Mördern.

Theologisch und im Glauben ist mit diesem seelischen Prozess die Frage nach der Sündenvergebung und der Rechtfertigung vor Gott verbunden. Sagte Jesus nicht zu einem verurteilten Verbrecher, der erkennbar „seine Strafe" angenommen hatte: „Heute wirst du mit mir im Paradies sein!"? (Leidensgeschichte nach Lukas) Immerhin soviel kann Seelsorge versuchen: Mit einem Menschen den risikoreichen inneren Weg zu gehen, der beim Bekenntnis der eigenen Sünde ankommt. Was dann an Fähigkeit, Vergebung zu erbitten, noch wachsen kann, liegt meist nicht in unserer Hand.

„Warum“, fragte eine Journalistin im Interview, „setzen Sie nicht Ihre begrenzte Zeit für die Angehörigen der Opfer ein? Die haben das doch viel mehr verdient!“ Ich konnte nur antworten, ob sie, wenn sie denn diesen Angehörigen begegnen würde, den Mut hätte, nicht die heiße Story von ihnen abzufragen, sondern den notwendigen Respekt vor ihrem Leid aufzubringen. Oft sind Tätergeschichten unter anderen Aspekten auch Opfergeschichten. Dass das Zusammenleben gerade deshalb geregelt werden muss, das steht nicht infrage. Wer „schuldig“ im Sinne des Strafgesetzes gesprochen wird, kann heute nicht auf eine Gefangeneninsel in Verbannung geschickt werden. Die Todesstrafe für Mörder, die beispielsweise in den USA praktiziert wird, prangern wir an. Ein Mörder mit dem Urteil „lebenslänglich“ geht in der Bundesrepublik Deutschland für eine begrenzte Zeit seines Lebens ins Gefängnis. Wir wissen aus Untersuchungen, dass mit der Androhung von Todesstrafe oder anderen Strafverschärfungen allein keine Straftat, auch kein Mord verhindert werden kann.

Trotz aller Gesetze, therapeutischer Einrichtungen, moderner Justizvollzugsanstalten und auch christlich-seelsorgerlichen Bemühungen müssen wir erkennen, dass wir mit der Urangst des Menschen, Opfer – oder auch Täter – zu werden, zurechtkommen müssen. Das Erschrecken, wenn in den Medien wieder ausführlich zunächst über Morde und dann über Mörder berichtet wird, könnte uns bewusst machen, dass wir wachsam auf uns selber hören sollten. Lebenslange Unterbringung in noch so sicheren Justizvollzugsanstalten allein wird uns nicht von Gewalttätern und Mördern befreien.

Damit stellt sich die Frage, warum niemand die Mörder, deren Straftaten den gesellschaftlich - politischen Verstärkerkreislauf regelmäßig überdrehen, an ihren Taten gehindert hat, wenn sie bereits inhaftiert gewesen sind. Beantwortet wurde diese Frage damit, dass seit 1998 alle Straftäter mit Urteilen von über zwei Jahren Haft bei vorzeitiger Lockerung einem Gutachter vorgestellt werden müssen. Gutachter kennen diese Straftäter bestenfalls aus einem oder zwei Gesprächen und dem Aktenstudium. Das muss genügen, um eine Prognose über das weitere Verhalten abzugeben. Bei verurteilten Mördern gab es diese Form des Gutachtens schon lange. Davon hängt die Begnadigung oder Entlassung auf Bewährung nach frühestens fünfzehn Jahren Haft ab. Nach der Haft ist der verurteilte Mensch sich ziemlich weitgehend selbst überlassen. Wie er sich dann verhalten wird, wer kann das wissen?

Seelsorge im Gefängnis

Kirchenkaffee hinter Gittern

Die fünfundzwanzig Männer haben schon darauf gewartet, dass nach dem Gottesdienst am frühen Sonntagmorgen der Kaffeetisch aufgebaut wird. Und da sitzen sie dann nebeneinander: der pressegängige und weltbekannte Verbrecher, der Sozialhilfeempfänger, der eine kleine Geldstrafe nicht bezahlen konnte, der Familienvater, wegen x - mal Fahrens ohne Führerschein verurteilt, und der Mann, den wir in Deutschland nicht haben wollen. Nicht nur, dass der eine aus Fernost, der andere aus einem Nachbarland kommt. Der dritte hat noch nie seine nähere Umgebung im fünfzig Kilometer Umkreis verlassen und der vierte soll nach Ghana zurück. Ein Dolmetscher für den Kolumbianer wird gesucht und gefunden. Unter diesen Gottesdienstbesuchern gibt es Katholiken und Protestanten, Moslems, Hindus, Sikhs und religiös Undefinierbare. Im deutschen Gefängnis ist die multikulturelle und die multireligiöse Gesellschaft Wirklichkeit.

Was immer sie in den evangelischen Gottesdienst gebracht haben mag, es verbindet sie nur die Tatsache, im Gefängnis zu sitzen. Es fällt jedoch auf, dass Menschen aus religiös geprägten Ländern auch der fremden Religion größeren Respekt entgegenbringen als mancher Mensch im Durchschnittsdeutschland.

Der Gefangene G. sucht das Gespräch und wirkt darin schon ein wenig altersverwirrt: 71 Jahre, drei Monate Haftstrafe. Er möchte beschäftigt werden, könne das Spazierengehen auf dem Gefängnisflur und im Freistundenhof nicht aushalten. Wo soll man am Sonntagmorgen im Gefängnis eine Beschäftigung herkriegen?

Mit der Lageanalyse und dem Ergebnis, dass der Mann gar nicht „reingehört“, schaltet sich der Gefangene H. ins Gespräch ein. „Warum sperren die den alten Mann ein? Das seh' ich doch sogar, dass er krank ist. Geklaut haben kann er nicht viel!" Die einschlägigen Informationen breiten sich wie ein Lauffeuer aus. Das sieht man daran, dass selbst ich als Gefängnispastor die brandaktuellen Nachrichten und die Informationen über Mitgefangene und Politik immer von Gefangenen serviert bekomme. Meist ist Zurückhaltung geboten, weil Informationen auch Zwecke verfolgen. Gefangener H. jedenfalls sagt von sich selbst, er habe eine gerechte Strafe erhalten und stehe auch dazu. Bloß, dass sie ihm alle das dauernd aufs Butterbrot schmieren, wenn er wieder entlassen wird, das kann er nicht ertragen. „Sie sagen doch auch, man soll vergeben!", greift er Predigtgedanken auf. „Davon haben die Leute draußen wohl noch nichts gehört!" Er ist wie viele andere hier der Überzeugung, das Gefangensein sei Strafe genug. Er habe damit seinen Teil zur Wiedergutmachung beigetragen.

Gefangener H. kennt sich aus im Strafvollzug: Seine siebte Haftstrafe hat ihm scheinbare Routine und Sicherheit im Umgang mit den Gittern verschafft. Er legt für sich selber nicht die Hand ins Feuer, dass es der letzte Einbruch gewesen sei. Wie Imponiergehabe wirkt es schon, wenn er über „seine" Schadensummen berichtet wie andere über ihr Einkommen. Wer seiner Erzählung folgt, dass man ja nie genug Geld haben könne und die Einbrüche schon jahrelang auf Bestellung mit Abnahmegarantie fußten, kann sich schwer vorstellen, dass Gefangener H. irgendwo in einem Büro sitzen soll und erst am Monatsende dafür Geld bekommt.

Schon wieder ist der Kaffee alle. Zucker haben sich vor allem die Afrikaner gesichert, nicht ohne höflich nachzufragen. Einer der Gefangenen kündigt an, er werde die Kaffeemaschine mit auf seine Zelle nehmen, sie müsse mal wieder entkalkt werden, dazu hätte ich ja wohl keine Zeit. An der Tür des Mehrzweckraums bollern schon die Männer, um für ihre Sport - Leistungsgruppe den Raum endlich frei zu bekommen. Aber eine große Kanne Kaffee muss noch durchlaufen.

Geübte Gefangene definieren sich selbst oft als Pechvögel, die im Gegensatz zu manch anderen erwischt wurden. Beispiele können sie zuhauf anführen - vor allem aus dem Geschäftsleben und der Steuerwelt: Täter seien fast alle, der Unterschied sei nur, dass sie verurteilte Täter sind. Wenn ich länger zuhöre, dann haben sie mich soweit eingelullt, dass ihnen nahezu glaube, siebzig Prozent des so genannten Geschäftslebens seien ohnehin Betrug.

Mancher fühlt sich zu Unrecht verurteilt, weil er die Tat gar nicht begangen haben könne. Bisweilen mag das sogar den Tatsachen entsprechen. Andere erzählen im Seelsorgegespräch, sie seien für Taten verurteilt worden, die sie nicht begangen haben, viele andere, für die sie verantwortlich sind, seien jedoch unentdeckt geblieben. Insofern habe die Gerechtigkeit ihren Lauf genommen.

Auch an diesem Kaffeetisch in der Justizvollzugsanstalt findet sich feines Gespür für Gerechtigkeitslücken und offenbar unausrottbare Ungleichheitsprobleme der Justiz. Ein bei zehn nachgewiesenen Ladendiebstählen entstandener Schaden von 79,-- Euro und mehrmals Schwarzfahren im Stadtverkehr kann durchaus im Wiederholungsfall zu fünfzehn Monaten Haft und des Widerrufs einer Bewährung führen, während eine schwere Körperverletzung möglicherweise „nur“ eine Bewährungsstrafe nach sich zieht. Heimlich zeigen sie dann noch auf den Vergewaltiger und erst recht auf den Kinderverführer. Beide sollte man nach Meinung der meisten Gefangenen gar nicht mehr auf die Straße lassen.

Da soll nun die Seelsorge eingreifen mit dem Gedanken von Vergebung, Versöhnung und Neuanfang. Vieles deutet darauf hin, dass der Schaden für alle Seiten durch eine mit langer Verzögerung eintretende Haftstrafe vergrößert statt - so es geht - ausgeräumt wird. Seelsorge lenkt bei all diesen Ablenkungen beharrlich den Blick auf die beteiligten

Menschen. Da sind ja nicht nur Gefangene, sondern auch deren Familien und die Opfer mit ihrem Umfeld zu sehen: Inneres und äußeres Chaos, stabilisiert durch einen Aufenthalt hinter Gittern. Versöhnung heißt hier lernen in kleinen Schritten: Stärke gewinnt niemand durch Mehr - Vom - Selben, das die Angst zu unterliegen, allein zu sein, nicht geliebt zu werden durch Imponiergehabe wegschafft. Sie kommt eher durch die Einbindung in die Liebe Gottes und der Mitmenschen. Wo einer krampfhaft versucht, den meist schon vor der Haft ins Wanken geratenen Besitzstand an Beziehungen zu konservieren, wachsen draußen seine Kinder heran. Frau, Freunde oder Ursprungsfamilie definieren sich neu, so gut sie es können. Beziehungsverlust wird als Machtverlust erlebt. Das ruft manchmal auch schockierende Rückgewinnungsversuche hervor.

Derweil geht die von Vorschriften und der steten Suche nach Sicherheitslücken (auf beiden Seiten) bestimmte Männerwelt ihrem Alltag nach. Offene Konflikte sind einerseits seltener geworden, nicht zuletzt wegen des schwer zu kontrollierende Drogenkonsums. Andererseits aber gibt es auch gnadenlose „Regelung“ unter den Gefangenen selbst, die oft nur wenig Gemeinschaftsgefühl, dafür eher Kumpanei zum Zweck der Stresskompensation und der Erzielung von Hafterleichterungen entwickeln. Manchmal kommt es zu uneigennütziger Hilfe oder Freundschaft. Ein wenig „verdächtig“ ist das den anderen. Ein richtiger Mann kennt nämlich hinter Gittern immer noch keine Gefühle, das heißt, er baut eine Mauer in und um sich.

Die Kaffeetafel wird aufgehoben, die Blumen vom Altar sind verteilt. Zu seiner großen Freude hat Herr G. einen Besen entdeckt, mit dem er nicht ohne vorherige höfliche Bitte um diese Beschäftigung die Kirche, wie der Mehrzweckraum immer noch genannt wird, zu fegen beginnt. „Ich sag doch, dass der nicht hier her gehört“, ist der Kommentar von Herrn H. zu diesem Handeln. Zum Abschied unterschrieb Herr G. mir noch die Genehmigung, dass ich seine Akte lesen darf, die aus - sagen wir in diesem Falle lachhaften - Datenschutzgründen für Gefängnisseelsorger sonst nicht zugänglich ist.

Übrig bleibt der Abwasch. Plötzlich sind alle ganz dringend verabredet (in Wirklichkeit aber unter Verschluss, wenn sie auf ihre Abteilung gegangen sind). Nur ein Moslem erbarmt sich.

Am Montagmorgen lese ich wie genehmigt, die Akte: Herr G. hat einen Diebstahl im Wert von zwanzig Euro in einem großen Warenhaus begangen. Es war nicht der erste, sondern der fünfte innerhalb von fünf Jahren. Die Ware wurde nach der Entdeckung durch den Hausdetektiv ins Regal zurückgestellt. Herr G. bekam wegen Uneinsichtigkeit und Wiederholung drei Monate Gefängnis. Selbst ein ärztliches Gutachten mit dem Ergebnis der Haftunfähigkeit hielt Vollstreckungsbehörde nicht davon ab, die Strafe zu vollziehen - nach zwei Jahren hin und her. Zwei Monate musste er absitzen. Kosten damals für den Staat: 61 mal 100 Euro.

Bei Herrn H. brauche ich keine Akte zu lesen. Er wird mir in Gesprächen sicherlich seine Taten und noch ein wenig mehr erzählen. Eine Identität muss man ja haben und sei es die eines ordentlich gefährlichen Verbrechers. Leider erweisen sich solche Scheinidentitäten oft als ziemlich gefährlich. Sie brauchen Futter und Bestätigung ohne weitere Rücksicht auf andere Menschen.

SeelsorgerIn im Gefängnis

„Die meisten lernen nichts! Die kommen immer wieder!" „Wie oft muss ich meinem Bruder vergeben, der an mir sündigt? Genügt sieben Mal? - ...nicht siebenmal, sondern siebzigmal siebenmal!" (Matth. 18,21f.)

Die erste Aussage formuliert die Grunderfahrung des Gefängnispersonals, wobei die meisten Seelsorgerinnen und Seelsorger sich äußerlich von dieser pauschalierten Erfahrung distanzieren. Das zweite stellt den genannten Horizont der Seelsorge dar, der nicht nur für das Verhältnis zu Menschen in Gefängnissen, sondern für den allgemeinen Umgang Geltung bekommen müsste.

In Deutschlands Gefängnissen arbeiten rund 280 evangelische Pastorinnen und Pastoren. Die katholische Seite stellt mindestens ebenso viele. Die rund 70000 Gefängnisplätze werden von rund 35.000 Bediensteten betreut. Dazu kommen TherapeutInnen, BewährungshelferInnen und Betreuungsvereine verschiedenster Art vom schwarzen Kreuz bis zur Gefährdetenhilfe. Seelsorge ist also ein kleinster Zweig in diesem Arbeitsfeld. Dennoch stehen Theologie und Seelsorge dem Thema sehr nahe, weil es offenbar zu den Grunderfahrungen der menschlichen Gemeinschaft gehört.

Viele Texte des Alten und des Neuen Testaments haben einen direkten Bezug zur Situation der Menschen hinter Gittern. Kain erschlug Abel. Jesus wurde zum Tode verurteilt und hingerichtet. Einige seiner Jünger und nicht wenige der späteren Christen sahen und sehen Gefängnisse von innen. Saulus, der zunächst die Anhänger Jesu ausmerzen wollte, wurde zum Paulus und zum Insassen römischer Gefängnisse. Die Ethik der Bergpredigt regt zu heftigen Diskussionen an. Die Vergebung der Sünden und die Rechtfertigung vor sich selbst, vor den anderen und vor Gott - das sind alltägliche Themen.

Im Gegensatz zur Gemeindearbeit haben Pastoren und Pastorinnen es im Gefängnis mit der ausgewählten Gruppe von Männern und Frauen zu tun, deren Verhalten Anlass zu einer Gefängnisstrafe war. Aber nur wenige Prozent der angezeigten Straftaten landen vor Gericht. Zu Gefängnisstrafen mit und ohne Bewährung kommt es in rund zwei Prozent der Anzeigen. Mit dieser „Restgruppe“ beschäftigt sich dann die Gefängnisseelsorge.

Der „Ratgeber für Gefangene“, ein in Justizvollzugsanstalten nicht gern gesehenes Buch, schildert die Seelsorge folgendermaßen:

"Wenn der Knastpfarrer oft "Himmelskomiker" (oder auch einfach "Komiker") genannt wird, dann liegt das daran, dass er meist sehr wenig Ahnung hat, was im Knast läuft, und ganz abgehoben seine Schau abzieht. Meist hat er dann noch so ne persönliche Schrulle, und keiner nimmt ihn mehr richtig ernst. Bei manchen Typen ist das richtig schade. Die sind nämlich nicht als Komiker geboren, sondern sie werden es erst mit der Zeit. So ein Pfarrer hat auf der Uni eine Menge total unnützes Zeug gelernt - und weiß Gott, was er noch alles angestellt hat, bevor er in den Knast kam, aber von den Leuten, den Gefangenen und den Grünen, von dem ganzen Betrieb da drin, hat er keine Ahnung. Das meiste läuft an ihm vorbei, er soll nicht in alles seine Nase stecken, so langsam richtet er sich häuslich ein,..., merkt gar nicht, was ihm so alles entgeht....

Das muss nicht so sein, dass so einer zum Komiker wird. Die anderen Bediensteten sind ihren Vorgesetzten verantwortlich. ... Der Pfarrer muss sich auch an die Vorschriften halten, sonst fliegt er raus, aber sein Background ist die Religion, die Bibel, die Kirche. Und da ist er zu packen.... Auch mancher, der schon länger im Geschäft ist, kann noch zuhören und mitdenken und Konflikte aushalten. Sie müssen nur gefordert werden - von ihrer "Gemeinde", den Gefangenen."[131]

Ein Komiker in der Männergesellschaft Knast, dem Unkenntnis des inneren Betriebs zugeschrieben wird: Wahrscheinlich machen es sich die Autoren dieses Textes mit der zum Teil erheblichen Ausbildungs- und Berufserfahrung der SeelsorgerInnen zu leicht. Beschreiben sie doch im zweiten Teil eine sehr realistische und theologisch gut zu begründende Anforderung an den Pfarrerberuf: „...zuhören, mitdenken, Konflikte aushalten...“. Die Basis dieser Form von Seelsorge scheinen viele im Gefängnis - nicht nur die Gefangenen - als „komisch“, eigentlich sogar als lächerlich zu erleben: dass nämlich Seelsorger mitten in einem Mikrokosmos, in dem „Strafe“ vollzogen wird, von Vergebung reden. Wer Gutes am Mitmenschen sucht, und auch den mehrfachen Wiederholungstäter noch mit der ihm durch die Rechtfertigung des Sünders verliehenen Würde behandelt, ist entweder selbst verdächtig oder „Komiker“.

Obwohl schon der Text des deutschen Strafvollzugsgesetzes von 1976 und folgend die Gesetze nach 2004 den Strafcharakter der „freiheitsentziehenden Maßnahmen der Sicherung und Besserung“ weitgehend abgeschafft hat, konnte die Gefängnisrealität und besonders die Wahrnehmung der meisten Gefangenen damit nicht Schritt halten. In den in der Seelsorge angebotenen Gruppen- und Einzelgesprächen dominieren Themen, die mit der Einschränkung durch Freiheitsentzug zu tun haben. Besonders Männer mit wiederholter Gefängniserfahrung richten sich ein und suchen den Weg des geringsten Widerstandes wie viele Menschen in beliebigen anderen Situationen auch. Bei tiefergehenden Gesprächen jedoch kommt die Verbitterung darüber zum Ausdruck, dass das Einsperren ihnen wie blinde gesellschaftliche Rache erscheint und die eigentlichen Opfer dieser Strafe die Frauen und Kinder sind, die in unsichere und unwürdige Umstände geraten.

Gefühlsmäßig nachvollziehbar definieren sich viele einsitzende Straftäter als Opfer, selbst wenn sie weit davon entfernt sind, die Opfer ihrer Straftaten auszublenden oder zu vergessen. Das tun sie deshalb, weil sie die Gesellschaft als einen Sumpf von Lüge, Bedrohung, Betrug und Gewalt erleben. Ihre Opferrolle besteht für sie selbst darin, dass sie ausgerechnet aus diesem Sumpf herausgepickt und bestraft wurden, während die anderen - vor allem die in den höheren Gesellschaftsschichten - ungerührt weitermachen. Bei vielen aber könnte die Opferrolle auch so definiert werden, dass sie in der Tat in einen Sumpf dieser Art von Anfang an hineinsozialisiert wurden, aus dem herauszufinden ungeheuer schwer fällt. Gilt das auch für schwerere Straftaten, so fällt es bei der Kleinkriminalität - vor allem Ladendiebstahl und Beförderungserschleichung - besonders auf. Bei Umfragen geben viele „durchschnittliche jüngere Menschen“ an, dass sie durchaus strafbare Handlungen begangen haben, jedoch nie entdeckt oder belangt wurden. Das könnte diese Erfahrung unterstützen. (S. dazu den Abschnitt „die soziale Schlagseite der Justiz“)

Innerhalb einer Justizvollzugsanstalt herrscht ein dauernder „hausgemachter“ Mangel an Zuwendung, Problemlösungskompetenz, angemessener Selbsteinschätzung. Mit den bereits in vielen Beziehungsabbrüchen erfahrenen Deprivationen schlägt sich das in steter latenter Krisenstimmung nieder, die jederzeit ins Manifeste umschlagen kann. Männer, die ihre Situation durchschauen und versuchen, aus ihr das Beste zu machen, sind in der Minderheit. Hinzu kommen je nach Bundesland und Justizvollzugsanstalt verschieden hohe Anteile von Gefangenen aus anderen Ländern, die ihre Strafe dreifach aufgebürdet bekommen: Sie müssen einsitzen, bekommen wegen der ihnen unterstellten Fluchtabsichten keinen Ausgang oder Urlaub und werden nach Verbüßung der Hälfte ihrer Haftstrafe ausgewiesen. Familiäre Umstände spielen bei ihnen keine Rolle. Die latente Krisenstimmung wird geschürt durch Überfüllung, oft lange „Verschlusszeiten“ in den Zellen und die mal steigende, mal fallende Versorgung mit Drogen.

Ungerechtigkeit und Neubeginn

Die Gefängnisseelsorge geht mit durch schwierigste Fragen der menschlichen gemeinschaftlichen Existenz. Verurteilte Menschen in Haft entwickeln ein sensibles Gespür für die Verhältnismäßigkeit, vor allem aber die Vergleichbarkeit von Mitteln, in der Umgangssprache Gerechtigkeit genannt. Angst und Wut mischen sich in der Situation von infantilisierter Ohnmachtserfahrung. Selbst mit den neueren Möglichkeiten von Arbeit, Bildung und Ausbildung, Beratung und Therapie, fast freiem Post- und Telefonverkehr, Fernsehapparaten und Radio auf der Zelle hat sich daran nichts geändert. Der täglich mögliche Kontakt nach außen verschärft eher die Wahrnehmung, ausgeschlossen zu sein. Selbst wer es möchte, kann mit täglicher Arbeit im Gefängnis seine Familie nicht versorgen, wenn der Lohn neun Prozent der Durchschnittssumme der Arbeitnehmereinkommen beträgt. Sollte gar jemand eine Wiedergutmachung anstreben, die vor allem in Geld zu leisten ist, kann er das in der Gefängniszeit vergessen. Die Möglichkeiten, außerhalb der Anstalt zu arbeiten, als so genannter Freigänger, reduzieren sich einerseits durch ein großes Sicherheitsbedürfnis in und außerhalb der Gefängnisse. Andererseits stehen nur wenige Arbeitsplätze zur Verfügung. Da sind noch ganz andere arbeitslos.

In diesem Szenario vom Neuanfang zu sprechen, der durch die Barmherzigkeit Gottes möglich wird, das grenzt schon an blindes Gottvertrauen. Das allerdings erwartet die Welt hinter Gittern vom Pastor oder der Pastorin. Es entspricht auch dem seelsorgerlichen Auftrag. Mitten im Chaos von Selbstgerechtigkeit und Selbstrechtfertigung, Schuldig- und Ausgeschlossenwerden, dem Recht und seiner täglichen, oft ungewollten, Demontage, sind Lebensmöglichkeiten zu suchen - und zu finden. Nichts unterscheidet den Menschen im Gefängnis prinzipiell von Menschen, die nie bestraft werden. Die Unterschiede sind wohl facettenreich und sehr wirkungsvoll, aber doch nur graduell. Die härteste Verfolgung auch und gerade des „kleinen Sünders“ betreibt der Staat selber. Auch das ist oft gar nicht beabsichtigt, sondern meist das Ergebnis von bürokratischer Routine. Einzelne geschädigte Mitbürger sind nach Schock und Rachephantasien zu erstaunlichen Ausgleichsmaßnahmen bereit.

Deshalb liegen die Lebensmöglichkeiten hinter Gittern ebenso wie davor in der immer neuen Entdeckung der Fehlbarkeit des Menschen, von der niemand ausgenommen ist, die aber mit seiner Möglichkeit zum Neuanfang auch in schwierigsten Lagen korrespondiert.

SeelsorgerInnen erinnern durch ihre oft etwas deplaziert wirkenden Aktivitäten und Gesprächen einfach daran, dass die Würde des Menschen unteilbar sein muss, so man an sie glaubt. Jesus sagte schließlich: “Ich bin gekommen, die Sünder zu suchen und nicht die Gerechten.“ Bei ihm steht abseits, wer sich als Gerechter definiert, weil er auch in seiner Gerechtigkeit fehlbar ist. Die Zöllner und Sünder, mit denen sich Jesus traf, waren nicht von Pappe. Wenn man da an Zachäus denkt oder an die verfemten ‚Dirnen’ - von Gottes Liebe reden in diesem Umfeld, das ist auch heute noch umstürzend.

Seelsorge im Gefängnis kann als der immer wieder aufgenommene Versuch gedeutet werden, die Justiz, ihren Vollzug und ihre Vollzieher an die Vorläufigkeit menschlicher Gerechtigkeit und die Begrenztheit menschlichen Urteilens und Spaltens zu erinnern - damit der Mensch dem Menschen ein Mensch werde.

Bleibt die Angst des Menschen vor dem Straftäter, vor allem dem gewalttätigen. Beim immer neuen Versuch, Barmherzigkeit Gottes in kleinste Münze umzusetzen, kommt man nicht ohne Grenzerfahrungen aus. Niemand nützt es, wenn ein unmenschlich handelnder Mensch auch alle anderen zu Unmenschen macht. Deshalb stehen die bisweilen notwendigen härtesten Maßnahmen des Ausschlusses aus der menschlichen Gemeinschaft z.B. durch lange Haftzeiten unter dem steten Vorbehalt der Revidierbarkeit, wenn sich neue Perspektiven eröffnen sollten. Daraus ist auch das Eintreten der Gefängnisseelsorge für die Abschaffung der Strafe lebenslänglich zu erklären.

Tagesprogramm in der Seelsorge

Wie oft im Leben zeigt sich aber die Realität ganz kleinkarriert und hält merkwürdige Anforderungen bereit. Was geschieht an einem Tag im Arbeitsprogramm eines Gefängnisseelsorgers?

Der Gefangene M.

sitzt in Untersuchungshaft. Noch ist er beeindruckt von den Umständen seiner Verhaftung und, da die Tat erst kurz zurückliegt, von der schweren Körperverletzung, die er jemand anders zugefügt hat. Er bringt in diesem Moment nur einen Wunsch vor: Er möchte seine Freundin darüber benachrichtigen, wo er im Gefängnis sitzt. Innerbetriebliche Recherchen ergeben: Die Freundin wurde längst durch die Polizei unterrichtet. Es entwickelt sich ein Gespräch darüber, warum er eine neue Nachricht übermittelt haben möchte. Ziemlich schnell schimmert die heimliche Sehnsucht durch, der Seelsorger könnte ein direktes Gespräch mit der Freundin erlauben. Das lässt sich nach der Lage der Dinge nicht arrangieren. Telefongespräche bedürfen in der Untersuchungshaft der richterlichen Genehmigung. Diese muss der Gefangene in der Regel schriftlich beantragen. In dringenden Fällen kann man fernmündlich beim Richter nachfragen. Zur Sicherheit wird auf die schriftliche Erlaubnis gewartet, was im elektronischen Zeitalter nicht einmal lange dauern muss. Es entwickelt sich ein Gespräch mit dem Gefangenen über seine innere und äußere Situation.

Gefangener N.

hat sich über einen anstaltsüblichen Antrag um Kontakt mit dem Seelsorger bemüht. Der Antrag enthält den Zusatz „dringend!" mit fünf Ausrufungszeichen. Weil aber der

Grund für das dringende Bedürfnis nicht näher bezeichnet ist, liegt der Antrag bereits zwei Tage vor. Als es nun am Arbeitsplatz zum Kontakt mit dem Gefangenen kommt, sagt dieser, der Antrag habe sich bereits erledigt. Der Einkaufstag sei schließlich bereits vorbei, ein Vorschuss auf die im Folgemonat gezahlte Entlohnung also nicht mehr nötig. Ansonsten sei es unerhört, mit der „Bearbeitung" zwei Tage zu warten. Er sei schließlich Gefangener und habe einen Anspruch auf sofortige Bearbeitung. Weil es aber nirgendwo ein Gesetz gibt, dass aus Kirchensteuern ein Vorschuss für Kaffee und Tabak zu gewähren sei, kann Gefangener N. seinem Ärger nur verbal Luft machen, ohne eine Dienstaufsichtsbeschwerde loszulassen. Die Entgegnung, es wäre einfacher gewesen, auf dem Antrag statt „dringend!!!!!" das Begehren mitzuteilen, quittiert er mit ein paar deftigen Worten über Unzuverlässigkeit und die Kirche hätte doch genug Geld. Das klingt stark vorwurfsvoll. Eine nähere Befragung ergibt, dass der Gefangene N. sich in seinen sechs Monaten Aufenthalt immer mehr verschuldet hat. Schließlich wollte er einen Farbfernseher und ein Radio auf der Zelle haben. Deswegen könne er doch nicht aufs Rauchen und auf den Kaffee verzichten. Die Gläubiger hätten jetzt gedroht, seinen Fernseher mal aus der Zelle zu nehmen, wenn er nicht endlich einen Einkauf zurückerstatte. Er wollte wenigstens einen Anfang machen. Den Urheber des Drucks kann er nicht verraten. Da bleibt nur der Seelsorger oder die Seelsorgerin als Ventil und Notnagel. Genau das aber ist der übliche Weg, in Kleinkriminalität zu geraten. Deshalb nützt das mildtätige Herz in diesem Falle nichts. Selbst wenn der Gefangene das Geld zurückgibt, was meistens passiert.

Der Gefangene N. kann wohl nur durch erlittene Konsequenz und deren seelsorgerliche oder beraterische Bearbeitung überhaupt irgendeine Folgerung für sein Verhalten ziehen. Denn nur durch Standhaftigkeit sich selber und anderen gegenüber kann er sich aus dem Druck exemplarisch befreien. Möglicherweise aber schafft der Gefangene das aufgrund seiner Heim- und Gefängniskarriere überhaupt nie. Er wird dann dem Gläubiger noch dienstbarer sein müssen und z.B. aus dem nächsten Urlaub "Stoff" als Kurier mitbringen - Risiko für neue strafbare Handlungen. Wäre also der kleine Vorschuss nicht sogar Vorbeugung und mindestens das kleinere Übel? Gefangener N. soll sich melden, wenn er das Gefühl hat, er möchte erneut über die Sache reden. Geld gibt's erst mal nicht.

Gefangener P.

ist gekommen, um sich zu beschweren, dass die Anstalt ihm immer noch keinen Urlaub gibt. Er sei klar im Nachteil gegenüber anderen Gefangenen, die sehr viel länger als er hier bleiben müssen. Die Gefühle, ungerecht und nachteilig behandelt zu werden, lassen sich schnell als durchgehender Zug in dem Erleben des Gefangenen P. aufspüren. Er hat im Gespräch zunächst verschwiegen, dass auch er bereits einen Urlaub gehabt hat. Aus diesem kam er betrunken wieder. Er erklärt seine Einstellung dazu so: "Ich bin kein Alkoholiker. Der Alkohol hat mit meiner Straftat nichts zu tun." Da Gefangener P. schon mehrfach wegen (kleinerer) Betrügereien vor Gericht stand, hatte das Gericht diesmal eine zweijährige Haftstrafe ausgesprochen. Er will nicht verstehen, warum die Anstalt ihm beim Ausgang ein Alkoholverbot vorschreibt, obwohl der Betrug mit dem Alkohol nichts zu tun hat. Außerdem sagt er einmal mehr, dass in der Gesellschaft doch fast alle tagtäglich Versicherungen oder den Staat betrügen. Nur er sitzt dafür im Gefängnis. Ob sich nicht wenigstens der Seelsorger für ihn einsetzen könne. Auf die Nachfrage, wofür, antwortet er ausweichend. P. kommt in einer Woche wieder.

Gefangener Q.

Etwas später kommt Gefangener Q., der sichtlich unter Drogen steht. In mühsam artikulierter Sprache macht er sich um alles gleichzeitig Sorgen. Warum seine Freundin mit dem gemeinsamen Kind ihn schon seit zwei Wochen nicht besucht hat. (Die Sozialhilfe reicht nur für eine Fahrt im Monat, die andere monatliche Fahrt übernimmt vielleicht das Sozialamt.) Gewalt und Hassphantasien drängen aus ihm heraus. Wie er sich an den Richtern und Staatsanwälten, an Beamtinnen und Beamten des Vollzugs rächen will. Warum der freiwillige Helfer einfach Ferien macht und weshalb der Drogenberater diese Woche krank ist. Wenn er nicht endlich telefonieren könne, wann er will, könnte er mal seine Zelle anstecken. Nach einiger Zeit kommt der Hinweis auf die Schweigepflicht des Seelsorgers. Dem folgt die Aussage, es habe sich in ihm soviel Hass angesammelt, dass er vielleicht auch mal jemand umbringen könnte - Hass aus vielen Jahren Heim und Gefängnis. Hemmungen kenne er schließlich unter Drogen und Alkohol nicht. Der vorsichtige Einwand, dass ein Mensch auf Drogen verzichten könne, ist ihm nicht einmal eine Antwort wert.

Und noch mehr….

Telefonisch meldet sich dann Frau I. Ihr Verlobter habe sich schon zwei Wochen nicht mehr gemeldet. Ob ich denn nicht mal nachschauen könne, was los ist?

Herr K. erinnert an den morgigen Termin zum Gespräch mit seiner Frau und Herr L. lässt von der Abteilung aus nachfragen, wann denn endlich der zugesagte “Koffer” (Beutel) Tabak kommt. Er sei starker Raucher.

Schließlich liegt noch der Zettel auf dem Tisch, auf dem ein Namen steht, dessen Träger unbedingt noch aufgesucht werden muss. Er hat Suizidabsichten geäußert. Seelsorge soll helfen, ihn davon abzubringen.

In Phasen nach einer schweren Straftat, besonders aber nicht nur im engeren Lebensumkreis, kommt dem Täter die ganze Wucht der Aussichtslosigkeit zu Bewusstsein. Hinzu treten eine ganze Reihe komplizierter psychischer Umstände bis hin zu manifesten psychischen Erkrankungen. Wer zum ersten Mal in Haft genommen wird, ist zudem vom Zellendasein total erschlagen. Und die ganze beschriebene Litanei beginnt: Eine Zelle mit sieben oder acht Quadratmetern, nicht von innen zu öffnen; keinerlei Verfügung über diesen Rahmen hinaus; Kontrolle jedes Vorgangs im täglichen Leben; keinerlei Verfügung über Zeit, Geld und Kontakt; herausgenommen aus den sozialen Beziehungen - all das beeindruckt maßlos.

Wer bereits mehr Gefängniserfahrung besitzt, was sich bei den hohen Rückfallquoten nicht vermeiden lässt, spielt den Coolen, zumal die Tat meist schon eine Weile zurückliegt. Beim Erstinhaftierten später, beim Mehrfachinhaftierten ziemlich schnell stellt sich eine Art Überlebenskampf in der neuen Situation ein. Der Gefangene muss um seinen Status in der Anstalt kämpfen: um Arbeit, kleine Vergünstigungen, den Rang in der Gefangenenhierarchie. Die Frage kommt, wie er seine Beziehungen nach draußen zur Familie, Verwandten und Bekannten aufrechthalten kann. Wie wird gegebenenfalls seine Familie die Haft vertragen? Werden sich vorher eingetretene Beziehungskrisen verschärfen? Er macht die Erfahrung, dass viele Menschen den Kontakt nicht halten. Nicht nur, weil die Zeit begrenzt und die Interessen nun ganz anders gelagert sind, kommen sie nicht zu Besuch. Es zeigen sich auch hier bestimmte Qualitäten von Beziehung. Bei manchen gruppiert sich das ganze Familienleben um die Haft herum.

Bestandsaufnahme am Anfang

Seelsorge wäre in der Lage, in dieser labilen Situation der Inhaftierung vor allem zu Beginn zu einer Bestandsaufnahme und Orientierung zu verhelfen. Das gilt besonders deshalb, weil SeelsorgerInnen von administrativen Aufgaben befreit sind. Sie können sich also ganz dem Menschen widmen. Wie aber widmet man sich dem Menschen in einer totalen Institution, in der alles von Grund auf kontrolliert werden muss? Einerseits tritt dieser Mensch ganz an sich selber heran und besitzt nur noch wenige Ausweichmöglichkeiten. Andererseits projeziert er gerade zum

Schutz vor der Unausweichlichkeit der Selbstwahrnehmung viele Gefühle auf seine Umwelt. Wer nämlich angesichts der herandrängenden Unausweichlichkeit des hinter ihm liegenden Geschehens und seiner eigenen Verstrickung oder Urheberschaft keine seelischen Abwehr- und Bearbeitungskräfte entwickelt, gerät in eine ihm selbst wahrscheinlich eher unbekannte labile seelische Lage bis hin zum Seelenchaos. Schuldvorwürfe und Rechtfertigungskonstruktionen wechseln sich mit Selbstbezichtigungen und einem massiven Einbruch des Selbstwertgefühls ab. Bei vielen stabilisiert sich die Lage durch harte seelische Abwehrmechanismen wie Verleugnung, Verdrängung, Verschiebung nach wenigen Wochen in einen Zustand labiler Stabilität.

Wer diesen Zustand nicht erreicht, beginnt mit einer aufreibenden Aufarbeitung der Situation. Dann kommen Schuldgefühle, Gedanken an die Opfer, Angst vor dem Hass oder der Wut der Opfer, die eigenen Geschichte als Opfer (Kindheit im Heim oder Opfer von Angst und Gewalt als Kind und Jugendlicher z.B.) und Angst vor Strafe hoch. Im besten Falle führt die Aufarbeitung im juristischen, seelsorgerlichen, pädagogischen oder therapeutischen Sinne dazu, dass der Gefangene in die Lage versetzt wird, seine mit Sanktionen belegte Handlung als Eigenes anzunehmen und den Sinn der Sanktion nachzuvollziehen. Er lernt begreifen, welchen Schaden er bei den Opfern angerichtet hat, und kann sich vielleicht sogar entschuldigen oder etwas wiedergutmachen.

Sind wir den Insassen etwas schuldig?

In vielen Fällen allerdings greift eher der Verdrängungsmechanismus. Der Gefangene sieht, dass ihm durch die mit der Strafe verbundenen Defekte und Zerstörungen wiederum erhebliches Unrecht zugefügt wird. Er entwickelt die Ansicht, dass schon dies alleine seine Straftat mehr als aufwiegt. Die Gesellschaft ist ihm nach dieser Übelzufügung etwas schuldig. Da sie ihm das aber nicht in

Form von Zuwendung oder vorauseilender Betreuung zukommen lässt, liegt darin der Grund für weitere Straftaten. Der Gefangene empfindet das Einsperren als Rache, welche Behandlungsanstrengungen auch immer unternommen werden. Er neigt dazu, sich in die Welt Gefängnis hineinsozialisieren zu lassen. Lohnende Ziele kann er sich nicht ausmalen - so er es denn je vorher gekonnt hat.

Es gibt es auch den Menschen im Gefängnis, der versucht, durch "ordentliches Leben" neu anzufangen. Er zahlt seine Schulden zurück oder verhandelt zumindest darüber und sorgt sich sehr um das Leben seiner Familie zu Hause. Der spürbare Vorsatz, es diesmal zu schaffen, dringt aus allen Poren. Wieder anders bemüht sich ein dritter, allen Beteiligten seine Verstrickung in schwierigste Umstände nahe zu bringen. Dann könnte vielleicht doch noch Milde im Vollzug walten, die sich in einer frühzeitigen "Lockerung" wie Ausgang, Urlaub, Freigang oder einer Entlassung nach Verbüßung der Hälfte der Freiheitsstrafe niederschlägt. Der vierte endlich ist jemand, dem man ohne weiteres Zutun abnimmt, dass er in der Tat nur Pech hatte und von irgendeinem Punkt an nicht mehr in der Lage war, die kleinen Ungenauigkeiten sinnvoll zu steuern. Mancher schafft es in der Tat von alleine und braucht keine Barmherzigkeit durch Seelsorger.

Die in unserer Gesellschaft meistpraktizierte Form des Umgangs mit Schuld ist ihr Abstreiten oder Verleugnen. Stets gibt es andere, die die Situationen derart determiniert oder präfiguriert haben, dass der letztendliche Täter gar nicht mehr anders konnte, als er es schließlich tat. In kirchlichen und politischen Gremien wird dieser Kult der "die Zwänge waren stärker als ich ... - Kultur" bis dahin entwickelt, dass man sogar die Mehrheitsmeinung als Zwang empfindet und vorgibt, sich ihr willenlos beugen zu müssen. Wer in unserer Gesellschaft Verantwortung bekennt und Schuld eingesteht, hat mit erheblichen Folgen zu rechnen, die bis hin zum Entzug der makellos bürgerlichen

Existenz gehen. So könnte man die Abwehrschlacht vieler Straftäter in den Gefängnissen gegen das Eingestehen von Verantwortung als einen gewissermaßen pervertierten Versuch verstehen, einen Rest von bürgerlicher Existenz zu retten.

„Was hast du gemacht?“

“Was hast du eigentlich den ganzen Tag gemacht?”, das fragt sich nicht nur ein Seelsorger, der aus einem Gefängnis nach Hause geht. Neben den Gesprächen mit Gefangenen kommen auch genug mit MitarbeiterInnen zu Stande. Das Gefängnis ist zudem entgegen dem landläufigen Eindruck auch ein sehr öffentlicher und sehr politischer Ort. Mit Argusaugen wacht hier jeder über alles. Ein kleiner Fehler kann Ministerstühle ansägen. Einmal habe ich für einen Gefangenen ein paar Kopien angefertigt. “Dienstkopie JVA” erschien fein säuberlich auf jedem Blatt. Als ein solches Blatt zur Presse gelangte, fragte der Journalist im Ministerium nach, ob denn die Gefangenen jetzt schon auf dem Fotokopierer der Anstalt nach Lust und Laune kopieren dürfen. Immerhin musste ich eine schriftliche Erklärung zur Akte geben!

Internet – streng verboten!

Noch nachhaltiger erlebte ich ein anderes Malheur. Der Einfachheit halber schauten wir – der Gefangene und ich – auf Facebook nach, ob seine FreundInnen noch online seien. Tatsächlich, da gab es ein paar. Er suchte sich jemand heraus und schrieb: „Hey, ich bin im Knast. Ihr könnt mich mal besuchen! Die Adresse ist….“ Gleichzeitig war ein Vollzugsbeamter aus einem benachbarten Gefängnis online. Er schrieb ohne Zögern sofort eine mail an „unsere“ Leitung, da sei ein Gefangener online, der seine Opfer bedrohe. Da reichte keine schriftliche Erklärung. Ich musste zum Raport und mir Sachen wie „unzuverlässig“, „nicht mehr vertrauenswürdig“ und „das muss zur Aufsichtsbehörde“ anhören, um dann schließlich hinausbefördert zu werden. Es kam dann alles ganz anders. Der Zorn in der Leitung verflog und wenig später gab es das Thema JVA und Internet für Gefangene als offizielles Tagungsthema. Dann dauerte es noch ein paar Jahre. Heute können Gefangene in manchen Anstalten mit ihren Angehörigen ‚chatten'. Inzwischen stellen Gefängnisse homepages ins Netz, die Gefangene gestalten. Freien Internetzugang gibt es aber nicht.

Fast scheint es, als müssten alle, die in einem Gefängnis arbeiten, selbst dauernd um Vergebung bitten, dass immer noch nichts besser geworden ist in dieser menschlichen Gesellschaft.

Zur weiteren Konkretisierung beschreibe ich nun noch zwei Begebenheiten aus einem zentralen Ereignis im Jahresablauf der Gefängnisseelsorge:

Soviel Ehrlichkeit muss belohnt werden

In meinem Postfach lag Mitte November ein Brief, sauber adressiert und akkurat zugeklebt. Der Absender war mir wohlbekannt. Gerade am Tag vorher hatte ich mich mit ihm unterhalten. "Ich bitte Sie um einen Termin für ein dringendes Gespräch. Bitte bringen Sie Zeit mit." Sonst hatten wir stets ohne Formalitäten mal dies, mal das miteinander gesprochen, wenn ich gerade im "festen Haus" der forensischen Psychiatrie zu tun hatte. Vielleicht eine dringende Familienangelegenheit - schoss es mir durch den Kopf. Allerdings hatte er vorher nie über eine Familie gesprochen. Oder eine plötzlich bevorstehende Entlassung, die die dringende Frage nach einer Unterkunft aufwirft. Ich plante den Termin ein und ging pünktlich auf die Abteilung, wo der Nachfrager hinter Gittern saß.

Paul war 45 Jahre alt und schon ziemlich mitgenommen durch Aufenthalte in den vielfältigsten Einrichtungen zur Unterbringung und Besserung. Ganz im Gegensatz zu sonstiger Gewohnheit bestand er diesmal darauf, zum Gespräch einen Raum aufzusuchen, in dem niemand zuhört.

Also doch ein richtiges Gespräch!

Da saßen wir nun und Paul holte aus. Er habe schon viel Zeit in Heimen, Krankenhäusern, im Gefängnis und auf der Straße zugebracht. An Erfahrungen mangele es ihm nicht. Er komme überall alleine durch. Ich würde ihn ja auch aus der Zeit vor drei Jahren kennen. Zwischendurch sei er auf der Flucht gewesen, längere Zeit unentdeckt. Da sei er auch ab und an zu einem Pastorat gegangen, damit er über die Runden kam. Schließlich habe ihn aber die Polizei dann doch aufgegriffen, weil er mit dem Fahrrad betrunken im Straßengraben gelandet war.

Diese Einleitung machte mich noch ratloser. Ob vielleicht noch eine Art Beichte kommt aus der Zeit der Flucht? Oder die Bitte, mich für ihn einzusetzen. Ich ließ nach und nach meine Neugier fahren und hörte nur noch zu.

Nach einer halben Stunde sagte Paul unvermittelt. "Ich habe Sie hergebeten, damit Sie mich auf die Liste für die Weihnachtspaketempfänger setzen!" "Warum denn so förmlich? Wenn Sie kein Paket bekommen, dann gehören Sie zu denen, die wir mit unserer Aktion versorgen."

Jetzt war mir der Zeitpunkt klar. Die Zeitungen hatten wieder über unsere Aktion Weihnachtspaket berichtet und die Bitte um Spenden bekannt gegeben.

Paul fuhr fort: "Ich hoffe, dass ich da kein weiteres Gedöns zu machen brauche. Sie wissen jetzt, dass ich ein Paket zu Weihnachten bekommen möchte."

"Was für Gedöns?", fragte ich zurück.

"Na ja, Sie sind doch Pastor! Da könnt ich Ihnen Geschichten erzählen, was die Pastoren alles wollen, bevor sie fünf Euro rausrücken oder ein paar Zigaretten!"

"Was denn?"

"Das wissen Sie doch!"

Da Paul mit seiner Pastorenerfahrung nicht herauswollte, ließ ich schließlich einen Versuchsballon los: "Ich weiß schon, Sie sollten erst arbeiten..."

"Ha, arbeiten", unterbrach mich Paul, "schön wär's! Die wollen immer deine ganze Lebensgeschichte hören. Und noch ein bisschen dazu."

"Sie interessieren sich eben, ob sie auf bessere Weise als mit Geld helfen können." "Typisch Pastor", fuhr Paul nun fast aus der Haut. "Wer Pastor ist, müsste doch auf den ersten Blick sehen, ob ich Geld haben möchte oder irgendwelche Hilfe. Fünf Euro da und fünf Euro beim nächsten, das reicht mir doch völlig. Dieses fürchterliche Gerede ging mir schließlich so auf die Nerven, dass ich mir immer zweimal überlegte, ob ich zum Pastor gehe." Paul seufzte unter der Last der Erinnerung. "Stellen Sie sich doch mal vor, was das bedeutet. Jedes Mal musst du dir eine neue Geschichte ausdenken. Und wenn du dann wieder mal zum gleichen Pastorat kommst und der Pastor ist immer noch da, dann sollst du dich auch noch erinnern, was du letztes Mal erzählt hast."

"Sonst sagt der noch: Sie Lügner! Ich hatte Ihnen vertraut...! Diesmal gibt es nichts!", warf ich ein!

"Genau", fuhr Paul aus seinem Stuhl. „Das hat mir einer sogar gesagt! Warum verlangt er denn eine ausführliche Lebensgeschichte? Eine halbe Stunde lang erzählen und zusammendichten, und dann nur fünf Euro - das ist ein schlechter Stundenlohn!"

Nun wusste ich also, was ihn bewegt. Warum aber die förmliche Bitte um einen Gesprächstermin? „Damit Sie gleich wissen, dass sie von mir keine Geschichte zu erwarten haben. Ich möchte einfach nur ein Paket!“

So eine ausführliche Geschichte musste belohnt werden!

Wer hat schon Wünsche ?

Familienvater A. verlässt die Gesprächsrunde, sobald das Thema Weihnachten auftaucht.

Familienvater B. ist Moslem und will im Ramadan fasten, aber auch Weihnachten feiern und ist besonders auf den Weihnachtsurlaub fixiert.

Familienvater C. wird überraschend und plötzlich entlassen, die Weihnachtsamnestie greift.

Familienvater D. kämpft erbittert um seinen Weihnachtsurlaub - nicht weil er besonders fromm wäre, sondern weil er glaubt, einen Anspruch auf gnädige Betrachtung zu haben, soviel weiß er immerhin von Weihnachten. Bekommt er nicht einmal jetzt eine "Chance" - wann denn?

Familienvater E. tut, was er kann, um seinen Kindern wenigstens Geschenke zukommen zu lassen.

Familienvater F. kommt vorzeitig von zu Hause in seine Zelle zurück. Die Freiheit war zu anstrengend.

Schon Monate vor Weihnachten beginnen in den Gefängnissen die Planungen für die Festtage. Chancen auf Beurlaubung zu diesem Fest werden abgewogen. Die Vorbereitungen zur jährlichen Weihnachtsamnestie beginnen. Es zeichnet sich auch ab, wer garantiert nicht - auch nicht urlaubsweise - die Freiheit erblicken wird: Sexualstraftäter und verurteilte gefährliche Gewalttäter. Auch wer noch viele Jahre Haft vor sich hat, kann nicht mit Beurlaubung rechnen. In den Gefängnissen bleibt um die Weihnachts- und Jahreswechseltage ein besonders gekennzeichneter Teil der ohnehin schon extremen Minderheit von zu Gefängnisstrafen verurteilten Männern zurück.

Strafe schließt also das kulturelle Gut Weihnachten nicht aus, auch wenn der Zusammenhang von Religion und Weihnachten fast nicht mehr im Bewusstsein vorhanden ist. Besonders interessant und schwierig wird das bei den moslemischen Gefangenen, für die in vielen Jahren der Ramadan nicht mit dem Advent und dem Jahreswechsel zusammenfällt. Auch sie kämpfen für ihren Weihnachtsurlaub im Sinne einer kulturellen Errungenschaft und wollen doch gleichzeitig auf die besondere Behandlung und Beköstigung zur Fastenzeit nicht verzichten. Die mitgebrachte und die umgebende Religion - beide lassen sich ebenso schwer vereinen wie mitgebrachte und umgebende Kultur. Wollte man moslemischen Gefangenen mit Hinweis auf ihre Religion die Möglichkeiten der “weihnachtlichen Errungenschaften” vorenthalten, wäre ganz schnell von Diskriminierung und rassistischer Ungleichbehandlung die Rede. Familienvater B., der wegen Rauschgifthandels verurteilt ist, darf nicht nach Hause. Es kostet große Mühe, ihn davon zu überzeugen, dass es sich bei dieser Entscheidung nicht um ‚Ausländerfeindlichkeit' handelt.

Von jährlich sechs Millionen angezeigten Straftaten führen nach der Ermittlung und justitiellen Behandlung rund 0,5 - 0,7 Prozent zu einer Gefängnisstrafe ohne Bewährung. Nur wenige der in der Weihnachtszeit Inhaftierten kommen in den Genuss von Weihnachtsurlaub. Die Weihnachtsamnestie erfasst alle, deren vorzeitige und endgültige Entlassung aus der Haft regulär zwischen Anfang November und Anfang Januar stattfinden soll. Man kann also durch diese Amnestie im günstigen Fall bis zu zwei Monaten Haft sparen. Jedenfalls hatte sich Familienvater C. bereits damit abgefunden, am zweiten Weihnachtstag entlassen zu werden, da kam drei Wochen vorher der Bescheid zur sofortigen Entlassung. Er hatte nicht einmal die Zeit, sich von allen, die ihn zu betreuen hatten, zu verabschieden. Deshalb rief er von zu Hause aus im Gefängnis an und erzählte voll Begeisterung, was seine Frau schon alles geplant hat, den Weihnachtsgutschein von der AWO eingeschlossen. Drei Jahre muss er sich nun wegen der vorzeitigen Entlassung bewähren – was er auch will. Und in die Kirche möchte er jetzt auch häufiger gehen, nicht nur zum Weihnachtsgottesdienst.

Wünsche nach Anerkennung, Barmherzigkeit, Träume von der “heilen” Familie, manchmal sogar etwas wie “Heiligkeit der Familie”, das schwingt mit in den Wünschen der Männer, die durch ihre - oft wiederholte - Verurteilung zu einer Haftstrafe gerade die eigene Familie in erhebliche Schwierigkeiten bringen. Was die Wirklichkeit für ebendiese Familien bereithält, wirkt ziemlich unheilig und oft bedrohlich. Deshalb geht der Gefangene A. jedem Gespräch über Weihnachten aus dem Weg. Seine Erwartung ist so übergroß und durch regelmäßige Enttäuschung in der eigenen Kindheit und Jugend so gewachsen, dass er das Thema als inhaftierter Familienvater nicht mehr hören kann. Vielleicht entwickelt er Schuldgefühle gegenüber den eigenen Kindern, denen es jetzt nicht viel anders geht als ihm selbst in seiner Kindheit. Die Botschaft über die Jesus - Ursprungsfamilie erreicht den Familienvater kaum. Jesu Familie entsprach in ihrer von Lukas geschilderten Situation keineswegs dem, was man eine "heile" Familie nennt. Dennoch konnte sie zum Entsetzen und zur Überraschung der "heilen" Familien eine heilige Familie werden.

Die Erwartung vom Frieden auf Erden kann regelmäßig nicht erfüllt werden. Festtagsstress dominiert da mehr und dort weniger. Das Bild vom Frieden als "heile Familie" verbreiten unverdrießlich die Kirche und die Werbung - beide leben immerhin vom Glauben und vom Geld aller. Diesen Glauben nimmt Familienvater D. beim Wort. Auch die Gefängnisleitung soll solchen Glauben an die Barmherzigkeit "beweisen". Wie soll er Frieden finden, wenn seine Familie von ihm getrennt Weihnachten erleben und feiern muss? Sein etwas spöttischer Nachbar sagt: "...erleben und feiern darf".

Weihnachten verbringt auch ein Gefangener aus Polen hinter Gittern, der nach seiner Ausweisung und Abschiebung mit seiner Familie wieder in Polen ansässig geworden ist. Er wollte mit seiner Tochter nach Norddeutschland fahren, um die Großeltern zu besuchen. Das als Säugling gestorbene zweite Kind sollte in diesem Advent exhumiert werden, um in die neue / alte Heimat Polen überführt zu werden. Als er sich an der Grenze vorsichtshalber erkundigte, ob die Ausweisungsfrist wirklich zu Ende sei, wurde er festgenommen und - nun allerdings ohne Tochter und unfreiwillig - in das zuständige Gefängnis gebracht. Sollte der Sachverhalt aufgeklärt werden können, mag es sein, dass er bald nach Weihnachten doch wieder nach Polen zurückkehren kann, ohne den Rest der Strafe abgesessen zu haben. Für Ausländer kommt jedoch normalerweise die Weihnachtsamnestie kaum in Frage. Wer von Ausweisung bedroht ist, bleibt auch zu den Festtagen in der Zelle. Die Begründung lautet: Fluchtgefahr, um sich der Strafvollstreckung zu entziehen. Viele können über diese Begründung nur erbost lachen, weil sie alles tun würden, um der Ausreise zu entgehen.

Gefangener E. sorgt sich erheblich um Geschenke für seine Kinder. Wenn er schon nicht nach Hause darf, möchte er wenigstens in passabler Erinnerung bleiben. Ein Jahr vorher versuchte er es mit ein wenig Druck: Wenn keiner ihm Geld leihe, um seiner Tochter ein Radio-CD-Anlage zu kaufen, dann wisse er ja, wen er beauftragen müsse, um das Gerät zu "besorgen". Die rechtschaffene Welt sei selber schuld, wenn sie einem Vater das Glück des Schenkens, also der angemessenen Selbstdarstellung, verwehre. Neben der Bestrafung durch Gefängnis wolle sie wohl noch seine Familie und Vaterrolle ganz und gar zerstören. Vor solchen Weihnachtsgedanken kann nur der Vater irritiert zurückschrecken, der es schafft, die Kluft zwischen Wunsch und Wirklichkeit überzeugend für sich und seine Kinder zu überbrücken.

Wünsche machen auch bei denen, die ihrer Umwelt und der Justiz bestrafenswert erscheinen, das Leben aus. Oftmals kamen sie mit den Gesetzen und der Justiz in Konflikt, weil sie nicht zwischen ihren Wünschen und ihren Möglichkeiten zu vermitteln gelernt haben. Sie begreifen sehr genau die Zumutung, mit der das Heil und das Heilige dieses Festes den alltäglichen Verhältnissen begegnet. Viele wissen auch und sehen es mit ihren Augen jedes Jahr wieder, wie die Alltage an der Zumutung des weihnachtlichen Friedens scheitern. Ihn der Zumutung wegen aufzugeben, das wäre in ihren Augen der Beweis: Die uns bestrafen und einsperren, glauben nicht an den Frieden und nicht an eine Besserung durch ihre Maßnahmen. Also tun sie es nur, um sich aufzuspielen und niemals, um uns einen Neuanfang nahe zu legen.

“Ich bin ganz froh, dass ich diesmal nicht Weihnachten feiern muss”, sagt schließlich der Gefangene G. Er definiert sich mit seinen fünfunddreißig Jahren als Sohn, der wenigstens den Vorteil hat, durch die Haft an der “zwangsweisen” Einladung durch seine Familie gehindert zu sein. Und Familienvater F. kommt, wie gesagt, frühzeitig aus dem Weihnachtsurlaub zurück. Der Stress war zu groß und das Geld zu wenig.

Wo bleibt im Gefängnis die Menschenwürde?

Geht es im Gefängnis auch um die Menschenwürde? Der Einstieg in diese Fragestellung muss etwas allgemeiner erfolgen. „Ist die Menschenwürde noch unser Wert?“ fragte Hans Joas in der Zeit.[132] „Viele können die Rede von der ‚Menschenwürde‘ heute nicht mehr hören. Was den einen als Innbegriff einer keimenden globalen Ethik erscheint, als vielleicht einzige Möglichkeit, sich in kulturell pluralen Gesellschaften auf eine Vorstellung vom Guten zu einigen, wird von anderen als politische Heuchelei denunziert, als unverbindliche Leerformel beiseite geschoben oder als ‚Einfallstor für bestimmte Partikularethiken‘ (…) in die rationale Systematik des Verfassungsrechts beargwöhnt.“[133] Die Bandbreite der möglichen Einstellungen im wissenschaftlichen Diskurs wird hier treffend dargestellt. Der Artikel 1 I Grundgesetz (GG): „Die Würde des Menschen ist unantastbar. Sie zu achten und zu schützen ist Verpflichtung aller staatlichen Gewalt“, kann also ohne weiteres sowohl als Grundsatz für die ganze Verfassung oder aber auch als sinnlos und inhaltsleer bewertet werden. Die Formulierung ist als Ist-Aussage nicht sehr belastbar, da jeder weiß, wie antastbar die Menschenwürde ist. Durch den zweiten Satz wird die Aufgabe eindeutig beschrieben. Bedenklich stimmt, dass es schon innerhalb von 65 Jahren möglich ist, die Menschenwürde – Idee der Gründungspersonen der Bundesrepublik Deutschland als nutzlose Formel zu begreifen. Die „nutzlose Formel“ ist denkmöglich, obwohl das alle auf dieser Welt aus der Kommunikationssituation nach dem Bewusstwerden des Untergangs aller Würde im Hitlerdeutschland exakt als Katastrophe kosmischer Dimension lokalisieren könnten.

Doch so theoretisch kann man die Menschenwürde nicht verhandeln. Wer in einem Gefängnis arbeitet und das im Rechtsstaat Deutschland, der wird eher alltagspraktisch mit dem Problem der Menschenwürde umzugehen versuchen. Schon allein die Unterbringungsart stellt die Frage nach der Menschenwürde dort, wo die eine Seite den Schlüssel hat, die andere aber nicht. Doch das ist auch für die meisten weitaus zu abstrakt und wird von niemand im Namen der Menschenwürde angezweifelt oder in Frage gestellt. Dass der Staat Leute einsperren darf, hat nie einen Menschenwürdediskurs ausgelöst. Es ist Praxis. Innerhalb dieser Praxis aber fällt zunächst jenseits aller staatlichen Gewalt etwas ganz anderes auf: Die Behandlung Gefangener durch Gefangene sowie der Umgang Gefangener mit sich selbst. Hier wird die Würde massiv und ohne Not befragt. Dazu muss man nur einzelne Szenen zusammentragen.

In den Gefängnissen der Welt ist es nahezu unmöglich, insbesondere die menschliche Würde von Sexualstraftätern, aber auch von anderen als schwach empfundenen Gefangenen zu schützen. Sowohl Mitgefangene wie auch viele Angehörige des Personals sind aus verschiedenen Gründen außerstande, Sexualstraftätern als Mitmenschen eine wie immer definierte allgemeine Würde des Menschen zuzusprechen. Selbst die MitarbeiterInnen der Sozialtherapeutischen Anstalten, die vorwiegend Sexualstraftäter behandeln, werden in der Kollegenschaft gemobbt, und die Würde wird ihnen abgesprochen. In der Öffentlichkeit ist das kaum anders. Sexualstraftäter werden als nahezu außerhalb der Gemeinschaft der Menschen stehend angesehen. Aber auch Opfer von Sexualstraftaten können nicht alle immer mit einer würdevollen Behandlung bei den Recherchen zur Tat rechnen. Die neue Opferbetonung hat in Sachen Würde etwas verändert. Auch ein Opfer kann Würde zu- oder abgesprochen bekommen[134], obwohl doch da alles eindeutig in der Rolle festgelegt schien.

Dieser Spezialfall der Sexualstraftäter ist aber nur die Spitze der Würdeverletzungen im Strafvollzug, die sich die verurteilten Straftäter gegenseitig und die Gesellschaft allen zufügt. Ein Gefangener beklagte sich, dass ihm in seiner Anwesenheit von Mitgefangenen Dinge wie Tabak und Kaffee aus der Zelle genommen werden, ohne zu fragen. Die Mitgefangenen in der Gesprächsrunde bestätigen diesen Vorgang und erklären ihn damit, dass er so klein ist und schwach aussieht. Bei der Belegschaft kann er das nicht melden, denn dann geht es ihm noch schlechter, meint er.

Wenn man diese Szenen dann aber weiter betrachtet, gibt es doch einen Diskurs, der sogar sehr öffentlich angestoßen wurde. Er hat allerdings keinen Nachhall in der unterrichteten Öffentlichkeit gefunden, jedenfalls nicht unter dem Stichwort Menschenwürde. Die drastische Bewertung der Zeitung „Die Zeit“ wurde bereits vorgestellt: Ein Viertel der Gefangenen wurde Opfer von Gewalt während der letzten vier Wochen. Indirekte Viktimisierung (Gerüchte etc.) traf rund die Hälfte der Gefangenen, Diebstahl rund ein Fünftel. Die erhobene Prävalenz des Gewaltpotentials im Strafvollzug wird als eher am unteren Rand der wirklich vorkommenden Prävalenz befindlich bezeichnet.[135] Damit hätte neben den Gefangenen unter sich auch der Staat selbst die Würde der Gefangenen zumindest durch das Unterlassen einer geschützten (schützenden) Atmosphäre beeinträchtigt. Es reicht aber nicht, nur auf die eine Seite zu schauen. Die Straftäter selbst sprechen offensichtlich auch ihren Opfern zum Tatzeitpunkt keine Würde zu. Das gilt in allen Fällen einer Straftat. Hier ist wie im vorigen Beispiel die Verletzung der Würde privatisiert, geht also in der Regel nicht von einem Träger der öffentlichen Gewalt aus. Die öffentliche Gewalt soll auch solche privatisierten Verletzungen der Würde unterbinden, wozu das System der Rechtsprechung dient, das aber seinerseits dazu neigt, u.a. die Würde der Beschuldigten durch die Art der öffentlichen Verlautbarung schon am Beginn von Ermittlungen zu beeinträchtigen. Wer vielleicht sogar mehrmals durch die Mühlen des Strafrechts gegangen ist, hat zumindest Schwierigkeiten, in seiner Würde unantastbar zu sein, obwohl die Strafe abgesessen ist.

Die Freiheitsstrafe als solche ist ein Angriff auf die Würde des Menschen, wenn auch ein gewollter, rechtlich erlaubter und von der Gesellschaft gewünschter (als Reaktion auf die ‚Würdeverweigerung' beim Täter). Die Art und Weise, wie sie vollzogen wird, erscheint in vielen Facetten als zusätzliche nicht notwendige Beeinträchtigung der Menschenwürde. Schon die Tatsache, dass Menschen zur Kontrolle oder einfach aus Tradition in Zellen eingeschlossen werden, nachdem sie ihrer Freiheit rechtmäßig beraubt sind, grenzt in fast allen Fällen an eine Würdeverletzung. Das Ansinnen, über das Leben in und nach der Haft zu bestimmen, könnte ebenso als Verletzung der Würde bezeichnet werden, wenn dieses Ansinnen nicht auf Gegenseitigkeit und Vertrauen, sondern auf einseitigem Zwang ohne Suche nach Einsicht beruht.

Wie würdevoll kann eine Freiheitsstrafe vollzogen werden? Ist es die Einsicht des Täters, die dem Vollzug einen menschenwürdigen Aspekt geben kann? Oder sollte die Zielsetzung des Vollzugs (Resozialisierung) den Gefangenen Würde vermitteln? Innerhalb der Haft gibt es weitere entwürdigende Strafen wie Einschluss oder Absonderung, wenn Gefangene sich gegen formale Bestimmungen der Hausordnung vergehen. Erwachsene Menschen dürfen nicht über Geld verfügen, nicht entscheiden, was sie essen, können sich den Tag nicht einteilen, dürfen Besucher nicht nach ihrem eigenen Gefallen empfangen und können ihre Partnerschaften oder Familienrollen nicht ausführen. Ja, sie dürfen nicht einmal einem anderen Gefangenen etwas schenken. In Anstaltsaugen ist das von Erpressung, unter Druck setzen, Abhängigmachen oder verdecktem Schuldenausgleich zu wenig zu unterscheiden.

Häftlinge sind nicht immer bereit, die Würde der Menschen zu achten, die zu ihrer Bewachung und Betreuung eingeteilt sind. Das kann sich zum gefährlichen Problem für eine Anstalt auswachsen, wenn infolgedessen die gegenseitige Achtung zerfällt.

Des Weiteren steht in Frage, ob es würdig eines Menschen ist, dass Besucher von Gefangenen immer durchsucht werden. Sie dürfen den Gefangenen nichts mitbringen, wobei es zu den eisernen Gepflogenheiten in Deutschland gehört, bei einem Besuch eine Kleinigkeit, z.B. Blumen, eine Tafel Schokolade, ein Buch, eine Zeitschrift oder (horribile dictu) Tabak mitzubringen. Das wird verboten, um das Einschmuggeln von Rauschgift, Funktelefonen oder Waffen zu unterbinden. Letzteres gelingt bis auf Waffen nie. Ist es nicht beider Würde geschuldet, seine Zuneigung oder eine Ermutigung materiell zum Ausdruck zu bringen? Auf jeden Fall aber widerspricht es dem Grundsatz der Verhältnismäßigkeit als ungeeignetes Mittel für den angestrebten Zweck. Das Ziel einer rauschmittelfreien Anstalt wird so nie erreicht. Um es zu erreichen, müsste man alle körperlichen Kontaktmöglichkeiten mit Gefangenen radikal unterbinden. Dann stellte sich aber sofort die Frage, ob dieser Aufwand für wiederholten Diebstahl oder Fahren ohne Fahrerlaubnis angemessen ist und eben wie das mit der Menschenwürde in Einklang gebracht werden kann.

Noch selbstverständlicher wird die Würde von ausländischen Straftätern nicht nur durch das Urteil gerechtfertigt beeinträchtigt, sondern durch eine Mehrfachbestrafung: Ausländern werden die Ziele der Resozialisierung verweigert, wenn sie ohnehin abgeschoben werden sollen. So kann der bewusst unterbleibende Versuch der Resozialisierung bei ihnen als zweite und die anschließende einer Verbannung gleichkommende Abschiebung mit dem Verbot der Wiedereinreise als dritte Strafe angesehen werden. Dadurch ist ihre Würde zumindest bedroht, auch wenn das rechtlich überall auf der Welt unumstößlich ist.[136]

Die zu schützende Menschenwürde bezieht sich nach dem Grundgesetz nicht auf Staatsbürger, sondern auf Menschen allgemein. Unser Staat hat die Aufgabe, die Würde des Menschen im Allgemeinen zu schützen, unabhängig davon, ob er ein Recht als Bürger hat oder nicht. Da der Nicht-Bürger der staatlichen Gewalt nur bedingt unterliegt, und er ihr gegenüber keine Rechte geltend machen kann, ist er eher abstrakt auf den Schutz seiner Würde gewiesen. Wenn jemand also kein Asyl erhält, obwohl er zu diesem Zweck eingereist ist, wird ihm der Würdeschutz nur sehr eingeschränkt zuteil. Die Begründung dafür ist in der Regel, dass die behauptete Schutzlosigkeit und damit eine bedrohte Würde bei ihm nicht vorliege, er damit in der Lage sei und das dann auch tun muss, sich dem Schutz seines Herkunftslandes zu unterstellen. Das gilt auch, wenn jemand sich seiner Würde als Mensch subjektiv durch ungerechte Polizeibehandlung oder die Gefahr heimischer Lynchjustiz beraubt sieht.

Was folgt aber daraus als Konsequenz? Dass die Menschenwürde eine Konstruktion ist, die nicht etwa bereitliegt, sondern jeweils aktuell konstruiert werden muss, wurde in der Kieler Grundrechtevorlesung des Rechtsphilosophen Robert Alexy allen Hörern unmissverständlich klar. Er forderte die Studierenden auf, sie sollen doch mal unter ihren Stuhl schauen, ob da die Würde sitzt. Daraus folgt: Die Würde des Menschen ist als Zielvorstellung zu formulieren oder als Glaubensinhalt. Die Zielvorstellung oder der Glaubensinhalt „Würde des Menschen" lässt sich in der Rechtsphilosophie unter dem Definitionsinhalt des Prinzips wieder finden. So bei Alexy:

„Prinzipien sind ... Optimierungsgebote, die dadurch charakterisiert sind, dass sie in unterschiedlichen Graden erfüllt werden können und daß das gebotene Maß ihrer Erfüllung nicht nur von den tatsächlichen, sondern auch von den rechtlichen Möglichkeiten abhängt."[137]

„Wenn zwei Prinzipien kollidieren, was etwa dann der Fall ist, wenn nach dem einen Prinzip etwas verboten und nach dem anderen Prinzip dasselbe erlaubt ist, muß eines der beiden Prinzipien zurücktreten. Dies bedeutet aber weder, das zurücktretende Prinzip für ungültig zu erklären, noch, daß in das zurücktretende Prinzip eine Ausnahmeklausel einzubauen ist. Vielmehr geht das eine Prinzip dem anderen unter bestimmten Umständen vor. Unter anderen Umständen kann die Vorrangfrage umgekehrt zu lösen sein."[138] So kann Würde durch Verhältnismäßigkeit begrenzt werden, wenn sie beispielsweise dem Prinzip Gerechtigkeit gegenübersteht, ohne dass sie dadurch ihre Prinzipienstellung verliert. Ganz deutlich wird dadurch aber ihr multilateraler Kommunikationscharakter.

Nach dem Prinzip Verhältnismäßigkeit muss man sich die Prinzipien wie Gewichte auf einer Waage vorstellen. Auf der einen Seite liegt die Menschenwürde des Einzelnen, auf der anderen die des ebenfalls schutzbedürftigen anderen Menschen. Je stärker die Bedrohung des anderen durch den einen ausfällt, desto mehr könnte es notwendig werden, den einen in seiner Würde zu beschneiden, um die Würde des anderen zu schützen. So stellt die Verhältnismäßigkeit ein Verfahren bereit, mit dem das Ziel des Würdeschutzes praktikabel gemacht wird. Eingriffe in die grundsätzlich zugesprochene Würde scheinen somit im Rahmen der Praxis bisweilen notwendig, um die Würde aller zu schützen. Dann bezieht sich der Würdeverstoß auf das Übermaß an Würdeverletzungen gegenüber Individuen, die die Würde anderer Individuen nicht achten. Wenn hier ein Übermaß eintritt, wird wiederum die Würde aller bedroht.

Würde ist somit ein Begriff für die Kommunikation, Beteiligung und Gegenseitigkeit in menschlichen Gesellschaften. Würde kann nur zugesprochen werden, man kann sie sich nicht selbst verpassen. Sie ist Ausdruck der Anerkennung des anderen als Mitmenschen. Diese gegenseitige Anerkennung ist das, was zu schützen nach Art. 1 GG vornehmste Aufgabe des Staates ist. Art. 1 GG fungiert als Prinzip und als Zielvorstellung jeglicher politischer und administrativer Maßnahmen im Allgemeinen. Konkret wird es in der jeweiligen individuellen oder gesamtgesellschaftlichen Auswirkung. In der Seelsorge ist dies in der Zusage der Rechtfertigung und der daraus folgenden Aufforderung zu Feindesliebe abgebildet. „Denn er lässt seine Sonne aufgehen über die Bösen und die Guten und lässt regnen über Gerechte und Ungerechte.“[139] Das könnte als Begründung der Menschenwürde verstanden werden. Die Selbstrechtfertigung und die Missachtung des Mitmenschen sind dagegen als Würdeverstoß und letztlich als Sünde zu betrachten. Aus dieser religiösen christlichen Grundlegung mag es auch verständlich sein, dass konkurrierende Weltdeutungen so gewonnene Grundsätze als Gesetze der Ungläubigen empfinden.

Die kulturelle Kodierung des Würdebegriffs ist in diesem Zusammenhang mit zu bedenken. So betrachtete ein arabischer Abschiebungshäftling sich als in seiner Würde durch die Tatsache beeinträchtigt, dass er unter den Blicken anderer Männer (der Bediensteten) seine Mahlzeit abholen sollte. Seine Kultur betrachte solche Handlung als demütigend (im Sinne des Bettlers). Ein anderer fühlte sich dadurch, dass der Apfel, der ihm als Nachtisch gereicht wurde, einen braunen Fleck aufwies, behandelt „wie ein Schwein“. Er wertete das als rassistische Verletzung seiner Menschenwürde, die ihm in einer öffentlichen Einrichtung zugefügt wurde. Für einen Betrachter mit hiesiger Sozialisation war er eher fordernd oder gar frech. Und ein arabischer Psychologieprofessor, der nach langer Praxis in Bagdad samt Familie nach Deutschland geflohen war, bemerkte dazu, Verrückte gebe es schließlich überall. Man stelle sich vor, er hätte diese Bemerkung nicht zu einem Gefängnisseelsorger gemacht, sondern zu irgendwelchen Flüchtlingsratsmitgliedern: Er hätte in deren Augen sicherlich in diesem Moment seine Würde verloren, weil er die Würde dieses Flüchtlings in Frage gestellt hat. Dass er selbst einer ist, würde dann wohl vergessen.

Der Begriff der Menschenwürde ist kulturell kodiert und insofern nicht nur unbestimmt, sondern sogar extrem unbestimmt. Er kann jeweils auch sein Gegenteil bedeuten. Eine radikale Art islamistischer Weltdeutung macht die Menschenwürde davon abhängig, dass man sich Allah in bestimmter Weise (z. B. mittels der Scharia) unterwirft oder ansonsten nicht nur die Würde – diese ohnehin -, sondern sein Leben verwirkt hat. Dieses Würdedesign hätten islamistisch glaubende und denkende Menschen in Deutschland gerne grundgesetzlich geschützt. Es fehlt diesem Design aus unserer kulturell kodierten Sicht die kommunikative auf Gegenseitigkeit ausgerichtete Dimension der Menschenwürde. Das kulturelle Habitat des westlichen Lebensmodells geht von der grundsätzlichen Gleichheit der Individuen aus. Religion, Rasse, Geschlecht oder gesellschaftliche Position sollen keine Rolle beim Zumessen der Menschenwürde spielen. Das erfordert stetige Optimierung, weil allenthalben Abgrenzungen, Ängste und Vorurteile herrschen und zunächst abgebaut werden müssten. Andere Kulturen setzen andere Prävalenzen.

Was Menschenwürde zu schützen hat, ist im politischen Rahmen eine Frage der früher so genannten Definitionsmacht. Die Gefahr, dass „Elite-Gruppen“ der Gesellschaft in der Definition der Menschenwürde mehr Gewicht als andere Gruppen haben, ist stets gegeben. Menschenwürde unterliegt also den Machtverhältnissen in der Gesellschaft. Ihre vom Grundgesetz intendierte unbefragte absolute Geltung sicherzustellen, ist nur im Sinne des Prinzips als Optimierungsgebot möglich.

Strafzwecke

Die als Strafzwecke bezeichneten Ziele der Verhängung einer (Haft)strafe werden von Juristen und anderen in verschiedene Gruppen eingeteilt. „Alle Auffassungen über den Sinn der Strafe scheiden sich an der Frage, ob die Strafe zweckfrei, absolut, d.h. losgelöst von Erfolg und Zweck zu sehen ist (‘absolute Theorien’) oder als Zweckstrafe, relativ, d.h. bezogen auf einen damit erstrebten Zweck, aufgefasst werden soll (‘relative Theorien’). Diese beiden Grundauffassungen finden wir in den verschiedensten Abwandlungen und Kombinationen (‘Vereinigungstheorien’).“[140] Das hört sich an wie ‚Theorie‘ und ist auch eine solche.

Einer der jedem Menschen bekannten Straftzwecke ist die so genannte Abschreckung. Obwohl seit Jahrtausenden fleißig abgeschreckt wird (im Sinne einer negativen Generalprävention), scheint dies keine nachhaltige Wirkung zu erzielen.[141] Im Gegenteil beklagen sich alle Zeitalter über eine steigende Kriminalität. Das Stichwort Abschreckung unter dem Aspekt der Sekundärmotivation zu untersuchen, bietet einen Ansatz zur Kritik. Dazu als Einstieg das folgende Zitat:

„Der Verdacht wird bestärkt, dass die abschreckende Wirkung der Strafe nicht viel mehr als eine Fiktion ist, weil diese Wirkung nur bei denen sich aufweisen lässt, die schon aus Gründen sozialer Reputation dem Odium eines schweren Rechtsbruches entgehen oder weil ihnen gar nicht danach der Sinn steht. Dabei ist solcher ‘Aufweis’ vor der Dunkelziffer unaufgeklärter Delikte noch einmal fragwürdig. Wenn den guten Bürger mit Sicherheit etwas abschreckt, straffällig zu werden, dann ist es nicht die Angst vor der Strafe, sondern die Angst, auf einer Tat ertappt zu werden, deren öffentliche Verhandlung sozial deklassierte.“[142]

Wenn eine Zielsetzung durch Jahrtausende nicht umgesetzt werden kann, fragt sich, ob die Handlungsweise des Strafens nicht vielleicht anderen Motiven folgt oder andere Bedürfnisse als Abschreckung befriedigt. Abschreckung durch härteste Strafen hindert Menschen nicht daran, mit diesen Strafen belegte Verbrechen zu begehen. Die Forderung müsste also eher ein Bedürfnis nach Rache befriedigen oder dazu dienen, die eigenen Tendenzen, sich anderer und ihrer Habe zu bemächtigen, im Zaum zu halten. Die Psychoanalyse älterer Prägung hat solche Motive auf Frustration zurückgeführt. Das alltägliche Leben legt dem durchschnittlichen Menschen durch die Zwänge zur Anpassung auf, sofortige Triebabfuhr relativ konsequent aufzuschieben. Das wirkt sich dann so aus, dass der, der sich die Abstinenz von Gewalt zur sofortigen Triebbefriedigung nicht auferlegt, zum Identifikationsobjekt wird: Man müsste sich das auch erlauben, jedoch ohne „erwischt“ zu werden. Weil sich der „Erwischte“ zu offensichtlich die geheimen Wünsche erfüllt, dient die Abschreckung dazu, sich als den Durchschnittsmenschen im Zaum zu halten. Der dingfest gemachte Kriminelle durchbricht stellvertretend die Regeln durch unzensierte Wunscherfüllung und wird stellvertretend bestraft.

„Wenn es einer zustande gebracht hat, das verdrängte Begehren zu befriedigen, so muss sich in allen Gesellschaftsgenossen das gleiche Begehren regen; um diese Versuchung niederzuhalten, muss der eigentlich Beneidete um die Frucht seines Wagnisses gebracht werden, und die Strafe gibt den Vollstreckern nicht selten Gelegenheit, unter der Rechtfertigung der Sühne dieselbe frevle Tat auch ihrerseits zu begehen. Es ist dies ja eine der Grundlagen der menschlichen Strafordnung, und sie hat, wie gewiss richtig, die Gleichartigkeit der verbotenen Regungen beim Verbrecher wie bei der rächenden Gesellschaft zur Voraussetzung.“[143]

Der Bankräuber nimmt sich, was andere mühsam durch jahrzehntelange Arbeit verdienen. Der Großbetrüger überzieht das System der finanziellen Regeln unverschämt und zeigt, was man mit etwas Glück und Cleverness schnell erreichen könnte. Der Mann aus schlechten Verhältnissen korrigiert nur die Ungerechtigkeit, im Extremfall durch Beseitigung des Gegenübers. Der Vergewaltiger nimmt sich einfach die nächstbeste Frau ohne jede Rücksicht. Die Mörderin befreit sich von ihrem Unterdrücker. So stellt die Boulevard - Presse die Stellvertreter der Triebbefriedigung und Wunscherfüllung dar. Gleichzeitig fordert sie härteste Bestrafung und macht das „Hotel auf Staatskosten" lächerlich. Wie anders als durch „Stellvertretung" wäre das maßlose Interesse am kriminellen Schicksal einzelner Straftäter zu erklären?

„Das Böse ist also anfänglich dasjenige, wofür man mit Liebesverlust bedroht wird; aus Angst vor diesem Verlust muss man es vermeiden. ... Man heißt diesen Zustand 'schlechtes Gewissen', aber eigentlich verdient er diesen Namen nicht, denn auf dieser Stufe ist das Schuldbewusstsein offenbar nur Angst vor dem Liebesverlust, 'soziale' Angst. Beim kleinen Kind kann es niemals etwas anderes sein, aber auch bei vielen Erwachsenen ändert sich nicht mehr daran, als dass an Stelle des Vaters oder beider Eltern die größere menschliche Gemeinschaft tritt. Darum gestatten sie sich regelmäßig, das Böse, das ihnen Annehmlichkeiten verspricht, auszuführen, wenn sie nur sicher sind, dass die Autorität nichts davon erfährt oder ihnen nichts anhaben kann, und ihre Angst gilt allein der Entdeckung."[144]

Schwierigkeiten treten nur bei Kriminalfällen auf, die dem Triebleben des 'normalen Menschen' zu weit entrückt oder zu sehr abgewehrt sind. Das sind vor allem pädophile und andere Sexual - Mörder. Sie spielen die Rolle des abgrundtief Bösen.

Ebenso fallen die Morde im Rahmen der so genannten organisierten Kriminalität aus der Rolle, bei denen ein Menschenleben nichts wert zu sein scheint. Diese Taten reichern mehr die Angst vor dem unheimlichen Fremden an, als den Boden für Identifikation im Sinne der Erfüllung geheimer Wünsche zu bereiten. Die Angstbesetzung des Fremden und seiner „unberechenbaren Handlungsweise" zielt auf die Forderung, Fremde überhaupt aus dem Lebensumkreis zu verbannen.

Die Abschreckung richtet sich demnach konsequenter Weise nicht gegen die Täter, was nach der Tat ja auch sinnlos wäre. Sie schreckt Menschen, die einen Rang in der Gesellschaft zu verlieren haben, von unmittelbarer und gewalttätiger Triebbefriedigung ab. Kriminalität wird damit nicht speziell bekämpft und gleichzeitig doch bekämpft - im Sinne der (negativen) Generalprävention. Zu vielen Zeiten geht die Absicht der Abschreckung mit der Forderung nach konsequenterem und härterem Durchgreifen einher, die ihre Nähe zur Rache nur schwer verbergen kann. Daran lassen sich die Motive noch deutlicher erkennen.

„Wenn das 'harte Durchgreifen', wie es der frustrierte Bürger sich vorstellt, voll realisiert würde, dann müssten wir die härtesten und brutalsten Gangster zu Polizisten machen. Wo anders nähmen wir sonst jene äußerste Entschlossenheit her, die strenge Zucht und Ordnung verlangen, wenn im Gewaltverbrecher wirklich das Nonplusultra an Schonungslosigkeit bereitsteht? .....Das war die Wirklichkeit des 'Dritten Reiches', wo besonders destruktive Naturen an Juden, Bibelforschern und politisch Andersgesinnten sich austoben durften. Diese Organisierung des Verbrechens von Staats wegen -...- konnte in jener Zeit den Anschein relativer innerer Befriedigung erwecken. Der Krieg, der aggressive Impulse in Richtung 'Feind' mobilisierte, tat ein Übriges, die offiziellen Verbrechensziffern zu senken."[145]

„Der Schutz der Bevölkerung vor gemeingefährlichen Temperamenten lässt sich durch kein Maß der Gerechtigkeit optimal konstruieren. Der vermeintliche Strafzweck der Sicherung weist über das Strafrecht immer schon hinaus: auf psychologische Therapie oder - physisches Liquidieren. Beides, die kompromisslos humane wie die absolut inhumane Reaktion auf das Verbrechen, ist vom tradierten Recht her nicht mehr verständlich. Unser Recht will Rechtsgleichheit, zumindest die Vergleichbarkeit der Fälle angewendeten Rechts. Die Maßnahmen notwendiger Therapie bestimmen sich jedoch von der Individualität des Gestrauchelten her, nicht von typischem 'Unrecht' des Strauchelns. Der Hingerichtete aber steht zu dem milder Bestraften ontologisch außer jedem Vergleich...“[146]

Eine ganz andere Erklärung für das, was „Gerechtigkeit“ und damit auch Strafe sein könnte und aus welchen sekundären Quellen sie sich speist, hat Friedrich Nietzsche formuliert:

„Überall, wo Verantwortlichkeiten gesucht worden sind, ist es der *Instinkt der Rache* gewesen, der da suchte. Dieser Instinkt der Rache wurde in Jahrtausenden dermaßen über die Menschheit Herr, dass die ganze Metaphysik, Psychologie, Geschichtsvorstellung, vor allem aber die *Moral* mit ihm abgezeichnet ist. Soweit auch nur der Mensch gedacht hat, so weit hat er den Bazillus der Rache in die Dinge geschleppt. Er hat Gott selbst damit krank gemacht, er hat das *Dasein* überhaupt *um seine Unschuld gebracht*: nämlich dadurch, dass er jedes So-und-so-Sein auf Willen, auf Absichten, auf Akte der Verantwortlichkeit zurückführte. Die ganze Lehre vom Willen, diese verhängnisvollste *Fälschung* in der bisherigen Psychologie, wurde wesentlich erfunden zum Zweck der Strafe.“[147]

Er macht also ganz schlicht den Instinkt der Rache für die Moral und damit die Forderung nach Verurteilung und Bestrafung verantwortlich. Gerade die Moral des Christentums scheint ihm ganz im Gegensatz zu ihrer Oberfläche heuchlerischer Weise auf dem Racheinstinkt gegen alles Starke aufgebaut. Im Grunde kommt er damit der psychoanalytischen Deutung nahe. Die Frage wäre jedoch, ob das Recht des Stärkeren, das und der sich vital und vielgestaltig entfaltet, in der Tat institutionalisierte Justiz überflüssig machen würde und wie angemessen menschlich es dann zuginge. Einen reichlich überflüssigen und unmenschlichen Nachweis davon hat die Menschheit durch die Pervertierung des Rechts im „Dritten Reich" bekommen, obwohl man da nicht gerade von einer vitalen und vielgestaltigen Entwicklung des Lebens reden kann. Damit ist die Vorstellung Nietzsches desavouiert, obwohl sie mit dem Hinweis auf die Rache als eigentlichem Movens der Strafverfolgung in einer Reihe mit anderen steht.

Die Philosophen der Aufklärung und des Idealismus haben – jedenfalls nach der Lesart von Generationen von Strafrechtlern - versucht, eine „motivfreie" Straftheorie aufzustellen, die Grundlegung der heutigen absoluten Straftheorien. Sie versuchten, philosophisch zu ergründen, dass Strafe zweckfrei verhängt werden muss, weil sonst Gerechtigkeit nicht zu erzielen sei. Gerechtigkeit ist nach Immanuel Kant ein philosophisch erkennbarer Wert in sich, für das menschliche Zusammenleben konstitutiv.

„Richterliche Strafe (poena forensis), die von der *natürlichen (poena naturalis)*, dadurch das Laster sich selbst bestraft und auf welche der Gesetzgeber gar nicht Rücksicht nimmt, verschieden, kann niemals bloß als Mittel, ein anderes Gutes zu befördern, für den Verbrecher selbst oder für die bürgerliche Gesellschaft, sondern muss jederzeit nur darum wider ihn verhängt werden, *weil er verbrochen* hat; denn der Mensch kann nie bloß als Mittel zu den Absichten eines anderen gehandhabt und unter die Gegenstände des Sachenrechts gemengt werden, wowider ihn seine angeborene Persönlichkeit schützt, ob er gleich die bürgerliche einzubüßen gar wohl verurteilt werden kann. Er muss vorher *strafbar* befunden sein, ehe noch daran ge-

dacht wird, aus dieser Strafe einigen Nutzen für ihn selbst oder seine Mitbürger zu ziehen. Das Strafgesetz ist ein kategorischer Imperativ, und wehe dem! welcher die Schlangenwindungen der Glückseligkeitslehre durchkriecht, um etwas aufzufinden, was durch den Vorteil, den es verspricht, ihn von der Strafe oder auch nur einem Grade derselben entbinden, nach dem pharisäischen Wahlspruch: ‚Es ist besser, dass ein Mensch sterbe, als dass das ganze Volk verderbe'; denn wenn die Gerechtigkeit untergeht, so hat es keinen Wert mehr, dass Menschen auf Erden leben."[148]

Aus dieser Grundlegung geht hervor, dass nur eine unmittelbar einleuchtende Form der Gerechtigkeit diesem kategorischen Ansatz gerecht werden kann:

„Nur das *Wiedervergeltungsrecht* (ius talionis), aber wohl zu verstehen vor den Schranken des Gerichts (nicht in deinem Privaturteil), kann die Qualität und Quantität der Strafe bestimmt angeben; alle anderen sind hin und her schwankend und können, anderer sich einmischenden Rücksichten wegen, keine Angemessenheit mit dem Spruch der reinen und strengen Gerechtigkeit enthalten. ... So hat z.B. Geldstrafe wegen einer Verbalinjurie gar kein Verhältnis zur Beleidigung, denn der des Geldes viel hat, kann diese sich wohl einmal zur Lust erlauben; aber die Kränkung der Ehrliebe des einen kann doch dem Wehtun des Hochmuts des anderen sehr gleich kommen: wenn dieser nicht allein öffentlich abzubitten, sondern jenem, ob er zwar niedriger ist, etwa zugleich die Hand zu küssen, durch Urteil und Recht genötigt würde."[149]

Inwiefern das Wiedervergelten nicht doch auch Rache wäre, geht trotz der philosophischen Anstrengung des Begriffs Gerechtigkeit aus dem Beispiel nicht hervor. Allein das unbedingte Festhalten an der Gerechtigkeit als Prinzip kann noch nicht die universale Gültigkeit der Theorie nachweisen. Ob Gerechtigkeit nicht im Kantschen Sinne doch nur der Erfahrung entstammt und ihre Gestalt auch laufend durch verschiedene Einflüsse ändert, soll jetzt nicht diskutiert werden. Eine andere grundlegende Gestalt des Rechts stammt aus dem Alten Testament.

Auge um Auge, Zahn um Zahn

Als Grundzug des harten Durchgreifens verstehen viele in geradezu grotesker Verkennung das Recht im Alten Testament. Es wird symbolisiert durch das geflügelte Wort: „Auge um Auge, Zahn um Zahn!" Dass dieser Rechtsgrundsatz des Vergeltens das ungeschriebene und ungezügelte Gesetz der Rache eindämmen sollte, wird bei näherer Betrachtung deutlich.

> *„Entsteht ein dauernder Schaden, so sollst du geben Leben um Leben, Auge um Auge, Zahn um Zahn, Hand um Hand, Fuß um Fuß, Brandmal um Brandmal, Beule um Beule, Wunde um Wunde."*[150]

Abgesehen davon, dass das mosaische Gesetz die Todesstrafe für eine ganze Reihe von Vergehen vorsieht, besticht die genannte Grundregel durch ihre Einfachheit und Klarheit. Ziel ist die Herstellung des Rechtsfriedens und, wenn möglich, der Ausgleich für den angerichteten Schaden. Angestrebt wird nicht die Kontrolle über die Täter, sondern die kontrollierte Abwicklung der Folgen. Dabei zeigen sich bereits wesentliche Elemente, Folgen über bei uns so genanntes Zivilrecht als Schadensersatz zu lösen oder Fahrlässigkeit, Unfall und Vorsatz zu unterscheiden.

> *„Wer einen Menschen schlägt, dass er stirbt, der soll des Todes sterben. Hat er ihm aber nicht nachgestellt, sondern hat Gott es seiner Hand widerfahren lassen, so will ich dir einen Ort bestimmen, wohin er fliehen kann. Wenn aber jemand an seinem Nächsten frevelt und ihn mit Hinterlist umbringt, so sollst du ihn von meinem Altar wegreißen, dass man ihn töte."*[151]

> *„Wenn Männer miteinander streiten und einer schlägt den anderen mit einem Stein oder mit der Faust, dass er nicht stirbt, sondern zu Bett liegen muss und wieder*

aufkommt und ausgehen kann an seinem Stock, so soll der, der ihn schlug nicht bestraft werden; er soll ihm aber bezahlen, was er versäumt hat und das Arztgeld geben."[152]

„Wenn ein Rind einen Mann oder eine Frau stößt, dass sie sterben, so soll man das Rind steinigen und sein Fleisch nicht essen; aber der Besitzer des Rindes soll nicht bestraft werden. Ist aber das Rind zuvor stößig gewesen und seinem Besitzer war's bekannt und er hat das Rind nicht verwahrt und es tötet nun einen Mann oder eine Frau, so soll man das Rind steinigen, und sein Besitzer soll sterben. Will man ihm aber ein Lösegeld auferlegen, so soll er geben, was man ihm auferlegt, um sein Leben auszulösen."[153]

Auch hier wird demnach schon erheblich differenziert. Die Möglichkeit, sich mit Geld auszulösen, bringt auch in diesem alten Recht bereits die Gefahr der sozialen Schlagseite. Bei fahrlässigen Handlungen oder Diebstahl gilt die Regel der Wiedergutmachung, z.T. mit einem „Aufschlag" um das Doppelte. Von Interesse scheint die Entwicklung bis zum 5. Mosebuch. Dort taucht der Rechtsgrundsatz 'Wie du mir, so ich dir' in Verbindung mit dem Gedanken der Abschreckung auf:

„Und wenn der falsche Zeuge ein falsches Zeugnis wider seinen Bruder gegeben hat, so sollt ihr mit ihm tun, wie er gedachte, seinem Bruder zu tun, damit du das Böse aus deiner Mitte wegtust, auf dass die anderen aufhorchen, sich fürchten und hinfort nicht mehr solche bösen Dinge tun in deiner Mitte."[154]

Diese kurze Darstellung zeigt eindeutig, dass die Anhänger der Theorie des harten Durchgreifens sich zumindest nicht in jedem Sinne auf das Alte Testament berufen können. Es war ein Volk in einer Zeit, in der Gesetzesverstöße ohne Gefängnisse geahndet wurden. Vor allem in der Zeit der Wanderung und der Sesshaftwerdung kam es darauf an, durch Rechtsprechung das Volk zu befrieden.

Eine ganz bestimmte Form des Umgangs mit Rechtsverletzungen sollte durch Befriedung unter Kontrolle kommen: Zur Eindämmung der Blutrache hat das biblische Volk Israel eine besondere Regelung gefunden. Menschen, die andere umgebracht haben, konnten in Asylstädte fliehen, allerdings nicht, um der Ahndung zu entgehen, sondern um ein gerechtes und nicht von Rache geprägtes Urteil zu bekommen. Ansonsten ist die Vergeltung in Kraft.

> *„Wenn ihr über den Jordan ins Land Kanaan kommt, sollt ihr Städte auswählen, dass sie für euch Freistädte seien, wohin fliehen soll, wer einen Totschlag aus Versehen tut. Und es sollen unter euch diese Städte eine Zuflucht sein vor dem Bluträcher, dass der nicht sterben muss, der einen Totschlag getan hat, bis er vor der Gemeinde vor Gericht gestanden hat.“*[155]

Zur Abschaffung der Blutrache reichte das nicht. Sie wird religiös begründet, wie überhaupt das Recht Israels stets die Reminiszenzen an die Wanderungszeit in der Wüste Sinai behielt. Weil das Leben Gott gehört, muss die Blutrache stattfinden, eingeführt nach der Sintflut[156]. Für den Brudermord Kains gab es jedoch (noch) keine Sühne in Form der Blutrache.[157] Für die Einrichtung einer zentralen Rechtsgewalt bedurfte es zunächst der Entstehung staatlicher Strukturen. Erst damit konnte der Bluträcher dem staatlichen Vollstrecker weichen. Nach Darstellung von Rads gehört es zu den Besonderheiten Israels, „dass es doch auch späterhin nicht imstande war, den Staat selbst als den Hüter der Rechtsordnungen anzuerkennen,...“.[158] Das geschah wegen der Bindung des Rechts an Gott. Manche Theologen haben bis in das vorige Jahrhundert hinein die Todesstrafe mit dem Alten Testament theologisch als staatliches Handeln an Gottes Statt begründet.[159] Im Islam wird bis heute von bestimmten – fundamentalistischen - Richtungen das Recht an Gott gebunden und so die Scharia als das einzige Recht betrachtet. Das an Gott gebundene Recht ist auch in einem anderen Punkt sehr modern.

Eine Anweisung zur Wiedergutmachung

Das Alte Testament enthält ausdrückliche Anweisungen zur Wiedergutmachung. Sie behalten ihren religiösen Charakter, indem sie die Wiedergutmachung als Voraussetzung zur Vergebung durch Gott ansehen.

„Wenn jemand sündigte und sich damit an dem HERRN vergriffe, dass er seinem Nächsten ableugnet, was ihm dieser anvertraut hat oder was ihm zu treuer Hand gegeben ist oder was er mit Gewalt genommen oder mit Unrecht an sich gebracht hat, oder wenn er etwas Verlorenes gefunden hat und es ableugnet und einen falschen Eid schwört über irgendetwas, worin ein Mensch gegen seinen Nächsten Sünde tut:

Wenn es so geschieht, dass er sündigt und sich verschuldet, so soll er wiedergeben, was er mit Gewalt genommen oder mit Unrecht an sich gebracht oder was ihm anvertraut war oder was er gefunden hatte oder worüber er den falschen Eid geschworen hat; das soll er alles ganz wiedergeben und darüber hinaus den fünften Teil. Dem soll er's geben, dem es gehört, an dem Tag, wenn er sein Schuldopfer darbringt.

Aber für seine Schuld soll er dem HERRN einen Widder ohne Fehler von der Herde zu dem Priester bringen nach seiner Schätzung als Schuldopfer.

So soll der Priester die Sühnung für ihn vollziehen vor dem HERRN und ihm wird alles vergeben, was er getan und womit er sich verschuldet hat.“[160]

In dieser Anweisung soll der Geschädigte entschädigt werden. Die Entschädigung zielt aber auf die Vergebung im religiösen Sinne und ist deshalb unvollendet, wenn nicht ein Tieropfer darauf folgt und die eigentliche Schuld vor Gott durch dieses Opfer getilgt wird. Die Sühne bezieht sich nicht auf den Geschädigten, sondern auf Gott und die im religiösen Sinne gedachte Gemeinschaft der Gläubigen. Die Wiedergutmachung aber dient dem Mitmenschen. Dass dafür ein Tier geopfert wird, das ja in keinem Sinne dafür etwas kann, wenn ein Mensch kriminelle Handlungen ausführt, ist uns nicht mehr verständlich. Es handelt sich beim Alten Testament um einen Text aus einer anderen Kultur. Man braucht aber trotz der anderen kulturellen Umgebung keine ausführliche Interpretation, um hier den § 46a des Strafgesetzbuches wieder zu erkennen. Da kann von Strafe abgesehen werden, dort wird Schuld vergeben. In beiden Fällen ist die Wiedergutmachung die Voraussetzung für die dann folgende „Fallerledigung".

Die Zehn Gebote

Die zehn Gebote zeigen, wie einfach im Grunde ein Regelwerk für das Verhalten von Menschen in der Gemeinschaft sein kann. Wenn man die auf Gott zielenden Gebote weglässt, kommen genau sechs Grundregeln zum Vorschein. Im Strafgesetzbuch sind lediglich vier dieser Regeln aufgefächert und in die jeweilige Lage hinein definiert.

> Du sollst deinen Vater und deine Mutter ehren.
>
> Du sollst nicht töten.
>
> Du sollst nicht ehebrechen.
>
> Du sollst nicht stehlen.
>
> Du sollst nicht falsch Zeugnis reden.
>
> Du sollst nicht begehren, was deinem Nächsten gehört.[161]

Bei diesen Grundgeboten stehen keine Straf- oder andere Ausführungsbestimmungen. Die Umgebung, in der die Zehn Gebote im Alten Testament zu finden sind, beweisen jedoch: Sie waren auch damals nur Grundregeln. Für das gerichtliche Urteilen gab es nähere Ausführungsbestimmungen, die bis zu der Zeit Jesu fortgeführt die bekannte rabbinische Kasuistik ergaben. Volle Gerechtigkeit sollte die genaueste Bestimmung des Einzelfalles ergeben, für die es wieder höchstrichterliche oder rabbinische Auslegungen gab. Warum die Kasuistik so weit getrieben wurde, kann eigentlich nur mit dem Versuch, volle Gerechtigkeit und damit vollkommene Kontrolle herzustellen, erklärt werden. Jeder Nuance von Einzelvergehen sollte die entsprechende Nuance an Folgen gegenübergestellt werden können. Ihre richtige Blüte hat die Kasuistik jedoch erst im modernen Strafrecht erreicht, in dem nicht nur die einzelnen Straftatbestände in viele Untertatbestände, sondern auch die darauf ausgesetzten Strafen entsprechend penibel aufgefächert sind. Ob das wirklich mehr Gerechtigkeitsgefühl bei den Betroffenen hervorbringt, bleibt fraglich.

Jesus spitzte die Reduktion des Gesetzes auf zwei Gebote zu: 'Gott lieben und den Nächsten wie sich selbst!' und sah damit den Sinn des Gesetzes erfüllt.[162] Damit kann er die Handlungsseite motivieren, nicht aber die Konsequenzen- oder Strafseite entsprechend konzentrieren. Die Justiz besteht eben aus dem Grunde, dass nicht alle Menschen sich jederzeit an die Gebote halten. Das Bedürfnis, die Folgen zu regeln oder die Rache und Vergeltung in einigermaßen akzeptable Bahnen zu lenken, bringt sie hervor und hält sie am Leben.

Das salomonische Urteil

Eine weitere Vorstellung vom „Recht“ kommt in der berühmten Geschichte vom salomonischen Urteil zum Ausdruck:

> *Damals kamen zwei Huren zum König und traten vor ihn. Und die eine Frau sagte: Bitte, mein Herr! Ich und diese Frau wohnen in ein und demselben Haus; und ich habe bei ihr im Haus geboren. Und es geschah am dritten Tag, nachdem ich geboren hatte, gebar auch diese Frau, und wir waren beieinander, kein Fremder war bei uns im Haus, nur wir beide waren im Haus. Da starb der Sohn dieser Frau eines Nachts, weil sie sich auf ihn gelegt hatte. Sie aber stand mitten in der Nacht auf und nahm meinen Sohn von meiner Seite weg, während deine Sklavin schlief, und legte ihn an ihren Bu-*

sen; ihren toten Sohn aber legte sie an meinen Busen. Als ich nun am Morgen aufstand, um meinen Sohn zu stillen, siehe, da war er tot. Am Morgen sah ich ihn mir genau an, und siehe, es war nicht mein Sohn, den ich geboren hatte. Da sagte die andere Frau: Nein, sondern mein Sohn ist der lebende, und dein Sohn ist der tote. Jene aber sagte: Nein, sondern dein Sohn ist der tote, und mein Sohn ist der lebende. So stritten sie vor dem König.

Da sagte der König: Diese sagt: Das hier ist mein Sohn, der lebende, dein Sohn ist der tote. Und jene sagt: Nein, sondern dein Sohn ist der tote und mein Sohn der lebende. Und der König sprach: Holt mir ein Schwert! Und man brachte das Schwert vor den König. Und der König sprach: Zerschneidet das lebende Kind in zwei Teile und gebt der einen die eine Hälfte und der anderen die andere Hälfte. Da sagte die Frau, deren Sohn der lebende war, zum König, denn ihr Innerstes wurde erregt wegen ihres Sohnes, sie sagte also: Bitte, mein Herr! Gebt ihr das lebende Kind, aber tötet es ja nicht! Jene aber sagte: Weder mir noch dir soll es gehören, zerschneidet es! Da antwortete der König und sprach: Gebt der ersten das lebende Kindchen und tötet es ja nicht! Sie ist seine Mutter.

Und ganz Israel hörte das Urteil, das der König gefällt hatte, und sie fürchteten sich vor dem König, Denn sie sahen, dass die Weisheit Gottes in ihm war, rechtes Gericht zu halten.[163]

Das rechte Gericht dieser Geschichte besteht nicht in einem Schuldspruch, sondern im Gespür für die 'Wahrheit' und im Geschick, sie ans Licht zu bringen. Der Rechtsfrieden wird nicht etwa durch Strafe oder Vergeltung hergestellt, sondern durch ein richtiges Ergebnis. Im heutigen deutschen Recht lässt das gar keine Assoziation an 'Gericht' aufkommen. Hier würde der Staatsanwalt wegen fahrlässiger Tötung, falscher Anschuldigung und versuchter Kindsentführung gegen beide Ermittlungen führen und bei entsprechender Ermittlungslage Anklage erheben. Ein Richter hätte dann aus der Befragung beider Mütter die Wahrheit und die Schuld festzustellen. Mit einem daraus folgenden Urteil würde anstelle von Rechtsfrieden möglicherweise eine Haftstrafe ausgesetzt, die niemand helfen könnte, während die salomonische Lösung das Weiterleben der Mutter mit dem Kind ermöglicht, ohne die Lügnerin zusätzlich zur „Abschreckung" für die Allgemeinheit mit einer Strafe zu belegen.

Die Art und Weise, wie Salomo die Wahrheit herauspresst, wäre in unserer Strafprozessordnung zumindest ein Grund zur Berufung oder Revision. Die Lügnerin hätte wahrscheinlich einen Anwalt, der den Richter einer folterähnlichen Methode bezichtigen und einen Befangenheitsantrag stellen könnte. Zudem wäre der Richter gar nicht in dieser frühen Phase mit dem Fall fertig geworden, sondern hätte einen Gutachter, oder besser eine Gutachterin, beauftragt und das Jugendamt eingeschaltet. Die salomonische Lösung verzichtet auf Kontrolle der Situation nach dem Spruch, weil die erzielte Gerechtigkeit Leben ermöglicht.

Wer von euch ohne Sünde ist...

Das Neue Testament zeichnet neben der schon erwähnten Reduktion der Gebote durch Jesus in einer Geschichte ein provokatives Bild vom Umgang mit Rechtsverletzern. Sie hat ähnliche Berühmtheit erlangt wie das salomonische Urteil.

> *Jesus aber ging nach dem Ölberg. Frühmorgens aber kam er wieder in den Tempel, und alles Volk kam zu ihm; und er setzte sich und lehrte sie.*
>
> *Die Schriftgelehrten und die Pharisäer aber bringen eine Frau, die beim Ehebruch ergriffen worden war, und stellen sie in die Mitte und sagen zu ihm: Lehrer, diese Frau ist auf frischer Tat beim Ehebruch ergriffen worden. In dem Gesetz aber hat uns Mose geboten, sol-*

che zu steinigen. Du nun, was sagst du? Dies aber sagten sie, ihn zu versuchen, damit sie etwas hätten, um ihn anzuklagen. Jesus aber bückte sich nieder und schrieb mit dem Finger auf die Erde. Als sie aber fortfuhren, ihn zu fragen, richtete er sich auf und sprach zu ihnen: Wer von euch ohne Sünde ist, werfe den ersten Stein auf sie. Und wieder bückte er sich nieder und schrieb auf die Erde.

Als sie aber dies hörten, gingen sie einer nach dem anderen hinaus, angefangen von den Ältesten; und er wurde allein gelassen mit der Frau, die in der Mitte stand. Jesus aber richtete sich auf und sprach zu ihr: Frau, wo sind jene? Hat niemand dich verurteilt? Sie aber sprach: Niemand, Herr. Jesus aber sprach zu ihr: so verurteile auch ich dich nicht. Geh hin und sündige nicht mehr![164]

Die Strafbarkeit von Ehebruch mit der Steinigung gilt uns heute als besonders rückständiges Beispiel für Männerherrschaft (aus dem deutschen Strafrecht wurde Ehebruch als Straftatbestand Ende der sechziger Jahre getilgt). Deshalb wechsle ich den Straftatbestand aus: Wenn Jesus zu einem Dieb dasselbe gesagt hätte, käme erst die Brisanz dieser Episode heraus. Wie ist das mit dem an sich Bringen von Gegenständen, die anderen gehören? Wahrscheinlich gäbe es nicht allzu viele Menschen, die guten Gewissens verurteilen könnten, weil sie überhaupt noch nie eine derartige Versuchung gespürt oder ihr nachgegeben hätten. Jesus macht nicht nur das Richten aus Rache und Vergeltung unmöglich, sondern das Richten und Strafen überhaupt. Ziel ist die richtige, angemessene oder gute Verhaltensweise. Die generalpräventive Absicht läge dann in der Beispielhaftigkeit bzw. dem Modell des guten und richtigen Verhaltens. Dazu kommt er nicht durch die Verleugnung eines Verstoßes, sondern durch die Vergebung eingestandenen Fehlverhaltens. Eine Geschichte, die das noch mehr verdeutlicht, ist die von Zachäus[165]. Zachäus verspricht Wiedergutmachung ohne Urteil und Strafe. Schließlich warnt Jesus sogar vor dem Richten und unterstellt das Richten dem Verdacht der Heuchelei:

> *Richtet nicht, auf dass ihr nicht gerichtet werdet! Denn mit welchem Gericht ihr richtet, werdet ihr gerichtet werden; und mit welchem Maß ihr messt, werdet ihr gemessen werden. Was siehst du aber den Splitter in deines Bruders Auge, und den Balken in deinem Auge siehst du nicht. ... Du Heuchler, zieh erst den Balken aus deinem Auge; danach sie zu, wie den Splitter aus deines Bruders Auge ziehst.*[166]

Ich könnte mir vorstellen, dass vielleicht auch das Richten im moralisch - persönlichen Sinn gemeint ist. Dennoch stellt Jesus die menschliche Fähigkeit zum Richten auch im Sinne des Strafrechtes in Frage. Im Grunde hat das moderne Rechtssystem, vielleicht unter anderem auch daraus, Konsequenzen gezogen. Richter müssen unabhängig in der Sache und gerade auch gegenüber der vor Gericht stehenden Person sein. Die Möglichkeit der Berufung schafft noch weitere Distanz, um die Verzerrungen, die durch „den Balken im eigenen Auge“ entstehen, zu minimieren. Dass damit auf der anderen Seite die Gefahr der völligen Formalisierung - auch einer Form der Kontrolle über andere und Situationen - besteht, die auch keinen Rechtsfrieden schafft, legt sich von selbst nahe.

Es scheint jedenfalls, als könne nach Jesus niemand mehr die menschliche Unfähigkeit zum gerechten Richten in Zweifel ziehen. Theologisch wurde dieses Problem durch die Unterscheidung von Letztem und Vorletztem (eschatologischer Vorbehalt) und die Lehre von der gefallenen Schöpfung / der Unentrinnbarkeit der Sünde entschärft. Das Letzte ist der Zustand des Menschen nach der Wiederkunft Christi. Solange dieser Zustand nicht erreicht ist, gelten die vorläufigen, nach menschlichem Ermessen und Erfahrung bestmöglichen Normen und Regeln auch beim Richten und Strafen. Die gefallene Schöpfung ist der Zustand nach dem Sündenfall, in dem die Möglichkeit, sich dem Bösen ganz zu entziehen, nicht gegeben ist. So bleibt der Mensch auch bei bestem Bemühen in den Zusammenhang der Sünde eingebunden.

Ob eine Gesellschaft ohne Straf - Gerichte möglich wäre - eine Utopie, die im sozialistischen Modell der Sowjetunion nach der Planung von 1953 im Jahre 1984 durch die endgültige Abschaffung des Privateigentums eintreten sollte - , diese Frage beantwortet heute niemand im Sinne Jesu.

Die Frage aber, warum trotz viel Einsicht, Erfahrung und guter Ansätzen die Grundformen des Strafens nicht zu ändern sind, kann auch jetzt noch nicht beantwortet werden. Zur weiteren Suche nach den Ursachen trägt die radikale These des niederländischen Autors Hermann Bianchi bei, der die bei uns praktizierte Strafjustiz allgemein als Mittel ansieht, das auf keinen Fall der Eindämmung von Kriminalität dienen kann, weil es dazu gar nicht geschaffen sei. Das werde vor allem an der Rolle des Opfers deutlich.

Die Rolle des Opfers

Das Opfer spielt in der Strafjustiz praktisch keine Rolle. Allenfalls kann es als Nebenkläger auftreten und so zum Scheinsubjekt von Justiz werden. Was im Alten Testament als Ausgleichshandlung zum Schadensausgleich führen soll, wird in unserem Strafrechtssystem zusätzlich strafrechtlich abgehandelt und mit bestimmten Strafen belegt. Der Straftäter wird so behandelt, als habe er vor allem die Gemeinschaft geschädigt und nur in zweiter Linie sein Opfer. Die absoluten Straftheorien der Aufklärung gehen sogar so weit, die Schädigung in einer a priori, d.h. außerhalb menschlichen Interesses oder Zugriffes befindlich, liegenden Sphäre anzusiedeln. Um die moralische Geltung der Sittengesetze in Kraft zu lassen, muss der Staat ihre Verletzung unter Strafe setzen. Schadensregulierung erfolgt also gegenüber der Menschheit allgemein oder religiös gesehen gegenüber Gott, repräsentiert im Staat und seiner Strafjustiz. Viele verurteilte Straftäter gehen auf diesen Gedanken ein und sehen ihren Teil der Wiedergutmachung in der Haftstrafe. Der Gemeinschaft und dem konkreten Opfer Genüge zu tun, würden sie als doppelte Strafe empfinden. Häufiges Argument: „Ich denke nicht daran, nun noch zu zahlen. Ich hab doch für meine Sachen schon drei Jahre abgesessen!"

„Unser Strafrechtssystem ist eigentlich zu einer Art von Staatsinquisition geworden. Wahrscheinlich wäre es ohne Inquisition nie zum Strafrecht gekommen, obgleich eine solche Behauptung nur schwerlich zu beweisen ist. ... wenn das Verbrechen als eine Tat gegen die gesamte Gesellschaft angesehen wird, dann ist diese Gesellschaft das Opfer und das individuelle Opfer verschwindet im Dunkel."[167] Ob Impulse zur stärkeren Kontrolle der Bevölkerung durch den beginnenden bürokratischen Staatsapparat in der Zeit der industriellen Revolution den Ausbau dieses Strafrechts beförderten, mag dahingestellt bleiben. Immerhin legt der Autor den Gedanken nahe, Strafrecht sei deshalb am Opfer uninteressiert, weil es im Grund ein Herrschaftsrecht sei, dem es gar nicht um die Bekämpfung von Kriminalität, sondern um Kontrolle der Bürger gehe. „Das repressive System ist immer eher zur Unterdrückung der Selbstständigkeit der Bürger gedacht gewesen als zur Unterdrückung von Verbrechen: daher die mageren Ergebnisse."[168]

Diese Theorie verschweigt jedoch, worin die staatlich organisierte Strafjustiz ihre eigentliche Stärke besitzt. Sie nimmt die Behandlung von Verbrechen aus den Händen der Beteiligten, um der schlichten affektiv gesteuerten Rache vorzubeugen, wie bereits dargelegt worden ist. Daraus muss aber nicht folgen, dass das Opfer aus dem gesamten Prozess herausfällt. Gerade der staatliche Zwang zur Streitschlichtung könnte die Subjektseite des Opfers erheblich stärken.

Gestützt wird die Behauptung jedoch dadurch, dass die Strafverfolgung durch die Behörden in unserem Lande auch dann erfolgt, wenn sich gar niemand als Geschädigter zu erkennen gab oder eine Anzeige erstattet hat. Doch auch dieses ernstzunehmende Argument übersieht die eigentliche Stoßrichtung der Strafverfolgung durch unabhängige Behörden. Wenn zwei oder mehr Partner Verbrechen begehen, die beiden Vorteile bringen, wie z.B. bei der Bestechung, merkt der Geschädigte das oftmals verspätet oder mangels Überblick überhaupt nicht. Erst die im Bereich der Wirtschaftskriminalität häufig notwendige rechnerische Schadenserhebung (z.B. für den Steuerzahler) kann da Klarheit schaffen. Allerdings fragt sich auch hier, welchen Sinn die Strafjustiz macht, weil sie den Schaden nur feststellt und die Täter verurteilt. Durch den Vollzug einer ausgesprochenen Freiheitsstrafe nimmt diese Form der Strafjustiz dem Täter die Möglichkeit, Schaden zu regulieren, und schafft darüber hinaus noch erhebliche Kosten durch Unterbringung, Bewachung, Ernährung und

Betreuung. Das Opfer, nehmen wir als Beispiel den Steuerbürger, geht nicht nur leer aus, sondern wird sogar noch mehr geschädigt, indem ein Teil der Steuergelder dem Justiz- und Vollzugsapparat zugeführt werden muss.

Ähnlich ist es mit dem Schutz vor Kapitalverbrechen gegen Leib und Leben. Was das Opfer oder seine nächsten Angehörigen eigentlich erwarten, ist nach dem Abflauen der ersten heftigen Racheimpulse eine Form der Wiedergutmachung. Ist dies durch den Täter nicht möglich, hofft man auf die Gemeinschaft, die ja auch ein wenig beiträgt, z.B. durch Krankenkassen, Versicherungen u.a. Die Strafjustiz bietet statt Wiedergutmachung oder Entschuldigung dem Täter die Verkürzung von Lebenschancen - gewissermaßen im Gegenzug zu seiner Verkürzung von Lebenschancen beim Opfer - und erhebliche gesellschaftlich zu erbringende Kosten ebenfalls für den Vollzug einer Freiheitsstrafe.

Zusätzlich bietet die Gesellschaft eine Art Stigmatisierung der Opfer. Nach dem zweiten Einbruch in der Wohnung oder im Haus wird die Versicherung unruhig und beginnt, Kündigungsmöglichkeiten zu erwägen. Wenn ein Haus in kürzeren Zeitabständen – nachdem es renoviert ist - wieder abbrennt und kein Brandstifter gefasst wird, kennen die Versicherungen oft keine Gnade und kündigen den Vertrag. Danach übernimmt keine andere Versicherung mehr das Risiko. Wer häufiger Opfer wird, hat mit beruflichen und sozialen Nachteilen zu rechnen, z.B. bei längerer / häufigerer Arbeitsunfähigkeit, oder wird gar einer Therapie zugewiesen. Möglicherweise stellen sich Fragen nach der Mitverantwortung oder gar -schuld.

Nicht umsonst scheuen viele Opfer die Auseinandersetzung mit der Strafjustiz. Sie fürchten, dadurch selber ins Zwielicht zu geraten oder Nahestehende ins Zwielicht zu bringen. Bei intensiver Beanspruchung eines Opfers durch die Justiz kann es zu erheblichen Beeinträchtigungen kommen. Selbständige machen weniger Umsatz, Arbeitnehmer verlieren vielleicht ihren Arbeitsplatz. Beides hängt mit Zeiteinbußen und psychischer Präsenz zusammen. Kein Arbeitgeber freut sich, wenn ein Mitarbeiter durch die Opferrolle in der Arbeitszeit zu oft fehlt oder weniger leistet.

Dazu kommt das gesellschaftlich / nachbarschaftliche Phänomen der Stigmatisierung. Nicht alle Menschen zeigen Mitgefühl mit Opfern. Andere Regungen reichen von Schadenfreude über die Befriedigung von unterdrückten Rachegefühlen ('geschieht ihm / ihr recht') bis zur handfesten Ausgrenzung ('...zieht Unglück an...').

Das alles erklärt die Negativ - Rolle des Opfers als eines unerwünschten und störenden Nebeneffektes in jeder Beziehung. Die Justiz fühlt sich durch das auftretende Gefühlschaos gestört, die Nachbarschaft hängt dem Geschädigten im besten Falle Angstgefühle an, wenn nicht gar Verdächtigungen wie die gängige vom Versicherungsbetrug. Dass das alles zur Eindämmung von Kriminalität und krimineller Reizbarkeit beitragen könnte, das zu denken verbietet schon diese kurze Aufzählung. Dazu kommt die unersättliche Neugier der Medien auch gegenüber den Opfern. Während der Geiselnahme von Gladbeck entkam eine zufällig mit ihrer Freundin als Geisel genommene junge Frau dem Tod, während ihre Freundin erschossen wurde. Das riesige Interesse der Medien löste Diskussionen über die Behinderung der Polizei aus. Für die psychischen Verletzungen der entkommenen Geisel interessierte sich kaum jemand. Erst als der Prozess gegen die Täter nach langer Zeit begann, wurde wieder eifriger berichtet. Opfer können noch im Nachhinein zu ihrem Schaden den Spott von Boulevardzeitungen entgegennehmen, wenn sie sich nicht nach dem erwünschten Opferschema verhalten. Besonders bei Straftaten gegen die sexuelle Selbstbestimmung gilt das alles in vielfacher Weise. Da wird dem Opfer häufig eine Art Verführungsanteil unterschoben.

Besonders schwierig wird die Rolle der Opfer oder ihrer nächsten Angehörigen, wenn keine Aufklärung erfolgt. Nicht viele wollen die Unsicherheit und Unfähigkeit, Erklärungen zu finden, mittragen. Die Polizei- und Justizbehörden haben kaum Kapazitäten, um fachkundige Hilfe zur Bewältigung zu bieten. Zumindest wäre die Zusammenarbeit mit Beratungsstellen und kirchlicher Seelsorge angeraten, die da und dort schon angelaufen ist. Ein Strafanspruch des Staates - was soll er in diesem Zusammenhang ausrichten? Vor jedem Strafanspruch steht ein Aufklärungsanspruch und - gebot. Erst die aufgeklärte Tat kann einer strafrechtlichen Bewertung unterzogen werden.

Opfergeschichten

Eines Nachts bewegt sich der Vorhang im Schlafzimmer etwas merkwürdig. Zunächst sieht das noch aus wie Wind. Dann aber kommt ein Schatten durchs Fenster geklettert. Der Hund schlägt an und der Schatten bemerkt offenbar, dass da Leute wach geworden sind. Er steigt wieder hinaus und man hört beide Hunde im Garten herumsuchen. Der große Hund kommt bald wieder und legt sich schlafen. Der kleinere Hund fängt nach einiger Zeit wütend an zu kläffen. Im Nachbarhaus auf dem gleichen Grundstück hat eine resolute ältere Dame den Radau gehört und geht mit ihrer Taschenlampe auf Suche. In einem Gebüsch findet sie einen Mann, der vom Hund in Schach gehalten wird. Resolut wie sie ist, zieht sie ihm mit der Taschenlampe eins über. So mein lieber Freund, sagt sie und bindet dem Angetrunkenen und durch den Schlag Taumelnden mit einem Strick aus der Hütte nebenan die Hände auf den Rücken. Dann bringt sie ihn ins Haus in eine Kammer und verständigt die Polizei. Bis diese eintrifft, randaliert der Mann. Er sagt aus, er sei nur zufällig über dieses Grundstück gekommen, das allerdings an einer schwer zugänglichen Stelle liegt. Um es zu erreichen, muss man einen Bach und einen Zaun überqueren.

Der Eindringling erstattet seinerseits Anzeige wegen Körperverletzung. Das Gericht besichtigt die Örtlichkeiten und verwirft die Anzeige des Mannes. Es verurteilt ihn wegen versuchten Einbruchs.

Unser Nachbar und wir selbst wurden mehrmals Opfer von Einbrüchen. Der Nachbar war zum Feuerwehrabend. Als er zurückkam, hatten Einbrecher sein Haus ausgeräumt. Neben dem Fernsehapparat und dem Videorecorder war sogar die Gefriertruhe geleert worden. Der Einstieg ging ganz schlicht über die Terrasse Die Scheibe der Terrassentür war mit einem Stein eingeschlagen worden. Die Spuren im Schnee führten in Richtung Straße.

Einige Zeit später kam das Pastorat dran. Wir waren unterwegs auf einer dienstlichen Reise. Dies nutzten die Einbrecher. Sie kletterten über eine Mauer in den Innenhof und bohrten unterhalb des Griffs der Terrassentür ein Loch und schoben so die Tür auf. Das erforderte Ortskenntnis. Sie räumten alles aus, was irgendeinen Wert besaß. In einer Kassette fanden sie den Schlüssel fürs Kirchenbüro und den dortigen Tresor. Auch dort durchwühlten sie alles, ließen jedoch die Einnahmen aus einer Sammlung in Höhe von achttausend Mark auf dem Boden liegen. In unserem Wohnzimmer hatten sie noch eine Flasche Wein gefunden und es sich augenscheinlich damit gemütlich gemacht. An den Reifenspuren konnte man sehen, dass sie einen Kleinbus zum Abtransport genutzt hatten. Die Polizei erklärte, es handle sich um ein singuläres Ereignis, weil nirgends in der Nachbarschaft eingebrochen worden war. Möglicherweise eine Beziehungstat. Der Schaden ging in die Zehntausende. Unsere Versicherung betraute einen Gutachter mit der Schadensaufnahme. Die Regulierung dauerte Monate. Unsere Bank sah sich befleißigt, die Kontoüberziehung anzumahnen. Die Zinsen für die Überziehung ersetzte am Ende niemand.

Ergebnis war eine starke Verunsicherung. Konnte man in dem Haus noch ruhig schlafen? Die Einbrecher hatten despektierlich die kleinen Andenken an die frühe Kindheit unserer Kinder ins Klo geworfen und waren auch nicht vor der Sparbüchse zurückgeschreckt.

Einige Monate später folgte der nächste Einbruch. Diesmal hatten die Einbrecher viel Mühe. Inzwischen waren die Fenstergriffe abgeschlossen. So mussten sie die im Innenhof liegenden Steine benutzen, um ins Haus hineinzukommen. Der Rückweg über die Mauer ist sehr kompliziert, vor allem mit Diebesgut. Beim Betrachten des Schadens konnte man feststellen, dass die Diebe erheblich Mühe darauf verwenden mussten, durch die abgeschlossenen Fenster wieder „auszubrechen". Weil Porzellan, Silberbesteck und Fotoapparate noch vom Diebstahl davor fehlte und die besseren Wäschestücke anderswo aufbewahrt wurden, nahmen die Diebe diesmal Möbel und Musikinstrumente mit, die ihnen wertvoll erschienen. Erneut war ein Gutachten nötig. Die Töne bei der Versicherung wurden fast schon vorwurfsvoll. Die Polizei sprach wieder von einer möglichen Beziehungstat. Wer aber will einer Pfarrersfamilie dies antun? Der einzige nahe liegende Gedanke ging an die Rauschgiftabhängigen, denen wir bestimmte Forderungen abgeschlagen hatten. Sie hätten zumindest Tippgeber sein können, weil sie unsere An- und Abwesenheitszeiten genau kannten. Bei den Männern, die häufiger in kürzeren Abständen zum Teil aggressiv Geld verlangten, um sich zu ernähren oder Zigaretten zu kaufen, lag der Gedanke weniger nahe, obwohl einer von ihnen die Gelegenheit nutzte und eines Tages im Haus eine Handtasche stahl. Darüber hinaus gibt es in jedem Pastorat bestimmte Besucher, die vorwiegend spät abends auftauchen. Auch sie könnten die Lage überprüfen und durch das Erbitten von Terminen die Gewohnheiten und Zeitabläufe ausforschen. Die Gedanken daran verschwinden nicht, nützen aber auch nichts. Genau so gut kann es sich um Zufälle handeln. Dennoch hinterlassen die Einbrüche über die Unsicherheit gegenüber dem Haus hinaus psychisch

Spuren. Beziehungen, die nicht besonders gut waren, erscheinen in schlechterem Licht, weil alle möglichen Projektionspersonen vorhanden sind, denen man zumindest Schadenfreude zutraut.

Was wir nicht haben oder hatten, sind irgendwelche Rachegedanken. Was nützt es, wenn solche Einbrecher hinter Gittern sitzen? Vielmehr gab es den intensiven Wunsch, die Täter zu kennen und sie nach ihren Motiven zu fragen und vor allem, sie durch „Enttarnung“ als Täter auszuschalten. Eine Wohnung mit schwer verkäuflichen Gütern wie Porzellan oder altem Silber, Handtüchern und Musikinstrumenten auszuräumen, setzt schon merkwürdige Motive voraus.

Unsere Söhne wurden Opfer von tätlichen Angriffen. Der eine aus ungeklärter Ursache mitten auf der Straße mitten in der Nacht. Der andere auf der Eisbahn aus einer ihm wohl feindlich gesonnenen Gruppe heraus, auch ohne aktuellen Grund. Die Freundin unserer Tochter konnte sich im Alter von sechzehn Jahren mit Mühe der versuchten Vergewaltigung durch einen großgewachsenen, aber erst zwölfjährigen Jungen, der ein Messer dabei hatte, erwehren. Während die Einbrüche in der Großstadt stattfanden, geschahen die körperlichen Angriffe auf dem Lande. Der erste Fall wurde mit einer Geldstrafe wegen Körperverletzung geahndet, der zweite trug dem Täter eine Ermahnung ein. Der dritte konnte mangels Strafmündigkeit nicht weiter verfolgt werden, rief jedoch bei allen Beteiligten eher Entsetzen und Mitleid hervor.

Eine alte Dame erzählte von „ihrem Einbruch“. Sie lebte im eigenen Haus, in dem sie einige Wohnungen vermietet hatte. Eines Nachts konnte sie nicht einschlafen und hörte dies und jenes Geräusch. Irgendwann begann es zu rumpeln. Na, dachte sie, die jungen Nachbarsleute toben mal wieder ganz schön rum. Aber - wir waren auch mal jung. Doch mit einem Mal wurde das Rumpeln lauter und endete direkt vor ihrem Fenster. Jemand stieß das Fenster auf und fuchtelte mit der Taschenlampe im Zimmer herum. Er kam herein. Stell dich tot, dachte sie, und legte sich reglos hin. Sie fühlte, wie der Schein der Taschenlampe in ihr Gesicht leuchtete. Wer immer der Einbrecher war, er ließ die Taschenlampe fallen und verschwand. „Ich muss ja schrecklich tot ausgesehen haben“, beendete sie ihre Erzählung, „aber einen Vorteil muss es ja haben, alt zu sein.“

Einer anderen Frau war das Haus innerhalb einer dreiviertel Stunde nahezu ganz leer geräumt worden, während sie zum Einkaufen gegangen war. Ein männliches Einbruchsopfer kann es sich leisten, ein anderes Haus zu bewohnen. Das Einbruchshaus betritt er nur noch tagsüber zur Kontrolle. Ansonsten steht es leer.

Eine Pflegeschülerin in einem meiner Kurse fiel mir stets durch sehr zurückgenommenes Verhalten auf. Sie wollte vor allem in Kommunikationsfragen nicht richtig einsteigen. Eines Tages erzählte sie, ihre Mutter sei von einem fast noch Jugendlichen ermordet worden. Seither habe sie Schwierigkeiten, sich in andere Menschen hineinzuversetzen. Sie lebe in dem gleichen Umfeld wie vorher. Der Mörder laufe jetzt nach zehn Jahren wieder in ihrem Stadtviertel herum, er habe die Wohnung auch nicht gewechselt. Er war nach dem Jugendstrafrecht verurteilt worden und deshalb schon relativ früh in Lockerungen des Vollzuges gekommen. Sie habe das Gefühl, er könnte sich über sie lustig machen. Er nämlich habe im Gefängnis endlich seine Lehre abgeschlossen, während sich um sie und ihre Schwestern nach dem Abklingen der Journalistenneugier und einigen Stunden psychologische Betreuung und Ferien durch den weißen Ring außer dem damaligen Pfarrer niemand gekümmert habe.

Ein Mann, der wegen pädophiler Attacken auf kleine Jungen in der forensischen Psychiatrie behandelt wurde, erzählte immer wieder seine Opfergeschichte. Als er ungefähr so alt war wie seine späteren Opfer haben ihn zunächst ein Heimleiter und dann die älteren Jungen im

Heim sexuell belästigt und zu sexuellen Handlungen gezwungen. Wie exakt seine Schilderung zutraf, ließ sich natürlich nicht klären. Auch wenn manches wirklich der Phantasie entsprungen sein sollte, käme immer noch eine Art Wiederholungshandlung nur mit umgekehrten Rollen zum Vorschein. Aus dem ehemaligen Opfer wird der Täter. In seinem Verhalten gibt er sich bis in die Stimme hinein als Erwachsener kindlich. Er ging alle Stufen des Milieus durch, Prostitution eingeschlossen. Er berichtet von Treffpunkten, in denen er bis heute Leute aus allen, besonders aber den „höheren" Gesellschaftsschichten oder gesellschaftlichen Funktionen trifft. Homosexualität ist nichts Besonderes mehr, es sei denn mit Abhängigen oder Minderjährigen. Dennoch erlebte der Erzähler neben seiner Tätergeschichte eine eigene traumatisierende fortlaufende Opfergeschichte.

Selbst bei Verbrechen hört man kaum die Forderung nach Rache. Opfer zu sein hinterlässt jedoch maßlosen Eindruck in der Seele. Sogar die Frage, ob man selbst etwas dafür könne, lässt sich nicht unterdrücken. Das Opfer steht in einer Beziehung, die es so nicht gewollt hat, die aber auch nicht getilgt werden kann. Die Psyche versucht, ungeklärte Beziehungen und Zusammenhänge einzuordnen und Wunden zu heilen. Weil das in diesem Fall noch schlechter gelingt als ohnehin, braucht sie Notkonstruktionen oder Abwehrmaßnahmen, um nicht in völlige Irritation ähnlich einer psychischen Krankheit zu verfallen. Ein ungeklärtes psychisches Phänomen liegt darin, dass Menschen, die selber noch nicht Opfer geworden sind, zu rigideren Abwehrmaßnahmen neigen als die Opfer.

Psychische Abwehrmaßnahmen

Eine dieser Maßnahmen ist die Projektion: Die Verbrecher sind „die Ausländer", „die Süchtigen" oder „die Asozialen"! Das oder der Böse hat bis dahin Gestalt gewonnen, dass diesen Menschen dann pauschal die Menschenwürde abgesprochen wird. Die Verunsicherung, die es verursacht, wird durch markige Worte bekämpft. Folgen können unter anderem Fremdenfeindlichkeit, der Ruf nach mehr Polizei und mehr Kontrolle.

Möglicherweise folgt die Spaltung. Sie trennt sauber zwischen Guten und Bösen. Im Opferstatus kann man die übliche Mischung zwischen Gut und Böse nicht mehr hinnehmen. Das Opfer kann sich zunächst als Mensch nicht mit dem Täter gemein machen. Der Täter repräsentiert die unheimliche Bedrohung von außen, die dem allgemeinen lebensfeindlichen und vernichtenden Bösen entspringt. Das Opfer kann seine Verwicklung in diese Zusammenhänge nicht mehr sehen. Es hat auch im Laufe der Erziehung gelernt, dass nur bösen Menschen Böses widerfährt. Genau aus dieser Sichtweise aber muss es sich durch Abspaltung des Bösen befreien. Dieser Abwehrmechanismus entspricht dem des Täters. Auch er spaltet das Böse ab. Er war gezwungen, konnte nicht anders, hat es ja gar nicht gewollt, hat nur Ungerechtes ausgeglichen, so seine Darstellung.

Der dritte Abwehrmechanismus kommt als Verschiebung eher in Richtung Polizei und Versicherungen zum Ausdruck. Sie tun zu wenig, sind nicht gerüstet, wittern gar noch Betrug oder fragen, ob das Opfer mitgewirkt hat, so und ähnlich kommt das immer wieder in den Berichten vor.

Eine weitere Spielart der seelischen Abwehr ist die Vertauschung der Rollen. Das Opfer wiederholt die Handlung, in der es selber Opfer war, in der Rolle des Täters. Wer diese Form von Bewältigung als zu weit hergeholt ansieht, schaue einmal die Weitergabe der Erziehungsmechanismen in Familie und Gesellschaft an. Vielfach rücken die Erzogenen nur in die Rolle der Erzieher ein und wiederholen in der anderen Rolle das, was sie selbst erlebten.

Die Verleugnung schließlich gehört zu einer Reihe von Bewältigungsmechanismen bei Verbrechen wie bei dem Mord an einem nahen Angehörigen. Da tritt ohnehin ein

Beziehungszusammenhang ein, der nur im Einzelfall nachgezeichnet und aufgeklärt werden kann. Die mittelbar betroffenen Opfer erleben psychische Krisen und Konflikte verschiedenster Art, die bis an den Rand des eigenen psychischen Überlebens führen.

Abwehr und Identifikation

Strafe gründet in einem Geflecht von psychischen und gesellschaftlichen Faktoren, deren Entwirrung kaum gelingt. Am leichtesten zu erfassen sind dabei die gesellschaftlichen Vorstellungen von „Gerechtigkeit“ als Vergleichbarkeit, bei der Straftaten als Chancenverkürzung für Opfer angesehen werden, die durch Chancenverkürzung für Täter ausgeglichen werden. Darüber hinaus spielen eine Reihe von psychischen Abwehr- und Identifikationsmechanismen eine Rolle, die zur Beziehungsstabilität im gesellschaftlichen Leben beitragen. Die Strafverfolgung bekommt die Funktion zugewiesen, direkte Folge - Konfrontationen zwischen Opfern und Tätern zu unterbinden und den Konflikt einer akzeptierten Regelung zuzuführen. Die Freiheits- und auch die Geldstrafe erreichen jedoch das Ziel nicht, Kriminalität zu bekämpfen, weil sie Ausfluss eben jenes gesellschaftlichen Beziehungsgeflechts sind, das die Kriminalität verletzt oder zerstört. Vielfach liegt kriminelles Verhalten in der Psyche des Täters begründet, die wieder in das gesellschaftliche Umfeld hinein verwoben entsteht und nach der Herstellung von Beziehungsstabilität auf ihre Weise strebt.

Strafandrohung durch Freiheitsstrafe erweist sich damit letztlich als Androhung, das Beziehungsgeflecht zu beschneiden, um dem, der es ‘missbraucht’, eine höhere Wertschätzung desselben nahe zu legen. Weil viele der Täter bereits vor der Tat eine Reihe von Erfahrungen der Beziehungsinstabilität hinter sich gebracht haben, wirkt die Drohung mit gesellschaftlichem Liebesverlust und Stigmatisierung nur begrenzt. Wer in einem Beziehungsgeflecht steht, das den Verlust von abstrakter gesellschaftlicher Einbindung gering achtet oder gar die eigene Gruppenbeziehung höher stellt, ist durch diese Androhung überhaupt nicht zu erreichen.

Gesellschaftliche Strafandrohung trägt zum gesellschaftlichen Zusammenhalt bei, weil sie die gemeinsamen Werte indirekt bestätigt. Das kann aber nur über die Stigmatisierung des Täters geschehen. Dazugehören und sich an die Abmachungen halten kann man nur, wenn es auch das Herausfallen bzw. Ausschließen gibt, das aufgrund eines Verstoßes gegen die Abmachungen erfolgt. Die Resozialisierungsbemühungen sollen dem, der ausgeschlossen wurde, nahe legen, sich zum eigenen Nutzen an die Gesetze zu halten. Wenn jedoch die Freiheits- oder andere Strafe als kalkulierte Kosten in abweichendes Verhalten einbezogen werden, liegt der Nutzen eher auf der Seite des Täters. Eben darum findet sich aus dem verfahrenen Geflecht der Sekundärmotive nur ein Weg, wenn die Stellung des Opfers gestärkt wird, und die Bestätigung der gemeinsamen Werte und Normen durch Wiedergutmachung und Konfliktregelung erfolgt.

Warum es nicht gelingt, einen reflektierten Umgang mit abweichendem und kriminellem Verhalten zu erlangen, der Kriminalität bekämpft anstatt sie zu verwalten, könnte noch einmal psychodynamisch erklärt werden: „Wir haben auf persönliche Rache verzichtet; aber in den Genuss legalisierter Rache können wir noch kommen. Ist jemand einmal eines Verbrechens überführt und zum ‘Täter’ gestempelt, dann wird er zum Freiwild, und unsere Gefühle verfestigen sich zu der Überzeugung, dass sein Anschlag auf die Gesellschaft ‘heimgezahlt’ werden müsse.“[169] Daraus würde deutlich, wie sehr das Rachebedürfnis, das sich nach besonders abscheulichen Verbrechen unverhohlen äußert, in der Behandlung von Straftätern durch Zumessung von Haftstrafen ritualisiert abgehandelt wird. Die Erinnerung an den „Sündenbock“ des Alten Testaments scheint da nicht weit hergeholt. Die psychodynamische

Erklärung von Menninger lässt sich jedoch auch zur Begründung für Kriminalität erweitern: „Genau dieses Bedürfnis nach Vergeltung ist es natürlich auch, was die meisten Täter zu ihrem Tun treibt. Abgesehen von Einbrechern, Räubern und Berufsverbrechern, haben die Menschen, die festgenommen, überführt und verurteilt werden, gewöhnlich nur die eine Absicht, sich für einen ihnen zugefügten Schaden zu rächen, ihrem Groll über ein erlittenes Unrecht Luft zu machen oder etwas, was ihnen als Ungerechtigkeit erscheint, zu korrigieren. Ihre Opfer sind Personen, die sie für Feinde, falsche Freunde, Rivalen, untreue Ehegatten oder grausame Eltern halten - oder aber Symbolfiguren, die als Ersatz dafür dienen."[170]

Die Einschränkung in der zitierten Aussage überzeugt mich nicht. Ich traf in der forensischen Abteilung einer psychiatrischen Anstalt einst einen Mann, der wegen der Absurdität seiner Einbrüche noch vor Prozessbeginn zur psychiatrischen Behandlung eingewiesen war. Seine Anklageschrift enthielt sechzehn Einbrüche. Der Schaden der ersten fünfzehn Einbrüche bestand jeweils in einer zerschlagenen Fensterscheibe, dem Durchwühlen von Regalen oder Schränken und dem Diebstahl einer Tafel Schokolade oder eines Fünfmarkstückes. Der sechzehnte Geschädigte hatte einen Gesamtschaden von 16.000 Mark zu verzeichnen. Der Einbrecher soll ihm alle Elektrogeräte aus der Werkstatt gestohlen haben. Dieser letzte Fall wurde als versuchter Versicherungsbetrug eingestuft. Der Gegensatz der erheblichen Schockwirkungen eines Einbruchs für die Geschädigten und des geringen Schadens gab die Rätsel auf. Dieser Mann erzählte folgende Geschichte: Er war nach dem Zweiten Weltkrieg als kleines Kind über viele Stationen schließlich in einem Kinderheim gelandet. Dieses Heim war in ihm eingeprägt als großer Schlafsaal. Durch das Fenster der Schlafsaaltür schauten immer wieder Frauen und Männer und zeigten nach einigem Hin und Her auf bestimmte Kinder. Viele wurden so von ihren Eltern wieder gefunden oder von anderen Menschen aufgenommen. Auch auf ihn zeigt eines Tages ein Paar. Er wurde zu ihnen gebracht. Nach ein paar Minuten Unterhaltung sagte die Frau: „Das ist er nicht!“ Er blieb im Heim zurück.

Das Verhalten dieses Mannes war noch nicht einmal Rache, sondern der untaugliche Versuch, die Scheibe, die ihn von ‘seiner Familie’ trennt, zu durchschlagen. In diesem Beispiel trägt die gesellschaftliche Situation nach dem Zweiten Weltkrieg ihre Früchte im Schicksal eines Einzelnen. Viele Einbrecher korrigieren ihrer Meinung nach nur Ungerechtigkeit und Zurückweisung. In Fortführung zur Erläuterung der Rache als Grundlage für Strafbedürfnis und Strafe dieses Motiv auch als Grundlage für viele Fälle der Kriminalität anzusehen, würde die oben diskutierten psychoanalytischen Erkenntnisse erweitern.

Der Straftäter führt danach nicht einfach nur aus, was andere verdrängen. Sein ganz persönliches psychisches und gesellschaftliches Schicksal formt die Handlungsweise. In seiner persönlichen Psychodynamik spielt auch die Suche nach Anerkennung und Geborgenheit eine Rolle, die er durch seine Handlungsweise zu verschaffen trachtet, dazu andere ganz persönliche Momente. Das hilft dem Opfer der Straftat wenig, verschafft jedoch die Möglichkeit der Erklärung, die zu einem differenzierteren Bild führt. Moser hat dies einst zusammengefasst.

„Kriminalität scheint eine verzweifelte, anarchistische und destruktive Weise der Umkehr erlebter Ablehnung und Feindseligkeit gegen die Gesellschaft zu sein. Zeichen dieser drohenden Umkehrung des erlittenen Bösen in selbst vollzogenes Böses zeigen sich früh. Die Forschung ist damit beschäftigt, sichere Indizien für beginnende Verwahrlosung und delinquente Charakterentwicklung bereits in den ersten Lebensjahren zu ermitteln. Diese Indizien sind am Kind noch leichter als Zeichen des Leidens zu erkennen und zu deuten als später, wenn das selbst zugefügte Leid in den Vordergrund rückt, wenn sich Entbehrung in Gier, Ablehnung in Aggression, Unaufrichtigkeit

in Niedertracht und Brutalität in Gewissenlosigkeit verwandelt haben.

Erstaunlich ist, in welchem Ausmaß die Gesellschaft diesen Kindern Zeit läßt, sich zu Kriminellen zu entfalten. Sie kümmert sich kaum um sie, solange sie Opfer sind. Erst wenn die Gesellschaft sich selbst als Opfer fühlen oder wenigstens darstellen kann, greift sie ein. Dann aber so wie verwahrloste und unreife Eltern, die blind zuschlagen, wenn ihnen das Gezeter und die Streiche der von ihnen vernachlässigten Kinder auf die Nerven gehen, wenn das zornige Bedürfnis, sich Ruhe zu verschaffen, zum Hauptmotiv des Eingriffs wird."[171]

Der Opferbegriff

In der deutschen Sprache macht die doppelte Bedeutung des Wortes Opfer Probleme. Der Prägnanz halber zitiere ich eine Äußerung, die das überdeutlich macht: „Leider kann ich den von mir ungeliebten – und nach meinem Verständnis auch unrichtigen – Begriff des ‚Opfers' in einem Beitrag über den Täter-Opfer-Ausgleich nicht gänzlich vermeiden. Ich setze ihn deshalb in Anführungszeichen, weil ich keine Assoziation zu „jmd. der eine Missetat oder ein Übel *erdulden muss*" (Wahrig: Das grosse deutsche Wörterbuch) nahelegen möchte; vielmehr davon ausgehe, dass Geschädigte einer Straftat, trotzdem grundsätzlich *handlungsfähig* bleiben – selbst, wenn sie ‚Opfer' („Gabe für die Gottheit"?) einer Sexualstraftat geworden sind."[172]
Das Opfer hat eine religiöse Bedeutung als Opfergabe. Mit der Geschichte von „Opferung des Isaak"[173] wird das „Menschenopfer" abgelehnt. Es gibt aber immer noch Interpretationen von der Kreuzigung Jesu[174] als „Opfertod".[175]
In Süddeutschland heißt die Sammlung von Geld im Gottesdienst heute noch Opfer. Wenn ich große Opfer bringe, dann verzichte ich auf etwas, was mir möglich wäre oder was mir zusteht. Solche Hintergründe tun sich beim Opferbegriff auf. Danach wäre das Opfer einer Messerattacke jemand, den der Täter seiner Aggression opfert. Der religiöse Hintergrund ist dabei nicht verloren gegangen, wenn

man dazu denkt, dass sich der Täter ‚wie Gott' aufführt und etwas tut, was ihm nicht zusteht.[176]

Bedeutung des Opfer-Werdens

Wenn man Opfer einer Straftat geworden ist, ist die ganze Konstruktion des eigenen Lebens angegriffen. Das Ereignis passt nicht in die Rationalitäten und Routinen, mit denen man ansonsten seinen Alltag bewältigt. Da diese Rationalitäten und Routinen dem Individuum das Gefühl der Sicherheit verschaffen, ist die Folge Verunsicherung. Mit der Störung der Sicherheit gerät auch die Kommunikation mit anderen in Schwierigkeiten. Wir setzen bei unserer Kommunikation mit anderen voraus, dass bei ihnen die Rationalitäten und Routinen den unseren gleich sind. Alle Menschen gehen bei den Worten, mit denen sie ihr Handeln begleiten, von der Unterstellung aus, ihre Handlungen seien mitteilbar und „rational". Die eigenen Handlungen werden als rationale Folgen von Situationen verstanden, wobei das „Unpassende" der Tendenz unterliegt, passend gemacht zu werden. Sie unterliegen dem „Drang, die Dinge des Alltags in eine Ordnung zu bringen"[177] und darin zu lassen. Das geht bei einer Opfererfahrung nicht mehr. Daraus erklärt sich der Wunsch von Kriminalitätsopfern, dass es wieder ‚in Ordnung kommt': „First of all victims want their normality back."[178] Das Opfer kann aber nur auf dem Wege der Kommunikation wieder in Ordnung kommen, weil es sie durch einseitige Änderung der Rationalitäten der Kommunikation verloren hat. Hier könnte auch die Definition für Restorative Justice von Howard Zehr angesiedelt werden, die durch den restorativen Prozess mit Opfer, Täter und Gemeinschaft „die Dinge, soweit wie möglich, in Ordnung zu bringen"[179] anstrebt. Ein Opfer von Kriminalität ist immer auch in seinem Verhältnis zur Gemeinschaft / Gesellschaft und deren Sicherheiten beeinträchtigt. Da es sich um ein netzartiges Gebilde wechselseitiger Dauerkommunikation handelt, ist auch das Ganze beeinträchtigt: „Jeder einzelne hält in seiner Konstitution als Mensch in sich unvermeidlich und unwillkürlich einen autopoietischen Prozess der Beobachtung von Kommunikation als sozialem System und der denkenden Verarbeitung im Gange, reagiert mit seiner Binnenkommunikation als psychisches System auf seine Beobachtungen und trägt über strukturelle Koppelungen zum sozialen System Kommunikation und dessen Erhaltung bei."[180] Mit dem kriminellen Übergriff erfolgt also eine Störung der ‚gesellschaftlichen Kommunikationsroutinen' – das ‚Erwartbare' - ebenso wie eine Störung der Einbindung des Opfers in diese und des Selbstverhältnisses des Opfers. Der kriminelle Übergriff wird in organisierten Gesellschaften durch die Strafgesetze definiert. Es gibt nach diesem Verständnis auch Übergriffe, die nicht strafrechtlich definiert sind. Auf sie ist das Modell ebenso anwendbar und wird auch angewendet, um Konflikte in anderen Feldern gesellschaftlichen und individuellen Lebens zu lösen. Darum aber geht es hier nicht.[181]

Kriminalitätsopfer haben eine Vorstellung davon, wie die richtige „Behandlung" für sie aussehen könnte. Sie bekommen aber die Möglichkeit dieser Behandlung in der Strafgerichtsbarkeit nicht in ausreichendem Maß. Die Opferschilderungen beim Prozess gegen den „Nationalsozialistischen (NSU) Untergrund" vor dem Münchener Landgericht scheinen etwas anderes zu sagen. Aber: „Im Akkord sagen Überlebende des Kölner Nagelbombenanschlags im NSU-Prozess aus. So wenig Zeit für ihre Aussagen bleibt. … Der Vorsitzende hat knapp terminiert. Den Verletzten des Nagelbomben-Anschlags in Köln, die am Mittwochvormittag als Zeugen geladen waren, hatte er jeweils nur 20 Minuten eingeräumt. 20 Minuten, in denen sie von ihren Verletzungen und Beschwerden berichten konnten. Es ging Schlag auf Schlag. Doch der NSU-Prozess soll ja vorankommen."[182] Die Opfer erzählten, wie die Bombenexplosion sich auf ihr persönliches Leben entscheidend ausgewirkt hat. Dazu kam, dass sie von der Polizei als Verdächtige behandelt wurden.[183] Bei dieser knappen Vernehmung als Zeugen ist zu bedenken, dass es sich hier um ein politisch und gesellschaftlich sehr schwergewichtiges, lange andauerndes Verfahren unter weltweitem Interesse handelt, das nicht dem Durchschnitt der Strafverfahren gleicht. Eines der Opfer wird mit folgender Aussage zitiert: "Ich habe gemerkt, dass ich nichts verarbeitet habe. Ich habe nur verdrängt. Ich will nicht Opfer sein! Und merke, ich bin doch eines."[184]

Kriminalität in der Statistik

„Die Kriminalität steigt." Das tut sie seit Jahren nicht mehr, aber: Sicherheit fürs Haus verkauft sich gut. Einbrüche, Diebstähle, Gewalt erzeugen Unsicherheit und Misstrauen. Wenn jemand das selbst nicht erlebt und erfahren hat, kann er es vom Nachbarn erzählt bekommen, in der Zeitung lesen und aus Politikermund hören. Umfragen ergeben in den 1990igern, dass sechzig Prozent der Bevölkerung die Bekämpfung der Kriminalität nach der Arbeitslosigkeit für die wichtigste Aufgabe der Politik halten. (Z.B. Skala in der ARD am 26. 10. 94 Arbeitslosigkeit: 82%, Kriminalitätsbekämpfung: 61%, Umweltschutz: 40%.) Allerdings hat diese Stelle in den ‚Ängsten der Deutschen' in den Jahren nach 2000 der Terrorismus eingenommen.[185] Ins Zentrum der Betrachtung rücken dabei aber auch heute oft auffällige Straftäter, die die Medien und dadurch uns alle mit Flucht und Geiselnahme in Atem halten. Schnell wird der Ruf nach besserer Bewachung und härterer Bestrafung laut. Für Wahlkämpfe bietet die Angst vor der Kriminalität stets ein Thema. In der Tat geht von Menschen, die Gut und Leben anderer nicht achten, eine nicht zu unterschätzende Bedrohung aus. Ob sie allerdings durch härtere Maßnahmen unterbunden werden kann, steht in Frage.

Kriminalitätsängste beruhen eben nur zum Teil auf eigener Erfahrung mit Kriminalität, z.B. als Opfer. Sie erfreut sich aber in allen Schattierungen großen Interesses der Medien. Manche Boulevardblättern zelebrieren regelrecht die Darstellung von Tötungsdelikten einschließlich Täter-, manchmal auch Opferbiographie und Prozessverlauf. Die als Zweck angezielte Auflagensteigerung wird kaum verhüllt. Auch im normalen Zeitungsalltag fehlt nie ein Bericht über die Kriminalität oder deren Behandlung durch die Gerichte.[186] Es gibt genug Möglichkeiten auch bei mangelnder Eigenerfahrung Ängste zu entwickeln.

Ängste

In vielen Großstädten scheint es fast unmöglich zu sein, nachts allein in einer U- oder S-Bahn zu fahren. Die Aussage, man könne nachts in einer deutschen Stadt auch sonst nicht sicher sein, gilt als belegt. Bei kirchlichen Veranstaltungen konnte ich seit Jahrzehnten nach Einbruch der Dunkelheit mit alten Menschen nur noch bei Begleitung durch jüngere rechnen.

Jahr	Angezeigte Straftaten	Fälle / 100.000 Ew.
1965	1.789.319	3.013
1975	2.929.390	4.722
1985	4.215.451	6.909
1990	4.455.333	7.108
1993	6.750.613	8.337
1995	6.668.717	8.179
2000	6.264.723	7.625
2005	6.391.715	7.747
2009	6.054.330	7.383
2011	5.990.679	7.328
2012	5.997.040	7.327
2013	5.961.662	7.404
2014	6.082.064	7.530
2015	6.330.649	7.797

In manchen Großstädten gibt es überdimensional viele Wohnungseinbrüche. Autoaufbrüche und –diebstähle steigen aber nicht mehr massiv. Die Gewaltkriminalität mit rechtem Hintergrund verunsichert die gesamte Gesellschaft. Organisierte Kriminalität scheint sich auszubreiten. Im großen Stil wird über Bestechung und Betrug in einzelnen Branchen mit spektakulären Fällen berichtet. Diebstahl im Einzelhandel kostet viel Geld. Vielleicht muss man von einem subjektiven Unsicherheitsgefühl sprechen, das durch Empfindungen, jederzeit das Opfer einer Straftat werden zu können, hervorgerufen wird. Wenn jedoch nicht nach der gefühlten allgemeinen Bedrohung, sondern nach der konkreten Bedrohung gefragt wird, fällt die Bedrohungslage in sich zusammen. Es existiert so etwas wie ein Kriminalitätsfurchtparadox auch im Bereich der Erwartungen, selbst Opfer einer Straftat zu werden. Die Kriminalitätsstatistik gilt als ein Hauptbeleg für steigende Kriminalität. Mal wird die Ausländer-, mal die Gewalt-, mal die

Jugendkriminalität besonders unterstrichen. Fallende Kriminalität regt nicht so auf, ja wird einfach übergangen! Der Blick wird von der Politik gerne auf steigende Zahlen gelenkt, auch wenn die Gesamtzahl fallen sollte. In den neunziger Jahren hat die Kriminalstatistik dazu gedient, das Strafrecht zu verschärfen, die Privatsphäre durch den Lauschangriff einzuschränken und von kriminellen Ausländern zu reden. In der politischen Rhetorik wurde das organisierte Verbrechen hochstilisiert und das ganze Land als Hort der Korruption beschrieben. Beamten aus den unteren Rängen wurden von ihren Vorgesetzten daran erinnert, dass auch Kalender, die Lieferanten im Dezember verteilen, als Bestechung ausgelegt werden müssen. Grausame Fälle von Kindesmissbrauch und Kindermord wurden zu allem Unglück, das sie darstellen und das sie auslösen, auch noch massiv vermarktet. Harte Richter wurden von der Presse bundesweit als gute Beispiele gelobt, aber später nicht als alltagstauglich erlebt.[187]

Die Zahl der Gefängnisinsassen stieg über die Zahl der vorhandenen Plätze hinaus an. Einer der Vorkämpfer der härteren Abschreckungsjustiz hatte sich nach seiner Abwahl zurückgezogen und steckte selber im Spendensumpf. Und der Herold des schönen Wortes "Null-Toleranz" aus New York hatte als moralisch - zumindest im Bereich seiner eigenen Ehe - nicht ganz sauber einen kurzen Abgang.

Vor diesem Hintergrund rieb sich verwundert die Augen, wer beispielsweise das Ritual der Vorstellung der Kriminalstatistik 1999 miterlebte. Die Reaktionen waren gleich null, wo sonst aufgeregt Rezepte und Analysen veröffentlicht wurden. Woran das lag, ließ sich schnell eruieren: Der Trend der Kriminalstatistik konnte von niemand eindeutig zugeordnet werden. Klar war nur eins: die Zahl der angezeigten Straftaten ging im Jahre 1999 unter die der ersten gesamtdeutschen Kriminalstatistik von 1993 zurück. Immerhin war seit jenem Höhepunkt ein Rückgang von 6.750.613 auf 6.302.316 zu verzeichnen, das sind über sechseinhalb Prozent. Ähnlich wie bei dem anderen nicht bewältigten Thema, der Asylpolitik, sprach damals Innenminister Schily vom zu hohen Niveau, auf dem wir uns mit der Kriminalität bewegen.

Die neuen Bundesländer verzeichneten mit minus 5,7 Prozent einen besonders hohen Rückgang gegenüber dem Jahr 1998. Ihr Gesamtanteil an den angezeigten Straftaten betrug mit über neunzehn immer noch mehr als ihr Bevölkerungsanteil von gut siebzehn Prozent. Am weitesten klafften Bevölkerungs- und Straftatenanteile in Baden - Württemberg (12,7 zu 9 Prozent) und Bayern (14,7 zu 10,9 Prozent) auseinander. Bei den Haftzahlen liegen diese beiden Länder jedoch im bundesdeutschen Durchschnitt. Wer das erklären kann, möge es tun. Die Zahlen haben sich indessen weiter verringert.

Unter den Praktikern kursieren heimliche Erklärungen für das, was die Statistik sagt: Die Ostdeutschen haben schnell gelernt, dass man nicht alles anzuzeigen braucht, wenn ohnehin nur die Hälfte aller Straftaten aufgeklärt werden. Ansonsten sitzen Gefängnisinsassen längere Strafzeiten ab. Daher rührte die Überfüllung der Gefängnisse und der Rückgang der Straftaten: Wer sitzt, kann nicht gleichzeitig im Supermarkt oder beim Nachbarn stehlen. (Das gilt jedoch seit 2006 nicht mehr. Die Gefängnisse leeren sich. Aber 2015 quellen bayrische Gefängnisse durch die Inhaftierung von über 700 Schleusern wieder über.) Und schließlich: Im Süden der Republik war es schon immer etwas härter, vor Gericht zu stehen. Deshalb weicht, wer kann, nach weiter nördlich aus. All das wagt natürlich niemand laut zu sagen. Man würde als dummer Praktiker verschrien, wenn man derart komplizierte Sachverhalte auf derart einfache Stammtischformeln brächte.

Aus dem Bereich der Politik hat niemand behauptet, der langsame, aber relativ stetige Rückgang in der Kriminalitätsstatistik sei das Ergebnis verbesserter Aufklärung, härterer Strafen, besserer Bemühungen um Resozialisierung oder gar der Konzepte von kommunaler Kriminalitätsverhütung und Nulltoleranz. Niemand will sich das als Erfolg auf die Fahnen schreiben. Nicht einmal die Tatsache, dass bei erwachsenen Tatverdächtigen der Ausländeranteil schneller als der Inländeranteil fällt, bringt jemand dazu, sich als Vater des Erfolgs zu rühmen. Auch die viel näher liegende Erklärung, dass in unübersichtlichen Umbruchzeiten auch die Kriminalität steigt, sich dann aber unerklärlicherweise wieder verringert, steht nirgendwo zu lesen. Alle, die sich sonst als Experten sofort zu Wort melden, hüllten sich in Schweigen. Allenfalls suchten einige nach griffigen Erläuterungen für die stark gefallene Zahl der Ladendiebstähle und die stark gestiegene Anzahl der Körperverletzungen bei tatverdächtigen deutschen Kindern in den alten Bundesländern.

Immerhin wurden 2.263.140 tatverdächtige Menschen ermittelt. Es handelte sich zu 77 Prozent um Männer. Auch bei den Opfern wird die Geschlechtszugehörigkeit als Merkmal geführt. Den Tatverdächtigen konnten 3.329.124 Straftaten zugeordnet werden. Diebstahl und Betrug machen nach wie vor über die Hälfte aller aufgedeckten Straftaten aus. Nur rund 0,5 Prozent aller angezeigten Taten enden schließlich mit einer Haftstrafe ohne Bewährung.

Das Kriminalitätsfurchtparadox lässt sich auch in dieser Statistik nachweisen: Menschen über sechzig werden statistisch gesehen selten Opfer von schweren Straftaten, fürchten sich jedoch mehr vor Kriminalität als junge Menschen. Diese aber werden häufiger Opfer. Dazu die Kriminalstatistik:

"209.471 Personen wurden 1999 Opfer eines bekanntgewordenen Delikts der Gewaltkriminalität. 1998 waren es 207.545. Dies bedeutet einen Anstieg um 0,9 Prozent. Das Risiko, Opfer einer Gewalttat zu werden, hängt von vielen Faktoren ab, unter anderem von der Beziehung des Opfers zum Täter und gefahrengeneigtem Verhalten. ... Männliche Jugendliche (14 bis unter 18 Jahre) sind bei Raub

(553,5 Opfer pro 100.000 männl. Einwohner ders. Altersgruppe) und männliche Heranwachsende (18 bis unter 21 Jahre) bei gefährlicher und schwerer Körperverletzung (1.033,7 Opfer pro 100.000 männl. Einwohner ders. Altersgruppe) sowie bei Mord und Totschlag (10,1 Opfer pro 100.000 männl. Einwohner ders. Altersgruppe) am meisten gefährdet. Diese Alters- und Geschlechtsgruppen sind umgekehrt auch mit Tatverdächtigen statistisch am stärksten kriminalitätsbelastet. Die Gefährdung älterer Menschen ab 60 Jahre liegt bei Raub relativ hoch, aber auch hier unter dem Opferrisiko der anderen Altersgruppen."

Offenbar setzte die Kriminalstatistik vom letzten Jahr des vergangenen Jahrhunderts keine eindeutigen Impulse, weder zum politischen noch zum Gebrauch durch die Medien. Damit konnten sich alle bestätigt fühlen, als seien ihre Vermarktungsstrategien der letzten Jahre richtig gewesen. Diese Tendenz wiederholte sich bis 2009. Selbst die beobachtete Gewaltkriminalität insgesamt ging von 2007 an wieder etwas zurück. Es handelte sich 2014 um 180.955 Fälle.

Statistik im Ge-(Miss-) brauch

Auch die Armutskriminalität (Diebstähle) spielte in diesem Bereich offenbar eine Rolle. Nach dem 1. Halbjahr 1994 stellte man plötzlich eine Stagnation in der Kriminalitätshäufigkeit fest. Schnelle Interpretationen ergaben einen erheblichen Rückgang in den Bereichen der Verstöße gegen das Ausländergesetz. Allerdings wurde der Rückgang z.B. vom Bundesinnenminister nicht diskutiert oder kommentiert. Das sei bei Halbjahresdaten nicht üblich und aufgrund verschiedener Umstände (Verzögerungen bei der Datenaufnahme u.a.) auch gar nicht möglich. Nach dem Ende des Jahres 1994 konnte man dann feststellen, dass die Gewaltkriminalität weiter stieg, die leichteren Formen jedoch abgenommen hatten. 1995 allerdings war wieder ein genereller Anstieg zu verzeichnen. Diesmal entdeckten die Interpreten eine besonders steile Kurve nach oben bei jugendlichen Delinquenten, Drogendelikten und Gewaltverbrechen. 2014 stiegen offenbar unerwartet die Wohnungseinbrüche wieder an, ebenso die rechtsradikalen Gewaltdelikte. 2015 scheint dieser Trend weiter zu gehen. Die Gewaltverbrechen allgemein haben sich aber, wie oben gezeigt, insgesamt nach unten entwickelt.

Wenn härtere Strafen gefordert werden, liegt darin bereits der Keim der Auflösung unseres Vollzugssystems, das nicht von der vollen Härte des Gesetzes, sondern von der Idee der Versöhnung des Straftäters mit der Gesellschaft ausgeht. Volle Härte des Gesetzes schlägt schnell um in: "Härtere Gesetze!" - "härtere Bestrafung!". Damit steht bereits die in vielen Teilen der Bevölkerung als milde belächelte Zielsetzung des Strafvollzugs als Resozialisierung zur Disposition. Das bedeutet: Mit der Statistik lässt sich Angst vor Kriminalität schüren. Dabei bleibt genau genommen stets das dahinter stehende Interesse unklar. Dient es nur dem Rangkampf im politischen Tagesgeschäft nach der Vorstellung, vor allem Härte zeichne den politisch befähigten Politiker aus? Ist es gar eine Angstreaktion oder Ersatzhandlung für verdrängte Angst? Oder nimmt, wer öffentlich Stellung zu beziehen hat, Zuflucht zu einfachen Formeln, um sich aus der Affäre zu ziehen? Dass man mit der Statistik auch Angst abbauen könnte, kommt allenfalls Wissenschaftlern, vor allem Kriminologen in den Sinn.

In der Statistik sind drei Dinge zu beachten:

1 Es handelt sich nur um erfasste Straftaten, also ein Hellfeld. Im Dunkelfeld der nicht erfassten Straftaten müsste - mit Ausnahme von Handlungen gegen das Leben - mindestens noch einmal der doppelte Satz angesetzt werden.

2 In der Statistik hat es stets ein Auf und Ab gegeben, ohne dass dafür jeweils hinreichende Begründungen gefunden werden konnten.

3 Die Vergleichbarkeit reicht kaum über das eigene Staatsgebiet hinaus. Was in der Statistik als Kriminalität erfasst wird, hängt von nationalen Gewohnheiten, statistischer Zuverlässigkeit und den Gegebenheiten der Polizeiarbeit ab.

Wer Autofahrer ist, weiß, dass Satz eins mindestens zutrifft, wenn nicht zu niedrig gegriffen ist. Nach täglicher Beobachtung verstoßen im Straßenverkehr fast alle Verkehrsteilnehmer ständig gegen Verkehrsregeln - vor allem bei der Geschwindigkeit. Wenn man weiß, dass zu hohe Geschwindigkeit die Hauptursache von Unfällen ist, muss man zumindest von grob fahrlässigem Handeln sprechen, bei dem Gut und Leben anderer potentiell erheblich gefährdet werden. Das trifft auch - wahrscheinlich in vermindertem Maße - auf Vermögensdelikte zu. In vielen Kreisen gilt der kleine Betrug an der Versicherung als „normales Verhalten", Rechtschaffenheit als „dumm". Auch bei der Kriminalität heißt es also: Das meiste hängt von der Definition ab, und wo kein Kläger ist, ist auch kein Richter. Nur wenn jeder Verkehrsteilnehmer jeden, der von der Norm abweicht, anzeigen würde, könnte man das Verkehrsverhalten insgesamt strafrechtlich bewerten, abgesehen allerdings von den Übertretungen, die nicht auffallen können, weil man zu dem Zeitpunkt alleine auf der Straße fährt. Viele kleinere Delikte werden unter den Betroffenen geregelt oder gar nicht.

Der zweite Satz wird bestätigt, wenn man ältere Statistiken zu Rate zieht. Danach redete man auch Anfang der siebziger Jahre von einer bedenklich steigenden Kriminalität. Von 1964 bis 1971 steig die Zahl der Fälle je 100.00 Einwohner in Baden-Württemberg z.B. von 2487 auf 3299. Dabei gab es Sprünge 1967 von 8,1% und 1970 von 10,1%. Die Aufklärungsquote sank von 60,7% auf 50,3%. In der Bundesrepublik verzeichnet man von 1969 auf 1970 eine Zunahme von 8.8%. Die Zahl der Kapitalverbrechen beläuft sich stets auf Zehntelprozente, 1970: 0,1% (d.h.

2400 von 2.413.586 Fällen) Aufklärung bei Kapitalverbrechen beläuft sich auf rund 90%. Bei Diebstählen und anderen Eigentumsdelikten, die die große Masse ausmachen (knapp 70%), liegt sie bei ca. 48%. Der Anteil der Täter unter 21 Jahren stieg auch damals schon beträchtlich an.[188]

In Rechnung zu stellen sind auch:

- *Die wechselnde Intensität der Strafverfolgung. Ob kleinere Delikte verfolgt werden, hängt auch davon ab, ob die Polizei im Brennpunkt ihrer Aufgabe mehr die Ahndung auch von kleinsten Straftaten oder mehr die Lösung von Konflikten oder die Ermahnung betroffener Personen sieht.*
- *Die wechselnde kriminelle Reizbarkeit der Bevölkerung. Wenn über die Medien der Eindruck vermittelt wird, Kriminalität nehme überhand, schließen sich viele dem „Trend" an und achten verstärkt auf Ungeradigkeiten, um sie zur Anzeige zu bringen. Wenn sich der Trend ausbreiten sollte, sind Menschen auch bereit, Verdachtsmomente anzuzeigen, die sie möglicherweise in einem ruhigeren Klima gar nicht wahrgenommen hätten.*
- *Nur gute zwei Drittel der von der Polizei aufgenommenen und aufgeklärten Straftaten werden weiterverfolgt. Die anderen werden schon im Ermittlungswege u.a. wegen Geringfügigkeit eingestellt.*
- *Die polizeiliche Erfassung betrifft auch versuchte Straftaten. Der Versuchanteil liegt etwa in Fällen von Mord und Totschlag bei rund 70 Prozent. Eine weitere Korrektur nehmen die Gerichte vor. Wegen Mordes werden in Deutschland pro Jahr rund 90 - 110 Personen verurteilt. Die polizeiliche Zahl liegt aber bei 600 - 800.*

Eine von F. Geerdts angestellte Untersuchung ergab, dass im Kaiserreich ähnliche Kriminalitätsraten zu verzeichnen waren wie in den sechziger Jahren. Der Anteil der jugendlichen Täter war im Kaiserreich geringer, ebenso die Gewaltkriminalität.[189] In der wissenschaftlichen Betrachtung werden die Jahre des so genannten „Dritten Reiches“ meistens ausgespart, in dem die organisierte Kriminalität ein Teil des Staatsziels gewesen ist. Ob diese Bündelung rein individuelle Kriminalität überflüssig machte? Die Statistik der von deutschen Gerichten Verurteilten zeigt im Kriegsjahr 1940 mit 264.625 weniger als die Hälfte der Zahl von 1930: 594.610. Dennoch hinkt dieser Vergleich. Die im Krieg begangenen Verbrechen bleiben dabei ebenso unberücksichtigt wie die Tatsache, dass im Krieg Kriminalität und Gerichtsbarkeit notwendigerweise beschränkt sind. Erst im Jahre 1988 wurde die Verurteiltenzahl von 1930 mit 606.103 übertroffen. 2009 lag sie bei 874.691.

Eine weitere Einschränkung ergeben Länderstatistiken.[190] Die Athener Zeitung berichtete im März 1996 über die Kriminalitätsraten in der europäischen Union mit dem Ergebnis, Deutschland stehe auf Platz eins mit vierzehn und Griechenland am Ende der Verbrechensskala mit zwei erfassten Straftaten auf jeweils einhundert Einwohner. 2012 hatte Deutschland immer noch eine viermal höhere Kriminalitätsrate, aber in Griechenland saßen mehr Menschen im Gefängnis (Faktor 1,4). Griechenland müsste, wenn die Raten vergleichbar wären, von der Bevölkerungszahl mit 13,3 Prozent und von den angezeigten Straftaten her noch mal mit einem Viertel der deutschen Gefangenenzahlen auskommen. Das wären rund 2.200. Tatsächlich aber verfügte Griechenland schon 1996 über viertausend Haftplätze, in denen sechstausend Gefangene einsaßen. Heute gibt es dort über 12.000 Gefangene.

Ein Blick auf die Zahlen in den USA zeigt schließlich, dass Kriminalität in einer Gesellschaft durch Statistik nur sehr bedingt erfasst werden kann. Die USA sind absoluter Welt-Spitzenreiter in der Haftrate mit 754 Gefangenen[191], liegen aber bei der Kriminalstatistik mit 3.465 auf der Hälfte der deutschen Rate. Nimmt man aber die Zahl der Tötungsdelikte, dann ergibt sich für Deutschland eine Zahl von 0,86, für die USA rund 5 pro 100.000 Einwohnern. Das zeigt schon, dass die Art der Verfolgung von Straftaten und die Ahndung z.B. durch Freiheitsentzug Kriminalität nur schwer vergleichbar machen.

Aus der Sicht der Kriminologie werden Statistiken stets missbraucht oder zumindest funktionalisiert, nicht zuletzt, um eigene Interessen in der Politik oder Wirtschaft zu verfolgen. Besonders in der Diskussion über das Organisierte Verbrechen käme z.B. völlig zu kurz, dass in vielen Branchen der Wirtschaft ohne Schmiergeld und Ungeradigkeiten mancher Art überhaupt nichts laufe. Banken und andere Konzerne versteuern ihre Riesengewinne im Ausland. Einer der größten Chemiekonzerne versteuert keinen Euro, weil seine Gewinne rechnerisch keine sind. Die Kriminalstatistik unterliege wie jede Statistik auch dem Interesse des Betrachters. Die Verunsicherung, die von den oberen Gesellschaftsschichten ausgehe, in Sachen Vermögens-, Steuer- oder Umweltkriminalität, werde stets zugunsten des Blickpunktes auf die Armutskriminalität unterschlagen. Die Kriminalstatistik werde dazu benutzt, auf die Familie oder die Schule oder wen immer man als Verursacher ausgesucht habe, einzudreschen, oder sich sein jeweiliges Weltbild bestätigen zu lassen. Schließlich bleibe die Frage, welche Einschränkungen der Freiheitsrechte eine stärkere Prävention zur Folge haben müsste. Damit könne man das Gerede über die steigende Kriminalität beruhigt als interessengeleitete Attacke auf die Freiheitsrechte des Einzelnen ansehen, die einzuschränken Herrschaft übersichtlicher und Kontrolle einfacher mache.

Dazu kann eine Stimme zum Verbrechensbekämpfungsgesetz 1994 herangezogen werden: "In der Kriminalpolitik herrscht eine besondere Form von Pragmatisten - Anarchie: Gefordert wird, was populär klingt und erfolgversprechend scheint. ... So ist der Ruf nach härteren Strafen und mehr Polizei zur Verbesserung des Sicherheitsgefühls der Bundesbürger und einer effektiveren Verbrechensbekämpfung politisch ebenso beliebt wie wissenschaftlich unsinnig."[192] Die Studie weist nach, dass die Sicherheit der Bürger durch eine Vermehrung von Polizei nicht erreichbar ist. Kriminalität würde nicht durch die Polizei bekämpft, sondern nur verwaltet. In über 90% der aufgeklärten Fälle bringe das Opfer den Täter / Tatverdächtigen selber bei der Anzeige mit (natürlich übertragen gemeint).

Wenn auf jeden zwölften Bürger eine Anzeige wegen einer Straftat kommt, das Dunkelfeld aber doppelt so groß ist, müsste im Durchschnitt jeder Vierte in eine Straftat verwickelt sein. Daraus lässt sich die Angst und die Ubiquität von Straftaten leicht erklären. Menschen, die mit einer Gefängnisstrafe belegt werden, sind allenfalls die Spitze eines Eisberges. Sie fallen aus dem Rahmen durch häufige Wiederholung des abweichenden Verhaltens, die anders nicht mehr zu stoppen scheint. Die Angriffe auf Leib und Leben, die bekannt werden, machen nur einen geringen Prozentsatz aller Straftaten aus. (Kindes- oder Frauenmisshandlung in der Familie werden meist vertuscht.) Wie weit schließlich bestrafenswerte Sexualpraktiken verbreitet sind, lässt sich nur ahnen. Schädigung durch Vergehen im Wirtschaftsbereich erlebt jeder, der ein Geschäft macht, auch wenn es sich nicht immer um Millionen handelt. Vielleicht aber wirken sich kleine Summen in kleinen Geschäften erheblich schädlicher aus, weil sie das Vertrauen unter den Menschen zerstören.

Die Art der Präsentation und Verarbeitung der Kriminalstatistik lässt bisweilen den Eindruck aufkommen, es handle sich um das Motiv, endlich klare Meinungen zu sagen. Darüber hinaus dient sie auch der Vorbereitung der Bevölkerung auf Mehrkosten im Personalbereich von Polizei und Justiz. In Schleswig Holstein kam im Sommer 1996 sogar der Verdacht auf, die polizeiliche Kriminalstatistik sei absichtlich nach oben manipuliert worden, um einem von der Polizei befürchteten Stellenabbau entgegenzuwirken.[193] Auch die Verschärfung des Strafrechts soll damit befördert werden. Gegenteilige Reaktionen sind auch vorhanden, werden aber in der Berichterstattung nicht in den Vordergrund gestellt. Wenn Kommunen, die Bürger und die Institutionen sich in der Bildung von Kriminalräten selber um die Ursachen von Kriminalität kümmern, kann vielleicht mehr Verständnis für die gesamtgesellschaftlichen Beziehungszusammenhänge geweckt werden. Mehr Bekämpfung statt mehr Verwaltung von Kriminalität wäre die Folge. Dabei ist jedoch zu bedenken, wie nahe die Gefahr liegt, dass sich aus dem Kriminalitätsrat eine Art Bürgerwehrmentalität entwickelt. Es kommt bei der Bekämpfung von Kriminalität nicht darauf an, bürgerliche Freiheiten einzuschränken, sondern seine Umgebung aktiv wahrzunehmen.

Also Vorsicht mit statistischen Angaben. Es kommt hier im Wesentlichen auf Genauigkeit im jeweiligen Bezugssystem an. Die Vergleichbarkeit ist eingeschränkt bis unmöglich. Das wird daran deutlich, dass Deutschland mit seiner relativ hohen Kriminalitätsrate einen niedrigen Wert bei Tötungsdelikten und in der Gefängnispopulation erzielt.

Kriminologie

Die Kriminologie sucht das Entstehen und Vorkommen von abweichendem Verhalten in seinen Wirkungszusammenhängen zu sichten und zu beschreiben. Zu diesen Wirkungen gehören auch die Gefängnisse. Diese Institutionen zu reformieren reicht insofern nicht aus, als schon seit der Institutionenkritik in den siebziger Jahren unbestritten klar geworden ist, dass Institutionen welcher Art auch immer, ein hartnäckiges Eigenleben führen. Die zu behandelnden, zu betreuenden oder zu vollziehenden Personen spielen im System tendenziell eher eine Objekt- als eine Subjektrolle. In der Justiz kommt dazu, dass die Objektrolle durch ein Urteil im Namen des Volkes sogar festgestellt zu werden scheint. Die Strafvollzugsgesetze befreien jedoch Verurteilte durch die Festlegung des Vollzugszieles von der Objektrolle. Ein Objekt kann kein Leben in sozialer Verantwortung führen. Dazu ist schon ein Subjekt nur eingeschränkt in der Lage. Doch bei dieser Grundsatzfrage geht es vor allem um die Zumutungen der Behandlung an das und um die Anerkennung von Gefangenen als Subjekt.

Wenn die Kriminologie in Wirkungszusammenhängen denkt, erfordert das den Ausstieg aus ideologischem Denken hin zum praxisorientierten pragmatischen Blick. In der herkömmlichen Diskussion über die Zusammenhänge von Kriminalität, Strafe und deren Ergebnis steht immer noch die Kant'sche These (wenigstens heimlich) im Zentrum, dass gestraft werden muss – um der Gerechtigkeit willen und unabhängig von einem zu erzielenden Ergebnis. Mit diesem Ansatz bedarf es keiner Erforschung von Wirkungszusammenhängen. Also steht am Anfang der Erforschung von Prozessen die Veränderung der Fragestellung insoweit, dass gefragt werden muss, welches unerwünschte Verhalten wie am besten zu vermeiden und wie die Folgen am ehesten verträglich zu beheben wären. Rational ist in diesem Zusammenhang die überprüfbare Orientierung aller Dienste der und bei der Justiz an diesem Ziel. Das ist allerdings nicht neu. Die Weichenstellung war rechtlich und tatsächlich eigentlich längst vollzogen, jedoch in einer Weise, die wir heute als „Täterorientierung" bezeichnen.

Das neueste – von den Medien vehement eingeforderte und von allen politischen Lagern fast schon propagierte - Produkt heißt dagegen Sicherheit, verbunden mit einem gestärkten Präventionsansatz. Das erfordert weniger behandlerischen Umgang mit Menschen, die sich abweichend verhalten haben, sondern eher verbesserte Prognosemethoden zur frühzeitigen Sortierung, meint Festlegung, von Menschen auf künftige Fehlverhaltensweisen. In der Sicherheitslogik provoziert diese Sichtweise die Folge, verstärkt Prognose–, d.h. Sortierungsmethoden für ein Opferrisiko (weiter) zu entwickeln, damit die Gesellschaft sich auch vor Ansprüchen auf dieser Seite schützen kann. Von daher droht der rationalen Reaktion auf abweichendes Verhalten und dem Denken und Forschen in Wirkungszusammenhängen die Gefahr neoliberaler Verwahrlosung.

Wer rational an Fragen der Justiz herangehen möchte, darf sich den Menschen nicht so zurechtbasteln, dass er dessen Fehlbarkeit und Verführbarkeit ausblenden, oder noch schlimmer, ausmerzen will. Das ist das Hintergrundproblem bei den immer beliebter werdenden standardisierten testähnlichen Verfahren zur Prognose und Entscheidung über Maßnahmen wie Vollzugslockerung oder vorzeitige Entlassung. Wehe uns, wenn das auch auf Opfer – Risiko – Prognosen angewendet werde sollte. Die neoliberale Sicht entscheidet sich dafür, die Risiken als Problem der Personen und nicht der Situationen zu sehen.

Die Beispiele aus der wirkungsorientierten Forschung zeigen, dass die Laborsituation Gefängnis selbst bei guten Programmen wie dem Anti – Aggressions – Training denselben Folgen unterliegt wie andere laborähnliche Therapieansätze: Sie wirken nicht in der Realität. In der Realität angesetzte Maßnahmen zur Verbesserung der sozialen Situation (z.B. Ausbildung) zeigen dagegen bei Unterstützung durch therapeutische Begleitung Wirkung.

Am besten werden Arbeitskreise gebildet, in denen alle vertreten sind, die gesellschaftlich mit abweichendem Verhalten zu tun haben. Darin zeigen sich ein riesiges Bedürfnis und eine erhebliche Notwendigkeit des Austauschs und der Organisation von interdisziplinärer Arbeit und Forschung, wie ihn herkömmliche Justizpolitik nicht leisten, aber fördern kann. Abweichendes Verhalten in seiner Entstehung zu begreifen, ist bereits ein sehr unüberschaubarer und ubiquitärer Prozess. Die christliche Religion hat auf seine Unfassbarkeit einst mit dem Menschenbild des Sünders geantwortet, der nur durch Eingriff Gottes „gerettet“ werden kann. Abweichendes Verhalten produktiv rational anzugehen, gleicht dem in seiner Unüberschaubarkeit besonders auch deshalb, weil hier der Abweichung nicht Abgeneigte mit „offenbaren Abweichlern“ umgehen müssen.

Es kommt auf die Hintergrundtheorie und das Menschenbild an, mit dem Wirkungszusammenhänge betrachtet und erforscht werden. Ihre Erforschung aber wird Menschen weit gerechter als ein an der Eigenrationalität der jeweiligen Institutionen ausgerichtetes Rationalisierungskonzept. Wenn dies mit dem Ansatz der ‚restorative justice' verknüpft werden kann, wird es für die Gesellschaft nicht billiger, aber besser.

Die soziale Schlagseite der Justiz

„Ich habe den Verdacht, dass alle von eingesperrten Verbrechern begangene Untaten zusammengenommen den Schaden nicht aufwiegen, den die an ihnen begangenen Verbrechen der Gesellschaft zufügen. In unserer wilden Vergeltungssucht gegenüber der jämmerlichen Minorität von Gesetzesbrechern übersehen wir, einen wieviel größeren Anteil diejenigen am Verbrechen haben, die offen, erfolgreich und frei operieren. Wir sind eifrig damit beschäftigt, Tausende von kleinen Taugenichtsen und Dummköpfen zu verfolgen, um ein paar offensichtliche Ungeheuer schnappen, einsperren oder hinrichten zu können, und lassen von diesen das Maß des Gesetzes bestimmen, das es doch in der Hauptsache mit kleinen Dieben, dilettantischen Einbrechern, Rauschgifthändlern und Stümpern zu tun hat. Wir denken nicht daran, intelligente und wissenschaftliche Methoden zur wirksamen Unterstützung einer Rechtsordnung einzusetzen, die uns vor diesen Leuten und der viel größeren Gruppe der Berufsverbrecher schützen würde."[194]

Strafen haben es an sich, dass sie der eine sie sich leisten kann und der andere nicht. Das führt zu dem Umkehrschluss, einige könnten sich kriminelle Handlungen erlauben, andere jedoch nicht. Das genau stellt die soziale Schlagseite der Justiz dar. Die Problematik von Geldstrafen zeigt sich dadurch ganz von selbst, obwohl die Justiz sich ganz konkret auf die Leistungsfähigkeit des zu Bestrafenden einstellt. Für den Sozialhilfeempfänger bedeuten fünfzig Tagessätze Geldstrafe fünfhundert Euro, für den Geschäftsmann je nach Einkommen u.U. siebentausendfünfhundert Euro. Umgekehrt muss der Sozialhilfeempfänger genau wie der Geschäftsmann im Falle der Ersatzfreiheitsstrafe fünfzig Tage Gefängnis absitzen. Auch im Programm ‚Arbeit statt Strafe' leisten beide die gleiche Stundenzahl unbezahlte Arbeit. Der Geschäftsmann kann aber bei einem guten Einkommen siebentausendfünfhundert Euro als schmerzhaftes Lehrgeld bezahlen, während der Sozialhilfeempfänger fünfzig Monate lang zehn Euro von der Substanz abstottern muss. Wie sehr die Schlagseite sich auswirken kann, zeigt das folgende Extrembeispiel. Ein Extrembeispiel bedeutet, dass es im Extrem jedem genau so passieren kann, der eine kleine gebührendpflichtige Verwarnung nicht bezahlt.

Erzwingungshaft für Rentner Karl Z.

Karl Z., einundsiebzigjähriger Rentner aus Schleswig-Holstein, staunt nicht schlecht, als er eine amtliche Aufforderung erhält, sich zur zweitägigen Erzwingungshaft in der zuständigen Haftanstalt zu melden. Der behinderte Mann besitzt (fast) alles, was er an seinem Lebensabend benötigt. Wie an jedem Monatsende hat er aber kein Geld mehr zur Verfügung. Er kann eine Ordnungsstrafe jetzt nicht bezahlen. Deshalb setzt er sich zum letztmöglichen Termin in die Bahn und fährt kostenlos per Behindertenausweis zur Haftanstalt. Dort wird er am späten Freitagnachmittag vom „Inspektionsbeamten“ empfangen. Der reibt sich die Augen und liest zweimal: Die Erzwingungshaft von zwei Tagen soll dazu dienen, vom Rentner Karl Z. die Zahlung einer Ordnungsstrafe in Höhe von 5,-- Euro zu erwirken. Auf dem amtlichen Schreiben fehlt auch keineswegs der Hinweis, dass er sich nicht durch „Absitzen“ der Erzwingungshaft der Pflicht zur Begleichung der Ordnungsstrafe entziehen kann. Selbstverständlich sind auf dem Vordruck penibel die Verwaltungskosten von 45,50 Euro vermerkt worden.

Die Aufregung ist groß. Aber selbst in einem Gefängnis lassen sich am Freitagnachmittag noch fünf Euro auftreiben - und sei es beim Pfarrer. Während der Inspektionsbeamte nun mit ebenso penibler Genauigkeit die Zahlung von 5,-- Euro in ein Kassenformular einträgt, erzählt der Rentner seine Sicht der Dinge. Er habe vierhundert Euro

Monatsrente zur Verfügung, die nächste Zahlung sei erst am Montag fällig. Die zehn Euro, die er noch in der Tasche hat, müsse er für Verpflegung am Wochenende behalten. Seine sechs Kinder zu fragen, das sei ihm dann doch zu peinlich gewesen. Diese „Strafe" sollte er zahlen, weil er zufällig von einem Streifenwagen auf der falschen Straßenseite mit dem Fahrrad entdeckt worden sei. Zur Polizei zu gehen und dort um Zahlungsaufschub zu bitten, sei ihm die ganzen Monate über ein äußerst unangenehmer Gedanke gewesen. Lieber wolle er alles absitzen. Herr Karl Z. wird gleich wieder nach Hause geschickt und Bares für die Bahnfahrt zurück benötigt er ja nicht.

Eine Szene aus dem Rechtsstaat Deutschland. Wäre Rentner Z. nicht auf Staatskosten zum Strafantritt gefahren, es hätte ihm einige Zeit später ein Haftbefehl ins Haus gestanden. Der bitteren Ironie aber kein Ende: Die Staatsanwaltschaft erklärt auf Nachfrage, zum Inhalt der Ladung zur Erzwingungshaft könne sie nichts sagen, das sei Sache der Antragsteller, der zuständigen Verkehrsbehörde. Der zuständige Sachbearbeiter teilt mit, er kenne Herrn Karl Z. nicht. Es läge aber sonst nichts gegen ihn vor. Das sei eben „nur" der formale Gang der Dinge. Die Kosten seien übrigens immer noch nicht bezahlt, dafür könne aber keine Erzwingungshaft angeordnet werden.

„Die Kleinen hängt man, die Großen lässt man laufen!" Erfahrungen aus dem Mittelalter gehören offenbar nicht in die Mottenkiste. Es ist eher das Gegenteil der Fall. Die voll ausgebaute Bürokratie hat den Staat zum konsequentesten Verfolger des aus der Regel fallenden Menschen gemacht, es sei denn, der Mensch kenne sich in den Gesetzen und Verordnungen genau so gut aus wie die Verwalter und Gesetzeshüter. Besitzt er dann noch das notwendige Geld, um einen pfiffigen und guten Rechtsanwalt zu bezahlen, ist sie oder er cool, finden sich viele Aus- und Umwege. Die Anwendung des Rechts leidet offensichtlich erheblich unter sozialer Schlagseite. Fünf bis zehn Prozent der Gefängnisplätze belegen in Deutschland Menschen, die sich im Dschungel der Bestimmungen und Regelungen verheddern. Dies geschieht allermeistens nicht aus böser Absicht, sondern aus Unkenntnis, sozialer, psychischer oder persönlicher Schwäche.

Da muss ein allein lebender Sozialhilfeempfänger für zehn Tage hinter Gitter, weil er im alkoholisierten Zustand Müll in der falschen Tonne abgeladen hat und dabei beobachtet wurde. Die Ordnungsbehörde verdonnerte ihn zur Zahlung von 50 Euro. Wo sollen sie bei einem Sozialhilfeempfänger herkommen, wenn nicht wieder aus der Staatskasse? In diesem Fall ging ein Schrei der Empörung durch die Gefängnisabteilung. Innerhalb eines halben Tages hatten die Mitgefangenen die Zusagen für einhundert deutsche Mark zusammen. Der Betroffene konnte „ausgelöst" werden. Kann das Ordnungsgeld so seinen Zweck erfüllen? Ganz abgesehen davon, dass ein Tag im Gefängnis den Steuerzahler rund 100 Euro kostet.

Der wohlorganisierte Staat besitzt nicht die Mittel, sich effektiv um Menschen am Rande zu kümmern. Die Krise auf dem Arbeitsmarkt und das Herunterreden des Sozialstaates tut ein Übriges. Das Kümmern in Form von Ordnungsgeldern und Haftstrafen drückt sozial Schwache und Ausgemusterte in die kriminelle Ecke, wohin sie auf keinen Fall gehören. Die beiden „Fälle", die jeden Tag zu hunderten geschehen, lassen sich jedoch auch in eine Reihe mit anderen behördlichen Reaktionen auf nicht angepasstes Verhalten stellen, die den Menschen das Gefühl geben, der Staat handle nicht im Interesse seines Auftraggebers, des Bürgers. Nur wenige Autofahrer halten sich beispielsweise an Geschwindigkeitsbegrenzungen. Die Reaktion des Staates darauf verläuft ähnlich wie die bisher beschriebene: Niemand sucht das Gespräch mit den Schnellfahrern. Sie werden nicht etwa immer wieder von glaubwürdigen Mitmenschen aufgesucht, um ihnen die Brisanz und Gefahr ihres Verhaltens eindringlich klar zu machen. Erst kommt die Geldstrafe, dann der Führerscheinentzug. Wer danach nicht die Möglichkeit besitzt, sich zur Arbeit fahren zu lassen - beim vorherrschenden Mangel an öffentlicher Verkehrsinfrastruktur fast schon eine Notwendigkeit, fährt weiter und landet schließlich als hartnäckiger Wiederholungstäter in der Justizvollzugsanstalt. Kommt Alkohol dazu, ein gesellschaftlich durchaus toleriertes Rauschmittel, werden die Maßnahmen härter. Hat der Betroffene eine Familie, muss sie von der Sozialhilfe ernährt und versorgt werden. Wer in Haft war und keinen Führerschein besitzt, kann berufliche Tätigkeit schon fast vergessen. Das Ziel der Verkehrserziehung und Verkehrssicherheit endet mit sozialer Deklassierung. Wut und Verweigerung statt Einsicht sind die Folgen. Der Bericht, dass mit den Bußgeldern aus dem Straßenverkehr Kommunalhaushalte mit saniert werden, steigert den Verdacht, die Maßnahmen würden nicht mit dem Ziel verfolgt, das Verkehrsverhalten zu verbessern. Wer soll die Stadtkasse füllen, wenn alle sich an die Regeln halten? Folgerung: Wer finanziell einigermaßen abgesichert lebt, kann sich Regelverstöße leisten. Der Staat rechnet damit, dass Regelverstöße geschehen. Wer Regelverstöße nicht bezahlen kann, landet im sozialen Abseits.

Wahrscheinlich rund die Hälfte der Gefangenen sitzt wochen- und monatelang in Gefängnissen, weil sie im Kreislauf von Arbeitslosigkeit, Armut, sozialer Dekompensation, schlechten Wohnverhältnissen und instabilen Beziehungen gefangen sind. Der Umgang mit Behörden fällt ihnen schwer, langfristige Vereinbarungen - etwa zur Abzahlung einer Geldstrafe - können sie kaum überschauen. Daher gelten sie als unzuverlässig. Machen sie ihrem Unmut etwas deftiger Luft, sieht es schnell wie Bedrohung von Mitmenschen aus. Das eigentlich zur Haftvermeidung eingesetzte Instrument der Geldstrafe wird für sie zum Fahrschein in die „Ersatzfreiheitsstrafe“. „Das Strafrecht findet bei sozial benachteiligten Menschen stärkere Anwendung. ...Sie laufen eher Gefahr, kriminalisiert zu werden, und sie verfügen über weniger materielle und soziale Kompetenzen, ..., um freiheitsentziehende Sanktionen zu vermeiden.“ [195] Die Freiheitsstrafe verschärft dann die vorhandenen Probleme und der Druck ins soziale Abseits verstärkt sich. Das soziale Abseits gebiert seinerseits Regelverstöße, die als rechtliche Reaktion das sattsam bekannte „Mehr desselben“ hervorrufen.

Heinz erzählt Geschichten, die man nicht glauben möchte. In den Umbruchzeiten der deutschen Vereinigung hat er mit seiner Frau und einem kleinen Kind vier Jahre im Auto gelebt. Weshalb er ohne Wohnung blieb, ließe sich wahrscheinlich nachvollziehen. Das Leben im Auto setzt einen Führerschein voraus. Er hatte diesen nicht (mehr). Bei Kontrollen wurde er zunächst registriert, dann immer etwas heftiger bestraft - Wiederholungstäter. „Was sollte ich machen?“, sagt er auch noch heute. Da er aus Geldmangel auch noch bei Versandhäusern einkaufte, ohne zu bezahlen sowie dem Alkohol zusprach, kamen schließlich eine ganze Reihe von Monaten hinter Gittern zusammen. Inzwischen hatte er zwei Kinder. Seine Frau wollte die inzwischen zugewiesene Schlichtwohnung im ziemlich heruntergekommenen Umfeld nicht alleine bewohnen. Bei ihrer Mutter fand sie keinen Unterschlupf, wegen Überfüllung des Hauses. Also saß sie auf der Straße. Währenddessen kochte er innerlich und unternahm alles, um seiner Frau eine Wohnung zu beschaffen. Zwei Monate musste sie in einer Pension leben, argwöhnisch vom Jugendamt beobachtet, ob sie die Kinder überhaupt betreuen kann. Von Amt zu Amt, alleine und in fachkundiger Begleitung brachte es dann schließlich mit sich, dass die Familie eine Sozialwohnung bekam. Dann bezahlte das Amt plötzlich eine Mietsicherheit von über tausend Euro. Noch bevor sich Heinz beruhigt hat, stellt sich heraus, dass die Wohnung in einem miserablen Zustand ist. Die kleinen Kinder müssen auf dem Estrich spielen. Der Kauf eines billigen

Teppichbodens schleppt sich sechs Wochen hin. Die Ämter schieben Zuständigkeit hin und her. Sobald der Mann auf dem Sozialamt anruft und sich bemüht, die Abläufe zu beschleunigen, hört er:„Sie sind mal ganz ruhig! Sie sitzen doch wohl nicht umsonst im Gefängnis!" Das bringt ihn fast zur Weißglut und hätte wohl im Falle der Freiheit wieder erheblich Konflikte oder gar Anzeigen wegen Beleidigung nach sich gezogen bis dahin, dass seine Fähigkeit, ein Familienleben zu führen, in Zweifel gezogen worden wäre. So drängt er auf Lockerungen in der Haft, um sich endlich schon vor der Entlassung eine Arbeit suchen zu können. Auch das aber wird wegen seiner Abhängigkeit immer wieder hinausgeschoben. Als er dann endlich Ausgang und Urlaub bekommt, gerät er sofort wieder in zwielichtige Gesellschaft. Seine „Freunde" können es nicht lassen, ihn wegen irgendeiner Unregelmäßigkeit bei der Polizei anzuzeigen.

Wer keine Chancen mehr besitzt, gleitet aus dem Regelwerk der Gesellschaft heraus. Das ist eine immer wieder neu zu buchstabierende Erkenntnis. Keine Haftstrafe kann ihn hineinsozialisieren, eine Geldstrafe ebenso wenig. Je weniger der soziale Ausgleich als dringende staatliche Aufgabe begriffen und politisch umgesetzt wird, desto mehr droht der Zwei-Drittel-Gesellschaft das Zwei-Drittel-Recht. Genauer gesagt: Das Recht wird zum Instrument sozialer Stigmatisierung und Deklassierung missbraucht. Daran ändern auch die in den Medien weidlich ausgeschlachteten rechtlichen Maßnahmen gegen Regelverletzer am oberen Einkommensrand der Gesellschaft nichts. Das Recht, das eigentlich dem Rechtsfrieden und der Gerechtigkeit angesichts von Regelverstößen und von Kriminalität dienen soll, wird da noch mehr zum Handels- und Herrschaftsobjekt.

Gibt es andere Möglichkeiten, mit Regelverletzungen umzugehen? Die deutsche Justiz und ihr Vollzug kann insgesamt ja durchaus nicht als unmenschlich abqualifiziert werden. Bemühungen um Haftvermeidung, Arbeit und Therapie spielen im Rechtswesen in der Bundesrepublik Deutschland eine große Rolle. Auch innerhalb des Justizvollzugs werden Möglichkeiten der Lockerung und Förderung genutzt. Das Strafvollzugsgesetz von 1976 kann, wenn es in seiner Absicht zur „Besserung (und Sicherung)“ voll umgesetzt wird, als immer noch wegweisend und der Realität vorauseilend gelten. Die Landesstrafvollzugsgesetze seit 2004 gehen z.T. noch besser mit der Materie um. Die Probleme entstehen auch hier durch die soziale Schieflage. Alle Haftvermeidungs- und Resozialisierungsstrategien hängen mit dem sozialen Umfeld zusammen. Selbst die Entlassung auf Bewährung kann streng genommen nur erfolgen, bzw. für alle Beteiligten Sinn machen, wenn in eine gesicherte soziale Umgebung mit Betreuung besonders in den Anfangssituationen gewährleistet werden kann. Die Forderung nach Verschärfung von Gesetz und Vollzug angesichts der sich weiter entwickelnden organisierten Kriminalität könnte sich hingegen verhängnisvoll und zum Schaden aller auswirken, wenn die soziale Schlagseite nicht erheblich stärker in den Blick genommen wird. Auf ein soziales Auffangnetz für sog. Randständige, das ohne persönliches Engagement funktioniert, kann angesichts der angespannten wirtschaftlichen Lage der Länder und Kommunen schon längst nicht mehr zurückgegriffen werden. Organisierte Banden bieten stattdessen für den „Freigelassenen“ oberflächlich gesehen gute Überlebensbedingungen und soziale Kontakte an. Ein verhängnisvoller Kreislauf wird so unfreiwillig gestützt.

Zurück zum Rentner Karl Z.. Er hätte aufgesucht werden müssen, um ihm den Gang der Dinge zu erklären. Der Staat hätte in seiner Rechtssicherheit keinen Schaden genommen, wenn jemand im Laufe dieser Routineangelegenheit die persönliche Verantwortung aufgebracht hätte, mit Herrn Z. gewissermaßen symbolisch diese Ordnungswidrigkeit - mit dem Fahrrad auf der falschen Straßenseite zu fahren - aufzuarbeiten. Möglicherweise hätte man ihm bei „Einsicht“ die Ordnungsstrafe erlassen können oder in eine kleine Spende umwandeln können. Vielleicht wäre dadurch sogar die soziale Kompetenz des Rentners gestärkt worden, zumindest hätte der alte Mann sich nicht mit der Scham herumschlagen müssen, nach einem „ordentlichen Leben“ wie ein Krimineller vor seinen Kindern dazustehen. Die massenhaft ausgesprochenen Verwarnungsgelder und Geldstrafen erfordern ‘harte’ Verwaltung. Dass darunter die Schwächeren leiden, führt merkwürdigerweise nicht dazu, das System zu überdenken. So wird möglicherweise die Verhaltensänderung durch freundliches Hinweisen auf die kleinere Fehlhandlung und deren sofortige Korrektur in der Tat erfolgen. Strafe reizt eher zum Zorn und Widerspruch.

Ein “alter Dieb”

Herr V. ist 72. Er erzählt, dass er wegen des Diebstahls eines Pullovers für seine Frau und einige Zeit vorher für seine Tochter verurteilt worden sei. Haftdauer drei Monate. Er sei jedoch finanziell unabhängig. Seine Frau ist dreißig Jahre jünger. Er hat eine Tochter und aus erster Ehe einen Sohn. Eine weitere Tochter ist im Alter von fünf Jahren gestorben. Herr V. wirkt ein wenig zerstreut und vergesslich, kann sich dann aber doch ganz gut sammeln und erzählen. Er möchte trotz der kurzen Aufenthaltsdauer Arbeit haben, meinem Eindruck nach, um unter Menschen zu sein. Daher besucht er auch regelmäßig den Gottesdienst.

Es scheint so, als ob er sich zu Hause vernachlässigt und allein fühlt. Er geht offenbar viel alleine spazieren. Seine ehemalige und seine jetzige Frau, so sagt er, seien inzwischen Freundinnen. Wenn sie am Wochenende zusammen knobeln, muss er im Nebenzimmer alleine sitzen. Immer wieder bricht er in den Ruf aus: ” Ich bin ja auch ein Idiot.” Als Stationen seines Lebens zählt er auf: Schwarzhandel, Schrotthandel, Hotel ("Puff"), seit 30 Jahren lebt er von den Zinsen. Das Geld verwaltet seine Frau.

V. wirkt einerseits bemitleidenswert, andererseits auch ein wenig schlitzohrig. Wegen seines geistigen Zustands wurde er bereits gerontopsychiatrisch untersucht, jedoch ohne Folgen für die Haftfähigkeit. Die Diebstähle sind nicht richtig erklärbar. Hartnäckiger Wiederholungstäter war er wegen folgender Tatbeständeim Verlauf von 20 Jahren:

40 Tagessätze und einige Zeit Führerscheinentzug wegen Trunkenheit am Steuer; Diebstahl und Hehlerei im Ausland, 8 Monate, später erlassen; Diebstahl 30 Tagessätze; Diebstahl 3 Monate.

Die jetzige Verurteilung zu drei Monaten kam durch folgenden Tatvorwurf zustande: V. ging „in Diebstahlsabsicht" in ein Kaufhaus in der Mönckebergstraße und stahl dort ein Preshave im Wert von 17,-- Euro. Er wurde gefasst, war geständig und wurde zu drei Monaten verurteilt, weil er nach Meinung des Gerichts nicht anders zu beeindrucken ist. Der Verurteilung folgte eine Untersuchung wegen Haftfähigkeit. Der Arzt schlug vor, ihn ins Zentrale Haftkrankenhaus aufzunehmen und dort über eine Verlegung in die Haft zu entscheiden. Eine Aussetzung der Haft durch ein Amtsgericht wurde mit harten Worten von der nächst höheren Instanz verworfen. So musste V. seine Haft antreten. Nach zwei Dritteln Haftzeit wurde er auf Bewährung entlassen.

Das Leben ist ungerecht – ein Beispiel

Der Ausgang des Mannesmann – Prozesses[196] empörte viele Menschen, weil er den Eindruck des Freikaufs im rechtlichen Kuhhandel zu bestätigen schien. In der Tat schildert er die Rechtswirklichkeit in Deutschland und wahrscheinlich in der ganzen Welt. So beginnt das ganze von vorne: Wer bei Aldi eine Schachtel Zigaretten stiehlt und dabei erwischt wird, kommt vielleicht ein Jahr in ein Gefängnis oder erhält eine Geldstrafe. Meistens hat derjenige eine lange Reihe von Vorstrafen auf der Rechnung. Aus Anlass dieser letzten kleinen Straftat vergeht dem Gericht die Geduld. Für fünf vorherige Freiheitsstrafen wird dann die Bewährung widerrufen. Der so Bestrafte hat das Gefühl, er müsse wegen einer Schachtel Zigaretten über Gebühr lange hinter Gitter. Wenn er eine Geldstrafe bekommt, die einem Monatseinkommen entspricht, also dreißig Tage je zehn Euro, dann hätte er bei sofortiger Bezahlung nichts mehr zu essen. Er kann die dreißig Tage abarbeiten oder in Raten bezahlen. Arbeiten wäre kein Problem, da er arbeitslos ist. Da der Betroffene jedoch Alkohol oder Drogen zu sich nimmt, hat er auch für kleine Raten kein Geld übrig und vergisst, dass er eigentlich zur Arbeit gehen soll. Möglicher Weise hat er keine Ahnung von einer Geldstrafe. Das Verfahren wird ohne Verhandlung schriftlich abgeschlossen. Da er die Wohnung verloren hat und bei einem Kumpel oder bei seiner Freundin wohnt, bekommt er gar keine Post. Würde er sie bekommen, würde er sie nicht lesen, die „Scheißpost". Ein Jahr später wird er zufällig von der Polizei kontrolliert und aufgrund des inzwischen vorliegenden Haftbefehls zur Ersatzfreiheitsstrafe gebracht. Wenn er dann im Gefängnis sitzt, findet die Staatsanwaltschaft drei weitere Geldstrafen. So kommen schließlich 120 Tage Gefängnis zusammen.

Viel anders verläuft das Verfahren im Mannesmannprozess nicht. Die Geldauflage des Gerichts entspricht ebenso wie beim Zigarettendiebstahl der Höhe eines erweiterten Monatseinkommens des Vorstandsvorsitzenden der Deutschen Bank. Erstens muss bei ihm kein Widerruf befürchtet werden. Kein Gericht hat ihn vorher verurteilt. Er kann die Auflage sofort und auf einmal begleichen. Dadurch braucht er nicht auf ein Mittagessen oder Blumen für seine Frau zu verzichten, geschweige denn vielleicht sein Haus zu verkaufen.

Die Ungerechtigkeit kann nicht ausgeglichen werden. Sie beruht auf der sozialen Schlagseite der Wirkungen von

Justizvorgängen. Wer nichts hat, dem nimmt eine Strafe das tägliche Brot oder die Freiheit. Wer zu viel hat, der kann sich schon mal eine kleinere oder größere Geldauflage leisten. Wer sich einmal eine nicht ganz ordentliche Handlung leistet, wird von der Justiz gemäß den Vorschriften milde behandelt. Vorstandsvorsitzende haben eine gute Sozialprognose. Wiederholungsgefahr existiert bei der öffentlichen Kontrolle durch die Medien praktisch nicht, während sie beim Zigarettendiebstahl aufgrund sozialer und finanzieller Dekompensation mit Suchtverschnitt täglich virulent ist.

Das Ergebnis des Umgangs der Justiz mit den Menschen am oberen und unteren Rand der Sozialstruktur entspricht der Sozialkompetenz und gesellschaftlichen Position der Betroffenen.

Das Leben ist ungerecht. Die meisten Menschen in einer Gesellschaft trifft auch eine kleinere Strafe schwer. Denn sie trifft sie in der Substanz. Nur wenige leben nicht von der Substanz, sondern im Überfluss. Im Überfluss geht es nur um „imaginäre" oder theoretische (d.h. rechnerische) Schäden. Wegen der achtundfünfzig Millionen an Prämien für den Vodafone –Deal musste wahrscheinlich auch niemand wirklich hungern. Die Wirkungen entstehen indirekt als Lohndumping oder als politische Verleumdung von sozialem Ausgleich. Überfluss ist von der Substanz der vielen genommen. Lässt sich das ändern? Will das jemand ändern?

Ersatzfreiheitsstrafe

Noch eine weitere Perspektive ist notwendig, um die Verwerfungen in der Justiz zu erklären. Gemeinhin gelten Gefängnisinsassen als unverbesserliche Kriminelle. In Deutschland kommt so leicht niemand hinter Gitter, ist die landläufige Meinung. Die Justiz beschreiben viele Medien als zu milde. Die Gesetzestreue am oberen Ende der gesellschaftlichen Skala wird erheblich in Zweifel gezogen.

Mancher, der wegen einiger unbezahlter Bahnfahrten monatelang im Gefängnis sitzt, fragt nach Gerechtigkeit.

Herrn B. beteuerte dem Zugangsbeamten im Gefängnis, die Polizei habe ihn mitgenommen, ohne zuzuhören. Die Hälfte seiner Geldstrafe liege zu Hause auf dem Tisch. Auch bei der Post hätten sie nicht angehalten, wo er von seinem Konto den Rest ohne Probleme hätte abholen können. Weil er herzkrank war, fand der Verantwortliche in der JVA eine unbürokratische Lösung. Ein Beamter fuhr mit Herrn B. und mir zunächst zur Post, dort hob er die Hälfte des Geldes für die Geldstrafe ab. Dann ging es weiter zu seiner Wohnung. Der Hund saß zitternd hinter der Tür. Der Kühlschrank, aus dem er bei seiner Verhaftung gerade die Butter nehmen wollte, stand noch offen. Mitten auf dem Frühstückstisch lag tatsächlich das Geld. Daraufhin erhielt der "Inhaftierte" von dem Beamten eine Quittung, und die Sache war erledigt. Was ging in den Polizeibeamten vor sich, die Herrn B. verhaftet hatten?

Geldstrafen sind die weitaus häufigste Sanktion. Sie werden ausgesprochen, um Verfahren wegen kleinerer Delikte wie "Schwarzfahren" (Beförderungserschleichung), Ladendiebstahl, Passvergehen schnell und relativ unbürokratisch abzuschließen. Die Staatsanwaltschaft schlägt Tagessätze vor, das Gericht verhängt sie. Die Höhe der Strafe richtet sich nach dem Einkommen. Hartz-IV-Empfänger erhalten einen Tagessatz von fünf oder zehn Euro, nach oben gibt es theoretisch keine Grenzen. Wenn der oder die Betroffene die Strafe bezahlt, ist die Sache schnell erledigt. Betroffene erhalten mit dem Bescheid das Angebot, die Strafe in Raten zu bezahlen oder in gemeinnütziger Arbeit zu tilgen. Jeder Tagessatz kann in sechs Stunden gemeinnütziger Arbeit getilgt werden. In Geld ausgedrückt, arbeitet der Sozialhilfeempfänger für fünf oder zehn Euro einen Tag lang. Wenn die Tagessätze als Ersatzfreiheitsstrafe abgesessen werden, wird aus dem Tagessatz ein Hafttag. So kann es dazu kommen, dass jemand zwanzig Tage in ein Gefängnis geht, um einhundert Euro Geldstrafe abzusitzen.

Herr C. befindet sich seit 60 Tagen in Haft. In einer schwierigen Lebensphase hatte er für die zur Arbeit notwendige Bahnfahrt nicht genug Geld. Mehrfach wurde er bei Fahrscheinkontrollen entdeckt und angezeigt. Bei einem Wohnungswechsel dachte er nicht daran, die Staatsanwaltschaft zu informieren. Zudem war ihm ziemlich alles egal. Die erste Ersatzfreiheitsstrafe wurde nach einigen Tagen auf dem Gnadenwege erlassen. Deshalb dachte Herr C. über die noch anstehenden Strafen nicht weiter nach: „Wenn ich aus dem Gefängnis entlassen werde, werden die wohl alles geprüft haben.“ Einige Tage später stand jedoch wieder die Polizei mit einem Haftbefehl vor der Tür. Während der Haft kamen zwei weitere „alte“ Geldstrafen zum Vorschein. Deshalb bleibt Herr C. fünfeinhalb Monate im Gefängnis. Weil er inzwischen Sozialhilfeempfänger geworden ist, wirken monatliche Raten von einhundert Euro illusorisch, die als Vorbedingung zur Entlassung angeboten wurden. Die Alternative, fast ein halbes Jahr täglich sechs Stunden gemeinnützig zu arbeiten, erscheint der entscheidenden Rechtspflegerin zu unsicher. „Die Akte muss endlich nach zwei Jahren Laufzeit vom Tisch!“, das ist ihr Hauptargument. „Außerdem ist Herr C. unzuverlässig, sonst hätte er schon längst bezahlt.“

Hätte Herr C. noch einen Arbeitsvertrag gehabt, wäre vielleicht alles glimpflicher ausgegangen wie bei Herrn D. Der wurde nach einigen Tagen eifriger Telefonate unter der Auflage entlassen, dass von seinem Arbeitslohn zweihundert Euro monatlich direkt vom Arbeitgeber an die Landeskasse überwiesen werden. Herr C. muss dagegen bis zum letzten Tag sitzen. Für „Ersatzfreiheitsstrafen“ gelten die im Strafvollzugsgesetz vorgesehenen Urlaubs- und Ausgangsregelungen sowie die Möglichkeiten der vorzeitigen Entlassung in der Praxis nicht.

Die Geldstrafe sollte die leichtere Variante im Strafkatalog sein. Ähnlich wie bei den Geldbußen für Regelverstöße auf der Straße sollte der oder die Betroffene einen schmerzhaften Denkzettel erhalten. Wenn dieser Denkzettel jedoch in die verschärfte Haft führt, ist sein Ziel verfehlt. Zudem verursachen Geldstrafen, die die Betroffenen wegen sozialer Schwäche nicht bezahlen können, einen erheblichen Aufwand bei Verhaftung und Haft. Die Kieler Kriminologin Monika Frommel schätzt die Zahl der Verhaftungen wegen nicht gezahlter Geldstrafe auf dreißig bis vierzig Prozent aller Verhaftungen. Sie "verbrauchen" bis zu zehn Prozent aller rund siebzigtausend Haftplätze in Deutschland.

Die Probleme mit der Geldstrafe machen eine Neuordnung bei der Ahndung kleinerer Straftaten nötig. Die Einführung von neuen Hauptstrafen wie Führerscheinentzug oder Urlaubssperre machen wenig Sinn. Die meisten, die Ersatzfreiheitsstrafen absitzen, haben kein Auto und oft auch keinen Führerschein. In Urlaub fliegen oder fahren sie erst recht nicht. Anders ist es bei der Einführung gemeinnütziger Arbeit als Hauptstrafe. Wenn diese maßvoll angewendet würde, könnten kleinere Verstöße mit mehr Sinn geahndet werden. Zur stundenweisen gemeinnützigen Arbeit kann gehen, wer Arbeit hat und auch, wer keine hat. Soll aber das, was in der Gesellschaft allmählich zum Privileg wird, nämlich ‚Arbeit zu haben' zu einer Strafe gemacht werden?

Es bleibt jedoch eine unbeantwortete und offene Frage, warum der direkten Schadensregulierung im Strafrecht so wenig Chance eingeräumt wird. Warum kann das Schwarzfahren in der Bahn nicht durch (ratenweises) Abzahlen der Fahrkosten plus einer Bearbeitungsgebühr getilgt werden? Auch ein Diebstahl im Bagatellbereich könnte durch Wiedergutmachung in verschiedenster Form getilgt werden. Die im Strafrecht abgesicherte Restitution hätte möglicherweise mehr Wirkung als jede vom Vergehen unabhängige Strafe. Außerdem hat auch der Geschädigte einen Ausgleich. Die jetzige Form der Strafe zielt vor allem auf die moralische Verwerflichkeit des Täters. Tatfolgenregelung vor moralischer Verurteilung wäre eine angemessenere Vorgehensweise. Auch die Kriminologie erinnert bei jeder Kriminalstatistik daran, dass es sich hier nur um entdeckte Straftaten handelt. Moralische Überhebung ist also auch im Strafrecht nicht angebracht.

Das soziale Ungleichgewicht in der Gesellschaft wirkt sich auch besonders bei Geldstrafen aus. Das wurde bereits beschrieben. Ein Familienvater verbraucht vielleicht lieber seinen Urlaub zum Absitzen einer Geldstrafe, als seine ganze finanzielle Existenz aufs Spiel zu setzen. Dem ist nicht durch Korrekturen am Bestehenden beizukommen. Vielmehr müssen anstelle neuer Strafen grundlegende Änderungen im Grundsätzlichen erwogen werden. Das Interesse der Gemeinschaft sollte sich vor allem im Vermögens- und Sachbereich auf die kontrollierte Wiedergutmachung anstelle abstrakter Geld- oder Haftstrafen richten, beim Täter insoweit auf tätige Reue.

Bagatelldelikte?

Die Diskussion um Bagatelldelikte wie Schwarzfahren oder Ladendiebstahl hat noch zwei andere Seiten. Für Justiz und Polizei zieht diese Form der Kriminalität eine große Menge an Arbeitskraft ab. Für den einzelnen Geschädigten handelt es sich z.B. beim Ladendiebstahl um die spürbarste Form der Schädigung außer bei persönlichen Angriffen und Wohnungseinbrüchen. Das Gesetz schießt mit Kanonen auf Spatzen, wenn man schließlich wegen x-fachen Schwarzfahrens fast die gleiche Gefängnisstrafe bekommt wie wegen einer Körperverletzung mit Todesfolge. Beim Ladendiebstahl scheint das Missverhältnis noch erheblicher. Bei Aufklärung der Straftat, also beim Ertappen des Diebes auf frischer Tat, tritt kein Schaden ein. Es sei denn, man wertet die Notwendigkeit, Detektive zu beschäftigen, als Schaden. Dennoch folgt der Tat auch bei kleinsten Mengen die Verurteilung, im Wiederholungsfall und bei sozialer Desintegration zu Gefängnis.

Zehn Monate saß Herr Müller, Alter um die 60, wegen zehn Ladendiebstählen mit einem Gesamtwert von rund 50 Euro. Seine Taten hatte er ausnahmslos im betrunkenen Zustand begangen. Nach seinen Angaben wäre er sogar in der Lage gewesen, nach der Entdeckung, die oftmals wegen der Trunkenheit auch für ihn selber eine solche war, das „gefundene Diebesgut" ordnungsgemäß zu bezahlen. Sein Pech: Er war vorbestraft wegen eines schweren Verkehrsunfalls unter Alkoholeinfluss. Der Weg in die Verelendung hatte sich durch die darauf folgende Entlassung aus dem öffentlichen Dienst beschleunigt. Ausgelöst war er offenbar durch eine Scheidung mit unschönen Begleitumständen. Das Gefängnis hätte Herrn Müller erspart bleiben können, obwohl er selbst das mit Geduld ertrug. Es ersparte ihm wiederum für zehn Monate die Suche nach einer Wohnung.

Erstaunlich viele Männer sitzen wegen dauernder Wiederholung von kleineren Delikten in Haft. Manche bei Widerruf von Bewährungen zehn und mehr Jahre nach dem Begehen eines der Delikte. Manche sehen einfach nicht ein, dass sie ohne Führerschein nicht Auto fahren dürfen. Hauptargument: Wie soll ich meine Familie ernähren, wenn ich nicht zur Arbeit fahren kann? Einer, der einen Führerschein besitzt, kann sich gar nicht vorstellen, welche Probleme der Erwerb eines solchen bereiten kann. Dazu kommen Schwarzfahren, Betrug beim Sozialamt, Leistungserschleichungen, Versicherungsbetrug. Diese Handlungen muss niemand tun, sie geschehen aber. Wenn die Magazine z.B. vom "Volkssport Versicherungsbetrug" berichten, fühlt sich ein "Erwischter" zu Unrecht verurteilt.

Wo aber könnte man die Grenze ziehen zwischen Bagatell- und anderen Delikten? Jede Grenze provoziert die Klage dessen, der sie knapp verfehlt. Wenn das Bagatelldelikt so definiert würde, dass es ohne Umschweife sofort wieder gut gemacht werden kann, wirkte sich wieder die soziale Schieflage aus: Der eine kann zwanzigtausend Euro sofort bezahlen, der andere hat keinen Cent übrig. Es käme also auch hier darauf, an, die jeweiligen Fälle angemessen zu lösen mit dem Blick auf die Lebenssituation des jeweils Betroffenen. Wollte man die alkoholisierte Autofahrt nach dem Ergebnis bemessen, ob Menschen dadurch gefährdet sind oder nicht, wo wollte man beginnen? Die Lösung jedenfalls, beim Strafrecht einfach unten ein wenig abzuschneiden und kleinere Fälle nicht zu verfolgen, hilft dem Grundproblem nicht ab. Auch das Argument, es sei teurer, kleine Delikte zu verfolgen als sie unter den Tisch fallen zu lassen, kann nicht überzeugen. Wenn das Strafrecht ungerechte oder gar unsinnige Folgen erzeugt, muss es erneut insgesamt reformiert werden.

Vor allem bei Ladendiebstahl besteht die Frage, wie viel Interesse der Allgemeinheit an der Strafverfolgung besteht. Die Kaufhäuser wären durchaus allein in der Lage, ihre Ware elektronisch oder durch weniger offene Präsentation zu schützen. Das Letztere gäbe weniger Gelegenheit und weniger Verführung zum Diebstahl. Das Interesse der Allgemeinheit besteht weniger in der Strafverfolgung als vielmehr in der Minderung der Kosten. Die Strafverfolgung erweist sich gerade beim Ladendiebstahl als ineffizient, wie die stetig steigenden Schäden beweisen. Vor allem hilft es wenig zur Unterscheidung zwischen gewerbsmäßigen und Gelegenheits - Dieben. Auch mit dieser Erkenntnis ist das Problem nicht behoben. Dennoch kann eine Verlagerung der Verantwortung in eine Sicherung oder andere Präsentation der Waren möglicherweise mehr Erfolg haben. Damit ist nicht der verstärkte Einsatz von Detektiven gemeint, sondern allenfalls der Einsatz von mehr Personal, das die Waren verkauft und dadurch einen besseren Überblick besitzt.

Ähnlich verhält es sich mit der so genannten Beförderungserschleichung. So lange der 'Schwarzfahrer' die Chance sieht, nicht erwischt zu werden, wird es ihn geben. Wenn jedoch Personenverkehr nur noch mit stetiger Personalkürzung zu bewerkstelligen ist, fällt das Risiko. Möglicherweise könnte bei totalem Verzicht auf Fahrkartenautomaten, Kontrollpersonal und Verfolgung mit der dadurch erzielten Einsparung bei gleichen Kosten wie derzeit der Personennahverkehr zum Nulltarif durchgeführt werden.

Beim Umgang mit den so genannten Bagatelldelikten ist gesellschaftliche Phantasie gefragt. Der zufällig entdeckte Bagatelltäter steht nach meiner privaten Schätzung mindestens zwanzig nicht entdeckten Tätern oder Taten gegenüber. Organisationsänderungen in der Gesellschaft können Bagatelldelikte bis auf ein Mindestmaß reduzieren:

- Ein Polizei- und Spitzelstaat könnte gepaart mit Denuntiationsmentalität jene Wirksamkeit entfalten, die nötig wäre, um flächendeckend Bagatelldelikte aufzuspüren und zu ahnden. Dieses System will (hoffentlich) niemand.
- Die Herausbildung eines strengen Gewissens bei allen Staatsbürgern ließe Selbstregulation zum Normalfall werden und würde Diebstahl und andere Delikte überhaupt undenkbar machen. Dazu gehört allerdings eine Politik der gesellschaftlichen Umverteilung, die den Schwachen die Möglichkeit zum Leben gibt.
- Menschliche Grundbedürfnisse wie das Verkehren im Nahbereich werden als gesellschaftliche Leistung allen Menschen zugänglich gemacht. Die Finanzierung erfolgt über die Steuern. Der Nachweis von Einsparungen bei Verkauf, Kontrolle und Verfolgung von Tickets ist zu erbringen. Diese Maßnahme wäre sogar noch ökologisch sinnvoll.
- Der Verkauf von Waren ist so zu organisieren, dass die Möglichkeit, sich unbemerkt zu bedienen, auf ein Minimum reduziert wird.

- Die Behandlung der dennoch erwischten Täter erfolgt an Ort und Stelle als Gespräch und Ermahnung, bei Wiederholung mit der Auflage, sich zu einer therapeutisch orientierten Gruppe zu begeben. Die Teilnahme ist nachweispflichtig. Dafür ist die Freiheitsentziehung als Drohung im Hintergrund doch wieder notwendig.

Der Ruf nach dem Strafrecht und der strafrechtlichen Verschärfung bei Bagatelldelikten ist kontraproduktiv. Er verschärft das Klima in der Gesellschaft, in der sich der Besitzende kleinere Delikte leisten kann. Die in der Strafverfolgung heute gebundenen Kräfte könnten in der Vorbeugung und Schulung zur Vermeidung von Bagatelldelikten eingesetzt oder eingespart werden.

Eine besonders intelligente und Kosten sparende Variante der Kontrolle hatte sich einst der Leiter eines Baumarktes in der Ortschaft Spiegelau im Bayerischen Wald ausgedacht. Dort wurden die Kunden beim Eingang in den Laden gewogen, ebenso beim Zugang zur Kasse. Wenn das Gewicht um mehr als zwanzig Gramm differierte, wurde der Kunde aufgefordert, alle *Waren auf das Laufband zu legen. Danach sind die Diebstähle fast auf Null zurückgegangen. Diese Kontrollmethode spart die Kosten für Detektive und Überwachungskameras.*

*Zwar werden findige Diebe auch dieses System überlisten können. Man muss als Kunde nur das Gegengewicht des begehrten Objektes mit in den Laden nehmen, um einschließlich Diebesgut anschließend die Waage wieder mit gleichem Gewicht zu passieren. Der Erfolg jedoch ist die Verhinderung von Gelegenheitsdiebstählen, die die große Masse der Ladendiebstähle ausmachen. Polizei und Justiz sparen eine Menge Zeit. Aktenberge vermindern sich. Das Konzept ist am Erfolg und nicht an der Strafe interessiert. Die Waage verhindert also nicht nur Diebstähle, sondern spart auch erhebliche Kosten der Strafverfolgung. Deshalb stellt sie ein Beispiel für Kriminalitäts*bekämpfung *dar, die Kriminalitäts*verwaltung *überflüssig macht.*

Kriminalität und Kriminalisierung

Beruf Dieb

Eineinhalb Jahre lang ging Peter dem Beruf Dieb nach. Er berichtete von erheblichem Stress und dass er schließlich froh war, verhaftet zu werden. Warum kann ein Leben als Dieb Stress bereiten? Peter brauchte für seinen Beruf rund siebzig Stunden in der Woche. Im Durchschnitt arbeitete er zehn Stunden täglich. Er ging in Supermärkte und andere Geschäfte. Dort kaufte er eine Kleinigkeit und stahl jeweils vier Flaschen teure Alkoholika. Der Durchschnittsbürger wüsste gar nicht, was er mit dem Ergcbnis cincr solchen Tagesarbeit anfangen sollte. Rund vier- oder fünfmal wiederholte sich der Diebstahl am Tag. Gefährlich wurde es, wenn aus Mangel an neuen Läden im Umkreis von zweihundert Kilometern, in denen er schon gestohlen hatte, ein Geschäft zum zweiten oder zum dritten Mal Opfer werden sollte. Für rund ein Drittel des Ladenpreises fanden sich stets Abnehmer der Ware. So kamen im geringsten Falle dreihundert Mark am Tag zusammen. Am Sonntag waren dann die Flughäfen und andere geöffnete Geschäfte dran. „Auf dem Flughafen ging es am leichtesten."

Wenn man dies über eineinhalb Jahre hin addiert, entsteht eine Einnahme von rund 80.000 Euro. Das entspricht dem Gehalt einer gut dotierten akademischen Position im öffentlichen Dienst. Der Schaden dürfte rund das Dreifache betragen. Peter hat das Geld für seine Miete und für Drogen ausgegeben. Die Fahrten zu den Orten seines Diebstahls kosteten nichts, denn er fuhr schwarz. Für den Fall, dass er erwischt würde, trug er stets sechzig Mark in der Tasche. Da musste es sich wirklich um Stress handeln. Urlaub gab es schließlich auch nicht. Peter wurde wegen acht Diebstählen verurteilt. Die anderen schmücken als nicht aufgeklärte Straftaten die Kriminalstatistik.

Bei der Analyse dieses Vorgangs wird deutlich, dass die so genannte Beschaffungskriminalität auf eigene Rechnung nur Sinn macht, wenn für das Diebesgut Abnehmer vorhanden sind. Die aber scheint es reichlich zu geben. Insofern kann man nicht behaupten, die Opfer seien in eine innige Täterbeziehung verstrickt. Die Beziehung des Täters zur Gesellschaft läuft jedoch über den Versuch, günstig und möglichst unter Umgehung der Steuer einzukaufen. Und da findet man offenbar genug Mittäter. Opfer werden neben den geschädigten Kaufläden alle, weil hier mit dem gestohlenen Gut Umsätze ohne jede Sozialabgabe oder Steuer getätigt werden, der Schaden am Ort des Dienstahls sogar den Umsatz steuermindernd herabsetzt. Schließlich müssen zur Aufklärung, Verurteilung und zum Vollzug der Strafe Steuermittel in nicht unbeträchtlichem Umfang eingesetzt werden. Wir alle tragen auch noch die Kosten einer Therapie, falls der eigentliche Täter in eine therapeutische Einrichtung geht. Kriminalität kann somit nicht als isolierte Fehlhandlung betrachtet werden, sondern bewirkt einen erheblichen Schaden im weiteren materiellen Sinne. Der Schaden schafft aber auch wieder gesellschaftlichen Nutzen durch die Arbeitsplätze, die zu seiner Behebung oder Verwaltung notwendig werden.

Das Beispiel von Peter deutet zumindest an, wie wenig man in diesem einen und darauf folgend in vielen anderen Fällen von einem isolierten abweichenden Verhalten in einem Punkt sprechen kann. Es handelt sich um eine Lebensführung mit eigenem Normen- und Wertesystem. Das Leben in diesem „anderen Netz“ war Peters Lösung für seine seelische und gesellschaftliche Situation. Einen großen Teil seiner Kindheit verbrachte er im Heim, weil sein Stiefvater ihn zu Hause nicht haben wollte. Seine Mutter konnte sich nicht wehren, sie war Alkoholikerin. Wenn er zu Hause war, gab es Schläge. Dennoch ging Peters Leben so einigermaßen in der Bahn bis hin zu einer angefangenen Lehre. Als er siebzehn war, starb seine Mutter. Danach begann die Abwärtsspirale - so seine eigene Sicht der Dinge. Zunächst lebte er nachdem er volljährig geworden war, mit einer Freundin zusammen. Sie war ein „ordentliches Mädchen“ und wollte bald nichts mehr mit dem sich entwickelnden Chaos zu tun haben. Auch ihre Eltern waren gegen die Beziehung. Als sie weg war, steigerte sich das zuvor begonnene Konsumieren von weichen und dann harten Drogen. Die Ausbildung abgebrochen, andere Arbeiten jeweils nur kurz und gelegenheitsweise..., so ergab die Geldnot einen Zwang zur Beschaffung.

Peter wehrt sich dagegen, seiner „Sozialisation“ die Schuld in die Schuhe zu schieben. Immer wieder hatte er Gelegenheit zum ‘Ausstieg’ oder ‘Einstieg ins normale Leben’. Die Drogen aber verdrehen den Kopf so weit, dass die Diebstähle zum Normalfall werden, weil sie schnell Geld bringen.

Das akzeptierte Verhalten muss mindestens die gleiche Überzeugungskraft besitzen wie das mit den geschilderten Werten. Daran aber hapert es oft, wodurch dem Sozialisierungsversuch der Boden entzogen wird. Gesellschaftlich anerkannte Weisen, sich den Lebensunterhalt zu verdienen, beruhen auf der Fähigkeit, die Befriedigung von Wünschen aufzuschieben. Der Umsatz von Leistung und Gegenleistung (Arbeit und Entlohnung) geht zu langsam vor sich und erfordert Anpassung oder als Unterordnung empfundene Einordnung. Die Phase des gelungenen Einstiegs in die (gesicherte) Erwerbsrolle erreichen viele Männer, die in Gefängnissen sitzen, nie. Dass das immer nur ihre Schuld ist, kann bei der üblichen Arbeitslosenquote und gesellschaftlichem Druck auf abgesicherte Arbeit als so genanntem Standortnachteil nicht belegt werden. Möglicherweise zwingt die Situation nach der Haft sie noch viel mehr als andere, sich in ungeklärte und unabgesicherte Arbeitssituationen zu begeben. Das würde das Scheitern schon vorprogrammieren.

Verkehrsdelikt

„Sie können im Jahre dreitausend mal wieder ihren Führerschein machen!“, sagt ein Richter zu einem Mann, den er wegen Fahrens ohne Fahrerlaubnis und mit Alkohol im Wiederholungsfall zu einer zehnmonatigen Haftstrafe verurteilt hatte. Die Freiheitsstrafen aus mehreren Verurteilungen summierten sich nun auf über dreißig Monate. Das Zusammenziehen der Strafen änderte daran wenig. Eine der Verurteilungen ahndete alkoholisiertes Radfahren mit fünf Monaten. Der Verurteilte hat natürlich nicht nur fünf Fahrten im alkoholisierten Zustand ohne Führerschein hinter sich gebracht. Er fuhr jeden Tag große Strecken zu seinen Einsatzstellen. Da ist Alkohol ‘schon mal nötig’ zum Stressabbau. Zufällige Verkehrskontrollen brachten ihm jeweils die entsprechenden Anzeigen ein. Er weiß, wie viele Unfälle durch alkoholisierte Fahrer entstehen. Nur bei ihm ist nie was passiert. Selbst die Befürchtung, dass die zunächst immer auf Bewährung ausgesetzten Urteile irgendwann zu einer großen Strafe zusammengezogen werden könnten, hielt ihn nicht vom Fahren ab.

Gibt es keine vernünftigen Sanktionsmöglichkeiten, wo doch jeder sehen kann, dass offenbar Gerichtsurteile nichts bewirken? Der Mann hätte geradezu zum Führerscheinerwerb verurteilt werden müssen, am besten auf Staatskosten und unter staatlicher Kontrolle. Die Kosten für alle Seiten wären auf diese Weise geringer als mit jahrelangen Haftstrafen und außerdem wahrscheinlich eher mit dem Erfolg für das gewünschte Verhalten gekrönt. Vor allem stellt sich die Frage, ob er nicht doch auch eine Art Opfer ist. Seine Schädigung der Gemeinschaft kann als theoretisch bezeichnet werden. Sein eigener Schaden allerdings ist beträchtlich, von der Familie ganz zu schweigen.

Der spektakuläre Fall

Damit die Lektüre nicht den Verdacht erregt, beim mir handle es sich um jemand, der gezielt harmlose Fälle herausgreift und zum Bagatellisieren neigt, schildere ich noch zwei Verbrechen, bei denen ich das Entsetzen kennen lernte. In den Medien wurden beide Fälle, die eigentlich einer sind, weidlich ausgeschlachtet und - allerdings ohne großen Erfolg - verfilmt.[197]

Durch seinen Tod im Gerichtssaal in Lübeck wurde Klaus Grabowski weltweit bekannt. Die Mutter der von ihm erwürgten sechsjährigen Anna hat ihn in aller Öffentlichkeit mit gezielten Revolverschüssen getötet. In einer Flut von Leserbriefen erhielt sie viel Anerkennung und Bewunderung für diese Handlung. Das Gericht sah in dieser Tötung jedoch eine Straftat und verurteilte die Mutter vonAnna zu sechs Jahren Haft.

Als Patient in der forensischen Psychiatrie hatte Grabowski sehr eng den seelsorgerlichen Kontakt gesucht. Zwei Jahre nach seiner Entlassung ging ich mit meinen damals kleinen Kindern in Lübeck spazieren. Er begegnete uns auf einem Fahrrad mit einem auffällig großen Behälter auf dem Gepäckträger. Ich rief: „Hallo, lange nicht gesehen!" Er antwortete: „Ich habe leider keine Zeit, ich muss schnell etwas wegbringen!" Später ging er zur Polizei, wie ich aus den Berichten in der Zeitung weiß, weil er die Begegnung als Fingerzeig des Himmels gedeutet hat.

Die Selbstinterpretation von Grabowski zeigt folgender Auszug aus seinem „Zeugnis", das er nach seiner Bekehrung zu Jesus Christus aufgeschrieben hatte. (Davor und danach meine eigenen Bemerkungen.)

Gr. hat zwei Tage in meinem Zimmer gesessen und für mich ein Zeugnis geschrieben. Er wird nun bald entlassen. Er ist sehr unruhig und wirkt getrieben. Ich hoffe, dass das gut geht. Er sagte, er habe einige Straftaten begangen, die noch nicht aufgedeckt seien. Das würde zusammen sicher „zehn Jahre geben". Aber er habe alles zum Herrn gebracht und sei nun frei. Mir aber wolle er alles bekennnen. Das ‚Bekennen' fiel dann aber nicht konkret strafrechtsre-

levant oder verwertbar aus, sondern wie ein ‚Sündenbekenntnis' eben.

Bekenntnis (Ausschnitte):

„Als Kind schon, entwickelte ich einen ungeheuren, sehr ungesunden, Eigenwillen.

Vom 12. Lebensjahr ab war ich als Botenjunge tätig, die Schule spielte nun eine lästige Nebenrolle, Geld, Rauchen, Mädchen und Vergnügen. Danach strebte ich mit aller Kraft, es war ein innerer Zug dahin . . .

Es war eine Suche in mir, wonach, das wußte ich nicht. ich war nie zufrieden. Mangels Geld, zum Trinken, fing ich schon mit 16 zu klauen an. Kollegen, Eltern, Freundin, ja jeder der auf meine freundliche Masche hereinfiel, wurde von mir bestohlen und betrogen...

Bis zum 20. Lebensjahr waren es ‚lediglich' Diebstähle, Betrügereien, Scheckfälschungen, Unterschlagungen, Einbrüche, in hunderten von Fällen ...

Die Bundeswehr, ich ging mit viel Enthusiasmus dort hin, absolvierte ich, solange noch kein Ausgang war, als ‚hoffnungsvoller Soldat'.

Dann aber, freigelassen zum Ausgang, fing dieses Treiben wieder an. Laufende Untreue zu meiner Freundin und wieder Eigentumsdelikte in jeder Art, kein Kameradendiebstahl, o Wunder. Ich entwickelte im zunehmenden Maß ein Einzelgängertum, denn in Unterhaltung, gemeinsamen Unternehmungen etc. fand ich keine Freude! ...

Im August wurde ich wegen einer Sexualstraftat verhaftet, jedoch nach einem Freispruch, mangels Beweisen, entlassen, und wegen eines gleichen Deliktes 10 Tage später wieder in Haft genommen, aus der ich jetzt entlassen werden soll.

In der Haft, meine Frau trennte sich nach 2 Monaten von mir, Scheidung war eingereicht, zerfiel mein letzter Lebenswille, denn ohne Zuneigung meiner Frau, auch ohne

Alkohol erkannte ich, wie leer, tot, ja völlig ohne Sinn, mein Leben gewesen ist, wie es jetzt geworden war, in der Einzelzelle im Knast. Vor mir tat sich ein Trümmerfeld, ein Sumpf auf, das mein Leben hieß. Ich hatte jeglichen Lebenswillen verloren, weil es ja außer Alkohol und Frauen, nie ein Leben für mich gegeben hat. Bei allen Aktivitäten im Knast, wie Sport, Keramik und Freizeit empfand ich weder Freude noch fand ich Ablenkung. Ich war innerlich zerrissen, äußerlich, und das schon seit Jahren in Freiheit, ein Wrack, eine Maske. Lächeln oder lachen konnte ich seit Jahren nicht mehr. Ich wußte nicht, was Freude heißt, noch Liebe.

Ich kannte nur mich und meine Probleme. So war es dann auch so, dass ich von der Umwelt völlig übersehen wurde. Kontaktfähigkeit hatte ich überhaupt nicht mehr. Ich suchte, um aus der Zelle herauszukommen, bei den AA Kontakt...

So fing ich an, zaghaft, die leichtesten Delikte auf Papier zu bringen. Es war höllisch, denn nun begannen diese Taten wehzutun. Und es waren nicht 10 oder so, es waren hunderte, ich habe sie nicht zählen können.

So wenig ich auch preisgab, ich erfuhr eine leise Befreiung in mir und schwerere Sünden drängten nach und fingen an, doppelt weh zu tun. Es wurde zur Qual. Ohne Glauben, aber hoffend, fing ich an zu beten. Das war im Sept./Okt.... Es ging immer schneller mit dem Bekennen, aber nicht ohne Schmerzen. Irgendwann Anfang November glaubte ich, alles ausgepackt zu haben. Ich war schon sehr frei geworden, aber Jesus hatte ich immer noch nicht gefunden.

Am 27. II., es war spätabends, befiel mich ein höllischer Schmerz, denn das, was ich schmachvoll verborgen hatte, ..., schien mich zu zerreißen. Ich betete,..., es brach unter heftigen Tränen aus mir heraus. Kaum hatte ich es geschrieben, nahm ich ein Buch in die Hand, in dem Gebetsverse standen, und ich las genau das, was ich vorhergebetet hatte. Und in diesem Moment kam Jesus in meine Zelle. Alles veränderte sich in einem Licht, das so hell war, ich kann es nicht beschreiben. Schlagartig wurde auch in mir etwas verändert. Ich konnte kniend beten und den Herrn beim Namen anrufen und danken. Ich bat ihn, bei mir zu bleiben und mich durchs Leben zu führen...

Noch in dieser Nacht veränderte mich der Herr kolossal. Denn wo ich vorher nicht lächeln, mich freuen konnte, wo ich vorher schon morgens Grauen in mir hatte und Hoffnungslosigkeit, ..., da war den nächsten Morgen Freude und Jubel, Ich wurde fast verrückt vor Freude und Jubel. Die Mitgefangenen sah ich plötzlich, ich konnte lächeln, ich begriff alles nicht, ich wußte nur, Jesus hat mich erlöst. Ich wußte nicht mehr, was geschah, ich fühlte mich überhaupt nicht mehr gefangen.

Der Herr wirkte und wirkte. Der katholische Seelsorger sah mich ganz entgeistert an, als ich ihm unter Tränen erzählte, was Jesus getan hat in der Nacht. Er begriff es nicht...

Im September wurde ich nach einer mich heilenden Operation ins psychiatrische Krankenhaus verlegt. Dann schenkte der Herr mir Begegnungen mit zwei Männern, die sich zu Christus bekehrten. Ich weiß, es ist der Plan des Herrn, dass er mich nun nach Neustadt haben will, er braucht Leute, die weiterhin direkten Kontakt mit den Menschen hier haben, die seine Liebe ersehnen. Ich weiß, alles hat der Herr gefügt. So gehe ich froh und ruhig nach Hause.

Hierher komme ich jede Woche zurück. Wie sehr hat mich doch der Herr verändert und erneuert! Jesus lebt!“

Auch jetzt ist wieder ein zwiespältiges Gefühl in mir: vielleicht schafft Gr. es doch, aber gleichzeitig habe ich Angst vor der Art, wie er mit Menschen umgeht. Er wirkt voll Ungestüm, fast etwas getrieben, hat ein Ziel und doch nicht. Wie lange wird die ‚Bekehrung' halten? Wie lange kann er sie noch zur Regulierung benutzen, wenn es ihm kaum hier im Krankenhaus gelingt, wo sich doch fast alle unter der strengen ‚Aufsicht' irgendwie einordnen. Sein Glaube wirkt jetzt fast nur noch als äußere Form, um sich die Illusion zu erhalten, es habe sich alles geändert.

Den Umständen, seinen Eltern oder anderen wichtigen Personen in seinem Leben hat Grabowski keine Schuld oder Verantwortung für seine abweichende Lebensweise zugeschoben. Er hat sogar im Gottesdienst des Krankenhauses einmal eine ganz ansprechende Predigt gehalten. Eine Hormonbehandlung, die die Wirkung der Kastration aufhob, soll ihn zu seiner pädophilen Tat mit Anna gebracht haben. Die Theorie unterstellt ihm dann einen typischen Vertuschungsmord. Das ist nicht mehr nachprüfbar. Jedenfalls hat der Fall Grabowski gezeigt, dass das „Abschneiden“ durch Kastration nicht der richtige Umgang mit Menschen sein kann, die pädophiler oder anderer Sexualstraftaten überführt wurden. Er wurde selbst Opfer einer Straftat, so sehr man den Affekt der Mutter von Anna verstehen kann, der zu dieser gezielten Tötung führte. Über ihre Motive wurde öffentlich so viel geschrieben, dass dem nichts mehr hinzuzufügen ist.

Wenn Klaus Grabowski nicht aus der Psychiatrie entlassen worden wäre, ja wenn .... Die weitergehende Überlegung heißt: Abweichendes Sexualverhalten, wenngleich strafrechtlich zu Zeiten verschieden definiert, scheint relativ weit verbreitet zu sein. Obwohl die gemeldeten Fallzahlen zurückgehen, bleibt eine Art Unwohlsein. Sowohl Strafverfolgung wie therapeutische Ansätze scheinen ziemlich erfolglos an der Eindämmung herumzudoktern. Kann aber die Alternative heißen, überführte Täter zum Schutz der Allgemeinheit so angenehm und therapeutisch wie möglich für immer wegzusperren[198] und ansonsten die Augen zu verschließen, damit man über bekanntgewordene aufgedeckte Fälle stets die Möglichkeit hat, Empörung zu kultivieren sowie gesellschaftliche und justizielle Überreaktionen über besonnenes Handeln zu stellen?

„Ausländische Kriminelle“

Bis hierher wurde aller Inhalt auf Deutschland bezogen. Es gilt aber auch transnationale und internationale Kriminalität zu betrachten. Da gelten andere Maßstäbe und andere Formen der Strafe. Wie schwierig das ist, zeigt der Bereich des Menschenhandels und seine Abgrenzung zur irregulären Migration, die ihrerseits ebenfalls auf kriminelle Akte der Schleusertätigkeit und der Ausnutzung menschlicher Not aufgebaut ist.

Noch größer wird das Problem durch islamistisch orientierte Terrorakte, die m.E. eigentlich eine Form besonders intensiver Kriminalität zeigen. Da wird in der Ideologie und in der Tatrechtfertigung den Opfern die Schuld zugedacht. Die Täter-Opfer-Umkehr rechtfertigt jede der vollbrachten Mordhandlungen so, als wehre sich eine zu Unrecht missachtete Religion gegen ihre Gegner. In Wirklichkeit rächen sich Täter an der Weltbevölkerung dafür, dass sie in der Welt nicht unumschränkt Gewalt und Herrschaft ausüben dürfen. Sie rechtfertigen das durch die Behauptung, die westliche Welt sei ein Unterdrückungsapparat gegenüber Moslems, gegen den man sich im Namen Allahs sowie der einzigen wirklichen Zivilisation, des Islam, wehren muss. Die Ratlosigkeit, mit der „die westliche Welt“ darauf reagiert, Kriege führt und das alte Rezept Gewalt gegen Gewalt anwendet, macht mich sprachlos.[199] Eigentlich wäre der Terrorismus mit Konzepten der organisierten Kriminalität zu bearbeiten, die aber auf derartige Größenordnungen bisher keine Antwort findet. Statt Strategien gegen islamistischen Terrorismus zu entwickeln, zeigen die „Gesellschaften im Westen“ Anzeichen der Selbstzerfleischung. Leider verfliegen damit die alltäglichen Probleme nicht, die man als Ausländerkriminalität bezeichnet. Vor den Terrorismuserfahrungen erscheint die „normale“ Kriminalität nicht der Rede wert, erregt aber im Alltag immer noch genug Aufregung. Die Justiz hat damit erhebliche Verfahrens- und Plausibilitätsprobleme.

Straftäter, die nicht deutsche Staatsbürger sind, sind besonders wohlfeile Objekte für politische Forderungen nach Strafverschärfung und Abschiebung. Der deutsche Strafvollzug sei für Ausländer, aus Osteuropa, aus der Türkei oder Nordafrika keine Abschreckung, heißt es immer wieder. Deshalb werden Forderungen aufgestellt wie: Kriminelle Ausländer sofort abschieben! Kriminelle Ausländer zur Strafverbüßung ins Herkunftsland überstellen! Den Missbrauch des Asylrechtes als Deckmantel für kriminelle Handlungen unterbinden! Dass die beiden ersten Forderungen illusorisch sind, versteht sich von selbst. Welches Land sollte ein Interesse daran haben, Bürger zurückzunehmen, die im Ausland zu Haftstrafen verurteilt worden sind, so es das vermeiden kann? Welches Land wird freiwillig im Ausland ausgesprochene Haftstrafen vollziehen?

Wer ist der „kriminelle Ausländer“?

Wer ihn nur aus der Presse kennt, weiß, dass es sich um Rauschgiftdealerringe, organisierte Kriminalität und besonders brutale Täter handelt. Es wird von „rumänischen Banden“, der „Nigeria - Connection“ (Scheckfälscherbande) oder von der „russischen Mafia“ im Rotlichtmilieu berichtet. In der Spitze mag das richtig sein. Ein Gesprächspartner in Griechenland, das trotz geringerer Kriminalitätsrate in dieser Hinsicht die gleichen Probleme kennt wie Deutschland, erklärte den hohen Anteil albanischer Gefangener in seinem Land damit: Albanien habe am Ende der kommunistischen Ära die Gefängnisse geöffnet und den Kriminellen die Ausreise nach Europa an Stelle der weiteren Vollstreckung angeboten. Damit habe es die eigenen Gefängnisse geleert und gleichzeitig die Kriminalitätsrate im eigenen Land drastisch verringert. Doch so spektakulär sind die wenigsten Fälle.

Die hohe Rate der Ausländer unter den Untersuchungsgefangenen lässt nicht etwa den Schluss zu, Ausländer seien generell mehr zu Straftaten bereit als Deutsche. Bei Menschen mit ausländischem Pass kann stets der Haftgrund

„Fluchtgefahr“ wirksam werden. Das erklärt die vergleichsweise hohe Haftrate.

Ein Mann mit polnischem Pass kommt wegen vielfachen alkoholisierten Autofahrens in Haft. Seine Familie besteht aus deutschen Staatsangehörigen. Er selbst hat in Deutschland viele Jahre als Handwerksmeister in einem Betrieb gearbeitet. Nach mehreren kurzen Haftzeiten wird er ausgewiesen. Zu einer anderen Lösung ist das Ausländeramt nicht bereit. Gerichtlich lässt sich das Aufenthaltsrecht auch nicht durchsetzen.

Ein weiterer Fall kommt den Vorstellungen vom kriminellen Ausländer mehr entgegen.

Ein türkischer Familienvater wird bei der Rückkehr nach Deutschland, wo er über zwanzig Jahre gelebt und gearbeitet hat, mit einer erheblichen Menge Heroin erwischt. Das Gericht glaubt seinen Beteuerungen nicht, der Stoff habe dem Mitfahrer gehört. Der aber war unauffindbar. Das Urteil lautete vier Jahre Haft. Der Betroffene erklärte mir, der Rauschgifthandel würde häufiger so abgewickelt, dass 'gute Freunde' darum bitten, zur Kostenersparnis beispielsweise nach Deutschland mitgenommen zu werden. Die als Rauschgifttransporteure erfahrenen Begleiter könnten dann im Falle der Entdeckung meistens den Verdacht geschickt auf den Besitzer des Autos lenken und sich als harmlose Mitfahrer darstellen. Oft seien sie auf Entdeckung so gut vorbereitet, dass ihnen das Verschwinden im richtigen Augenblick gelinge. Die 'guten Freunde' stellen sich hinterher als nicht existent heraus, weil sie mit Falschnamen operierten.

Der Inhaftierte bekommt die Ausweisung in Aussicht gestellt und muss seinen selbständigen Betrieb, den die Ehefrau nicht aufrechterhalten kann, verkaufen. Die Kinder, die in Deutschland geboren und aufgewachsen sind, werden in einer türkischen Schule neu beginnen müssen. Während der Haftzeit entfallen die üblichen resozialisierenden Maßnahmen trotz vorbildlichen Benehmens des Gefange-

nen. Er kann weder Ausgang noch Urlaub bekommen, weil ihm Fluchtgefahr unterstellt wird. Auch die Möglichkeit, als Freigänger seine Familie wieder selbst zu ernähren, besteht nicht.

Selbst wenn man in Rechnung stellt, dass gerade die „Bosse der Verbrecher" es schaffen, ihrem Leben einen gutbürgerlichen Anspruch mit der harmlosen Familie zu geben, so erscheint doch in beiden Fällen eher fraglich, ob es sich um solche handeln kann.

Ein Familienvater aus Istanbul besucht seinen Sohn in einem deutschen Gefängnis. Beim vertiefenden Gespräch ergibt sich, dass der Vater, der als Rentner nach einem Arbeitsleben in Deutschland wieder in sein Heimatland zurückgekehrt ist, sich alle erdenkliche Mühe gibt, den Sohn aus dem Problembereich der Kriminalität herauszuholen. Er erklärt sich die Rauschgiftdealerei seines Sohnes so: Dieser ist auf die schiefe Bahn gekommen, weil er selbst als Vater bei Betreiben einer Gaststätte zu viel gearbeitet und zu wenig auf den Sohn geachtet habe. Glücklicherweise seien die beiden anderen Söhne und die Tochter von diesem Schicksal verschont geblieben. Der jüngste aber wollte alle Angebote nicht annehmen und sei schon in der Schule schwierig gewesen. Als er mit seiner Frau in die Türkei zurückging, habe er ihm sogar ein Lokal in Deutschland kaufen können, was der Sohn aber nicht betreiben wollte. Auch seine Versuche, ihn in der Türkei zu beheimaten, seien gescheitert. Der Sohn habe nicht einmal die Militärzeit in der Türkei unbeschadet überstanden, sondern sei aus der Armee entlassen worden.

Aus der Sicht des Sohnes, der wegen eines Rauschgiftdeliktes inhaftiert ist, sieht es so aus: Er wolle auf keinen Fall in die Türkei. Das Militär dort sei zu hart für ihn. Außerdem müsste er dann als „Deutschländer" gegen die Kurden kämpfen. Die Sache mit dem Rauschgift sei nun einmal passiert, auch wenn er da aus Dummheit hineingezogen wurde. Die anderen seien schlauer als er und des-

halb nicht erwischt worden. Seine Heimat sei Deutschland und da wolle er bleiben.

Soweit die Fälle von Kriminalität Menschen betreffen, die lange in Deutschland gelebt haben oder gar nur noch formal gesehen Staatsbürger eines anderen Staates sind, gehen sie einer dreifachen Bestrafung entgegen. Sie bekommen keine Chancen auf Wiedereingliederung, werden ohne Rücksicht auf die familiären Verhältnisse gezwungen, sich von ihren Familien zu trennen oder der Familie den Neubeginn in einem für sie fremden Heimatland zuzumuten. Wenn die Familie durch Heirat mit einer deutschen Frau entstanden ist, ist die zweite Lösung kaum möglich. Schließlich kommt die Ausweisung einer Verbannung gleich. Die Wiedereinreise in die Bundesrepublik ist mit Geldstrafe oder Haftstrafe von einem Jahr bedroht.

Es gibt jedoch auch Fälle, in denen die Abschiebung mit Hilfe des § 456a StGB nach der Hälfte der Strafzeit dem Straftäter eine erhebliche Erleichterung bringt. Wer in Deutschland für Totschlag im Gefängnis sitzt, aber russischer Staatsbürger ist, kann unter Umständen bereits nach drei oder vier Jahren abgeschoben werden. Wenn das mit einem möglichen Urteil im Heimatland und den dortigen Haftbedingungen verglichen wird, ergibt sich eine erhebliche Erleichterung. Mancher Straftäter kalkuliert bei seinen Handlungen vielleicht so, wenn er ohnehin zurückkehren wollte oder nur zu kriminellen Zwecken eingereist ist.

Ein Gefangener erhielt von einem nach Halbstrafe abgeschobenen Einbrecher aus Rumänien Post. Die beiliegenden Fotos zeigten ein kleines Haus mit einem Mercedes vor der Tür. „Dafür", schrieb der ehemalige Zellengenosse, „hat sich das bisschen Sitzen gelohnt." Der Gefangene erklärte diesen Satz: Diebesgut hat der Einbrecher immer seiner Frau übergeben, die es dann zu Hause verkauft hat. Das Risiko, in Deutschland ein wenig in Haft zu sein, wurde von vorneherein eingeplant. Der Absender des Briefes hatte als mustergültiger Gefangener im deutschen

Gefängnis eine konstante und gute Arbeitsleistung erbracht. Das angesparte Übergangsgeld aus zwanzig Monaten Haft reichte für ein Jahr gutes Leben zu Hause aus. Auch wenn man manches an dem Bericht abstreicht, reicht der Rest für die Annahme aus, es gäbe Menschen, die die Kostenrechnung für ihre Kriminalität in einem der wohlhabenden Länder Europas in dieser Form mit guten Gewinnchancen kalkulierten. Die Abschiebung nach Halbstrafe gehört zum „Fachwissen" bei der Kosten-Nutzen-Rechnung.

Damit stellt sich ein weiteres Problem. Die immer wieder berichtete kriminelle Tätigkeit ausländischer Banden in Deutschland wird den Berichten nach oft von Menschen ausgeübt, die nicht im Lande wohnen, sondern nur zu diesem Zweck einreisen. In diesen Fällen fällt die Forderung nach Abschiebung besonders wohlfeil aus. Viele Fälle können gar nicht aufgeklärt werden, weil die Täter nach erfolgreichen Diebstählen wieder ausreisen. Die Ausweisung könnte nur Sinn machen, wenn erstens die Täter auch wirklich habhaft gemacht werden und zweitens das erneute Einreisen unmöglich wäre. Wer aber kann eine lückenlose Grenzüberwachung in einem Land in der Mitte Europas wollen?

Es geht auch noch verwirrender. In der Abschiebungshaft habe ich im extremen Einzelfall einen Mann aus Nigeria getroffen, der sich durch die Abschiebung die Rückreisekosten ersparte. Die Erlöse seiner Rauschgift- und Kreditkartengeschäfte hatte er bereits vor der Inhaftierung auf sicheren Kanälen nach Hause geschafft. Ein paar Wochen Abschiebungshaft konnten ihn nicht stören, zumal keinerlei kriminelle Handlungen nachweisbar waren. Die Bundesrepublik tat ihm den Gefallen, ihn auf Staatskosten und mit Begleitung nach Hause zu fliegen.

Eine international operierende so genannte „Schleuserbande" hatte in Norddeutschland nach Aussagen der Polizei unter Beteiligung von Behördenmitarbeitern und Rechtsanwälten eine erhebliche Anzahl von Ausländern gegen Bezahlung eingeschleust. Wer die Mittel nicht aufbringen konnte, wurde zu kriminellen Handlungen erpresst oder zur Prostitution gezwungen. Auch so wird „Ausländerkriminalität" regelrecht produziert. Berichte von ausländischen Strafgefangenen bestätigen das aus subjektiver Erfahrung als Verstrickung, die manche nur dem Wunsch nach einem besseren Leben zu verdanken haben.

Eine Reihe von Menschen, die in Deutschland Straftaten begehen, haben in ihrem Heimatland schon eine kriminelle Karriere hinter sich. Dass jeder Staat auf dieser Erde sich der Straftäter gerne entledigt, löst das Problem nicht. Manche berufen sich in deutschen Gefängnissen sogar auf die Humanität unseres Landes. Die könne es doch nicht zulassen, sie in einen Staat abzuschieben, in dem verschärfte und erniedrigende Haft auf sie warte. Im Ausländerrecht werden in der Tat zwei Punkte angesprochen, die der Abschiebung auch im Falle der Kriminalität entgegenstehen. Es darf nicht in Länder abgeschoben werden, in denen dem Betroffenen die Todesstrafe oder Folter und erniedrigende Behandlung drohen. Auch dieser selbstverpflichtende Standard an Menschenrechten wird bei der Forderung nach Abschiebung krimineller Ausländer gerne vergessen.

Besonderes Aufsehen erregte der Mordfall „Maria" in Freiburg im November 2016. Da kamen alle Probleme zusammen: Ein dort als „unbegleiteter Jugendlicher" geführter Asylbewerber vergewaltigte und tötete Maria. Es stellte sich heraus, dass er sicher kein Jugendlicher mehr war, dass seine Gastfamilie keine Wahrnehmungen irgendwelcher Unregelmäßigkeiten hatte, dass er auf seinem Weg nach Deutschland bereits zu zehn Jahren Haft verurteilt worden war, aber in Griechenland nach zweieinhalb Jahren freigelassen, dass die griechischen Behörden ihn nicht in europäische Register eingetragen hatten. Der Fall diente in Deutschland zur verschärften Auseinandersetzung über das Asylrecht. „Schuld ist die Regierung!" Die

Tragik des Geschehens und was daraus folgen könnte, war den zum Teil hassgeleiteten Diskutanden gleichgültig.

Kriminalisierung von Ausländern

Zu beachten ist der politische Zusammenhang der Ausweisungsforderung. Immer wieder ertönte sie besonders laut nach auffälligen gewalttätigen Kurdendemonstrationen in den 1990zigern) oder nach Aktionen von Salafisten in Deutschland sowie in Fällen von Intensivtätern und nach der Silvesternacht in Köln 2015 oder nach dem Mord in Freiburg Ende 2016.[200] Diese politische Forderung ist eine Scheinhandlung, die nicht zur Bewältigung des Problems dient und nicht auf der Höhe der Sache steht. Die begleitende Hetze gegen Ausländer und die eigene Regierung macht die eigentliche Zielrichtung klar: Einige Mitbürger wollen nicht sehen, dass wir nicht allein in dieser Welt leben.

Wir können es uns natürlich nicht gefallen lassen, wenn staatliche Anordnungen vorsätzlich gewaltsam übergangen, Brandsätze gelegt, Polizisten grob misshandelt oder Frauen als Sexualobjekte missbraucht werden. Niemand rechtfertigt einen Mord, weil ihn ein Asylbewerber begangen hat, auch wenn das in Deutschland immer wieder von Anhängern rechter Parteien vermutet wird.[201] Das alles hat mit der Ausländerfrage und erst recht dem Ausländerrecht nichts zu tun. Das gilt für alle Demonstranten oder sexuelle Übergriffe oder Mörder. Wenn z.B. Sprecher der Salafisten Drohungen ausstoßen, kann nicht mehr von Meinungsäußerungen gesprochen werden. Der Staat muss solche als Demonstrationen getarnte und andere Unruhen unterbinden und Morde durch die Justiz verfolgen und er tut es. Nur wenige behaupten, das geschehe nicht. Das Problem kann aber mit Abschiebungen nicht gelöst werden. Wohin soll man denn einen deutschen, der ein Asylheim anzündet, abschieben? Wer die verschärfte Forderung nach Abschiebung aufstellt, soll die Drahtzieher oder Täter erst einmal dingsfest machen können. So einfach, wie es manche Politiker darstellen, die es eigentlich besser wissen, ist das durchaus nicht. Das zeigen hunderte von Brandstiftungen gegen türkische Geschäfte, die nicht aufgeklärt wurden. Dass es sich in Wirklichkeit um Rechtsterrorismus handelte, war niemand vorstellbar. Das wurde erst beim Auffliegen des NSU Trios erkannt.[202] Genau so gab es die Schwierigkeit, nach der Kölner Silvesternacht Täter zu überführen. Abschiebungsgetöse half niemand.

Beim Freiburger Mord an Maria wurde durch Polizeiarbeit ein 17jähriger Täter gefunden. Die Hetze aber arbeitet sich an Asylbewerbern ab und sieht ihre Wahnvorstellung vom deutschen Regierungskartell und der Lügenpresse bestätigt – da kommt kein bisschen Trauer über dieses grausame Ereignis zu Stande, keine Gedanke an die Leiden von Opfern und Tätern, nur sinnlose Wut. Wohin soll das in Politik und Justiz führen?

Kurden, die in den 1990iger Jahren möglicherweise bürgerkriegsähnliche Zustände mit provozierten, genossen jedoch in Deutschland Asyl, weil und sofern sie in ihrer Heimat als politisch verfolgt gelten. Das dem Einzelnen gewährte Asylrecht ist nicht an Wohlverhalten gebunden. Gerade das steht den Forderungen nach Abschiebung im Wege. Marrokaner und ‚falsche Syrer', die für die Silvesternacht in Köln wohl verantwortlich waren, halten sich illegal in Deutschland auf und es klappt nicht einmal, sie los zu werden. Ein Hetzer im Internet sollte sich doch mal eine menschenwürdige Lösung ausdenken und nicht andere mit Hass überschütten, wenn sie Unmögliches nicht auf Anhieb leisten können.

Viel einfacher gelingt es, an der Grenze relativ harmlose Glücksucher abzugreifen, wie z.B. eine makedonische Familie mit zwei kleinen Kindern, deren Familienvater über vier Monate in Abschiebungshaft saß. Die illegale Durchreise gilt zumindest als versuchte Straftat. Obwohl jede rechtliche Handhabe zur Verfügung steht, braucht unser Staat Monate, um Familien, die nur ihr Glück versucht haben, wieder in ihren europäischen Heimatländern abzuliefern. Manche Nachbarn nehmen ihre Bürger nur ungern wieder zurück. Dafür ist das deutsche Ausländerrecht nicht verantwortlich, sondern eher die Politik der Herkunftsländer.

Die Forderung nach Gesetzesverschärfung trifft die Falschen. Aus Deutschland werden Zehntausende jährlich abgeschoben, darunter nur wenige Straftäter. Im Normalfall handelt es sich um Menschen, die sich kaum öffentlich oder mit allen gerichtlichen Finessen zur Wehr setzen können. Sie benutzen oftmals als einzige 'Waffe' die Identitätsverschleierung oder verheddern sich im Asylrecht. Das wird ihnen dann gleich als krimineller Akt angerechnet.

Es bleibt dem Rechtsstaat nichts übrig als die Anwendung des jetzigen Rechts auf Leute, die andere unter uns bedrohen. Selbst bei Ansätzen zur Gesetzesverschärfung drohte nur ein schlechteres politisches und öffentliches Klima für alle, die im Lande leben. Wer, statt zu einer Lösung des politischen Problems der bei uns lebenden Menschen aus anderen Ländern beizutragen, nach schärferen Gesetzen ruft oder gar Hetze betreibt, will im Grunde den ganzen Rechtsstaat aushebeln - auch für alle Inländer.

Zudem fällt die geforderte Abschiebung straffälliger ausländischer Mitbürger in zwei anderen Richtungen auf fruchtbaren Boden, um die gefährdete Homöostase der Gesellschaft zu stabilisieren. 1) Die Öffentlichkeit und auch einzelne tun sich schwer damit, Deutschland als ein Land zu erleben, in dem Straftaten eine derart große Rolle spielen wie sie es in der Tat tun. Wer das „den Ausländern" zuschreiben kann, behält vor sich selber seine „weiße Weste" und muss nicht über private und politische Richtungsänderungen nachdenken. Das derart verfälschte und verbesserte Selbstbild kann durch Verschärfung gegenüber 'ausländischen Kriminellen' gepflegt werden. Das Einverständnis mit sich selbst braucht diese Projektion zur

Stabilisierung des Selbstbildes. 2) In der gesellschaftlichen Auseinandersetzung um die Verteilung der Güter und Chancen gerät die soziale und gesellschaftliche Position vieler Menschen unter Druck. Der Verweis auf 'die kriminellen Ausländer', die man schnellstmöglich loswerden müsste, dient zur Entlastung in der innergesellschaftlichen Auseinandersetzung. Sowohl die Politik als auch die Menschen unter sozialem Druck geben damit das Problem an eine scheinbar einfach zu definierende Gruppe weiter, um Einverständnis zu erzeugen. (Sündenbockfunktion)

Eskalation bei anderen zu beklagen, sichert Beifall. Eskalation statt Lösung betreibt jedoch auch, wer durch seine Phraseologie Menschen in Angst und Schrecken jagt, die in unserem Land redlich leben, deren Kinder in Deutschland aufwachsen und die in Deutschland Steuern und Sozialabgaben zahlen. Noch nie sind Probleme mit Ersatz- oder Entlastungshandlungen gelöst worden, sondern mit mehr Klarheit und mehr echtem Einverständnis. Ziel der demokratischen Staatsordnung ist gerade die Konfliktlösung mit anderen Mitteln als durch verbale, psychische und physische Gewalt. Deshalb kann nicht bei jedem Konflikt und jeder militanten Aggression erneut der Rückfall in Drohgebärden stattfinden, die außer Eskalation nichts erbringen. Vor allem helfen sie auch den Opfern der Übergriffe wenig. Vielmehr zerstören Drohgebärden, denen im Grunde nichts folgen kann, unsere auf Konfliktlösung statt Gewalt angelegte Ordnung von innen heraus mehr als jeder beklagenswerte Übergriff eines gewalttätigen oder gar brutalen Straftäters.

So zeigt die Forderung nach der Abschiebung krimineller Ausländer ihre wahre Wirkung darin, dass sie das Klima gegenüber Menschen mit fremdem Pass verschärft. Wer viele Jahre in Deutschland lebt und arbeitet, muss bei Straftaten im Normalfall die gleichen Bedingungen bekommen wie deutsche Staatsbürger auch. Wer jedoch nur zum Zwecke der Kriminalität einreist, rechnet von Anfang an mit der Milde der deutschen Justiz und der frühzeitigen Abschiebung nach Hause. Er will wohl eher nicht resozialisiert werden, sondern als ‚Held' nach Hause kommen.

Was also not tut, ist Differenzierung und korrekte Einzelfallprüfung, nicht weitere Verschärfung. Die auch im Strafvollzug geforderte Humanität und Menschenwürde macht nicht an der Staatsbürgerschaft halt. Die Politik hat anders entschieden. Im Ausländergesetz wurde schon bisher die Ausweisung bei Verurteilungen zu zwei bzw. drei und mehr Jahren Haft sowie bei Verurteilungen verschiednenster Art rechtlich zwingend vorgeschrieben.[203] Wenn aufgrund der Silvesterereignisse in Köln 2016 daraus ein Jahr geworden ist, dann bestätigt das nur den Grundsatz.[204]

Es gibt in manchen FällenVerknüpfungen zwischen In- und Ausland, die Täter und Taten undurchsichtig machen und verschleiern. Die Ermittelnden stehen vor großen Problemen. Betroffen sind Staaten und Einzelpersonen. Den betroffenen Einzelpersonen erscheint die Straftat wie eine Art Rettung. Dadurch sind sie den Tätern unter Umständen völlig ausgeliefert. Es handelt sich um die Kriminalität im Schleuser- und Menschenhändlerbereich. Da kommt es auf verlässliche und gleichzeitig verdunkelte Beziehungen der international Beteiligten untereinander an. Ob auf solche Kriminalität unsere Vorstellung von Resozialisierung oder Bestrafung passt, möchte ich jetzt erötern. Dazu muss ich zuerst den vermuteten und aufgedeckten Umfang dieser Kriminalität darstellen.

Weltkriminalität – Menschenhandel

Menschenhandel läuft als Weltproblem unter dem englischen Begriff human trafficking. Human trafficking wird gerne als neues Phänomen betrachtet, das in die Welt des 21. Jahrhunderts gehört und mit der Globalisierung zusammenhängt. Allerdings ist bereits im Alten Testament zu lesen, dass einzelne Menschen verkauft, und dass ganze Völker in die Sklaverei genommen wurden.[205] Die Geschichte des Menschenhandels ist sehr alt. Sklaverei gab es in der griechischen Welt, im Römischen Reich, in der arabischen Geschichte, im Sklavenhandel von Afrika nach Nordamerika.[206] Das waren durchaus auch globale Bewegungen in den Grenzen der jeweiligen Welt. Im zwanzigsten Jahrhundert brachte Nazideutschland Millionen aus verschiedenen Ländern in Zwangsarbeit.[207] Heute rechtfertigt der so genannte islamische Staat die Versklavung von Ungläubigen.

Unter anderem gegen diese Formen des menschlichen Umgangs richtete sich die Deklaration der Menschenrechte von 1948.

Im deutschen Grundgesetz bildet Art. 1 die Reaktion darauf. So kann die Entdeckung, dass es immer noch und durch Globalisierung der Verkehrswege effektivierten Menschenhandel gibt, eher als ein Erschrecken darüber gelten, wie sich trotz aller guten Vorsätze und politischen Vereinbarungen der Handel mit Menschen erhalten hat. Er ist jetzt aber nirgendwo mehr Staatsraison. Es hat eine Privatisierung stattgefunden. Die organisierte Kriminalität hat sich die Erniedrigung und den Handel von Menschen zur Aufgabe gemacht und lebt nicht schlecht davon.

„Überall auf der Welt wird die Würde von Millionen Menschen tagtäglich verletzt und mit Füßen getreten. Die Auswüchse des modernen Menschenhandels und der modernen Sklaverei zeigen sich u.a. durch die sexuelle Ausbeutung von (jungen) Frauen und Kindern in der Prostitution, aber auch in der "Lohnsklaverei" von Männern, Frauen und Kindern in der Landwirtschaft, in Minen und an ungesicherten Baustellen und Maschinen. Das US-Außenministerium bezeichnet diese Entwicklung zu Recht als ‚eine der größten Herausforderungen unserer Zeit auf dem Gebiet der Menschenrechte'."[208]

Eine Ahnung von der Anzahl der Menschen, also der Opfer, um die es heute geht, können die Schätzungen unter dem Stichwort Zwangsarbeit geben.

Zwangsarbeit

Zwangsarbeit tritt in verschiedenen Formen auf. Dazu gehören Schuldversklavung, Menschenhandel und andere Formen der modernen Sklaverei. Die Opfer sind oft die am meisten verletzlichen Menschen – Frauen und Mädchen in der Zwangsprostitution, Migranten in der Schuldenfalle, Arbeiter in kleinen Geschäften oder auf Bauernhöfen, die mit illegalen Mitteln dort gehalten werden und keinen oder wenig Lohn erhalten. Zwangsarbeit ist nicht dasselbe wie Menschenhandel. Aber sie findet auch im Rahmen des Menschenhandels statt. Ein Ergebnis der ILO ist dieses:

"Almost **21 million people are victims of forced labour**

11.4 million women and girls and 9.5 million men and boys.

Almost 19 million victims are **exploited by private individuals or enterprises** and over 2 million **by the state or rebel groups**.

Of those exploited by individuals or enterprises, **4.5 million are victims of forced sexual exploitation**.

Those who exact forced labour generate **vast illegal profits**.

Domestic work, agriculture, construction, manufacturing and entertainment are among the sectors most concerned.

Migrant workers and indigenous people are particularly vulnerable to forced labour."[209]

Der Global Slavery Index 2013 der Walk Free Foundation kommt sogar auf eine Schätzung von 30 Mio. Sklaven weltweit.[210] Die Schätzgrundlagen erscheinen aber diskussionswürdig. So wird für Deutschland eine Zahl von 11.000 Sklaven geschätzt, weil es kein Land ohne Sklaverei gibt und anzunehmen ist, dass Deutschland zwischen England und den USA liegen muss. Deutschland selbst hat keine Daten geliefert. Daraus kann gefolgert werden, dass die Werte des Slavery Reports nichts weiter als eine Extrapolation von unbestimmten Annahmen ist, die das Problem nicht seriös kennzeichnen.

Dazu kommt, dass der Report sowohl Human Trafficking als auch Kinderverheiratung und Zwangsheirat und ebenso Zwangsarbeit unter dem Begriff der Sklaverei zusammenfasst. Durchaus anzuerkennen ist die Betrachtungsweise des Reports, dass die Anfälligkeit für Sklaverei mit den Merkmalen Korruption, Entwicklungsstand und Zugang der Bevölkerung zum Recht (Rechtssicherheit) und Gesundheitsvorsorge zusammenhängt. Es war allerdings auch ohne einen derartigen Report schon bekannt, dass Regionen ohne tragfähige Sozial- und Rechtssysteme anfällig für alle Übel sind, die es unter Menschen gibt.

Kriterien für Human Trafficking (HT)

Die Kriterien für Human Trafficking sind in der UNO entwickelt worden. Sie werden vielfach zitiert und hier zusammengestellt.

- Die Handlung wird in diese Begriffe gefasst: Recruitment, transportation, transfer, harbouring or receipt of persons.
- Mittel, die gebraucht werden, um diese Handlungen durchzuführen: Threat or use of force, coercion, abduction, fraud, deception, abuse of power or vulnerability, or giving payments or benefits to a person in control of the victim
- Die Gründe für die Handlungen liegen darin: For the purpose of exploitation, which includes exploiting the prostitution of others, sexual exploitation, forced labour, slavery or similar practices and the removal of organs.
- Organisierte Kriminalität ist keine conditio sine qua non.
- Es kann sich um nationalen oder internationalen Menschenhandel handeln, innerhalb von oder zwischen verschiedenen Staaten.

Es kann davon ausgegangen werden, dass Menschenhandel weltweit nahezu dasselbe meint. Opfer von Menschenhandel sind Menschen, die in schwierigen Verhältnissen leben und wenige Chancen haben, die Umstände in denen sie leben, zu verändern. Dennoch geht die HT – Bekampfung in der Regel nicht von dem Umständen aus, die Menschen dazu bringen, sich den Menschenhändlern anzuvertrauen. Das wäre auch politisch zu kompliziert, weil es ganze Gesellschaften und ihr Staatswesen betrifft. Vielmehr wird die Bekämpfung unter dem leitenden Gesichtspunkt der Kriminalität betrachtet. Diese Perspektive ist in Anbetracht der Ergebnisse sehr wenig effektiv. Das zeigt ein Blick auf die Statistiken der Strafverfolgung.

Die Situation in Deutschland und Europa

Ausbeutung der Arbeitskraft

In Deutschland gibt es wenige Verfahren beim Menschenhandel zum Zweck der Ausbeutung der Arbeitskraft nach §233 StGB. 2012 waren es 11 Verfahren mit 7 Tatverdächtigen, im Jahr davor 13 Verfahren bei 25 Tatverdächtigen. 14 Opfer aus dem Baugewerbe und der Gastronomie waren geschädigt, im Jahr vorher waren es 32.

Bei der sexuellen Ausbeutung wurden 2012 491 Ermittlungsverfahren nach § 232 StGB abgeschlossen. Die Vorjahre weichen wenig davon ab[211]:

Dazu gab es Begleitdelikte der folgenden Art:

- Straftaten gegen die sexuelle Selbstbestimmung (157 Ermittlungsverfahren)
- Gewaltdelikte (157)
- Freiheitsberaubung (78)
- Verstöße gegen das Betäubungsmittelgesetz (50)
- Schleusungsdelikte (43)
- Fälschungsdelikte (25)
- Waffendelikte (14)

Opfer des Menschenhandels wurden zu 52% Personen unter 21 Jahren, darunter 17% Anteil von Kindern und Jugendlichen. Sie kamen zu 50% aus Bulgarien, Rumänien und Ungarn. Immerhin 21,7% werden innerhalb Deutschlands dem Menschenhandel unterworfen.

Darin wurde die Merkmale des HT eindeutig identifiziert: Drohung in 226 Fällen, Gewalt 213, Ausnutzung der Hilflosigkeit 170, Ausnutzung einer Zwangslage 156, Täuschung in 125 Fällen. Im Allgemeinen werden auch die Wege der Anwerbung identifiziert. Dazu gehören vor allem die Vortäuschung von hohen Einkommensmöglichkeiten und das Verschweigen von Bedingungen, welche für den Transport und die Unterbringung als Schulden angerechnet werden. Durch diese ‚Schulden' entsteht das Zwangs- und Schuldverhältnis und die Rechtfertigung dafür, den Betroffenen keinen oder nur minimalen Lohn zu bezahlen.

Von Interesse ist noch die Mitteilung, dass in all diesen Fällen lediglich 103.000 Euro sichergestellt wurden. Die Gewinne sind offenbar nicht leicht abzuschöpfen oder zu finden.

Abgeschlossene Ermittlungen sind nicht dasselbe wie das Urteil eines Gerichts, sondern geben lediglich die Falleinschätzung der Polizei wieder. Eine Tendenz ist jedoch daraus erkennbar. Die Anzahl der ermittelten Verfahren lässt den Menschenhandel als kleineres Problem der Kriminalität erscheinen, das in Deutschland etwa einem Viertel des Aufkommens an Mord und Totschlag (einschließlich Versuch) entspricht.

Europäische Statistik

Die europäische Statistikbehörde Eurostat sammelt und veröffentlicht die Daten zu allen Formen von Kriminalität, auch zum Menschenhandel. Der letzte Bericht bietet einen Überblick über die Jahre 2008 – 2010. Hier reicht eine kurze Zusammenfassung. Die statistischen Daten entsprechen denen in Deutschland nicht genau. Sie sind auch nicht vollständig, da nicht alle Länder Daten liefern.

Mit diesen Vorbehalten gab es in der Europäischen Union 2010 1.339 überführte Täter und 7.418 Opfer. Von den Tätern waren 26 Prozent weiblich. Das ist ein höherer Anteil als im Durchschnitt der Kriminalität. Von allen Opfern erfuhren 66 % sexuelle Ausbeutung. Das ist ein Wert, der in Deutschland mit 98 % weit übertroffen wird. 77% der Opfer waren erwachsen, 79% weiblich. Von den weiblichen Opfern erfuhren 96 % sexuelle Ausbeutung.

Mit diesen Zahlen wird nachgewiesen, dass Menschenhandel in der ganzen Europäischen Union in der Kriminalität eine noch kleinere Rolle spielt als in Deutschland, obwohl die EU neben Australien und den USA eines der begehrten Zielgebiete des Menschenhandels ist. Dafür kann es mindestens zwei verschiedene Interpretationen geben: Erstens sind vielleicht die Schätzungen übertrieben. Dann müssten die Schätzungsgrundlagen angepasst werden. Zweitens werden vielleicht nur wenige Fälle von Menschenhandel ermittelt, auch weil die Opfer unter Druck stehen und nur schwer zur Aussage zu bewegen sind.

Geht also die zahlenmäßige Differenz auf eine massiv erhöhte Dunkelziffer zurück? Diese Frage zu beantworten, müssten gründliche Dunkelfeldforschungen stattfinden. Einen Hinweis geben möglicher Weise die Ereignisse um die Weltmeisterschaft 2006 in Deutschland. Damals wurden massive Menschenhandelsaktivitäten in Deutschland erwartet. Die Zahl von 40.000 Zwangsprostituierten nur im Rahmen dieser Veranstaltung wurde in einer riesigen Medienkampagne genannt.[212] Martina Schuster und Almut Sülzle weisen nach, dass es sich bei den Kampagnen um eine Vermischung des Problems von Sexarbeiterinnen (400.000 in Deutschland, 60% Migrationen) mit (wenigen) Zwangsprostituierten handelte und die Kampagnen insofern ins Leere liefen. Es gab schließlich keinen Andrang von SexarbeiterInnen nach Deutschland, aber einen Schub für die Bewegung der politischen Ebene zur Abschaffung der Prostitution.[213]

Politische Interessen führen dazu, die Zwangslagen von Menschen in Arbeits- und Sexarbeitsverhältnissen vor allem im Bereich des weltweiten Migrationsdrucks in ein möglichst großes Zahlenwerk umzusetzen. Das bedeutet aber nicht, dass nicht unter Migrationsdruck viele Menschen in Abhängigkeiten geraten, die von Kriminellen aller Art genutzt werden. Eine große Zahl an Menschenhandelsvorgängen ist beim Verkauf von Kindern und Arbeitskräften anzunehmen, im Bereich der Arbeitsmigration bei der Ausnutzung von Not in vielen Regionen der Erde.

Bei der Prostitution handelt es sich dagegen um komplizierte Zusammenhänge von Zwang und freier Entscheidung. Es ist nicht angebracht, hier mit der moralischen Haltung zu arbeiten, dass niemand freiwillig der Prostitution nachgeht. Prostitution ist eine der Möglichkeiten, im Zielland der Migration Fuß zu fassen. Deshalb ist sie anfällig für Menschenhandel oder auch Menschenschmuggel und irreguläre Migration.

Menschenschmuggel

Die Grenzen zwischen Menschenhandel und irregulärer Migration sind fließend. Die Charakteristiken des Menschemschmuggelkonzeptes (MS) definiert UNODC so: *“Smuggling of Migrants is a crime involving the procurement for financial or other material benefit of illegal entry of a person into a State of which that person is not a national or resident. Migrant smuggling affects almost every country in the world. It undermines the integrity of countries and communities, and costs thousands of people their lives every year.”*[214] Artikel 3 präzisiert: *"procurement, in order to obtain, directly or indirectly, a financial or other material benefit, of the illegal entry of a person into a State Party of which the person is not a national or a per-*

manent resident."[215] Das Ziel des Schmuggels ist nicht einfach, Menschen in ein anderes Land zu bringen, wo die Person nicht Staatbürger ist, sondern hauptsächlich, dabei Gwinn zu erzielen. In meiner eigenen Untersuchung fanden sich Preise irregulärer Reisen von Aufrika oder Arabien nach Europa - Papiere inclusive – zwischen 300 und 10.000 Euro.[216] Dabei sind die Schmuggler den Migraten nicht persönlich bekannt und es gibt keinerlei schriftlichen Vertrag. Schmuggler findet man überall auf der Welt, der eine kennt einen anderen und der kennt wieder einen anderen. Der Gewinn ist durch diese weltweite niedrigschwellige Organisation für alle Beteiligten garantiert außer für die Migranten selbst. Ihre Nöte werden durch die Schmuggler ausgebeutet. Wenn sie Europa erreichen, werden sie den Umständen des Ziellandes überlassen. Sie haben dann keine Identität(skarte) mehr. Der Pass wird für den nächsten Schmuggel benutzt. Sie haben weder Geld noch Sprachkenntnisse, nur manchmal etwas englisch bzw. französisch. Auf diese Weise sind sie präpariert für alle Formen von Missbrauch durch korrupte und kriminelle Personen oder Strukturen wie etwa Transport von illegalem Geld, oder Zwangsarbeit bis zur Sklaverei. Die meisten versuchen, Asyl zu bekommen. Wenn sie nach Jahren endgültig abgelehnt sind, versuchen sie es anderswo. Die Abschiebungshaftzentren in Europa deportieren Menschen nicht nach Afrika, Arabien oder Osteuropa, sondern meist in ein anderes europäisches Land (Dublin III Verträge).[217] Gefährliche Routen des Menschenschmuggels kreuzen das Mittelmeer und die Meere nördlich Australien. UNODC fasst zusammen: *"Virtually every country in the world is affected by this crime, whether as an origin, transit or destination country for smuggled migrants by profit-seeking criminals. Smuggled migrants are vulnerable to life-threatening risks and exploitation; thousands of people have suffocated in containers, perished in deserts or dehydrated at sea. Generating huge profits for the criminals involved, migrant smuggling fuels corruption and empowers organized crime."*[218]

Wie Menschenschmuggel zu bekämpfen wäre

UNODC betont die Verwicklung von organisierter Kriminalität in diesem Bereich.[219] Solange kriminelle Gruppen nahezu ohne Entdeckungsrisiko hohen Profit erzielen können, werden arme und unterdrückte Menschen überall auf der Welt disponiert sein, diese Dienste in Anspruch zu nehmen. Daher muss organisierter Menschenschmuggel als Teil der internationalen organisierten Kriminalität durch eine Politik bekämpft werden, die die Gründe der Massenmigration bearbeitet.

Hat die Welt eine Chance, Menschenhandel und Menschenschmuggel durch Strafverfolgung zu bekämpfen? Die Not der Opfer und die Gewinne der Täter halten beides in Betrieb. In Bayern wurden 2015 Hunderte von Tätern inhaftiert[220], ohne dass sich an den Flüchtlingszahlen irgendetwas geändert hätte. Wenn viele von Ihnen zu Gefängnisstrafen veruteilt worden sein sollten, wie soll dann ihre Behandlung aussehen? Sind die Festgenommenen nicht vielleicht nur Gelegenheitstransporteure, die mit Schleppernetzwerken oder organisierter Kriminalität gar nichts zu tun haben? In welcher Form könnte man ihnen Wiedergutmachung auferlegen? Ja, hat es einen Sinn, sie einzusperren? Ihr abweichendes Verhalten betrifft oft nur das leicht verdiente schnelle Geld. Die Frage, ob das im kapitalistischen Wirtschaftsystem nicht zum Normalverhalten der Meisten gehört, stellt sich schon gar nicht mehr. Es auf diese Weise zu erwerben, definiert das Aufenthaltsgesetz in §§ 95-98 als strafbewehrtes Unrecht.

Im Blick auf ihre Opfer ist das auch so. Die Opfer werden neben der Lebensgefahr bei der Überquerung des Mittelmeeres ihrer oftmals letzten Mittel beraubt, so dass die Gesellschaften, in denen sie landen, sie als hilfose irreguläre Migrierende aufzunehmen gezwungen sind. Daher sind sowohl die Migrierenden als auch die Aufnahmestaaten und deren BürgerInnen die Geschädigten. Die Gesellschaft und der Staat möchten bei der Unterstützung von Migrierenden gerne gefragt werden. Durch die Schleusertätigkeit werden sie aber vor vollendete Tatsachen gestellt. Selbst dann sind noch viele zum Helfen bereit. Man erwartet aber Migrierende und nicht Opfer von Schleusern im Land. Es kommen durch Menschenhandel und –schleusung in der Summe Milliardenschäden zusammen. Wenn man in Rechnung stellt, was die Gesetze als Strafdrohungen bei Betrug, Diestahl oder Steuerhinterziehung in diesem Ausmaß vorsehen, bleibt im Recht natürlich keine Wahl. Der Sinn von Strafe fällt trotzdem problematisch aus: Der geschädigte Bürger darf für die Haft zusätzlich bezahlen. Die Ausgleichsleistungen der Täter lassen meist zu wünschen übrig, da nur in wenigen Fällen das Schleusungsgeld im größeren Ausmaß tatsächlich eingezogen werden kann. Strafe hat vielleicht generalpräventiven Charakter. Die Wirkung der Generalprävention soll dann die halbe Welt umfassen. Wenn in Deutschland oder Italien[221] eine lange Haft droht, wendet sich der organisierte Schleuser anderen Routen zu. Helfer auf der neuen Route zu finden, dürfte angesichts der vielen Menschen mit wirtschaftlichen Problemen auch in Europa nicht schwierig sein.

Es gibt auch Fälle, in denen Menschen aus gutem Willen zu Schleusern werden. „Er wollte einem syrischen Flüchtling einen Gefallen tun, nun sitzt der erfolgreiche Hamburger Unternehmer Kai S. in der dänischen Haftanstalt von Nakskov auf Lolland. Der Vorwurf: Er sei ein Schleuser. Am Wochenende wurde der 47 Jahre alte Familienvater in einem Schnellverfahren verurteilt. … Götz S.: ‚Mein Bruder ist ein sehr hilfsbereiter Mensch.' Auf der Fähre vom schleswig-holsteinischen Puttgarden nach Rødby habe sein Bruder seinen Mitfahrer noch zum Mittagsessen eingeladen, so S. Die Männer ahnen nicht, was ihnen kurz darauf bei der Einreise widerfährt.“[222] Dreißig Tage Haft für Kai S. sind ziemlich sinnlos, entsprechen aber offenbar dem dänischen Gesetz. In diesem Fall ist kein Schaden eingetreten, wenn man mal die Tatsache ausnimmt, dass Polizei nötig war, um Kai S. ‚einzufangen'. Diese Spezialprävention hat wahrscheinlich den Erfolg, dass Kai S. keine Flüchtlinge mehr mitnehmen wird, wenn er ein paar freie Tage im Ausland verbringen will. Braucht er eine Resozialisierung? Wahrscheinlich ist das Gegenteil der Fall. Außerhalb der Strafjustiz wird sein Handeln als gemeinschaftskonform und menschlich anständig empfunden.

Die Schleuserkriminalität scheint eng mit den Regelungen des internationalen Verkehrs verbunden zu sein. Die in Nationalstaaten organisierte Welt kann heute effektiv ihre Bevölkerungen kontrollieren. Ungeregelte Zuwanderung verursacht einen Mangel an Überblick und Voraussagbarkeit zum Beispiel der Bildungs-, Gesundheits- und Sozialsysteme. Um das zu verhindern, steht Hilfe bei der ungeregelten Zuwanderung unter Strafe. Ein besserer Weg fände sich durch klare und einfache Zugangsregelungen. Die verhinderten dann auch die Geldabschöpfung durch Schleuser.

Die irreguläre Migration besitzt den Nebenaspekt, dass auch hier eine soziale Schlagseite existiert. Wer Geld organisieren kann, kann sich schleusen lassen. Wer das nicht kann, muss im Flüchtlingslager des Nachbarlandes bleiben. Das Interesse der aufnehmden Gesellschaften scheint unentschieden: Auf der einen Seite steht die tatkräftige Hilfe für wirklich Bedürtige, auf der anderen der Zugang für Menschen, die unser Arbeitsmarkt braucht.

Fazit: Das einfache Modell von dem, der die Gesetze bricht, dafür belangt und dadurch möglichst resozialisiert wird, reicht in vielen Fällen kaum zur Beschreibung. Es muss um andere Denkmodelle erweitert werden. Diese müssen die internationalen Regeln und die Diversität von Anlässen, Gelegenheiten und Situationen weltweit einbeziehen. Freiheitsstrafe alleine kann da wenig ausrichten. Gewinnabschöpfung, Wiedergutmachung und Einbeziehung der Beteiligten wären eher angebracht.

Bei den islamistischen Tätern herrscht auch in dieser Beziehung eine noch größere Ratlosigkeit. Wie soll ein wenig Gefängnis diese Menschen beeiflussen können? Es sei denn, jemand wäre bereit, sich ihren Gedanken lange und intensiv auszusetzen, um sie dann doch zu erreichen und aus ihrem Denkkreislauf zu befreien. Dagegen wehrt sich nach monströsen Taten jeder schon aus Eigenschutz. Wenn wir nicht Wege beschreiten wollen wie in der arabischen Welt, also mit Todesstrafe und anderen Quälereien, gibt es aber keine andere Möglichkeit, als sich den islamistischen Gedanken auszusetzen und sie so zu bekämpfen.

(Zwangs-) Therapie als Lösung?

Eine der möglichen Konsequenzen des Versagens der Freiheitsstrafe als Mittel zur Bekämpfung von Kriminalität war und ist die Umstellung auf ein Maßnahmerecht. Ziel der Maßnahmen müsste wie beim Strafrecht die Sicherung und Besserung sein. Beide Ziele liegen in ihrer Absicht ohnehin dem Maßnahmerecht näher. Das Strafgesetzbuch bestimmt in den Paragraphen 63 und 64 die eng begrenzte Gruppe von psychisch kranken Rechtsbrechern für den Maßregelvollzug, was als Maßnahme statt Bestrafung gelten kann. Dieser wird bei §63 in der forensischen Psychiatrie und bei §64 in einer geschlossenen psychiatrischen Station für Abhängige vollzogen. Die Erfahrungen in der Psychiatrie bilden wegen der stark eingeschränkten und spezialisierten Auswahl kein gültiges Modell. Dazu kommt, dass der Maßregelvollzug auf die Gruppe der psychisch kranken Rechtsbrecher mit besonders schweren Diagnosen zur Anwendung kommt. Zudem gibt es in der forensischen Psychiatrie einen Anteil von über fünfzig Prozent Sexualdelinquenten. Hervorstechendes Merkmal der psychiatrischen Unterbringung ist die unbestimmte Dauer. Jeweils nach einem Jahr überprüft ein Gericht die Verlängerung der Maßnahme auf ärztliches Gutachten hin. Im Zentrum steht die psychiatrische medikamentöse Therapie, flankiert von sozio- und psychotherapeutischen Maßnahmen.

In der Regel herrscht in der Psychiatrie mindestens ebenso viel Sicherheit wie in Justizvollzugsanstalten. Wie im Strafvollzug bricht nach jeder Entweichung vor allem eine Sicherheitsdiskussion aus. Halboffene und offene Therapieformen werden in vielen Fällen erst nach langen Jahren Aufenthalt zur Anwendung gebracht. Patienten in der forensischen Psychiatrie klagen vor allem über die unbestimmte Aufenthaltsdauer und die alleinige Abhängigkeit von den ärztlichen Gutachten. Viele empfinden die Einweisung in die forensische Psychiatrie als die härtere Bestrafung nicht nur wegen der unbestimmten Dauer. Hier wird ihr Verhalten gutachterlich oder therapeutisch auf den Prüfstand gestellt, während sich in der Justizvollzugsanstalt die meisten jeder „Einmischung“ erwehren können, wenn sie es möchten. Am besten kann man sich den Maßregelvollzug anhand von ‚Geschichten’ näher bringen.

Heinrich ‚aus der Unterwelt’

Heinrichs "Stimme" sei natürlich eine Albernheit, sagt er selbst. Er habe es von einem anderen gelernt: "Du musst genau sagen, woher du die Stimme gehört hast, dann kommst du in die Psychiatrie." Selbstverständlich sei er verantwortlich für seine Tat, bei der er einen Kaufmann 'erleichterte'. Warum denn auch nicht? Und auch die Erklärung folgt auf dem Fuße! „Für mich reicht die Sozialhilfe nicht aus. Wenn sie mir zweitausend Euro geben, dann komme ich damit aus und gehe nicht einbrechen. Ein Leben mit „siebenhundert“ kann ich mir nicht angewöhnen.“ Heinrich ist geschieden und hat keine weiteren Freunde als die aus der "Unterwelt", wie er es großspurig nennt, was sich da in einer Kleinstadt abspielt.

Heinrich setzt hinzu, dass weder ein Vollzug der Strafe noch die Psychiatrie ihn zur Einsicht bringen wird, seine Einsicht ist eine andere. Nicht einmal durch Arbeit könnte er die von ihm für genug erachteten „zweitausend“ bekommen. Er hat nichts gegen Leute, die arbeiten. In der Gesprächsgruppe verteidigt er die Menschen, die Tag für Tag ihr Geld verdienen gegen einen anderen Insassen, der sein Recht zu Raubüberfallen aus der Ungerechtigkeit der Welt und aus der Dummheit derer, die arbeiten gehen, ableitet. Einer Konfrontation entzieht sich Heinrich nicht. Sicher sei seine Haltung blöde, aber es sei eben seine Haltung! Er spricht auch über die Enttäuschung, die Verlassenheit, die über seinem Leben und in ihm drin liegt. Und er sagt: „Wir können da nicht mehr 'raus!“

Assoziativ gesellen sich meine eigenen Gedanken dazu: ‚Was ist daran krank? Menschen geraten aus der Fassung, weil andere etwas anderes denken als sie es gewohnt sind und Heinrich ist eben einer, der nicht auf den "Bruch" verzichten kann, wie andere nicht auf die tägliche Gewohnheit verzichten können. Heinrich ist nicht angepasst, kommt nicht mit dem aus, was er hat und will auch seine Lage nicht ändern. Das letzte verbindet ihn mit vielen anderen Menschen. Nur wenige wollen ihre Lage ändern. Der einzige Unterschied ist, dass sie mehr haben und nicht auf der falschen Seite stehen. Sie schädigen, mit dem, was sie nicht ändern wollen, die anderen nicht in sichtbarer Weise. Ob sie es nicht auf andere Weise tun, sei dahingestellt.'

Mag Heinrich nun als Psychopath gelten, er muss von der Straße genommen werden, auf der er anderen ihr Eigentum wegnimmt. Sozialtherapeutisch kann er nicht behandelt werden, weder Psychologie noch Psychotherapie haben Methoden für solche hartnäckigen Menschen. Also wird er von Mal zu Mal "aus dem Verkehr gezogen" und man weiß nicht einmal, ob er das nicht gar selbst anstrebt. Er könnte in der Tat unter die oben beschriebenen Persönlichkeitsgestörten eingeordnet werden.

Brandstifter?

Ein anderer Gruppenteilnehmer schildert seine Situation so, dass eigentlich jeder mitfühlende Mensch erkennen muss: Hier sitzt dir einer gegenüber, der vom Schicksal hart getroffen wurde. Auch er sitzt wegen Raub in der Psychiatrie und war mir vor dieser Zeit als „Suizidkandidat" bekannt. Seine Geschichte ist die einer Art Kohlhaas der unteren Schichten. Er fühlte sich unter Vorspiegelung falscher Tatsachen in die Psychiatrie gebracht, was wahrscheinlich auch den Tatsachen entsprach, die sich bei seiner ersten Einlieferung zugetragen haben. Dann wurde ihm innerhalb einer psychiatrischen Station eine Brandstiftung zur Last gelegt, von der er nachdrücklich behauptet, sie nicht begangen zu haben. Er fühlt, dass diese Brandstiftung in seinen Papieren ihm schadet. Als er nach sechs Wochen entlassen wird, muss er erst einmal etwas unternehmen, erst einmal in der Welt herumfahren. Er kam bis in den Nahen Osten, musste im Ausland sogar ins Gefängnis und kam dann mit dem Vorsatz zurück, die Scharte auszuwetzen, die ihm die Psychiatrie zugefügt hat. Er findet eine Freundin, bei deren Eltern er freundliche Aufnahme findet. Nun hat er endlich Zeit, über seinen Plan nachzudenken. Er möchte den besten Anwalt beauftragen, die Brandstiftung wieder aus den Papieren zu tilgen. Dazu braucht er Geld. Dieses Geld beschafft er sich durch Überfälle. Dieser Weg war für ihn der einzige, weil keiner ihm eine Arbeit gab, bei der er Geld genug hätte verdienen können. Schließlich bedrohte er auch noch einen Menschen mit einer Pistole, aus der sich sogar ein Schuss löst.

Sind diese gefährlichen Handlungen verrückt? Sie sind vielleicht einfach eine Umkehrung der Gewalt, die er selbst in seinem Leben zu Recht oder sogar zu Unrecht gespürt hat. Sie sind vielleicht eine Konsequenz aus der Einsicht: mit normalen Mitteln kommst du aus dieser Lage nie heraus!

Mutter getötet

Einen dritten Fall kenne ich aus der Sicht der Presse und von einem Angehörigen, nicht vom Täter selbst. Es handelt sich um einen Mord an der eigenen Mutter. Einer der Söhne hatte seine Mutter nachts mit einem Golfschläger erschlagen. Die von den Nachbarn aufgrund des Lärms und der Schreie alarmierten Polizisten gingen zunächst wieder vom Tatort weg, weil niemand öffnete und der Lärm aufgehört hatte. Später erneut alarmiert, drangen sie in die Wohnung ein. Sie wurden von einem Mann außer Sinnen empfangen, sahen auch eine Person liegen. Sie mussten sich gegen den Täter wehren und wurden z.T. schwer veretzt. Es gelang dann aber doch, den Täter zu überwältigen. In der Zeitung war zu lesen, er sei psychisch krank und drogenabhängig sowie zur Tatzeit steuerungsunfähig gewesen. Das Gericht sprach ihn frei, wies ihn aber nach § 63 StGB in die forenschische Psychiatrie ein. Welches Leiden er seinen Geschwistern bereitete, ist kaum zu beschreiben. Das bedarf jahrelanger Aufarbeitung.

Muttermörder sind meistens psychisch krank und leiden an einer Psychose oder Persönlichkeitsstörung aus dem schizoiden Bereich. Hinzu kommt meist ein Suchtsyndrom. So jedenfalls sehen es die Gutachter. Jedenfalls liegt immer eine schwierige, nicht leicht aufzulösende Beziehung zwischen Müttern und Söhnen vor. Diese Söhne wohnen noch im fortgeschrittenen Erwachsenenalter bei ihrer Mutter und werden von ihr versorgt. Beruflichen Status haben sie trotz vielleicht guter Ausbildung eher nicht erreicht. Die Krankheit hat sich in solcher Mutter-Sohn-Beziehung bereits mehrfach beim Sohn manifestiert. Die Mutter übt Kontrolle über die Medikamenteneinnahme aus und sucht den Sohn zu schützen – u.U. auch vor neuen Psychiatrie-Einweisungen, aber auch vor unangenehmen Folgen seiner Art zu leben. So war das wohl auch in dem kurz berichteten Fall, obwohl beide in getrennten Wohnungen lebten. Was schließlich in dem Mutter-Mörder vor sich geht, bleibt den anderen Betroffenen genau so ein Rätsel wie denen, die ihn betreuen. Denn Muttermmord ist eigentlich so tabu wie nur irgendetwas auf dieser Welt.[223] „Warum gerade die eigene Mutter seinen abgrundtiefen Hass, seine angestauten Ressentiments auf sich gezogen hat, ist mir völlig rätselhaft, war sie doch die einzige, die immer fürsorglich um ihn herumschlich, ist mir völlig unklar“, sagt sein Bruder noch nach Jahren.

Trotzdem gibt es historisch bekannte Muttermörder wie den römischen Kaiser Nero. Diesen Muttermord hat Tacitus in seinen Annalen, 14, 1-14, beschrieben. Ein Orakel soll vorhergesagt haben, dass Nero seine Mutter, Agrippina die Jüngere, töten werde. Sie wird mit dem Satz zitiert: ‚Wenn er herrscht, mag er töten.’

Orest ist als zentrale Tragödie des Aischylos überliefert. Hier handelt es sich um ein vielschichtiges familiäres Geschehen, bei dem nach Mord und Rachemord der Muttermörder Orest später auf dem Areopag durch die Stimme der Göttin Athene freigesprochen wird. Allerdings verfiel er nach dem Muttermord dem Wahnsinn, der erst nach weiteren Wirrungen, aber nicht durch den Freispruch, geheilt war.

Das Motiv des Wahnsinns kommt also auch bei Orest vor. Sein Muttermord geschah im Namen des Gottes Apollo. Wahnsinnig wurde er durch die Erynien, die Rachegöttinnen. Diese verloren nach dem Prozess gegen Orest ihre Funktion als Rachegöttinnen und wurden in Athen als Eumeniden - die Wohlmeinenden - verehrt. Neben Aischylos bearbeitete auch Euripides die Geschichte von Orest in seiner Elektra.[224]

Gruppenarbeit in der Forensik

Die therapeutisch ausgerichtete forensische Psychiatrie ist ein Sammelbecken aller menschlichen Haltungen, die hartnäckig und unausrottbar sind, sich bei allen Menschen finden, aber doch in dieser unangepassten Form für die materielle und auch die physische Existenz anderer Menschen ein direktes Risiko darstellen, soweit sie nicht die eigene Existenz betreffen.

Wenn man sich mit Menschen, die im Maßregelvollzug leben, näher beschäftigt, findet man eine zunächst ungewohnte Kommunikationsstruktur. Es ist ihnen kaum möglich, über ein Thema eine Stunde lang miteinander zu sprechen. Sie können auch kaum verstehen, was ein anderer sagt. Wenn sie in der Gruppe nicht grade "dran" sind, lesen sie, dösen oder tun sonst etwas. Dieses Verhalten ließe sich leicht psychologisch ausdeuten. Ein Psychologe oder Therapeut würde wahrscheinlich ein Kommunikationstraining anzuwenden versuchen und Zuhören planmäßig lernen lassen. Er würde vermutlich die „harten Brocken“, die nicht „gruppenfähig“ sind, aus diesem Prozess ausschließen. Mir scheint aber, dass es sich zunächst einmal gar nicht um ein Kommunikationsproblem handelt, jedenfalls nicht um eines, das den Kriterien der Kommunikationstheorien zu entnehmen ist. Denn das, was diese Männer da schweigend und abwesend vorführen, ist ihre Art von Kommunikation. Wenn einer zum anderen etwas sagt, was diesen betrifft, beleidigt, tritt der sofort aus seinem schläfrigen oder abwesenden Zustand heraus und schreit, droht oder schlägt gar zu. Auch in der Einzelunterhaltung ist es schwierig, sozusagen neben der Spur zu kommunizieren.

Dieses Verhalten ist aber Kommunikation. Sie besteht aus Schimpfen über die Zustände, Verteidigung des Reviers, sobald einer zu nahe kommt, Beleidigung der noch Schwächeren, Muskelmessen mit denen, die etwas zu sagen haben. Sie besteht aus einer Suche nach Verbündeten und - wenn die Situation gefährlich wird - aus einem Beseitigungsversuch der Gefahr, wenn nötig mit roher Gewalt. Dass man gegen „die da oben“ letzten Endes nichts machen kann, gibt genug Stoff für verbale und bisweilen sogar geplante Gruppenattacken gegen irgendeinen Exponenten von "denen". Dass einer nicht helfen kann, ist geradezu Beweis seiner bloßen Anmaßung von Rollen oder Fähigkeiten.

Die direkte Kommunikation, die nicht aus Reden über etwas besteht, sondern aus Aktionen und Reaktionen, ist das diametrale Gegenteil zu dem, was die therapeutisch - pädagogische Generation von Betreuern gelernt hat: dauernd über etwas zu reden, es möglichst so zu formulieren, dass auch ja keiner sich herausgefordert oder angegriffen fühlt. „Hilfreiche“ Kommunikation wurde das genannt.

Keine Angst vor direkter Kommunikation haben. Keine kommunikationstheoretischen Versuche starten. Aber dann, wenn einer wirklich anfängt zu reden, auch tatsächlich zuhören. Wenn einer in der Gruppe anfängt, seine Geschichte zu erzählen, dann schläft keiner mehr vor sich hin. Aber bis es soweit ist, dauert es lange! Und das heißt für den Umgang weiter: keinen therapeutischen Ehrgeiz haben. Wie "verrückt" das ist, das zu beurteilen fehlen die Begriffe. Es scheint eher normales Verhalten zu sein, das auch in anderen Institutionen wie Gefängnissen vorherrscht.

Wenn man ihren ganzen Lebensaufbau wegtherapieren will, muss die Konsequenz die Verwahrung in Sicherheitstrakten sein. Einen Lebensaufbau kann man nicht wegtherapieren. Notwendig ist eine Auseinandersetzung über diesen Lebensaufbau, die sich nicht scheut, harte Schicksale, krumme Wege dem Menschen, der sie hat ertragen müssen oder gehen wollen, wieder aufzuladen. Er muss sie tragen lernen, sonst ist alles Bemühen nur Herumpfuschen an Symptomen. Umkehren zur Offenheit, das ist hier wichtig und Offenheit bedeutet hier auch: seine Verantwortung tragen zu lernen.

Dieser Einblick in eine Gruppenarbeit in der forensischen Psychiatrie zeigt die Schwierigkeiten des therapeutischen Ansatzes im Maßregelvollzug als Problem der Kommunikation und der Zielsetzung. Beurteilung und Begutachtung von Verhaltensänderungen einschließlich der zugehörigen Fortschreibung von Diagnose und Prognose erweisen sich als komplizierte Aufgaben. Das gilt vor allem im Vergleich zur zeitlich begrenzten Freiheitsstrafe, bei der der Betroffene entlassen wird, ob nun eine positive Prognose für die Zukunft möglich scheint oder nicht. Die von vielen Betroffenen geforderte „Gerechtigkeit“, die eigentlich „Vergleichbarkeit“ und Gleichheit bedeutet, kann in einer therapeutisch orientierten Situation nicht gelten. Insofern warten neue verschärfte Frustrationsquellen auf Straftäter, wenn sie im Maßregelvollzug psychiatrisch behandelt werden. Für die Therapie ist Frustration ein Ansatzpunkt zur Umwandlung in Motivation, sein Verhalten zu ändern oder unter Kontrolle zu bringen. In den Maßregelvollzug wird aber nur eingewiesen, wer nach §§ 20, 21 StGB im Augenblick der strafbaren Handlung als ganz oder bedingt schuldunfähig beurteilt wird. Er erhält dann gar keine oder neben der Einweisung auch eine zeitige Gefängnisstrafe.

Wenn nur eine besonders schwierig zu beurteilende Restgruppe (im statistischen Sinne eine extreme, im psychiatrischen Sinne eine diagnostische Auswahl) von Straftätern in den psychiatrischen Maßregelvollzug eingewiesen und dort behandelt wird, kann aus dieser Situation heraus keine Aussage über einen therapeutischen Maßregelansatz bei der Mehrzahl der Straftäter gemacht werden. Insbesondere die Vorstufen der Freiheitsstrafe statt als Geldstrafe als Therapieauflage zu verhängen, ermöglichte eher eine Aussage über die Chancen des Maßregelvollzugs für alle Straftäter. Beim Einstieg in die kriminelle Karriere empfinden Straftäter die therapeutisch ausgerichtete Zugangsweise zu ihren Motiven und Verhaltensweisen als erheblich stärkere Infragestellung denn eine wiederholte Bewährungsstrafe. Die Bewährungsstrafe aber empfinden viele nach dem Motto: „Das ist noch mal gut gegangen!“

Der Strafvollzug hat sich eine andere Lösung für diejenigen ausgedacht, die - von den Gutachtern nicht als schuldunfähig befunden - eine zeitige Freiheitsstrafe erhalten. Dies ist insbesondere bei Sexualstraftätern der Fall. Als gutachterliche Durchschnittsmeinung ist heute die Haltung verbreitet, die Sexualstraftat sei in der Regel nicht durch schuldunfähige Täter begangen, sondern durch Täter, die die Gelegenheit nutzen, etwas anderes bezwecken (Gewalt ausüben, Menschen total beherrschen) oder aber in ihrer sexuellen Ausrichtung unveränderlich auf „verbotene Sexualpartner“ fixiert seien (pädosexuelle Täter). Daher erhalten diese Täter zeitige Freiheitsstrafen und werden bevorzugt in so genannten Sozialtherapeutischen Einrichtungen behandelt. In diesen Einrichtungen arbeiten in der Regel keine Psychiater, sondern sie sind ein Modell behandlerischen Vollzugs. Aus der Sicht der anderen Strafgefangenen ist es nicht verständlich, warum eine Sozialtherapie ihnen nicht angeboten wird. In der Behandlung wird von Sexualstraftätern nicht erwartet, ihre sexuelle Orientierung zu ändern. Das ist nach der heute in der Sexualmedizin herrschenden Meinung nicht möglich.[225] Vielmehr müssen sie lernen, ihre Regungen zu beherrschen. Dabei hilft ihnen die Sexualmedizin mit ‚triebdämpfenden Mitteln'. Wenn diese nicht helfen, dann muss der Sexualdelinquent wieder und wieder verurteilt werden oder schließlich mit der Sicherungsverwahrung rechnen. Die „Erfolgsquote" sozialtherapeutischer Abteilungen lässt sich nicht abschließend beurteilen. Auffällig ist jedoch, dass viele dort behandelte Strafgefangene nach Strafvollzugsmuster bei problematischem Verhalten ‚vor die Tür gesetzt' werden, also wieder in den üblichen Strafvollzug zurückgeschickt werden. (Dem durchschnittlichen Bewusstsein ist das – wie auch bei Drogentherapien der Rausschmiss wegen Rauschgiftmissbrauchs – unverständlich. Sind die Betroffenen doch gerade wegen problematischen Verhaltens in die therapeutische Einrichtung verlegt worden. Das Verhalten, das zur Rückverlegung führt, ist gerade das, was die Therapie behandeln soll. Wird damit nachgewiesen, dass das gar nicht geht?) Wenn dann solchermaßen eine ‚Besserung' oder Selbstkontrolle nicht eintritt und erneut einschlägige Straftaten vor Gericht kommen, muss der Betroffene mit einem Mittel rechnen, das klingt, als würde es einem Gepäckstück gelten: der Sicherungsverwahrung. Sicherungsverwahrung macht nicht die ‚Tat-Schuld', sondern die ‚bleibende Gefährlichkeit' (Gefährdung von wesentlichen Rechtsgütern anderer) zum Maßstab und unterbricht damit das von Strafgesetzbuch vorgesehene Schuldprinzip als Grundlage von Strafe. Damit wäre die Sicherungsverwahrung also keine Strafe, sondern eine Maßnahme oder Maßregel. Angesichts gewaltiger Medienkampagnen in Fällen wiederholt rückfälliger Straftäter mit sich steigernden Straftaten im Aggressions- oder Sexualbereich entschloss sich der Gesetzgeber, immer wieder an der Sicherungsverwahrung herumzubasteln. Der Höhepunkt dieser Gesetzgebungsakte war die „nachträgliche Sicherungsverwahrung" (§66b StGB) aus dem Jahr 2002.

Sicherungsverwahrung

Sicherungsverwahrung hieß bisher, einen Menschen wegen „Gefährlichkeit" auf Jahre hinaus im gleichen Gefängnis einzusperren, in dem er bereits seine „schuldangemessene Strafe" ‚abgesessen' hat. Dem Schuldprinzip wurde damit ein Präventionsprinzip hinzugefügt, das auf einer Gefährlichkeitsprognose beruht. Das in der Strafhaft geltende Behandlungsprinzip endet mit der Haftstrafe und der Betroffene wird jetzt nur noch verwahrt. So war wenigstens die Lesart bis zu dem Urteil des Bundesverfassungsgerichts 2011[226]. Gefährlichkeit wird zu einem Merkmal der Person, die diese nicht einfach ablegen kann. Wer „so ist", kann in diesem Leben nicht „umlernen". In der Logik solcher Persönlichkeitsbeschreibung liegt einerseits die lebenslängliche Verwahrung. Andererseits könnte diese Logik, wie bereits beschrieben, einem Strafrecht den Weg bahnen, in dem nach Gefährlichkeitsgutachten potentielle Straftäter vorbeugend eingesperrt werden – ganz ohne reale Tat.

Ein Urteil zur nachträglichen Sicherungsverwahrung veranschaulicht, welche Probleme es damit gab.[227] Die im Urteil ausgesprochene Sicherungsverwahrung ist an sich schon ein Problem. Die nachträgliche Sicherungsverwahrung schließt aber die Maßnahme aufgrund von neuen Erkenntnissen während der Haft an dieselbe an, obwohl in der Haft eigentlich keine neuen Straftaten begangen werden können. Ein Urteil zeigt, dass der Gesetzgeber dieses Gesetz schlecht formuliert hatte.

Das Urteil hat folgenden Tenor: Einer Beschwerde gegen die einstweilige Unterbringung in der Sicherungsverwahrung nach §§ 275a V 1 StPO, 66b II StGB nach vollständiger Verbüßung der Strafe wird stattgegeben. Entscheidend ist dabei die Bewertung der gesetzlichen Anforderung „neuer Tatsachen“, die für einen Antrag nach § 66b StGB erforderlich sind: „ ..., dass während des Strafvollzugs Tatsachen zutage treten, welche geeignet sind, die Persönlichkeit des Verurteilten und damit das Rückfallrisiko in einem neuen Licht erscheinen zu lassen. Tatsachen, die bis zum Schluss der tatrichterlichen Hauptverhandlung bekannt oder für das Gericht erkennbar waren, scheiden aus. Es genügt also nicht, dass altbekannte Tatsachen, wie etwa die bereits im Urteil dokumentierte kriminelle Karriere des Verurteilten – die Annahme rechtfertigen, er werde alsbald nach der Haftentlassung wieder Straftaten begehen. Dass die in dem angefochtenen Beschluss aufgelisteten früheren Straftaten und (Vor-) Verurteilungen entgegen der Auffassung der Strafkammer keine *„nun erkennbaren Tatsachen“* sind, versteht sich von selbst und bedarf keiner näheren Begründung.“ ...

„Das OLG Nürnberg (...) hat in Umsetzung der Vorgaben des Bundesverfassungsgerichts zur verfassungskonformen Auslegung des Art. 1 BayStrUBG entschieden, dass die *„bloße Feststellung fortdauernder Gefährlichkeit“* – und das wichtigste Indiz dafür ist eine gescheiterte Resozialisierung – keine *nach* der Verurteilung eingetretene Tatsache ist. Dass dem auch für die Auslegung des § 66b StGB zu folgen ist, gebietet bereits die Logik. Ein Verurteilter, dessen bekannte Gefährlichkeit am Ende des Strafvollzuges schlimmstenfalls genauso hoch ist wie bei Strafantritt, gehört eben nicht zu dem Täterkreis, dessen Gefährlichkeit sich „erst nach der Verurteilung – ggfs. sogar erst gegen Ende des Vollzuges der Freiheitsstrafe – ergibt.“ (...) „Allerdings hätte für die Strafkammer die Möglichkeit – und übrigens auch die Notwendigkeit - bestanden, durch Beiziehung der Vollstreckungs- und Gefangenenakten ihre Erkenntnisbasis dahin zu erweitern, ob sich aus dem (über die bloß passive und als einziges Prognosekriterium unzureichende Verweigerungshaltung hinausgehenden) Vollzugsverhalten nicht doch konkrete Anknüpfungspunkte für eine tatsächlich erst nachträglich erkennbar gewordene Gefährlichkeit des Verurteilten, gewinnen lassen. Der Senat hat dies nachgeholt. Und die betreffenden Akten ausgewertet. Sie haben sich jedoch für die hier in Rede stehende Subsumtionsproblematik als ebenfalls unergiebig erwiesen: Der Beschwerdeführer wird darin als ein Gefangener beschrieben, der einerseits völlig unauffällig in den Anstaltsalltag integriert ist und regelmäßig seiner Arbeit nachgeht – andererseits aber - wie schon in den letzten Jahren der Verbüßung der 1995 verhängten Freiheitsstrafe -, nichts tut, was als Mitwirkung an der Resozialisierung bezeichnet werden könnte." „Vor schon immer als gefährlich einzuschätzenden, im Strafvollzug jedoch unauffälligen und sich ‚lediglich' als resozialisierungsresistent erweisenden Verurteilten bietet auch diese neue Vorschrift keinen Schutz." Was das Gericht hier entscheidet, hätte den Gesetzgebern vorher auffallen müssen. Sie wollten ganz offenbar einfach eine Sicherungsverwahrung anhängen, wenn das Gericht sie im Urteil vergessen haben oder die Strafhaft nicht ‚erfolgreich' sein sollte. Das ist eine nicht zulässige Regelveränderung, die denn auch massive Kritik auslöste. Die Absicht war auch rein politisch und sollte der Bevölkerung demonstrieren, dass die Politik unabhängig von der Regierungszusammensetzung ‚handlungsfähig' ist.

Einer der Beiträge zur nachträglichen Sicherungsverwahrung soll hier vorgestellt werden, um das Thema breiter zu erfassen.[228] „In dieser Broschüre wird dargestellt, inwiefern die Einführung der ‚nachträglichen Sicherungsverwahrung' einen tiefen Einschnitt in die Grundrechte und eine schwerwiegende Verletzung rechtsstaatlicher Prinzipien bedeutet. Sowohl das neue Gesetz als auch die beiden Verfassungsgerichtsurteile werden aus grund- und menschrechtlicher Perspektive analysiert." Diese Absicht des Autors wird auf 70 Seiten Text umfassend in die Tat umgesetzt. Es handelt sich vor allem um grund- und menschenrechtliche Kritik, die besagt, „dass der Gesetzgeber dabei ist, billigend in Kauf zu nehmen, Grundrechte von Menschen fahrlässig zur Disposition zu stellen.“ (10, zustimmend zitiert) Die Hauptproblematik des § 66b StGB liegt im Systemwechsel. Während eine vom Gericht durch Urteil festgelegte Haftstrafe auf festgestellter Schuld beruht, ergeht die nachträgliche Sicherungsverwahrung aufgrund einer Prognose zum zukünftigen Verhalten. Es handelt sich also um eine Maßnahme oder Maßregel. Im vorliegenden Text wird auch von „Tat-“ bzw. „Täterbegründung“ gesprochen. Die nachträgliche Sicherungsverwahrung verstößt gegen „das Strafrecht fundierende(n) Rechtsgrundsätze...: ‚nulla poena sine lege’ und ‚ne bis in idem’“ (13). Die zur Erkennung notwendige Prognosetätigkeit auf ‚breiter Grundlage’ qualifiziert der Autor als ‚Luftschlossrealität’. Daher kommt er dazu, die nachträgliche Sicherungsverwahrung als ‚gesetzliches Unrecht’ zu kennzeichnen (17). Wolf Dieter Narr zieht eine Linie von Franz von Liszt, der (nach seiner Ansicht) den ‚unverbesserlichen Gewohnheitsverbrecher’ „erfunden“ (17) hat, über das nationalsozialistische Gewohnheitsverbrechergesetz von 1933, die Neunormierung des § 66 StGB im Jahre 1969, das 6. Strafrechtsänderungsgesetz von 1998 (§ 66 III) bis zu den Änderungen 2002 und zur nachträglichen Sicherungsverwahrung. So unterstreicht er seine These des Systemwechsels mit der Folge des Unrechts im Recht. Auch gegen das Rückwirkungsverbot (Art 103 II GG) verstoße der § 66 b.

Dass Sicherungsverwahrung einen schwersten Grund- und Menschenrechtseingriff darstellt, wird wohl auch unbestritten sein. Die eigentliche Schlussfolgerung können viele auch in der Seelsorge nachvollziehen: „Die Ablehnung der (nachträglichen) Sicherungsverwahrung macht freilich die Arbeit an Alternativen zum herrschenden Strafvollzug und dem ihm vorgängigen Strafrecht um so dringlicher.“ (69) „Mit dem herrschenden Straf- und Strafvollzugssystem werden die Probleme nicht so weit wie menschlich möglich gelöst, sondern mit ihnen werden sie nur in Haft- und Sicherungsanstalten abgelegt, ohne dass Frauen, Kindern, allen anderen und auch denjenigen, die sich gewalttätig vergangen haben, damit wahrhaft lebens- und rechtssichernd geholfen würde.“ (70)

Diese Kritik der nachträglichen Sicherungsverwahrung und der darin versteckten oder offenbarten Hintergründe richtet sich im Kern gegen die Sicherungsverwahrung überhaupt. Sie betrifft statistisch gesehen nur extrem wenige Personen – rund 500 Männer und eine Frau (2010). 2013 waren es 475 Personen, darunter 3 Frauen.[229] Inwieweit sie notwendig ist, sei dahingestellt. Die Sicherungsverwahrung schaltet – wie schon gesagt - in diesen wenigen Fällen von Tatschuld auf Prävention um. Ob das tatsächlich der Sicherheit der Gesellschaft dient, kann nicht nachgewiesen werden. Ebenso wenig ist das Gegenteil nachweisbar. Es handelt sich somit um den Glauben daran, dass für manche (wenige) Menschen eine (meist lebenslange) Freiheitsstrafe nicht für ‚Besserung' ausreicht. Vielleicht belegt dieser Glaube eher die Problematik von Freiheitsstrafen überhaupt. Wer keine Straftaten mehr begeht, belegt die Wirksamkeit von Freiheitsstrafen. Wer trotz Freiheitsstrafe weitermacht, belegt das Gegenteil. Der Glaube an die Wirksamkeit von Freiheitsentzug ist jedenfalls weltweit tief verwurzelt und trotzdem sinnlos. Bei der Sicherungsverwahrung wird das ganz klar: Wer von den Tätern den Glauben an die Wirksamkeit der Freiheitsentziehung untergräbt, wird an weiteren (potentiellen) Taten durch ihren endgültigen Entzug gehindert. Für diese Menschen gilt jedenfalls das Freiheitsgrundrecht nicht. Die Lösung, längere zeitige Freiheitsstrafen zu verhängen, wie das in anderen Rechtssystemen üblich ist, und diese dann auf dem Bewährungswege aufhebbar zu machen, erscheint sinnvoller als dieser Systemwechsel im deutschen Umgang mit uneinsichtigen Gewaltverbrechern.

Besser wäre auch hier ein anderer Systemwechsel. Für die Selbstachtung von Menschen und ihren Systemen führt der intensive und konsequente behandlerische Ansatz weiter als das bloße Entziehen der Freiheit auf Zeit. Dafür sind die richtigen Formen immer neu zu erfinden. Ihre Wirksamkeit ist zu belegen durch eine intensive Vollzugsforschung.[230] Der Bundesgerichtshof hat im Jahre 2011 die gesamte Sicherungsverwahrung für nicht verfassungsgemäß erklärt und den Gesetzgeber zu einer Neufassung gezwungen. Dabei hat er vor allem Therapien und die Aussicht auf Wiedererlangung der Freiheit angemahnt. Nach einem im September 2011 vorgelegten Entwurf sollte dem Problem durch eine Umbenennung abgeholfen werden. Die ‚Sicherungsverwahrung' wird durch ‚Sicherungsunterbringung' ersetzt. Es ist jedoch nachgerade lächerlich, welche Therapievorstellungen der Gesetzgeber verwirklichen möchte, wenn man bedenkt, dass solche in der Strafhaft nicht angeboten werden. Wenn sie jedoch angeboten werden, soll dann nach lebenslänglicher Strafhaft, also nach mindestens fünfzehn Jahren die Hoffnung ausgerechnet auf Therapie gesetzt werden? Die Frage der therapeutischen Möglichkeiten wird dadurch einfach nur auf die ganze Strafhaft verschoben. Und da gehört sie auch hin. Man kann nicht Leute einsperren und nach vielen Jahren Gefängnis die Frage ihrer Behandlung aufwerfen. Es fragt sich, warum die Politik für die Zusammenschau der verschiedenen Stränge keinen Blick hat.

Den Gesichtspunkt der illusorischen stellvertretenden Sicherheit führt die Gefängnisseelsorge ins Feld. „Eine sich immer stärker herausbildende säkulare Heilserwartung an die Mach- und Regelbarkeit aller Lebensbezüge führt zu einer gesellschaftlichen Verdrängungsmentalität gegenüber Leid, Schmerz und Tod. Sie werden immer mehr als unerträgliche Zumutungen, ja als „Betriebsunfälle" empfunden, die durch entsprechende Maßnahmen zu vermeiden und auszuschalten sind. Aus dieser Sichtweise heraus entwickelt sich auch die Vorstellung, absolute Sicherheit vor schweren Straftaten schaffen zu können. Dass diese irrige Vorstellung mit großen Verlusten von bürgerlichen Freiheitsrechten verbunden ist, wird von einem Großteil der Burger unhinterfragt in Kauf genommen. So ist auch die Sicherungsverwahrung Ausdruck der Versuchung, Sicherheit auf Kosten einzelner „Sünden-böcke" zu erlangen.“[231] Die Sicherungsverwahrung ist ein ungeeignetes Mittel zur Herstellung völliger Sicherheit.

Die Maßnahme oder Maßregel kann somit auch nicht als Ersatz gelten, wenn sich Haftstrafen nach heutigem Muster als eher ungeeignet erweisen. Bei der Maßregel wird das Recht auf Freiheit oft sehr lange nach hinten gestellt. Es kann sein, dass die Gutachter ein Leben lang negative Gutachten schreiben. Dann wäre das Recht des Menschen auf Wiedererlangung der Freiheit und Selbstbestimmung radikaler beschnitten als bei Freiheitsstrafen, die ja immerhin eine zeitliche Begrenzung kennen. Die Maßregel also bleibt eher eine Notmaßnahme für eine begrenzte Zahl von Fällen. Behandlerische Ansätze müssten aber in Form von Sozialtherapie alle Strafmaßnahmen begleiten.

Öffentlichkeit und Vollzug

Gefängnisse mit Mauern, geschlossenen Türen und Gittern rufen beim durchschnittlichen Menschen verschiedenste Gefühle und (Vor-)Urteile hervor.

- „Leute, die da arbeiten, bewundere ich!"
- Eine fromme Mutter wird von ihrem Sohn gebeten, sie zu wecken, damit er rechtzeitig zu seiner Veranstaltung ins Gefängnis komme. Erste Reaktion der überraschten Mutter: „Pfui!"
- „Im Gefängnis mitzuarbeiten, das war für mich zuerst ein schaurig - schöner Gedanke. Als zum ersten Mal 'reinkam, dachte ich, mir bleibt das Herz stehen."
- Beim ersten Gefängnisbesuch: „Oh das ist ja ganz normal!"
- Eine Journalistin fragt vor dem Interview: „Wird man hier angegriffen?"
- „Hotel auf Staatskosten, wo die Leute es viel zu gut haben. Das ist keine Strafe mehr! Radio und Fernseher auf der Zelle.... Verbrecher muss man ganz anders behandeln!"
- „Das ganze wirkt wie ein Feriencamp."
- Gefängnisse sind Kloaken mit Schwerverbrechern, die nichts Besseres zu tun haben, als noch mehr Verbrechen zu lernen und sich mit Rauschgift voll zu pumpen.
- „Kriegen die echt Urlaub?"

Diese Gefühle und Vorurteile basieren auf der Medienberichterstattung ebenso wie auf Hörensagen und zumeist Halbinformationen. Weil aber Gefängnisse öffentliche Einrichtungen sind, über deren Ausstattung immer wieder öffentlich gestritten und bei demokratischen Wahlen auch entschieden werden muss, bleibt nichts übrig, als sich eine Meinung über das widerspenstige Thema zu bilden. Deshalb wäre es eigentlich auch zu begrüßen, dass sich Besuchergruppen zuhauf für Justizvollzugsanstalten interessieren. Der wirklich gründlichen Information auf diesem Wege steht aber der Datenschutz entgegen. Zudem sind Gefangene keine Zootiere.

Interessant für viele Besucher wäre jedoch gerade der Gefangene in seinem Umfeld. Wenn Gruppen in Auswahl tatsächlich für einen Tag oder ein paar Stunden in eine Anstalt kommen, interessiert am meisten das Gespräch mit Gefangenen selbst: Wie sie ihre Lage einschätzen, ob sie sich zurecht verurteilt fühlen, was ihre Familie dazu sagt, wie es mit der Zukunft aussieht, was ihnen am meisten fehlt, wie Drogen ins Gefängnis kommen und ob man als Gefangener bedroht ist oder unter Druck steht.

Selbst Schulklassen, denen man beim Gespräch anmerkt, dass sie in der Schule nicht unbedingt immer still sitzen, reden stundenlang mit Gefangenen. Bei Klassen aus sozialen Brennpunkten stellt sich sogar eine gewisse Kenntnis mit bestimmten Fragestellungen heraus. Wenn ein Gefangener beispielsweise über Verurteilungen wegen Verkehrsdelikten (Fahren ohne Führerschein, unter Alkohol, ohne Versicherung o.ä.) berichtet, wird die Nähe zum eigenen Leben durchaus deutlich. Diese Nähe ist aber sehr ambivalent zu bewerten. Für das eigene Verhalten kann es als Warnung dienen. Wenn jedoch der Familienvater in entsprechender Weise auffällig wird, könnte das heranwachsende Kind durchaus in eine unhaltbare Situation verwickelt werden, wenn es zu Hause vom Knast berichtet.

Die Vollzugsanstalten führen vorwiegend für Gruppen mit beruflichem oder Ausbildungsinteresse Veranstaltungen durch. Führungen werden auf Juristen und Nebenberufe beschränkt.

Dennoch bleibt natürlich das Interesse, über den Strafvollzug ein sachgemäßes Bild in der Öffentlichkeit zu erzeugen. Weil man das kaum durch Werbung („Wir sind der beste Vollzug mit folgenden Vorzügen, mit der geringsten Rückfallquote, mit der besten Arbeitsplatzausstattung...“)

erreichen kann, ist man auf Kontakte mit der Presse angewiesen.

Immer wieder gelingt es auch einmal, Ausschnitte aus dem Alltag hinter Gittern in die Zeitung oder auf einen Bildschirm zu bringen. Die echten Einschaltquoten und (daher) die besten Sendeplätze oder die erste Seite aber bekommen nur Skandale, von denen die Hoffnung besteht, dass sie vom Leser mit Spannung verschlungen werden. Warum der Alltag hinter Gittern nicht so atemlos zur Kenntnis genommen wird, erklärt sich aus der, wenn auch eingeschränkten, Alltäglichkeit des Ablaufs, an dem normalerweise nicht viel Sichtbares passiert. Die durch die Haft erzwungenen Einschränkungen und Deprivationen, die erzwungene Untätigkeit im, so vorhanden, eigenen Beruf und die abgenommene Verantwortung fürs eigene und der Familie Leben lassen sich schlecht darstellen.

Für Schlagzeilen sorgt, wenn innerhalb der Mauern Skandale aufgedeckt oder irgendeine Kumpanei zwischen Inhaftierten und Bediensteten nachgewiesen werden kann. Die bei freiem Zugang zur Telefonzelle in der Anstalt eher harmlose Tatsache, dass bei einem Gefangenen ein funktionsfähiges Handy gefunden wurde, geisterte durch den Blätterwald. Sogar Experten wurden dazu zitiert. Bemerkenswert war daran aus der Sicht des Strafvollzugs jedoch vor allem die Tatsache, dass ein solches Gerät trotz Kontrolle in die Anstalt gelangt war. Ähnliches könnte auch mit Waffen geschehen. Die Komplett - Durchsuchung eines Gefängnisses war bebildert auf der ersten Zeitungsseite zu lesen, obwohl fast gar nichts gefunden wurde. Wohlbekannt sind die Berichte über Geiselnahmen und spektakuläre Ausbrüche oder Fluchtvorgänge. Die aber stellen auch in Justizvollzugsanstalten Ausnahmeerscheinungen dar.

Dies alles dient nicht der Information, sondern eher der Bestätigung von Vorurteilen und Ängsten. Die Frage wurde bisher nicht wissenschaftlich geklärt, ob diese Art von

Berichterstattung vom Leser verlangt wird oder ob die Redaktionen sich das nur so vorstellen. Das Bild, das dadurch vermittelt wird, wirkt sich auf die Anstalten so aus, dass sie immer „sicherer“ zu werden versuchen. Vor allem die verantwortlichen Politiker drängen darauf, aus den Schlagzeilen wieder zu verschwinden. Darunter leidet besonders das Ziel der Behandlung. Wer das Leben nach dem Vollzug wieder oder erstmals im kriminellen Sinne unauffällig meistern soll, braucht dazu ein Übungsfeld, auf dem auch Fehler passieren können. Dem Strafvollzug kann nur eine sachorientierte Berichterstattung helfen, sein Ziel zu erreichen. Die Medien aber verfolgen eigene Ziele. Wenn es keine Kriminalität und keine Fehler bei der Behandlung von Menschen in Haftanstalten gäbe, fiele ein großer Teil der Sensationsberichterstattung aus. Deshalb können Medien gar nicht an der erfolgreichen Vorbeugung gegen Kriminalität und Sozialisierung des Durchschnittstäters interessiert sein.

Ein ganz anderer Bereich der Berührung von Strafvollzug und Öffentlichkeit gibt ebenso zu denken: Vor allem Frauen jeden Alters melden sich für die ehrenamtliche Arbeit mit Straffälligen. Das gilt sogar für die besonders schwierige Lage in der forensischen Psychiatrie. Sie nehmen Anforderungen an Ausbildung auf sich, um sich mit Gefangenen zu beschäftigen. Die Beschäftigung besteht in Gesprächen, Gruppenveranstaltungen und Begleitung zu Ämtern. Sie wirken in der kleinräumigen Öffentlichkeit.

Schließlich dient der Beziehung zur Öffentlichkeit die Bildung von Anstaltsbeiräten. Deren Mitglieder stammen aus verschiedensten Berufen. Sie haben jederzeit Zugang zu allen Gefangenen und zu allen Räumen der Anstalt. Ihre Tätigkeit soll dem Strafvollzug die Aufmerksamkeit von öffentlichen Institutionen sichern.

Der Umgang mit einer nicht definierten Öffentlichkeit ist kaum zu organisieren. Die Gefängnisseelsorge muss wohl durch ihren Auftrag öffentlich arbeiten, wird jedoch bei der gegenwärtigen Organisationsform neutralisiert. Seelsorger/innen können kein selbständiges Hausrecht wahrnehmen, sondern sind auf die Duldung, genau genommen sogar Genehmigung ihrer Vorhaben durch die Gefängnisleitung angewiesen. Das Zusammentreffen mit anderen - nicht straffälligen - Menschen, bei dem es nicht um Probleme der Haft geht, ist gerade für Inhaftierte von unschätzbarem Wert. Es mildert die Einengung auf die eigenen Problemstellungen und Sichtweisen. Aus anderen Zusammenhängen ist auch bekannt, dass neben dem therapeutischen Zugang der alltägliche Kontakt eine der wichtigsten Quellen von 'Sozialisierung' ist. Genau darauf zielt der 'Öffentlichkeitskontakt' in geschlossenen Institutionen ab: die Engführung aufzubrechen, die statt Sozialisierung Anpassung an die Binnenstrukturen und -werte zur Folge hat.

Genau diese Zielrichtung der Öffentlichkeitsarbeit verhindert das Sicherheitsdenken innerhalb des Strafvollzugs. Es besteht die Befürchtung, es würden Drogen und andere Stoffe hereingeschmuggelt. Die Gelegenheit für Geiselnahmen bestünde wegen der Unübersichtlichkeit. Die Organisation von kriminellen Akten ließe sich wunderbar planen. Schließlich seien 'normale Menschen' den Gefangenen ohne vorherige Ausbildung gar nicht gewachsen. Diese Befürchtungen sind nicht von der Hand zu weisen. Drogenschmuggel jedoch braucht immer zwei Seiten und funktioniert auch ohne Öffentlichkeit durch die Urlauber und Besucher bestens. Die Geiselnahme - Gefahr besteht auch bei den Gefängnisabläufen gewohnter Art. Kriminelle Aktionen lassen sich auch per Telefon und beim Besuch planen. Deshalb überwiegt der positive Effekt der Öffentlichkeitsbegegnung die möglichen Gefahren. Die regelmäßige allgemeine Öffentlichkeitsbeteiligung senkt den Innendruck einer Anstalt durch die genannten positiven Möglichkeiten der Auseinandersetzung und verkleinert damit auch das Sicherungsbedürfnis. Die Besucher lernen Denkweisen von Inhaftierten kennen.

Durch solche Kenntnis würde das Verhältnis zur Kriminalität entkrampft. Wo jetzt undifferenzierbare Angst herrscht, ließe sich vielleicht durch mehr Kenntnis ein Zustand herbeiführen, der angemessenere Reaktionsmöglichkeiten erzeugt. Wer sich ein wenig auskennt, braucht nicht mehr die härtere Strafe gegen die eigene Angst zu fordern und weiß auch, dass das Problem nicht mit der Inhaftierung beendet ist. Das gilt auch umgekehrt. Wie in diesem Buch beschrieben wurde, haben viele Inhaftierte wenig exakte Vorstellungen vom Leben anderer Menschen in der Gesellschaft. Die häufigere Begegnung könnte zur Korrektur von Vorurteilen über die 'nichtkriminellen' Menschen beitragen, was auch die Einschätzung des eigenen Lebens verbessert. Die Gefahr der 'Infektion' mit kriminellem oder abweichendem Verhalten besteht nicht, weil Besucher/innen in ihre Alltagswelt zurückkehren und umgekehrt eher die Ansätze zu abweichendem Verhalten in ihrer Alltagsumgebung einschätzen lernen.

Das sind Argumente für eine Öffnung der Gefängnisse für ganz normale Menschen, die ansonsten nichts mit den Inhaftierten zu tun haben. Ein besseres Verhältnis zur Öffentlichkeit könnte den 'Sozialisierungsgedanken' breit unterstützen und das hat er nötig. Auch die beste Ausstattung mit Spezialisten leistet der Absonderung Vorschub. Die aber führt zu eben dem gefürchteten kriminogenen Klima der Anstalten. Deshalb müssen möglichst viele Versuche gestartet werden, die Aussonderung durch „Normal - Kontakte" zu verringern. In künftiger Entwicklung sollte der Strafvollzug zu einem Kommunikationszentrum werden, in dem Opfer ihre Täter aufsuchen und mit ihnen nicht nur über eine Wiedergutmachung reden können, sondern auch über das ganze Leid der schädigenden Handlungen und schließlich sogar über Recht und Unrecht, Gut und Böse.

Konsequenzen

Konsequenzen aus den verschiedenen Arten der Kriminalität zu ziehen, wäre für die Zukunft von enormer Bedeutung. Sie sehen je nach der Verortung des konkreten abweichenden Verhaltens verschieden aus.

Die Gesellschaften können nicht darauf verzichten, Gebäude und Strukturen bereitzuhalten, um eine befristete Festsetzung von Menschen zu ermöglichen, die andere gefährden. Die Zahlen zeigen jedoch, dass es sich bei Gefangenen oftmals um Straftäter mit geringeren Delikten handelt, die in anderen Einrichtungen als ausbruchsicheren Gefängnissen kontrolliert und behandelt werden können. Das Konzept der wohnortnahen Maßnahmen, die keinen Staat im Staate darstellen, wartet auf Verwirklichung. Wenn die Psychiatrie - Reform - Versuche mit der Vorstellung der gemeindenahen Psychiatrie als Beispiel herangezogen werden, lässt sich im Kriminalitätsbereich die dortige Erfahrung für eine bessere Verwirklichung nutzen. In der psychiatrischen Versorgung, die vielerorts gemeinsame neuzeitliche Quellen mit den Gefängnissen hat, entstanden vor allem Akutabteilungen in Regionalkrankenhäusern. Patienten, bei denen die Behandlung an die zweite Stelle hinter die Pflege rückt, werden in kleineren oder größeren Heimen untergebracht. Dennoch blieben mehr als fünfzig Prozent der Großkrankenhausbetten erhalten. Die Anbindung an die gesellschaftlich-kommunalen Strukturen lässt sich nicht erzwingen. Das Herausgleiten aus den Gruppen des gesellschaftlichen Zusammenhangs beginnt bei vielen psychisch kranken Menschen ebenso wenig wie bei Straftätern mit der Einlieferung oder Verhaftung. Vielmehr stellt das letztere eher den Vollzug einer bereits vorher gelockerten gesellschaftlichen Verwobenheit und Beziehungsstruktur der Betroffenen dar.

So wäre die wohnortnahe Maßnahme für alle Seiten von Vorteil. Der Straftäter erlebt die Ausgrenzung einerseits fast wie am Pranger stehend härter, hat aber auch eher die Möglichkeit, sich mit der ihm bekannten Umgebung, in der er seine Taten begangen hat und in die hinein er entlassen wird, aktiv auseinanderzusetzen. In einem weit entfernt liegenden Gefängnis tritt neben den geschilderten Problemen die weitere Erschwernis auf, dass die Auseinandersetzung mit dem eigenen Verhalten und der häufig begleitenden Suchtproblematik nur theoretisch angegangen werden kann.

Die Gemeinden wären ihrerseits gezwungen, sich mit der Klein- und Großkriminalität und den dahinter stehenden Menschen zu beschäftigen. Die übliche Arbeits- und Freizeitstruktur bleibt erhalten, möglicherweise auch als Arbeitslosigkeit und Mangel. An die Stelle der so genannten Wiedereingliederung träte eher soziale Kontrolle und / oder Eingrenzung auf bestimmte erfahrungsgebundene Rollen. Die Wirkung auf die Justiz wäre nicht zu unterschätzen, wenn alle vor Ort die Wirkungen von Bestrafungen erleben.

Die Vorteile bilden auch gleichzeitig die Nachteile. Am Wohnort ermöglichen bestehende Abhängigkeiten unter Umständen gar keine saubere Ermittlung von Straftaten. Die richterliche und vollzugliche Unabhängigkeit wäre noch mehr in Gefahr. Das am Ort liegende Gefängnis oder die Maßnahmeeinrichtung bieten Angriffsmöglichkeiten auf Personal und Inhaftierte.

Bei Taten und Tätern, die nicht gewissermaßen analog an einen Ort gebunden sind, also bei transnationaler und organisierter Kriminalität, wird aber zur Kontrolle das Gefängnis weiterhin gebraucht. Dann kann es wie in manchen europäischen Ländern irgendwo wie z.B. im Industriegebiet stehen. Eine Ortsanbindung ist in Fällen von Menschenhandel oder sonstiger Schleuserei, beim Rauschgifthandel, beim Terrorismus oder bei großen Kapital- oder Bankbetrügereien nicht ersichtlich und kann auch nicht erzwungen werden. Da müssen Strafen und Sicherungsentscheidungen wohl auch abstrakt, aber sichtbar und sicher vollstreckt werden. Falls Ortsanbindung jedoch vorhanden sein sollte, träte auch hier besser die Ortsnähe wieder als Modell ein.

Wie auf anderen Feldern wird auch bei den Reaktionen auf Kriminalität eine Mischlösung gebraucht. Für Kapital- und internationale Verbrechen bietet sich die räumliche Entzerrung weiterhin als sinnvoll an. Die Frage, wie lange eine Haftstrafe dauern soll, muss neu diskutiert werden.

Bei der Behandlung von kleineren Straftaten sollte noch weitergehend auf Haftstrafen verzichtet werden. Die Behandlung des Täters hätte durch ein multiprofessionelles Team vor Ort zu erfolgen, das sowohl Kontrolle ausüben, als auch therapeutische und gesellschaftliche Ansätze zur Geltung bringen könnte.

Was den Inhalt betrifft, kann die Teilung in Therapie und Strafe nicht der Weisheit letzter Schluss sein. Allen Straftätern müssen Therapieangebote innerhalb ihres Vollzugs gemacht werden. Dieses Angebot kann nicht von der Form des Vollzugs oder der Justizdefinition „schuldfähig" abhängen. Es kann nicht sein, dass jemand in ein Gefängnis kommt, um dieses ohne jeden Versuch, ihn auch therapeutisch zu erreichen, wieder zu verlassen. Das sozialtherapeutische Angebot ist zahlenmäßig schwach und nur auf begrenzte Tätergruppen ausgerichtet. Sinnvoll wäre es, sozialtherapeutische und forensisch-psychiatrische Vollzugskapazitäten für alle Verurteilten und Eingewiesenen bereitzuhalten. Dadurch käme der inhaltlichen Vollzugsgestaltung die entscheidende Bedeutung zu.

Man würde jedoch mit der Restorative Justice einen weiteren entscheidenden Schritt gehen, bei dem in vielen Fällen alle Probleme eines Vollzuges von Strafe überwunden wären. Wenn das Interesse sich auf Ausgleich und Neubeginn richtet, kann die Behandlung einer Rechtsverletzung ohne „Strafe" erfolgen. Für Täter kann das anstrengender sein als ein Gefängnisaufenthalt. Sie werden aber nicht all den

Problemen des Gefängnislebens bis hin zur restlosen Aussonderung unterzogen. Restorative Justice ist das Modell der Bewältigung von schädigendem Verhalten in der Zukunft. Das machte Gefängnisse bis auf kleine Restbestände überflüssig. Sie wären aber weiterhin als Drohkulisse und für „schwere Fälle“ notwendig. Das erfordert aber dezentralisierte multiprofessionelle Mediationsteams in großer Zahl. Wer auch dann noch „übrig bleibt“, braucht wahrscheinlich lebenslange Betreuung in einer Art geschütztem und kontrolliertem Wohnen.

In diesem Zusammenhang betrachte ich nun im nächsten Abschnitt Restorative Justice, die heilende Gerechtigkeit etwas genauer. Sie bietet ja eben die Chance, auf Gefängnisse weitgehend zu verzichten.

Heilende Gerechtigkeit - Restorative Justice[232]

Wenn es um Aufarbeitung von Verbrechen geht, dann machen auch wir in Deutschland, einem von außen so gesehenen Hort von Sicherheit, Gerechtigkeit und Frieden, die Erfahrung, dass Gerichtsverfahren Menschen in Fragen der Gerechtigkeit häufig frustrieren, weil sie Täter dazu verleiten, ihre Beteiligung soweit zu bestreiten, wie sie können. Dadurch bekommen die Opfer das Gefühl, sie müssten trotz eines schließlich ergangenen Urteils ohnmächtig, unzufrieden und letztlich ungerecht behandelt nach Hause gehen. Die Täter ärgern sich darüber, dass sie nicht noch „mehr für sich herausgeholt" haben, „ein besserer Anwalt hätte…". Auch sie sind unzufrieden und konnten letztlich niemand wirklich die Wahrheit über das sagen, was sie angerichtet und sich dabei gedacht haben. Auch die beteiligten Justizbediensteten sind unzufrieden, weil das Urteil wieder einmal einem juristischen Tauziehen entsprang, das sie über Gerechtigkeit nachdenken lässt, wenn sie nicht bereits im Grundsatz der Devise folgen: ‚Wir suchen nicht die Gerechtigkeit, sondern wir sprechen Recht!' Solche Erfahrungen haben dafür gesorgt, dass immer wieder Menschen nach etwas Besserem gesucht haben. Das Bessere sollte Täter, Opfer und Justiz möglichst weitgehend zufrieden stellen. Das finden heute viele in dem Begriff und im Modell der „Restorative Justice": *„Restaurative Gerechtigkeit ist ein Prozess, der die von einer konkreten Tat Betroffenen weitestgehend beteiligt und der gemeinsame Schäden, Bedürfnisse und Verpflichtungen benennt und behandelt, um zu heilen und die Dinge soweit wie möglich in Ordnung zu bringen."*[233]

Woher kommt Restorative Justice?

Restorative Justice als Inhalt stammt aus den 1970iger Jahren. Sie wurde in Nordamerika unter mennonitischen Vorzeichen entwickelt: *„Auf der Suche nach Möglichkeiten,* *ihren Glauben und ihre Friedensperspektive in der rauen Welt des Strafrechts umzusetzen, experimentierten Mennoniten und andere Praktiker mit Begegnungen von Opfern und Tätern (in Ontario, Kanada, und später in Indiana, USA).“*[234] Dass die Mennoniten als Täufer einen reformatorischen (Neben)zweig repräsentieren, ist bekannt. In ihrer Tradition waren pazifistische Elemente stark vertreten (vor allem in der Schweiz), aber auch Entwicklungen, wie sie Thomas Müntzer repräsentiert. Es ist also nicht erstaunlich, dass uns im Protestantismus das Restorative Justice Programm bekannt vorkommt. Es ist von christlichen Vorstellungen und Gedanken inspiriert. Diese Gedanken sind unumkehrbar mit biblischen Anregungen und Elementen verbunden. Aber auch andere Kulturen entdeckten oder reanimierten in dieser Zeit althergebrachte Weisen des Umgangs mit schädigendem Verhalten und mit Konflikten.[235] *„Besonders viel verdankt sie (Rest. Justice) den Ureinwohnern Nordamerikas und Neuseelsands. Demnach reichen die Vorläufer und Wurzeln der restaurativen Gerechtigkeit viel weiter und tiefer als die mennonitisch geleiteten Initiativen der 1970iger.“*[236]

Der Begriff „restorative Justice“ hat eine andere Geschichte. Er wurde im Zusammenhang mit Straftätern zuerst von Albert Eglash benutzt wurde. Eglash hatte in den 1950iger Jahren die Idee einer creative restitution entwickelt.[237] Sie sollte nicht einfach aus dem Begleichen einer durch die Straftat entstandenen Schuld bestehen, sondern den Täter und das Opfer auch moralisch besser stellen als vorher. Dazu waren seiner Erachtens Handlungen sinnvoll, die z.B. nicht nur den zerstochenen Autoreifen zu reparieren ermöglichten, sondern der Täter könnte darüber hinaus das Auto waschen und polieren. Dabei müsste die Restitution nicht unbedingt die Dinge betreffen, die beschädigt wurden, sondern könnte eine andere nützliche Handlung für die Gesellschaft oder Gemeinschaft sein („creative“). Der Begriff „restorative Justice“ tauchte dann erst beim Abdruck der Artikel von 1958 im Jahre 1977[238] auf. Ann Skelton[239] führte ihn auf die englische Ausgabe einer ursprünglich deutschsprachigen Schrift zurück, die im Bereich der Gerechtigkeitsdebatte des Ökumenischen Rates der Kirchen im Jahre 1955 veröffentlicht wurde.[240] Der deutsche Begriff lautete: „heilende Gerechtigkeit". Der englische Koautor hat ihn mit „restorative Justice" wiedergegeben. Hier wird auf eine juristische Schrift von Walther Schönfeld verwiesen, der vier Dimensionen der Gerechtigkeit herausgearbeitet hat. *„Sie (die strafende Gerechtigkeit) will den gebrochenen Rechtsfrieden in den Herzen aller Beteiligten, des Täters und des Verletzten, also auch der Gemeinschaft und ihrer Angehörigen, wiederherstellen, will den Rechtsbruch nach besten Kräften heilen, womit sie sich zugleich als heilende Gerechtigkeit erweist. ... Wie die austeilende mit der austauschenden, also ist die strafende mit der heilenden Gerechtigkeit verwandt..."*[241]

Dabei ist gemeint, dass die strafende Gerechtigkeit bei richtiger Wirkung, wenn der Täter die Strafe annimmt, heilende Wirkung auf den Täter, das Opfer und die Gesellschaft hat, indem es in diesem Falle die Rechtsverletzung und ihre Folgen heilt. Die Herkunft des Begriffes ist weit von der heutigen Bedeutung entfernt, aber sie enthält schon die drei beteiligten Größen der heutigen Begriffsbedeutung: Opfer, Täter und Gesellschaft. Ob damit die Übersetzungsschwierigkeiten des Begriffes Restorative Justice ins Deutsche behoben sind, erscheint fraglich. Er kommt jedenfalls aus dem Deutschen als „heilende Gerechtigkeit" und bleibt doch fremd in unserer Sprache. Vielleicht ist es eine Frage der Gewöhnung. Das Wort heilen wird ja auch in der Juristensprache für die Entkräftung rechtlicher (Form-)mängel benutzt.[242] „Heilende Gerechtigkeit" kann als Begriff alles zusammenfassen, was an Elementen in RJ steckt. Es ist also sinnvoll, ihn auf Deutsch auch zu benutzen. Damit führt er aber nicht zu der ursprünglichen Bedeutung als Teil und Ergebnis der strafenden Gerechtigkeit.

Welches die biblischen Elemente zu diesem Begriff sein können, das möchte ich jetzt zusammenstellen.[243]

Die Vergewaltigung der Dina

In 1. Mose 34 erzählt das Alte Testament eine Vergewaltigungsgeschichte. Diese Geschichte weist Elemente auf, wie sie in den Restorative Justice Programmen vorkommen. Die Geschichte dient selten als Grundlage für eine Predigt oder eine Bibelarbeit und ist deshalb eher unbekannt.

Jakob kam aus Mesopotamien nach Sichem und kaufte sich ein Grundstück. Unter seinen Kindern war Dina. Sie ging aus, um Kontakt mit den Mädchen in der neuen Nachbarschaft aufzunehmen. Da sah sie der Sohn des Landesherrn, von dem Jakob das Grundstück gekauft hatte, und vergewaltigte sie. Aber er gewann das Mädchen lieb und bat seinen Vater, bei Jakob um ihre Hand anzuhalten. Jakob erfuhr von der Sache und behielt sie zunächst für sich. (Soll man dazu denken: Er kannte seine hinterhältigen und gewalttätigen Söhne!) Hemor machte sich auf, um mit Jakob zu verhandeln. Die Söhne Jakobs hatten die Geschichte auch gehört und kamen mit großem Zorn dazu. Hemor machte Vorschläge, wie die Jakobsippe mit seinem Volk zusammenleben könnte und Sichem erbot sich, jeden Preis für die Braut Dina zu entrichten. Die Jakobsöhne hielten die ‚Schändung' für so entscheidend, dass sie die Forderung erhöhten: Ein unbeschnittener Mann könne ihre Schwester niemals zur Frau bekommen. Wenn sich alle Männer des Volkes von Hemor beschneiden ließen, wollten sie aber einwilligen. Wie groß muss der Wunsch der Hemoriter gewesen sein, die Vergewaltigung „in Ordnung" zu bringen. Sie gingen auf diesen Wunsch ein. Hemor und Sichem ließen eine Volksversammlung ausrufen und erklärten ihrem Volk die Vertragsinhalte und das Versprechen auf gute Nachbarschaft. Das Volk, d.h. die Männer, ließen sich darauf ein.

Man mag über die in der Geschichte erzählten Vorgänge und Verhandlungen besonders im Hinblick auf die Genderfrage denken, was man will.[244] Es wird jedenfalls deutlich, dass hier über eine Verhandlung sowie einen Vertrag zur Wiedergutmachung einer Untat erzählt wird. Es spielt zunächst einmal keine Rolle, dass das alles nicht unseren Vorstellungen entspricht. Da verhandeln die Männer unter sich. Das eigentliche Opfer spielt keine Rolle. Was hätte z.B. Dina zu der Heirat mit Sichem zu sagen gehabt? Was hätte sie vom Verhandlungsergebnis gehalten? Das Verhalten des Vergewaltigers und seines Vaters gab ihr einen höchsten Wert. Die Männer waren bereit, für Dina ihre Identität und die anderer aufzugeben. Entweder empfanden sie die Untat als derart gravierend, dass sie das für nötig hielten oder die Liebe des Sichem war so groß, dass er alles zu tun bereit war. Mit heutigen Maßstäben wäre vermutlich das Ergebnis der Verhandlungen als zu schwerwiegend für die eine Partei, als Demütigung oder als Überforderung anzusehen. Und nach damaligen Maßstäben? Das lässt sich nicht beurteilen. Jedenfalls scheinen beide Parteien mit dem Vertrag zufrieden zu gewesen zu sein. Er wurde umgesetzt. Am dritten Tag nach der Beschneidung hatten die Hemoriter Schmerzen. Das nutzten Levi und Simeon, um in die Stadt einzudringen und alle Männer einschließlich Hemor und Sichem zu töten. Ihre Schwester Dina nahmen sie wieder mit. Wieder wurde sie offenbar nicht gefragt. Danach plünderten alle Söhne Jakobs die Stadt und verschleppten Frauen und Kinder.

Jakob bekam wegen dieser widerlichen Frevelhandlungen die Angst, dass solchem Verhalten seine gesamte Sippe zum Opfer fallen könnte, falls die Kanaaniter sich zusammentäten. Seine Söhne aber redeten sich damit heraus, dass eine Vergewaltigung, die ein Familienmitglied betrifft, alle Untaten rechtfertigen kann. *„Die Dominanz der*

Gewalt gegenüber der Menschlichkeit macht aus Genesis 34 eine der dunkelsten Geschichten der Bibel.“[245] Dass hier Fragen der Koexistenz der Jakobsippe als nomadischer Lebensform mit Erwählungsbewusstsein in einem sesshaften religiös anders denkenden Umfeld verhandelt werden, macht die Geschichte nicht besser, erklärt aber ihren möglichen ‚Sitz im Leben'.

Nichtsdestoweniger enthält sie methodische Aspekte einer Restorative Justice. Bei den Verhandlungen nehmen nicht alle Geschädigten teil, wohl aber andere Betroffene und Unterstützer. Es fehlt jedoch ein unbeteiligter Dritter wie etwa ein Mediator. Dennoch sind die erzielten Vereinbarungen verständlich und klar. Beide Parteien akzeptieren zunächst den Einigungsvertrag. Hemor und Sichem lassen ihn sogar noch demokratisch absegnen. Dann aber nutzen zwei Jakobsöhne die Schwäche der anderen Partei, die diese aufgrund des Vertrages ereilt hat, und vernichten sie auf grausame Weise. Es sind die beiden leiblichen Brüder der Dina, die den Vertrag als Waffe benutzen. In heutiger Zeit wäre wahrscheinlich schon eine Verhandlung dieser Art unmöglich, weil unterprivilegierte Sexualstraftäter ohne Wiederkehr aus der Gesellschaft ausgeschlossen werden, privilegierte aber andere Mittel zur Erledigung haben.

Vereinbarungen, die einen Partner überfordern, erreichen das Gegenteil (Vertrag als Sieg!). Eine Vereinbarung, die alle akzeptieren, bedeutet noch nicht, dass sich auch alle daran halten. Zu diesem Problem passt die Äußerung eines Teilnehmers in der JVA Kiel: *„Woher kann ich sicher sein, dass meine Bemühungen um Ausgleich nicht dazu führen, dass der andere mich endlich entlarven kann? Während er noch eine Sitzung mit dem Mediator mit mir macht, kann er das gewonnene Wissen dazu nutzen, mich und meine gesamte Familie bloßzustellen und in unserer Stadt unmöglich zu machen. Diese Gefahr kann ich meiner Familie nicht zumuten.“* Vertrauen ist die Voraussetzung jeder Vereinbarung. Vertrauen ist stets ein Wagnis. Das gilt auch für die nächste Geschichte aus dem Neuen Testament. Diese Geschichte wird von einem Programm der „prison – fellowship“ weltweit als Mottogeschichte für das „Sycamore Tree“ Programm, ein ‚victim-awareness-program’ genutzt.

Zachäus

Zachäus ist Zöllner, ein reicher Mann, der Jesus sehen will. Ein Zöllner hat vom römischen Staat (Kaiser über den Prokurator = Statthalter, derzeit: Pontius Pilatus) das Recht, Steuern einzuziehen. Sein Auskommen musste er wie heute ein selbständiger Geschäftsmann eigenverantwortlich durch einen Aufschlag auf die Steuer festlegen. Da die Verordnungen über Zölle wohl nicht sehr übersichtlich waren, waren die Juden den Zöllnern ausgeliefert. Sie verlangten offenbar, was sie wollten. Zachäus war sogar ein leitender Zöllner, der die Verantwortung für ein ganzes Gebiet trug. So galt er als besonderer Ausbeuter und Kollaborateur der Römer. Das war in den Augen der rechtgläubigen Juden ein schwerer Vorwurf. Zachäus galt als Sünder, der die Gebote der Juden nicht beachtete. Zachäus aber wollte Jesus sehen. Die Menge behinderte seine Sicht, weil er klein war. Deshalb stieg er auf einen Maulbeerfeigen-Baum. Jesus spricht ihn an: *„Steig schnell herunter. Ich muss heute bei dir einkehren.“* Zachäus war überwältigt von dieser ‚Einladung’ und sagte zu Jesus, er wolle die Hälfte seiner Habe den Armen geben und die Betrogenen vierfach entschädigen. Hat er durch die bloße Begegnung mit Jesus sein bisheriges Leben als falsch erkannt? War dieser Gedanke schon länger in seiner Seele gewesen? Die Frage kann niemand beantworten, zumal auch Jesus hier nicht von Sünde und Vergebung spricht.

Hier wird ein reicher Mann mit einem für seine Landsleute verdächtigen und verachteten Beruf, der auch noch als unmoralisch und mit dem jüdischen Glauben als unvereinbar galt, allein durch den Besuchswunsch Jesu umgedreht. Die umgebende Gesellschaft der Rechtschaffenen lässt sich denn auch kritisch auf das Geschehen ein: *‚...dass der (Jesus) ausgerechnet bei einem Sünder einkehrt!'*

Das Umdrehen kann nur bei einem reichen Mann so erfolgen. Andere, die nichts durch Betrug erworben haben, haben auch keine Masse, um sie zu teilen oder gar den Geschädigten etwas zurückzugeben. Im Prinzip kann man hier wohl von einem Täter – Opfer - Ausgleich sprechen, obwohl der Täter nur durch allgemeine Gerüchte und seinen Beruf als Zöllner als solcher betrachtet wird. Seine Täterschaft kommt nicht durch eine Ermittlung, sondern durch seine eigene Freude über den Besuch Jesu zum Vorschein. „Sycamore Tree" zielt auf Täter und Opfer. Sie sollen über das sprechen, was ihnen zugestoßen ist. Die Begegnung mit den Opfern soll die Täter umkehren, so wie Zachäus durch eine Begegnung umgedreht wurde.

Christlicher Glaube als heilende Gerechtigkeit ?

Das gesamte christliche Glaubensgebäude ist ein Programm der Restorative Justice. Ich drücke das mit einem Zitat aus: „Uns jedenfalls erscheint der Kern der biblischen Botschaft und damit des Juden- und Christentums, wenn man ihn von Missinterpretationen und historischen Fehlentwicklungen entkleidet, als gewaltaufdeckendes und Gewalt überwindendes Evangelium, das auf ein Leben in Würde, Frieden und Gerechtigkeit zielt."[246] Allerdings ist es noch mehr als heilende Wiedergutmachung: Es ist das Versprechen, als Täter die Gerechtigkeit zugesprochen zu bekommen – und das ohne Eigenleistung, nur weil der Täter ein Mensch ist und dieses Versprechen annehmen kann. Diese Restauration ist Wiederherstellung des Menschen, jedes Menschen und sie macht Menschen fähig auf Selbstrechtfertigung zu verzichten. Wenn man so will, baut dieser Glaube auf der Vergebung des Opfers auf und unterbricht so den Kreislauf, dass sich zunächst der Täter zu entschuldigen hat, paradox. Gott dreht die Reihenfolge um, dass sich der Täter (Sünder) zunächst bemühen muss, er vergibt im Voraus und umsonst (gratia, gratis, allein aus Gnade). An dieser Umkehrung kann der Sünder (Täter) lernen, dass er Täter ist und wegen seines Täterseins nicht ins Verderben geschickt wird, dass sein Täter - Sein ihn nicht vernichtet. Erst mit dieser Erkenntnis ist es möglich, tatsächlich seinem Opfer gegenüberzutreten. Sonst regiert die Angst, das Opfer könne wenigstens die psychische Vernichtung des Täter fordern, wenn nicht gar die physische.

Für Opfer ist es andererseits eigentlich auch unerlässlich, dem Täter gegenüberzutreten. Nur dann kann das Opfer sich seines Daseins wieder sicher sein. Ohne eine Kommunikation bleibt der Täter ein Phantom, das auftaucht, wann und wo es will, und so die Opfer verunsichert oder ihnen gar das Leben unmöglich macht. Dies ist eine Erkenntnis aus der Traumaforschung und Notfallseelsorge.[247] Die Opfer bleiben so lange im Banne des auslösenden traumatischen Ereignisses, bis sie diesem im Gegenüber standzuhalten gelernt haben. Die Psyche ist so ausgelegt, dass sie Ereignisse in eine innere Logik bringen möchte: Die innere Rationalität muss in jedem Leben hergestellt werden. Die übliche Art der Verarbeitung durch Strafe fragt danach, wer schuld ist im Hinblick auf das Übertreten eines Gesetzes, und bringt dem Opfer der Tat keine innere Logik, die danach fragt:

- Warum ist etwas passiert?
- Warum ist es mir passiert?
- Warum konnte ich es nicht verhindern?
- Was habe ich dazu beigetragen?
- Warum konnte ich mich nicht angemessen und wirkungsvoll wehren?
- Wofür werde ich bestraft? = Inwiefern trage ich Schuld?

- Wer hilft mir, wenn ich den Glauben an die Sicherheit in dieser Welt verloren habe?
- Wie überwinde ich mein unangemessen gesteigertes Misstrauen?
- Wie verletzlich möchte/kann/darf ich mich zeigen?

Dabei geht es nicht um „Richtigkeit“, sondern und „Stimmigkeit“ – also um Psychologie - psychische Rationalität. Die jeweilige Antwort gilt immer nur für den Menschen, der sie für stimmig hält. Sie ist nicht immer kompatibel mit anderen Stimmigkeiten oder Welterklärungen. In der Kommunikation wird dann aber gegenseitig Rationalität vorausgesetzt und die eigentliche Leistung der Kommunikation ist es, sich zu verstehen, obwohl die Rationalität des anderen der eigenen nicht einfach zugänglich ist. So ist Kommunikation ein Lernprozess auf Gegenseitigkeit. Dieser Lernprozess findet nicht im luftleeren Raum statt, sondern in einem Beziehungsgeflecht, in dem alle Menschen leben. Ein solches Geflecht wird von einem der Leitautoren der Restorative Justice Bewegung immer wieder intensiv beschreiben, wobei er sich auch auf biblische Motive stützt. *„Wir sind alle miteinander verbunden. In den hebräischen Schriften findet sich das eingebettet in das Konzept des Schalom. Das ist die Vision eines Lebens mit dem Empfinden, miteinander ‚in Ordnung zu sein‘, mit dem Schöpfer und mit der Umwelt. ... So gesehen stellt ein Verbrechen eine Wunde in der Gemeinschaft dar, einen Riss im Netz der Beziehungen. Tatsächlich sind verletzte Beziehungen sowohl eine Ursache für Verbrechen wie auch eine Auswirkung von Verbrechen.“*[248]

Theologisch wäre hier zu fragen, welche Bedeutung es hat, dass dieses „in Ordnung sein“ durch die Auswirkungen der Sünde gestört ist und immer wieder gestört wird. Nach den Überzeugungen des christlichen Glaubens kann der Mensch sich nicht selbst von der Sünde befreien.[249] Er lebt also mit den Rissen im Netz, auch wenn er immer wieder versucht, diese „in Ordnung“ zu bringen. Dass sie im

Grunde durch Jesus Christus in Ordnung gebracht sind, ist der spezielle Glaubensinhalt. Dass man diesem Glaubensinhalt nachstrebend versuchen könnte, auch im Bereich von Fehlverhalten, von Täterfrust und Opferleid, Mittel der Versöhnung statt der Spaltung der Beteiligten einzusetzen, ist uns bisher zwar nicht entgangen und es wurde auch gedacht und formuliert.

Aber es haben nur vereinzelt beispielsweise Menschen in der Seelsorge oder in anderen Arbeitsgebieten der Bearbeitung von Straftaten darauf wirklich vertraut, mit diesem Grundansatz dem in der westlichen Welt als fair und gerecht angesehen System der Justiz gegenüberzutreten. Dabei ist dann doch festzustellen, dass es zwischen den Modellen keinen grundsätzlichen Gegensatz gibt. Beide Modelle gehen davon aus, dass durch eine kriminelle Handlung ein Gleichgewicht gestört ist und dass Gerechtigkeit bedeutet, die Störung proportional, also angemessen, auszugleichen. Der Weg des Ausgleichs aber ist verschieden. Strafjustiz hofft auf die heilende Wirkung der gerechten Strafe, die dem schuldigen Täter, der Leid verursacht hat, wiederum Leid zufügt. In diesem System wird versucht, das grundsätzlich in der Strafe enthaltene Unwerturteil durch behandelnde Angebote für Täter sinnvoll zu machen und dem Täter eine Art Neustart zu ermöglichen. Die Opfer haben in diesem System keinen richtigen und selbstverständlichen Platz. Ihnen soll es reichen, dass der Täter nach dem Maß seiner Schuld verurteilt wurde. Manchmal lassen sie sich allerdings auch von Opferhilfeverbänden helfen. Die heilende Gerchtigkeit arbeitet mit Begegnung und zugewandtem Ausgleich, um Leid oder Leiden zu verringern.

Das Maß der Schuld ist jedoch eine hohe juristische Definition, der nicht juristisch ausgebildete Menschen kaum folgen können. Das wird sichtbar in der häufigen Klage darüber, dass Gerichte Täter angeblich mit Samthandschuhen anfassen.

„Dem gegenüber argumentiert man in der Theorie der restaurativen Gerechtigkeit, dass die gerechte Strafe die Anerkennung der Schäden und Bedürfnisse der Opfer ist, verbunden mit der aktiven Unterstützung der Täter, Verantwortung zu übernehmen, die Vergehen wiedergutzumachen und sich mit den Ursachen ihres Verhaltens zu befassen. Indem sie dieses Bedürfnis nach gerechter Strafe auf positive Weise anspricht, hat die restaurative Gerechtigkeit das Potential, Opfer und Täter zu stärken und ihnen zu helfen, ihr Leben zu verändern.“[250] Der Ausgangspunkt ist in dieser Bewegung der Schaden, der beim Opfer verursacht wurde. Manche sprechen davon, dass unser Justizsystem die Fälle im Grunde entpersönlicht und enteignet.[251] Das hat zur Folge, dass weder Opfer noch Täter mit dem Ergebnis zufrieden sind. Manchmal können sie sich im Verfahren kaum wieder erkennen. Das entscheidend Bessere ist bei der Idee der Restorative Justice die Konzentration auf die beteiligten Menschen und das Bestreben, beiden Seiten die Möglichkeit zu geben, ihr Leben ‚in Ordnung zu bringen’ und sie vor allem dabei weitestgehend zu unterstützen.

Erkenntnisse über heilende Gerechtigkeit

Es wäre allerdings etwas vermessen, zu meinen, man könne durch diese Theorie- und Methodenänderung sozusagen ‚die Sünde aus der Welt entfernen’. Man kann damit vielleicht etwas wirkungsvoller und für die jeweiligen Beteiligten förderlicher gegen sie antreten. In der Kriminologie messen die Forscher die Wirkung einer Methode u.a. daran, wie viele Täter wieder rückfällig werden. In Neuseeland wurde tatsächlich mit dem System einer restaurativen Justiz im Jugendbereich ernst gemacht. Dabei fiel in Wellington die Zahl der registrierten Straftaten von 554 auf 176. Die Zahl der Täter ging von 93 auf 56 zurück, die Zahl der Rückfälle von 30 auf 2.[252] In England wurden Fälle von Restorative Justice wissenschaftlich begleitet: 37% der Täter, die Eigentumsdelikte aufweisen, wurden erneut verurteilt, aber nur 18 % derer mit Gewaltdelikten. *„Täter mit niedrigem Risiko oder Eigentumsdelikten zeigen die größte Reduktion beim Rückfall durch das Schreiben eines Entschuldigungsbriefes. Täter mit mittlerem Risiko profitieren am meisten von Opfer-Empathie-Training. Bei Gewaltstraftätern mit hohem Risikoverhalten wirkt die Arbeit in Konferenzen am besten."*[253]

Und die Umsetzung?

Wenn es konkret wird, werden Opfer und Täter auf eine Begegnung vorbereitet. Es geht vor allem um die Befindlichkeit der Opfer und nicht um eine Chance für die Täter, der Verantwortung zu entgehen. Die Täter bekommen aber auch Hilfe darin, zur Verantwortungsübernahme fähig zu werden. Es ist jedes Mal ein neues Wagnis der Kommunikation über das, was man am liebsten aus seinem Leben verbannen würde, wenn der Versuch gemacht wird, in einen Prozess der heilenden Gerechtigkeit einzusteigen. Es ist aber immer noch besser, denn als Opfer mit den oft traumatischen Folgen einer Straftat allein zu bleiben und ihnen ausgeliefert zu sein. Das geht auch noch, wenn ein Gerichtsverfahren über den Fall abschlossen ist.

Aus Neuseeland wird berichtet, dass 30-50% der Opfer persönlich an Treffen mit den Tätern teilnehmen. Bei solchen Treffen wird in erster Linie eine Arbeitsbeziehung eröffnet. Die Gründe für eine Teilnahme sind u.a.:

- 1) Sehen, wie Restorative Justice arbeitet.
- 2) Anerkannt bekommen, dass der Täter etwas falsch gemacht hat.
- 3) Den Täter von Angesicht zu Angesicht sehen.
- 4) Wiedergutmachung erhalten.
- 5) Der Wunsch, Tätern zu helfen. Sich zu vergewissern, das Täter verantwortlich bleiben.
- 6) Ihnen mitzuteilen, was sie für Auswirkungen auf andere haben.

Die meisten Treffen fanden im Rahmen von Familiengruppen statt. Fast alle fühlten sich nach wenigen Minuten der Unsicherheit im ersten Treffen sicher in der Gruppe. Dreiviertel der Opfer waren mit dem erarbeiteten Ergebnis zufrieden. Es ist wichtig, dass Opfer bestimmen können, in welcher Weise sie sich beteiligen.[254] Ein Untersuchungsergebnis von 2011 teilt das Justizministerium von Neuseeland auf seiner Homepage mit:

- 77% of victims were satisfied with their overall experience of restorative justice, before, during and after the conference
- 74% of victims said they felt better after attending the conference
- 80% of victims said they would be likely to recommend restorative justice to others in a similar situation."[255]

Die Reduzierung von Rückfällen wurde bei Teilnehmern mit 20 % angegeben.

In Deutschland gibt es bisher keine Forschung, die Auswirkungen der Restorative Justice in Zahlen der Rückfallreduktion auswerfen kann.[256] Es ist auch nicht sicher, ob das das Ziel einer Weiterentwicklung der restorative justice in Deutschland sein soll oder kann. Auch wenn es nicht das Ziel ist, könnten solche Zahlen dennoch sehr interessant sein. Bisher benennen Statistiken hierzulande Fallzahlen des so genannten Täter-Opfer-Ausgleichs (TOA). 33 Einrichtungen, die an der statistischen Erfassung teilnehmen, bearbeiten rund 5000 Fälle jährlich.[257] Die Verfahren finden u.a. in § 46a Strafgesetzbuch ihre gesetzliche Begründung. Wenn Ausgleichsgespräche zustande kamen, was in weit über der Hälfte der Fälle geschah[258], wurde in über 90 Prozent der Fälle eine Einigung erreicht.[259] Allerdings sind die Fälle sehr stark von den Instanzen der Ermittlung und Strafverfolgung definiert. Der abgeschlossene TOA bewirkt zumindest eine Milderung des Urteils, häufig eine Einstellung des Verfahrens. Ob daraus eine

Reduzierung von erneuten Taten erfolgt, ist ebenso wenig erforscht wie die Auswirkung auf das Strafrechtssystem.

Niemand muss aufgrund solcher Erfahrungen befürchten, bei der Teilnahme an einem Verfahren der heilenden Gerechtigkeit etwa gegen seinen Willen mit dem Täter in seinem Fall konfrontiert zu werden. Diese Form der Arbeit an Opfererfahrungen und der Ausgleich mit einem Täter kann auch ohne direkte Begegnung funktionieren.

Irrtümer über restorative Justice

Howard Zehr definiert restorative Gerechtigkeit nicht als das Gegenteil von Strafe und als kein Heilmittel für alles. Sie kann das Rechtssystem nicht ersetzen. Sie ist auch nicht zwangsläufig das Ende der Gefängnisse. Die Verringerung der Rückfallgefahr ist vielleicht ein Nebeneffekt, wenn es um Verantwortung (Täter) und um Bedürfnisse (Opfer und Täter) geht. Schließlich hängen Wiedergutmachung und Vergeltung, also retributive und restorative Gerechtigkeit, innerlich zusammen. *„Der Wunsch nach Wiedergutmachung ist im Grunde ein Symptom, ein Zeichen eines noch grundlegenderen Bedürfnisses nach Vergeltung. ... Es handelt sich hier um ein Verlangen, das wir alle haben, wenn wir umgerecht behandelt werden. Wiedergutmachung oder Ausgleich in irgendeiner Form ist eine von vielen Möglichkeiten, dieses Bedürfnis zu erfüllen, um sozusagen den Punktestand auszugleichen.“*[260]

Eine entsprechende Desillusionierung betrifft auch die Täter. Sie sollen durch restorative Gerechtigkeit nicht etwa entlastet werden. Wenn restorative justice die Justizverfahren heutiger Art in Frage stellt, soll keineswegs vor allem eine Erleichterung für Täter die Folge sein. Im Gegenteil. Es geht um die Angemessenheit nachgewiesener negativer Folgen für die Verurteilten in den Gefängnissen.[261] Sie schädigen Verurteilte in vielfacher Weise, ohne dass jemand etwas davon hat. Deshalb sind sie nicht angemessen. *„Wirkliche Rechenschaft beinhaltet, dem ins Auge zu se-*

hen, was man getan hat. Es bedeutet, Täter darin zu unterstützen, die Auswirkungen ihres Tuns zu verstehen, -...- und Schritte zu unternehmen, um die Dinge so weit wie möglich wieder in Ordnung zu bringen."[262]

Gefängnisse schaden in der Regel dem Aufbau einer solchen Verantwortung, indem sie Verurteilten jede Verantwortung entziehen und es ihnen unmöglich machen, etwas materiell auszugleichen. Auch andere Formen der Anerkennung sind ihnen dadurch verwehrt, dass sie nur schwer die Chance erhalten, in einen Dialog einzutreten. Ebenso werden sie eher depressiv und aggressiv als psychisch ertüchtigt, die nötigen Schritte zur Restitution zu tun.

Moslemische Antwort

Von Interesse ist die moslemische Reaktion auf das Restorative Justice Programm.

"Restorative Justice is NOT a method or program but relies on basic principles of Repentance, Forgiveness, Reconciliation.

All three are central to many religions and can help mediate between the criminal justice system and multi-religious, pluralist societies.

Human nature and Society derive from the nature of God – which is restorative in essence:

"If anyone does evil or wrongs his own soul, but afterwards seeks Allah's forgiveness, he will find Allah oft-Forgiving, most Merciful." (al-Nisa:110)

"If you stretch your hand against me, to slay me, it is not for me to stretch my hand against thee: for I do fear Allah, God of the Universe." (al-Maidah: 28)

"The recompense for an injury is an injury equal thereto (in degree); but if a person forgives and makes reconciliation, his reward is due from Allah." (al-Shura:40)[263]

Eine Motiverzählung ist im Islam auch die Josephsgeschichte[264]. In dieser Geschichte kommt Joseph als Sklave über verschiedene Stationen zu Macht im Reich des ägyptischen Pharao. Seine Spitzenposition in der Verwaltung der Nahrungsvorräte ermöglicht ihm Entscheidungen, die in Zeiten der Hungersnot Leben oder Tod bedeuten können. Durch Vergebung gegenüber seinen Brüdern rettet er die ganze Sippe des Jakob und damit das Volk Israel vor dem Untergang durch Verhungern. Nicht zu vergeben hätte das Ende dieser Sippe bedeuten können.

Aus islamischer Sicht bedarf also es keiner großen Umwege, um Restorative Justice zu „adoptieren“. Die Religionen enthalten aus islamischer Sicht bereits diese Prinzipien. So könnte aus diesem Ansatz sogar über die Praxis eine Brücke zwischen den Religionen entstehen, wenn von verschiedener Seite und verschiedener Tradition aus dieselben Gründe angenommen werden, um Menschen heilsame Begegnung zu ermöglichen. Da spielt es keine Rolle, dass die Grundidee im mennonitischen, christlichen Umkreis entstanden ist und der Begriff aus der deutschen Gerechtigkeitsdiskussion der Nachkriegszeit stammt.

Schritt für Schritt

In der christlichen Gefängnisseelsorge gibt es sogar Stimmen, die Restorative Justice als Schritt auf dem Weg zu einer Umwandlung der Welt in Richtung auf die Vollendung, das Reich Gottes, ansehen. *„Indeed, the growing movement to a system of restorative justice may well be part of the larger transition and evolution in which we are immersed. The philosophical base of restorative justice does call us to a transformation of our thinking, of our attitude, of our practice towards our human sisters und brothers, to those who have been wounded and to those who have wounded others. We need not resist nor be fearful of such transformation, because this is, what Jesus of Nazareth was all about ... May this be our inspiration, in the early years of this millennium, as we continue to grow in awareness and empowerment in our congregational* *prison ministries.“*[265] Das geht dann doch zu weit! Ich würde eher dafür plädieren, umgekehrt Restorative justice als Ergebnis einer Denk- und Glaubensweise anzusehen, die den christlichen Glaubensinhalt „Menschenwürde“ auf Gegenseitigkeit als ‚Geschenk aus einer anderen Welt' in die „soziale Kommunikation, die Gesellschaft ist“[266], hineinträgt. Aus der Geschichte dieser Kommunikation weiß sie aber auch um die Notwendigkeit der Bescheidenheit und Zurückhaltung bei ‚großen Lösungen'. Gebraucht wird stetiges Bemühen. Das könnte dann so klingen: *„Der Täter-Opfer-Ausgleich basiert gerade auf der Idee der Autonomie, nämlich dass die Menschen Konflikte regeln können (oder es lernen) und dass dann das Zusammenleben besser wird. Insoweit ist der Konfliktvermittler eigentlich nur eine Hilfestellung, um zu diesem Ziel zu kommen. Es ist sozusagen ein fernes Ziel unserer Gesellschaft, dass wir konfliktkompetente Menschen haben, die fair und empathisch zusammenleben und deshalb weniger Zivilrecht und am Ende auch weniger Strafrecht brauchen.“*[267]

Der Blick auf die Praxis, in welche die Seelsorge hinein verwoben ist, lässt denn auch erkennen, dass es darum geht, die Bemühungen gemeinsam mit allen Diensten, denen es um restorative justice geht, zu verstärken. Dazu zunächst eine Einschätzung von Thomas Trenczek:

„Mit RJ waren und sind große Hoffnungen verbunden. Allerdings kann die TOA-Praxis (nicht nur) in Deutschland ungeachtet der in den konkreten Einzelfällen positiven Ergebnisse für Geschädigte wie Beschuldigte und ungeachtet seines von allen Seiten gelobten Potentials den mit der RJ-Idee formulierten Anspruch nicht einlösen. Mittlerweile ist man sich über die Folgen der Implementation der RJ-Idee in das strafrechtliche Entscheidungsprogramm im Klaren: Fallzugang und Ergebnisse der Praxisprojekte werden von der Dominanz der Rationalitäten der Strafjustiz geprägt. Prozess und Ergebnis eines (mittels einer Mediation erzielten) friedensstiftenden Ausgleichs

scheinen in der Praxis aufgrund der Anforderungen und Sichtbegrenzungen des Strafrechtssystems nicht angemessen wahrgenommen zu werden. Mittlerweile firmieren unter dem Deckmantel RJ sogar einige explizit vergeltungsorientierte, sich ungeniert als ‚Mainstream' bezeichnende Strafkonzeptionen. Eine Rückbesinnung auf die Wesensmerkmale der RJ-Idee hat deshalb einige Initiativen dazu bewogen, sich nicht auf den TOA zu beschränken, sondern ihr Vermittlungsangebot inhaltlich breiter und Gemeinwesen nah auszugestalten (z.B. waagehannover.de). Im internationalen Raum wird mittlerweile nicht mehr nur von RJ, sondern von Restorative Practice gesprochen, um sich von der vereinnahmenden Definitionsmacht des Strafrechts zu lösen."[268]

Aber auch im Strafrechtsbereich ist es sinnvoll und notwendig, die Elemente der RJ weiter zu verbessern und ihre Wirkung zu verbreitern. Eine kurze Notiz aus dem Opfer-Empathie-Training der JVA Kiel kann das illustrieren.

„D. dachte an seinen Freund, mit dem er gemeinsam den Drogenkonsum angefangen hat. Er selbst habe sich mit Dealen Geld verdient und der andere habe lediglich weiter konsumiert, ohne dafür zu bezahlen. Eines Tages habe er selbst dann Geld von seinem Freund gefordert. Der andere habe versprochen, er würde welches beschaffen. Das tat er durch einen Banküberfall mit Waffe. D. empfinde, den anderen, der Täter wurde, zum Opfer gemacht zu haben, aber nicht nur das. Als seine eigenen sekundären Opfer empfinde er damit auch die Bankmitarbeiter. Er stelle sich vor, wie schwer es z.B. einer Kassiererin fallen müsse, ihren Beruf an der Bankkasse weiter auszuüben vor lauter Angst vor weiteren Überfällen. Opfer entstehen auch, wie und wo man es nicht vorhersieht. Es gibt verschiedene verknüpfte Ebenen von Opferbildung." Wenn ein verurteilter Dealer zu solchen Einsichten fähig ist, kann es nicht falsch sein, mit ihm daran zu arbeiten, ganz gleich, ob er die ausufernden Folgen seiner Verstrickung und seiner

aktiven Rolle mit ihren zeitweise vorhandenen Vorteilen je wirklich erfassen oder gar ausgleichen kann. Die Arbeit im Gefängnis hilft auf jeden Fall mit, Tätern eine Vorstellung von dem zu verschaffen, was ihre Handlungen anrichten. Wenn sie die Opfer mit einbeziehen könnte, wären die Bemühungen besser in die eigentliche Absicht der lebendigen Kommunikationsgestaltung eingebettet. Eine Stimme aus Belgien drückt aus, welches Feld sich da öffnet. *„Bei jedem Fall war die Begegnung mit Opfern und Tätern erneut ein Betreten einer neuen Welt der Wahrnehmungen, Gefühle, Fähigkeiten und Hindernisse. Vor allem war es eine sehr menschliche Erfahrung, die uns oft klein macht angesichts des Mutes der Menschen, Situationen des Verlustes und der Verzweiflung eine Bedeutung zu verleihen, ... weit über die einfachen Vorstellungen von einer Schadensreparatur oder eines Schadensersatzes hinaus.“*[269] Dass bei der restorative justice aber immer noch eine strafrechtstypische Täterorientierung besteht, wird bei der Argumentation von MitarbeiterInnen im Opferservice sichtbar.

Überwindung der Täterorientierung bei RJ

Im Rahmen von Restorative Justice sind Opfer einer gesetzeswidrigen Handlung eine zentrale Größe jeden Verfahrens.[270] Opfer werden als Teilhaber des Prozesses anerkannt, sind nicht nur Zeugen im Verfahren. Sie können über Ursachen und Folgen der kriminellen Handlung mitreden. Viele ihrer Fragen nach den Umständen der Straftat werden durch die Begegnung mit dem Täter / der Täterin beantwortet. Vielleicht gibt es sogar ein neues Gefühl, zur Gemeinschaft der Menschen zu gehören.[271] So lautet die „Theorie“.

Wie ist die Wirklichkeit? Nach einer Darstellung aus dem Bereich des Nationalen Opferservice in den USA sieht dort die Wirklichkeit so aus[272]:

a) Es handelt sich um eine kleine Zahl von Opfern, die erreicht werden. Die meisten Betroffenen nehmen aus vielfältigen Grün-den nicht an einem förmlichen Vorgang zur Opferbetreuung teil. „For those few victims with identified offenders who acknowledge some responsibility for the harm they have caused, restorative justice may present a far more appealing option than the traditional justice system."[273]

b) RJ orientiert sich an dem, was der Täter leisten kann, wenn überhaupt einer bereit ist, Verantwortlichkeit zu übernehmen. Wirkliche Opferorientierung wäre ein vom Täter unabhängiger Vorgang, bei RJ ist es umgekehrt. Da kann eine Maßnahme auch ohne Opfer oder mit Opfervertretern stattfinden.[274]

c) Kritische Bedürfnisse von Opfern kommen bei RJ nicht vor. Entschuldigung, Entschädigung und Aufbau von Beziehungen sei nicht alles. Opfer können oft traumatische Erfahrungen nicht ohne Hilfe überwinden. Sie erlitten Leistungseinbußen im Beruf und verlören das Vertrauen in ihre (Um-)Welt. Außerdem hätten sie eine erhöhte Rate psychischer Krankheiten, Alkohol- und Drogenmissbrauchs und sogar eine höhere Suizidrate als der Durchschnitt. Nicht nur dafür bräuchten manche eine Langzeitbetreuung, sondern auch bei der Bewältigung des Alltags bis hin zum Berufswechsel.[275] *All das wäre für einen einzelnen Täter, so sehr er sich auch seiner Verantwortlichkeit stellen mag, eine große Überforderung. Daher muss die Opferbetreuung zur Aufgabe der staatlichen Justiz (im Auftrag der Gemeinschaft oder Gesellschaft) gemacht werden.*

Susan Herman spricht von einer „Paralleljustiz". Das klingt für unsere Ohren nach Parallelgesellschaft und wäre sicher nicht vorstellbar. Gemeint ist aber die gesellschaftliche Verpflichtung zur Hilfe bei Kriminalitätsopfern, die für Sicherheit und Angebote der Betreuung von praktischer Hilfe bis zum Ersatz von Verlusten sowie beraterischen oder therapeutischen Möglichkeiten sorgt. Das alles sollte zunächst unabhängig von der Aufklärung des Falles bereitgestellt werden. Man könnte von Gerechtigkeit für Opfer und Täter sprechen, wenn auch die Opfer richtige Verfahren erhalten.[276]

Ein Opferservice setzt andere Schwerpunkte setzt als RJ. Einem staatlichen Dienst geht es um die Frage, wie Hilfe allen im Staat lebenden Menschen angeboten werden kann. Das sieht die Strafjustiz nirgendwo auf der Welt als ihre Aufgabe an. Dennoch sollte Täterorientierung auch bei RJ überwunden werden.

RJ und die Opfer

RJ erreicht mit seiner Perspektivumkehr in Fällen von kriminellen Übergriffen einen Perspektivwechsel hin zu den Opfern von Straftaten. Es wird nicht mehr zuerst gefragt:

Wer hat welches Gesetz übertreten und wie ist das zu bestrafen?

Die ersten Fragen lautet viel mehr:

Wer ist wie geschädigt worden und wie muss die Hilfe aussehen? Wer ist für die Schädigung verantwortlich und wie kann er diese Verantwortung wahrnehmen?

Durch diesen Perspektivwechsel wird auch die Verantwortung der Gesellschaft für die Opfer deutlicher. Alles ist bei der Wahrnehmung von Kriminalität und ihren Folgen täterorientiert verfasst. Zwar geht es letztlich auch bei RJ um Ausgleich und Wiedergutmachung, die der Täter zu erbringen hat. Da steht aber die Perspektive des Opfers im Vordergrund und nicht die staatliche Strafhoheit gegenüber dem Täter. Sie hat sozusagen den zweiten Platz, obwohl sie notwendig bleibt. Ohne den Druck des Verfahrens und der Hoheit im Hintergrund kann niemand einen Vorrang des Opfers garantieren, noch überhaupt ordentliche Ermittlungen. Wie viele Täter wären wohl bereit, ohne unabhängige, rechtlich abgesicherte Verfahren, für Verantwortung und Folgen freiwillig gerade zu stehen? Das geht nicht einmal im Zivilrecht.

Auch in Deutschland gibt es ältere Überlegungen zur Änderung der Perspektive. Sie stammen aus der Zeit, in der in den USA und in Kanada RJ als „philosophy"[277] entwickelt wurde. Sie ist theoretisch formuliert und als abolistische[278] Rechtsperspektive entwickelt worden, enthält jedoch auch die Elemente Opfer, Täter und Gesellschaft: *„Durch Strafen, von denen der Geschädigte oft gar nichts hat als die Genugtuung der Rache, werden Dieb und Bestohlener, Betrüger und Geschädigter als Mitmenschen nur noch weiter einander entfremdet. ... Verhängte Strafen verstärken soziale Gegensätze."*[279]

Insgesamt lief das bei Arno Plack unter dem Stichwort der ‚zivilrechtlichen Befriedung' auf den Verzicht auf das Strafrecht hinaus.[280] Diese deutsche Idee, Übergriffe zivilrechtlich zu regeln, konnte sich nicht durchsetzen. Sie liegt aber näher bei den Ideen der RJ, als vermutet. *„Mehr als alles andere ist restaurative Gerechtigkeit eine Einladung, ins Gespräch zu kommen, so dass wir einander unterstützen und voneinander lernen können. Es ist eine Erinnerung daran, dass wir alle definitiv miteinander verbunden sind."*[281] Auch wenn noch keine wirklich entscheidenden Anteile des ‚Kriminalitätsaufkommens' durch RJ bearbeitet werden, so ist diese doch ein Weg, um den Opfern besser gerecht zu werden und dadurch auch Tätern zu helfen, zu verantwortlichen Menschen zu werden. Dass sich dabei letztlich die Entschädigung oder Unterstützung nicht nur am Täters orientieren kann, ist im Sinne der RJ – ‚philosophy', nach der auch die Gesellschaft / Gemeinschaft Teil des Kriminalgeschehens ist.[282]

Die Strafe ist das Problem, restorative justice könnte die Lösung sein

Philosophische, theologische, rechtliche, humanwissenschaftliche und biblische Aspekte halfen bei der Aufbereitung der Fragestellung, wie der Behandlungsaspekt beim Umgang mit Straftätern weiter gestärkt werden kann. Am Ende steht als Ergebnis: Die Strafe ist das Problem, nicht die Lösung.

Das Gefängnis lehrt die Gefangenen, in dieser Institution zu überleben und sich in ihr zu bewegen. Das Überleben im Gefängnis aber erfordert andere Verhaltensweisen als verantwortungsvolles Leben in der Freiheit. Nur wenige Gefangene sind dem Leben hinter Gittern mehr gewachsen als dem Leben in der Freiheit. Ängste vor gewaltsamen Strukturen und Mitgefangenen spielen eine ebenso große Rolle wie die kaum wieder gut zu machende Stigmatisierung durch die Gesellschaft. Die Einrichtung eines dezentralen Strafvollzugs könnte der Institutionalisierung entgegenwirken.

Der Strafvollzug versteht sich nach wie vor als Verwaltung von entzogener Freiheit. Um auch in der Grundgestalt des Vollzuges weiterzukommen, muss der Behandlungsaspekt auch in der Form des Vollzuges dominieren. Verwaltung darf nur Rahmenbedingungen setzen.

Abschreckung als Strafzweck erzielt wenig Wirkung auf die Menschen, die Straftaten begehen. Die im Strafvollzugsgesetz von 1976 und in den Strafvollzugsgesetzen der Länder seit 2004 vorgesehene Vorrangstellung der Behandlung vor der Sicherung hat diese Erkenntnis bereits formuliert. Sie wartet auf weitere Realisierung. Offenbar sind manchmal die Vorstufen wie Geldstrafe und Haftstrafen auf Bewährung wirksamer.

Viele Gefangene sehen sich als Opfer an, obwohl sie eindeutig und meist mehrfach als Täter überführt und verurteilt wurden. Sie brauchen Hilfe, um die Verantwortung für ihr Verhalten übernehmen zu lernen.

Die Rolle der Opfer von Straftaten muss gestärkt werden, ohne die „Strafhoheit“ des Staates zu untergraben. Das bedeutet stärkere Betonung von Wiedergutmachung und Aussöhnung in allen Bereichen von Strafbarkeit, nicht nur im Bagatellbereich (Restorative Justice). Das könnte eine Perspektive zur (teilweisen) Überwindung der Freiheitsstrafe und zum besseren Leben in der Gesellschaft ergeben.

Politisch wären differenziertere Reaktionen auf Kriminalität angemessen. Die Statistik zu bemühen, die je nach Standpunkt verschieden interpretiert werden kann, ist kontraproduktiv. Die individuelle Differenzierung ist im Vollzug fortzusetzen.

Besondere Schwierigkeiten entstehen bei der Beschaffungskriminalität. Die Möglichkeit „Therapie statt Strafe“ dient aus der Sicht der Gefangenen eher der Haftvermeidung. Im Behandlungs- und Maßregelvollzug müsste Therapie für jeden ein integrativer Bestandteil des Vollzugs werden.

Bei so genannten Kapitalverbrechern überwiegen allseits Schwierigkeiten und Ängste. Dies gilt vermehrt für Sexualstraftäter. Ihr Einschluss in ein Gefängnis beruhigt die Allgemeinheit. Auch für sie gilt jedoch die unteilbare Menschenwürde. Die Gesellschaft lädt sich die Verantwortung auf, bei allem Sicherheitsbedürfnis die Möglichkeit von grundlegenden Verhaltens- und Einstellungsänderungen vorzubereiten und bei Erfolg anzuerkennen.

Soziale Schlagseite ist ein zentrales Thema der Strafverfolgung. Nicht selten lenkt die intensive Verfolgung der kleineren Massendelikte von den gesellschaftlichen Schäden durch kriminelle Handlungen in der Mitte und am oberen Rand der Gesellschaft ab. Die Strafe wirkt härter auf jene, die bereits Schwierigkeiten haben, sich im Leben zu organisieren. In den sozial schwachen Schichten kumulieren sich die Nachteile doppelt.

Die menschliche Unfähigkeit, gerecht zu richten, wird im christlichen Glauben betont. Er regt „Behandlung“ durch Zuwendung an. Nicht umsonst arbeiten in jedem Gefängnis Seelsorgerinnen oder Seelsorger. Sie vertreten die Unteilbarkeit des Menschlichen bei aller Notwendigkeit, Fehlverhalten aufzudecken, zu ahnden oder nach Verantwortlichkeit zu fragen und Täter und Opfer zu unterscheiden. Der Seelsorge schreiben manche die Aufgabe zu, verstärkt für die Vermittlung von Werten und Normen verantwortlich zu sein. Das gelingt in einer als Umbruchzeit wahrgenommenen Lebensphase nur begrenzt. Grundlegend geht es in den Zehn Geboten und im Gedanken der Barmherzigkeit Gottes mehr um die Frage, wie Menschen lernen können, Konflikte und Frustrationen produktiver anzugehen und der stets drohenden sozialen Kälte nicht noch zu dienen. Mit den Worten verschwanden nicht die Erfahrungen von Schuld und Sühne, vom Hass und der Angst vor Vernichtung, vom Verloren- oder Verlassensein. Diese formulieren zu helfen und sie den Zusagen neuer Lebensmöglichkeiten im Blickwinkel der Gnade und Rechtfertigung auszusetzen, ist die Aufgabe der Seelsorge.

Noch besser aber würde die heilende Gerechtigkeit allen Gruppen der Strafrechtsaufarbeitung ‚stehen‘. Es ist in jedem Sinne der Kommunikation erstrebenswert, Opfer und Täter einem Prozess des Ausgleichs oder der Versöhnung näher zu bringen. Das ist mehr als alle Professionen mit Tätern im Gefängnisrahmen erreichen können. Dabei ist die Täterorientierung durch Opferorientierung zu ersetzen. Opfer haben einen unabhängigen Anspruch auf Betreuung durch die Gesellschaft. Sie haben den Anspruch, die ihnen vom Täter aufgezwungene Beziehung nicht nur, aber auch kommunikativ zu klären.

Anhang

1. Theologische Begründung des Maßnahmerechts

Die Grundlage der theologischen Position für ein Maßnahmerecht, für die stellvertretend der Theologe Karl Barth genannt werden kann, liegt in dem genannten Menschenbild. Er sieht theologisch Strafe ausschließlich als staatliche Fürsorgemaßnahme gerechtfertigt. Von großem Interesse ist dabei die Forderung, dass staatliche Maßnahmen frei von „Sühnegedanken“ sein müssen, weil alle Sünden schon durch Jesus Christus gesühnt sind. Diese Gedanken muss man sich im Original zu Gemüte führen:

> *„1. Wir müssen uns darüber einigen, was wir unter „Strafe“ zu verstehen haben. Wir verstehen unter Strafe eine von der staatlichen Gemeinschaft gegenüber einem wegen Übertretung des Gesetzes für schuldig Befundenen vorgesehene Zwangsmaßnahme - oder Zwangsmaßnahmen der staatlichen Gemeinschaft gegenüber einem, der ihre Ordnungen übertritt.*
>
> *2. Welches Recht hat die staatliche Gemeinschaft, eine solche Zwangsmaßnahme gegenüber einem ihrer Glieder zu ergreifen? Der Theologe antwortet: Das Recht zur Ergreifung solcher Maßnahmen ist begründet, aber auch begrenzt durch die der staatlichen Gemeinschaft zugewiesene göttliche Aufgabe: Fürsorge für alle ihre Glieder, die der Staat wahrnimmt, indem er seine Glieder unter die Kontrolle der Gesetze stellt.*
>
> *3. Der Staat ist keine Gemeinschaft von Göttern, sondern von Menschen. Das Gesetz ist menschlich in seiner Gestalt; menschlich sind die, welche die Zwangsmaßnahmen verhängen; menschlich ist das Urteil, menschlich die Strafe als solche. Also: menschlich sind Gesetz und Strafe, menschlich sind die Vertreter des Gesetzes.*
>
> *4. Menschlich begrenzt, ohne allen Anspruch auf Göttlichkeit, ist auch die der staatlichen Gemeinschaft durch Gottes Gnade zugewiesene Aufgabe des Strafvollzugs.*
>
> *5. Nur als Fürsorgemaßnahme kann Strafe - nicht als Sühne - vollzogen werden, nicht als Wiedergutmachung des zugefüg-*

ten Übels. Sühne ist keine menschliche Möglichkeit, sondern Gottes in Jesus Christus vollzogene Tat.

6. Sinn und Ziel der Strafe als einer menschlichen Fürsorgemaßnahme, die mit Sühne nichts zu tun haben darf, ist eine ernste Proklamation der Hoheit des Staates. Strafe ist eine Fürsorgemaßnahme auch für andere Glieder der Gesellschaft, die vor dem Übertreter des Gesetzes und anderen Menschen seinesgleichen in Schutz genommen werden. Die Fürsorgemaßnahme als Zwangsmaßnahme gilt dem Übertreter auch als Schutz gegen sich selbst - er wird gegen weitere Übertretungen geschützt. Auch der Übertreter steht unter dem Schutz des Gesetzes. Die Fürsorge beginnt für den Übeltäter mit der Strafe, die ihm durch die Gnade Gottes zuteil wird.

7. Die Seelsorge an den Bestraften muss ihm seine Strafe verständlich machen - nicht als ein von ihm verdientes Übel, sondern als nötige Fürsorgemaßnahme - als eine auch in dieser Form und Gestalt erfahrene Gottesgnade.

8. Voraussetzung der Seelsorge besteht darin, dass der Seelsorger nicht nur für seine eigene Person, sondern auch allen Organen der Strafverhängung und des Vollzugs und der Öffentlichkeit gegenüber unbedingt für diesen Sinn der Maßnahme mit allen praktischen Konsequenzen eintritt - vernehmbar und in verbindlicher Form. Seelsorge ist nur glaubwürdig, wenn die Strafverhängung frei ist vom Sühnegedanken.

...

2. Alle menschliche Übertretung ist in Jesus Christus vergebene Übertretung. Vergeben heißt: nicht wieder bedroht und unter das Gesetz der Sühne und Wiedergutmachung gestellt werden. Sie ist überholt durch Jesus Christus. Es ist eigentlich eine Beleidigung Gottes, wenn nach Sühne und Wiedergutmachung gerufen wird.

3. Allen Übertretern des göttlichen und menschlichen Gesetzes ist nur zu verkündigen die in Jesus Christus vergebene Sünde. Vergeben, ‚auf dass man dich fürchte!' Was als menschliche Strafe geschieht, darf vom Evangelium her nur als Fürsorgemaßnahme verstanden werden. Das muss von uns Christen dem Staat gegenüber klar gesagt werden."[283]

Warum Karl Barth hier Sühne und Wiedergutmachung gleichzeitig nennt, gehört zu den ungelösten Verständnisfragen seiner Theologie. Eindeutig ist jedoch sein Eintreten für Strafe als Maßnahme der Fürsorge für Opfer und Täter. Aus heutiger Sicht ist die Wiedergutmachung eine Fürsorgemaßnahme für die Gesellschaft im Sinne einer ‚Restorative Justice'.

2. Eine Denkschrift der Evangelischen Kirche in Deutschland

wurde unter Justizpraktikern sehr bekannt. Sie denkt von den Sicherheitsinteressen der Allgemeinheit aus, weniger vom Wort der Bergpredigt. Den Vorbehalt legt sie in die Betonung des guten Zwecks der Strafe, die der Gerechtigkeit den erforderlichen Raum schafft und Leben bewahrt. Eine weitere Relativierung des staatlichen Strafens liegt in der Betonung, Strafe und ihr Vollzug könne nur als Anstoß und Anfang zum verantwortlichen Leben sinnvoll werden. Dennoch kommt sie überraschend zu dem Schluss, der sich aus der biblischen Tradition nahe legt: Nicht Vergeltung und Rache, auch nicht irgendeine Form von erzwungener Sühne, sondern die Regelung konkreter Konflikte und der Ausgleich zwischen Täter und Opfer muss das Ziel von Rechtsprechung sein.

> *„Christen können ja sagen zu Strafandrohung und Strafvollstreckung, wenn es darum geht, das Leben zu bewahren und der Gerechtigkeit den erforderlichen Raum zu schaffen. Sie können ja sagen zu Maßnahmen, die in gut abgewogener Weise der Bewahrung der Rechtsordnung und der Stärkung des Rechtsbewußtseins dienen. Aber sie beharren auf der sorgfältigen und kritischen Prüfung der Frage, welche Formen der Strafe und der Strafvollstreckung den Sicherheitsinteressen der Allgemeinheit am besten entsprechen.*
>
> *Vermutlich wirkt eine allgemeine Strafandrohung („Generalprävention“) kaum abschreckend auf Menschen, die unmittelbar in der Versuchung sind, eine Straftat zu begehen, aber sie kann Personen nachdenklich machen, die nicht unmittelbar*

gefährdet sind. Darüber hinaus macht die Generalprävention sichtbar: Unrecht kann nicht beliebig und konsequenzlos geschehen. Abstand zu nehmen ist aber von einem undifferenzierten Vergeltungsprinzip. Strafe kann in sich das Moment von Vergeltung haben. Eine christliche Deutung der Strafe wird nicht unterschlagen, dass selbst die fürsorglichste „Fürsorge-(76) maßnahme“ Zwangscharakter hat. Notwendige Sicherheitsinteressen müssen berücksichtigt und unserem Verständnis von Gerechtigkeit muss Ausdruck gegeben werden. Um des Schutzes des Lebens und um der Aufrechterhaltung der weltlichen Rechtsordnung willen können wir nicht darauf verzichten, Unrecht unter Strafe zu stellen.

Für den straffällig gewordenen Menschen bedeuten richterliches Urteil und Vollzug von Strafe, dass er in seinem Denken und Handeln „unterbrochen“, dass er mit den Folgen seiner Tat konfrontiert wird und sein Handeln verantworten muss. Darin wird er als Person ernst genommen. Das kann zur Schuldeinsicht und zu einem Prozess des Umdenkens führen; es kann der Wiedereingliederung in die Gesellschaft dienen. Wir wissen, dass man Schuldeinsicht weder verordnen noch erzwingen kann, auch nicht durch die härtesten Strafen. Darum können richterliches Urteil und Vollzug nur ein Anfang und Anstoß in einem umfassenden Prozess sein, der zu verantwortlichem Handeln und Leben führen soll.

Daraus ergibt sich für Art und Vollzug von Strafe folgendes :

Weil die im Namen des Volkes verhängte Strafe dem Lebensschutz und der Gerechtigkeit dient, nicht aber Vergeltung üben soll oder Sühne erzwingen kann, muss sie an der Wiedergutmachung, dem Täter-Opfer-Ausgleich und der Konfliktregelung orientiert sein. Es sollen - soweit möglich - konkrete Konflikte geregelt werden und die Opfer Wiedergutmachung erfahren. Statt der anonymen Beziehung zwischen der Gesellschaft (in Gestalt der staatlichen Vollzugsorgane) und dem Täter wird - wo immer das möglich ist - eine unmittelbare Beziehung zwischen den betroffenen Menschen angestrebt. Verantwortung und Pflicht bewirken mehr als alles andere die Integration des straffällig gewordenen Menschen in die Gesellschaft, und sie tragen dem Gerechtigkeits- und Rechtsempfinden der Bürger Rechnung.

Freiheitsstrafen können nur letzte Konsequenz sein, wenn andere Konfliktregelungen versagen bzw. wegen der Schwere des Rechtsbruchs nicht möglich sind und sich auch mit dem Rechtsempfinden der Bürger nicht vereinbaren lassen. Aus der Freiheitsstrafe gibt es nur verhältnismäßig selten einen Weg zur dauerhaften Wiedereingliederung in die Gesellschaft, denn das Gefängnis ist aller Erfahrung nach ein ungeeigneter Ort, um zu Schuldeinsicht fähig zu werden.“[284]

Die aus dem biblischen Zusammenhang gewonnene Einsicht wird am Ende mit der Erfahrung vertieft, dass ein Gefängnis und eine nach heutigen Maßstäben durchgeführte Freiheitsstrafe (vor allem bei Wiederholungstätern) das Ziel, neu zu beginnen, nicht erreichen kann. Die Denkschrift belegt das durch viele Beispiele und Erfahrungen aus dem Alltag der Haftanstalten. Eine Denkschrift muss sich immer auch um Ausgewogenheit bemühen. Deshalb werden die Ansätze nicht durchgezogen. Bisweilen widersprechen sich anerkennende Worte für das Gegebene und Konsequenzen aus dem Glauben erheblich. Bei dieser Passage wird deutlich, dass die Anerkennung staatlichen Richtens und Strafens in der Praxis erheblich hinterfragt, in der Theorie jedoch eindeutig bestätigt wird. Die immer wieder entscheidende Fragestellung für Strafrecht und Strafvollzug liegt gerade darin, ob unsere Form von beidem das Ziel von Gerechtigkeit und Lebensschutz in einem akzeptablen Maße erreichen kann. Der Zustimmung zum Beginn der zitierten Passage folgt die radikale Infragestellung am Ende. Es wäre zu einfach, dies mit verschiedenen Autoren zu erklären wie etwa: Am Anfang spricht die amtliche, am Ende die praktische Seite der Kirche. Die zitierte Passage zeigt vielmehr, wie wenig die Kirche dem Befund aus der Bibel und den Erfahrungen ihrer eigenen Praxisbemühungen traut.

3. Reform von Strafen, Haftvermeidung und Wiedergutmachung - was in den 1990igern zur Diskussion stand und bis heute wirkt…

Im Strafvollzug gingen die Überlegungen und die Praxis immer schon weiter, als man das in der Öffentlichkeit gemeinhin zur Kenntnis nahm und nimmt. In Schleswig-Holstein und anderswo wurden Haftvermeidungsprogramme entwickelt, die die Haftzahlen senken und vermehrt andere Maßnahmen wie Geldstrafen - die Problematik der Geldstrafen wurde oben besprochen - oder soziale Arbeit vorsehen. Wenn diese zeitnah zum „Vergehen“ eintreten, wird ihre Wirkung wahrscheinlich größer sein als die teure und oftmals ineffektive Haftstrafe. Das Problem dieser Programme ist, dass weniger Mittel investiert werden, weil die Erhaltung der Haftanstalten gesellschaftlich als jederzeit durchsetzbar gilt. Programme wie Haftvermeidung werden daher eher verschämt unter Fachleuten gehandelt und eingesetzt.

Die Aufgabe der Kriminalitätsbekämpfung kann nur von beiden Seiten aus erfolgen. Sowohl die Strafsituationen, aber auch die anderen gesellschaftlichen Reaktionsweisen auf Fehlverhalten müssen sich ändern. Vor allem aber geht es nicht, der undifferenzierten Nutzung von Ängsten den Vorzug vor differenzierter Auseinandersetzung mit Fehlverhalten zu geben. Besonders unter dem Blickwinkel der sozialen Schlagseite, die jedem strafenden Umgang mit Fehlverhalten eigen ist, bedarf es differenzierter Mittel zur Bekämpfung kleinerer Kriminalität. Auch von der Opferseite her erfreut sich die Wiedergutmachung als Kriminalitätsbewältigung großer Zustimmung.[285] Sie wäre bei entsprechender öffentlicher Unterstützung als Kriminalitätsbewältigung für viele kleinere Delikte leicht durchsetzbar. Der gemeinsame Normenbezug ließe sich dadurch mehr fördern als durch Gefängnisstrafen.

Dass ein Gefängnisaufenthalt die Gesellschaft 80 bis 140 Euro am Tag kostet, wird oft als Grund für eine notwendige Erweiterung des Sanktionensystems genannt. Viele einmal zu Haft verurteilte Männer kommen immer wieder ins Gefängnis, ohne dass ein sichtbarer Effekt dieser Bestrafungsform zu verzeichnen wäre. Sie gewöhnen sich an ein Leben hinter Gittern. Sie nehmen nach der Entlassung aufgrund eigener subjektiv empfundener oder auch objektiver Perspektivlosigkeit, aus Gewohnheit oder sogar als "Kick" das Risiko erneuter Inhaftierung teilweise bewusst in Kauf. Manche schlagen angebotene Haftvermeidung aus, wenn sie beispielsweise mit der Ableistung von Arbeitsstunden einhergeht. Nur wenige können aufgrund der im Gefängnis abgeschlossenen Schule oder Ausbildung den Sprung ins "bürgerliche Dasein" schaffen.

Das Bundesjustizministerium brachte die Reform des Strafrechts anhand der Vorschläge einer eigens dafür bereits 1998 vom Justizminister (Schmidt-Jorzig) eingesetzten Expertenkommission wieder in die Diskussion. Die Reform sollte zwei Ziele ansteuern:

1) Die Opfer von Straftaten sollten mehr in den Mittelpunkt des Interesses gestellt werden. Opferschutz wird so ein Ziel der Behandlung von Straftaten und Straftätern. Eine Maßnahme war in diesem Zusammenhang die Festschreibung des Täter-Opfer-Ausgleichs im Straf- und im Strafverfahrensrecht.

2) Die Gefängnisse sollten dadurch entlastet werden, dass (gemeinnützige) Arbeit als selbständige Strafe in den Strafenkatalog aufgenommen wird. Populär heißt das "Schwitzen statt Sitzen".

Den Täter-Opfer-Ausgleich gab es aber bereits. Er wird jedoch fast nur zur Arbeitsreduktion für die Staatsanwaltschaften eingesetzt. Durch die Gesetzgebung wird der Täter-Opfer-Ausgleich als in jedem Stadium des Verfahrens zu prüfende Alternative zur Verurteilung vorgeschrieben. Auch das "Schwitzen statt Sitzen" gab es schon. Die gemeinnützige Arbeit kann nur als Alternative zur Geldstrafe, nicht aber als selbständige Sanktion eingesetzt werden.

Beide Modelle können aber nur bei Menschen funktionieren, die ein "geordnetes" Leben zu führen gewohnt sind.

Ein Hauptproblem der gesetzgeberischen Vorhaben liegt in ihrer Begründung. Wie konnten die Kostenfrage und der Opferschutz zu einem Thema des strafrechtlichen Sanktionensystems werden? Oder anders gefragt: Welchen Zielen diente das Sanktionensystem von Geld- oder Haftstrafe vorher? Kaum jemand stellt die Frage, ob vielleicht Ausgleich und Versöhnung bessere Ergebnisse hätte als Strafen.

Die Kostenfrage allein konnte nicht als Argument für die Notwendigkeit der Vermeidung von Haftstrafen gelten. Wenn die Haftstrafe ein positives oder das gewünschte Ergebnis hätte, dürften die Kosten keine Rolle spielen. Da dies nicht der Fall ist bei rund 50 Prozent Rückfallquote, erschien eine Reform aufgrund dessen, dass die Zielsetzung in der Haftzeit nicht erreicht wurde, dringend notwendig.

Auch heute könnte die immer wieder angeführte Überbelegung der Gefängnisse nicht als schlagendes Argument für die Notwendigkeit von Haftvermeidung bezeichnet werden, wenn denn Haft zu dem Ziel führen könnte, verurteilte Menschen zur Umkehr, zum Umdenken und zum Neuanfang im Rahmen der bestehenden Gesetze zu bewegen.

Heute sind die Gefängnisse nicht mehr überbelegt. Teilweise aber sind oder waren die Haftanstalten grob fehlbelegt. Rund drei Prozent der Haftplätze wurden für Abschiebungshaft, rund zehn Prozent für Ersatzfreiheitsstrafen wegen nicht bezahlter Geldstrafen genutzt. Beide Gruppen passen nicht zur Zielsetzung des Strafvollzugs, der Behandlung mit dem Ziel der Wiedereingliederung. Die Abschiebungshaft erfüllte noch nicht einmal das Kriterium von "Strafe". Wenn man die Statistik nach ihrem Anteil an den Aufnahmen in Gefängnisse aufschlüsselt, machen diese beiden Gruppen die Hälfte der im Laufe eines Jahres aufgenommen Gefangenen aus. Schon alleine die konsequente Vermeidung der Inhaftierung zur Ersatzfreiheitsstrafe oder Abschiebungshaft würde die Gefängnisse erheblich entlasten. Das wäre auch nach der gegenwärtigen Rechtslage möglich. Bei der Abschiebungshaft ist das inzwischen plötzlich geschehen. Mit einem Mal schickten die Richter niemand mehr in Haft. Der Grund lag in der Rechtsprechung des BGH.[286] Schleswig-Holstein alleine hat dadurch jährlich rund 300 Aufnahmen in eine Gefängnissituation gespart. Noch mehr Gefängnisplätze könnten gespart werden, wenn das Fahren ohne Führerschein, das "Schwarzfahren" in öffentlichen Verkehrsmitteln und der kleine, aber ärgerliche Diebstahl im Laden sinnvoll und tatangemessen geahndet werden könnte. Ein Mann aus Nordfriesland saß zum Beispiel acht Monate im Gefängnis, weil er wiederholt, d.h. zum zweiten Mal wegen alkoholisierten Radfahrens auf dem Gehweg "erwischt" und verurteilt worden war. Der Richter kam in seinem Fall zu der Auffassung: "Wer nicht hören will, muss fühlen!" Glücklicher Weise hielt der neue Arbeitgeber acht Monate den Arbeitsplatz für den Inhaftierten frei.

Eine Ursache für die vorübergehend hohe Belegung lag in der Strafrechtsreform vom 1.4. 1998. Durch die Einschränkung vorzeitiger Entlassung aus der Strafhaft nahm die Zahl der Gefängnisinsassen alleine durch längere Haftzeiten zu. Das Risiko, mit einer vorzeitigen Entlassung Grund für eine neue Straftat zu schaffen, will seit 1998 nahezu niemand mehr auf sich nehmen. Die Möglichkeiten der Behandlung und Beschäftigung wurden jedoch nur in sehr engen Grenzen verbessert. In Zeiten der Finanzkrise stehen sie insgesamt wieder unter Finanzierungsvorbehalt.

Das Hauptargument muss aber heißen: Gefängnisse erreichten früher und erreichen heute nicht das Ziel, Menschen im wahren Wortsinne zu resozialisieren. Der neuzeitliche Glaube an die positive Wirkung des Freiheitsentzugs hat weder weniger erstmalige Straftaten noch weniger

Rückfälle bewirkt. Haftzeiten erschweren lediglich Straftaten. Wer aber eine Haftstrafe absitzt, hat mangels Einkommen keine Möglichkeit zur Wiedergutmachung noch zur Versorgung seiner Familie. Zudem entfällt für die Zeit der Inhaftierung die Rentenversicherung. Desozialisierung, nicht Resozialisierung findet statt! Nach der Haft ist die durch Urteilsspruch festgestellte Schuld nicht etwa getilgt, sondern in den Unterlagen viele Jahre als "Vorstrafe" verzeichnet und bei der Arbeitsuche und im sozialen Umfeld schwer stigmatisierend. Die in der Haft erlernte Umgangsweise mit anderen tut das ihre.

Ein achtundzwanzig Jahre alter Mann aus Hamburg wurde Sonntagnacht um vier Uhr verhaftet. Nur mit viel Mühe gelang es, ihn unter Mithilfe des Arbeitgebers nach zehn Tagen wieder frei zu bekommen. Einen Tag später hätte er seinen festen Arbeitsplatz verloren, weil er keine Urlaubstage mehr zur Verfügung hatte. Damit wäre auch die letzte Möglichkeit vertan gewesen, die erhebliche Geldstrafe in kurzer Zeit abzuzahlen. Gemeinnützige Arbeit hätte in seinem Falle ein halbes Jahr Vollarbeitszeit bedeutet.

Wer Arbeit als selbständige Strafe einführen will, sollte sich fragen (lassen): Welches Bild von Arbeit steht dahinter, wenn man Arbeit als Strafe verhängen kann? Gott verhängte nach dem Sündenfall die Arbeit auf dem Acker als Strafe. Welche Arbeit ist in einer Gesellschaft vorhanden, der die Arbeit ausgeht? Welche Arbeit bietet - sinnvoll und gut zu überwachen - dem Bestraften Anlass für eine Verhaltensänderung? Hier bleibt die alte Straf - Logik bestehen. Es geht um die Zufügung eines Nachteils. Wer immer das Opfer der Straftat war, geht leer aus.

Der Entzug des Führerscheins als Strafe bleibt ebenso in der Logik der bisherigen Strafvorstellungen: Ein Täter wird legal geschädigt, am besten dort, wo es weh tut. Aufgrund des Schmerzes, ohne Führerschein zu sein, soll der Betroffene sich vornehmen, nie mehr in eine solche Situation zu kommen. Wenn dazu nicht einmal der Entzug der

Freiheit ausreicht, wie soll dann ein Führerscheinentzug das bewirken? Wie soll in einem Flächenland ein Mensch ohne Führerschein zu seinem Arbeitsplatz kommen? In manchen Fällen könnte man ihn gleich zum Verlust der Arbeit verurteilen. Zudem müsste sichergestellt werden, dass das Fahrverbot nicht heimlich umgangen wird - eine kaum praktikable Überwachungsaufgabe.

Die einzige echte Reformidee ist die der Wiedergutmachung im Sinne des Täter - Opfer - Ausgleichs. Hier werden Täter und Opfer zum Subjekt von heilender und versöhnender Vereinbarung zur Wiederherstellung des Rechtsfriedens. Die Justiz dient dem Rechtsfrieden durch Initiierung, Begleitung und Überwachung des Ausgleichs. Auch eine Justizministerin begründete den Täter-Opfer-Ausgleich damit, "daß sie (Geschädigte) bei Straftaten unterhalb der Schwerkriminalität ein vorrangiges Interesse an einer Wiedergutmachung des erlittenen Schadens haben, nicht so sehr an Geld- oder Freiheitsstrafe für den Täter".[287] Aufarbeitung, Vergebung und Versöhnung sind auch im "normalen" Leben Glaubenszumutungen. Im Täter-Opfer-Ausgleich wird solche Zumutung und auch ihre Grenze ganz konkret. "Wie oft soll ich meinem Bruder vergeben?", diese Frage beantwortete Jesus mit "sieben mal siebzig Mal".

Die Aufgabe für die Justiz heißt in vielen Fällen, nachhaltige ambulante Maßnahmen der Wiedergutmachung, der Aufsicht und der Betreuung einzuleiten und auch durchzuhalten, was schließlich zur konkreten Versöhnung mit einem menschlich und rechtlich von den Beteiligten akzeptierten Ausgleich führen soll. Wissenschaftliche Untersuchungen belegen die erheblich höhere Wirksamkeit einer Verhaltensaufarbeitung und -änderung im Umfeld des Rechtsbrechers. Hier sind auch Maßnahmen gegen die überbordende Drogen- und andere Sucht vorrangig anzusiedeln. Das Stichwort für diese Form der Aufarbeitung heißt „restorative justice".

Wenn solche Maßnahmen keinen Erfolg mehr versprechen, dann erst ist - nach Abwägung der Verhältnismäßigkeit - der Freiheitsentzug durch Inhaftierung angezeigt. Dieser müsste jedoch durch die Weiterentwicklung der in den siebziger Jahren proklamierten, aber in der Praxis stecken gebliebenen Gefängnisreform auf Behandlung und Therapie konzentriert und nach Tatverläufen differenziert werden. Das strafende Element rückt in den Hintergrund zugunsten angemessener Maßnahmen, die Menschen befähigen, die Gesellschaft und ihre Mitmenschen nicht mehr vorsätzlich oder fahrlässig zu schädigen. Gefängnisse würden Dienstleistungszentren unserer Gesellschaft für die Behandlung schädigenden Verhaltens. Dienst an Versöhnung und Menschenwürde, nicht Befriedigung von (gemutmaßten) Strafgelüsten wäre ihre zentrale Aufgabe. Wo das nach menschlichem Ermessen nicht möglich ist, erst da müssen Gefängnisse nach den gegenwärtigen Sicherheitsstandards ausgestattet sein. Manche Landesstrafvollzugsgesetze nach 2004 kommen dieser Vorstellung näher.

Index

A

Abschreckung · 205, 206, 208, 213, 219, 289, 365
Abwehrmechanismus · 233
Alkohol · 71, 75, 80, 180, 181, 263, 264, 269, 282, 285, 332, 361
Altes Testament · 212, 344
Anatomie der Gewalt · 44
Auge um Auge... · 212
Ausbrecher · 52, 130
Ausländerkriminalität · 289, 294
Ausweisung · 295

B

Bagatelldelikte · 274
Banküberfall · 129, 359
Begehren · 32, 33, 179, 206
  verdrängtes · 206
Behandlung · 95
Beschaffung · 78
Besuch · 59
Besucher · 199
Bibel · 34, 347
biopsychosozial · 43
Blutrache · 214
Böse · 27, 29, 32, 34, 36, 37, 45, 46, 47, 48, 49, 154, 207, 213, 232, 233, 336
Brandstiftung · 316

D

Depression · 65
Diebstahl · 133
Drogen · 18, 29, 71, 75, 76, 77, 78, 94, 175, 180, 269, 279, 281, 332, 335, 379
Durchlauferhitzer, politisch-medialer · 74, 153, 156

E

Ehe · 133
ehrenamtliche Arbeit · 334
Ehrlichkeit · 186
Ersatzfreiheitsstrafe · 269, 270

F

Familie · 19, 59, 60, 65, 67, 71, 104, 107, 108, 109, 110, 118, 119, 120, 121, 122, 123, 124, 125, 134, 148, 170, 176, 182, 184, 186, 190, 191, 192, 193, 202, 233, 237, 253, 254, 263, 264, 275, 282, 290, 291, 292, 296, 332, 333, 346, 378
Fehlbarkeit · 177, 257
Flucht · 17, 23, 52, 76, 128, 130, 187, 243, 391, 392
forensische Psychiatrie · 117, 313
freie Entscheidung · 306
Funktelefon · 132

G

Gefährlichkeit · 16, 22, 24, 25, 90, 322, 323, 324
Gefängnis
  Institution · 114
  Subsystem · 114
Gefängnisseelsorge · 149, 158, 173, 176, 178, 186, 328, 334, 357
George Orwell, 1984 · 44
Gerechtigkeit · 35, 51, 103, 169, 176, 177, 201, 209, 210, 211, 216, 219, 234, 256, 265, 271, 320, 341, 342, 343, 348, 351, 352, 353, 355, 362, 363, 367, 371, 372, 373
Gesellschaft · 174
Gesprächsbitte · 53
Gewalt · 24, 29, 31, 43, 70, 71, 74, 82, 139, 140, 141, 142, 143, 144, 145, 146, 148, 150, 151, 152, 153, 154, 155, 156, 159, 174, 181, 183, 195, 196, 197, 200, 206, 215, 243, 244, 298, 304, 316, 319, 321, 346, 348, 390, 391
Gewaltbereitschaft · 143
Gewalttaten · 150
  fremdenfeindliche · 145, 147

Gleichheit · 203, 320
Grundgesetz · 195, 199, 203, 300
Gut · 29, 31, 32, 34, 36, 37, 45, 46, 47, 48, 49, 154, 210, 233, 243, 250, 280, 336
Gut und Böse
  dialektische Verflechtung · 34

H

Heilende Gerechtigkeit · 341
Hirnforschung · 37, 39
Human trafficking · 299

I

Institution als Verwaltungseinheit · 116
Islamismus · 203
islamistischer Terror · 288, 311

K

Kapitalverbrechen · 47, 232, 339
Kindesmissbrauch · 17, 245
Knastpfarrer · 173
Knastwährung · 59
Kommunikation · 350
Kommunikationsfalle · 69
Kriminalisierung von Ausländern · 295
Kriminalitätsängste · 243
Kriminalitätsfurchtparadox · 244, 247
Kriminalprognose · 118, 165, 257, 270
Kriminalstatistik · 245, 246, 248, 254
Kriminologie · 256, 352

L

Labeling Approach · 27, 92
Leben im Gefängnis · 56
Lockerung · 17, 23, 83, 85, 111, 114, 165, 266
Lombroso-Programm · 44

M

Männergesellschaft · 84, 149, 173
Maßnahmerecht
  theologische Begründung · 369
Maßregelvollzug · 314
Medien · 39, 51, 69, 71, 74, 115, 145, 146, 151, 152, 164, 226, 243, 248, 251, 256, 265, 270, 283, 334
Menschenhandel · 300, 303
Menschenrechte · 300
Menschenschmuggel · 306
Menschenwürde · 47, 49, 87, 90, 101, 104, 109, 148, 152, 156, 160, 174, 177, 195, 196, 197, 198, 199, 200, 201, 202, 203, 232, 269, 299, 300, 348, 358, 366, 380
  kulturelle Kodierung · 202
Menschlichkeit · 151, 155, 346
multikulturell · 167
Multiproblemfamilie · 122
multireligiös · 167
Mutter-Mord · 316, 317

N

Neues Testament · 219
nothing works · 8

O

Offender Rehabilitation · 99
Öffentlichkeit · 51, 53, 63, 69, 97, 99, 104, 157, 196, 197, 283, 297, 331, 332, 334, 335, 336, 370, 374
Opfer · 9, 14, 26, 33, 46, 48, 66, 67, 82, 86, 88, 90, 97, 100, 110, 112, 140, 145, 148, 150, 151, 152, 153, 154, 155, 164, 170, 174, 196, 197, 223, 224, 225, 226, 227, 228, 230, 231, 232, 233, 234, 236, 237, 238, 239, 240, 243, 244, 247, 254, 257, 279, 280, 282, 287, 301, 303, 304, 305, 336, 341, 342, 343, 345, 348, 349, 351, 352, 353, 354, 355, 358, 359, 360, 361, 362, 363, 365, 366, 367, 371, 372, 375, 378, 379
Opferorientierung · 360, 361, 367
Opferservice · 360
Organisierte Kriminalität · 302

P

Persönlichkeitsstörung · 14, 38
Prinzip · 31, 200, 201, 211, 348
Problemlösungskompetenz · 175
Prognose · 23, 24, 25, 256, 320, 326
Projektion · 232
Psychopathie · 14, 15, 23, 25, 38, 315
Punitivität · 10, 13

R

Rache · 83, 161, 174, 184, 206, 208, 209, 211, 212, 214, 217, 220, 224, 232, 235, 237, 363, 371
Recht · 30, 32, 37, 45, 73, 74, 78, 87, 104, 105, 107, 152, 159, 163, 176, 200, 209, 210, 211, 212, 213, 214, 217, 218, 265, 300, 302, 314, 326, 329, 336, 341, 347, 369
Rechtfertigung · 37, 48, 163, 172, 174, 202, 206, 304, 367
Resozialisierung · 9, 46, 68, 71, 81, 85, 86, 88, 90, 91, 115, 141, 235, 246, 249, 266, 378
  und die soziale Komponente · 104
  und Gesellschaft · 101, 103
  und öffentlicher Dienst · 103
Restorative Justice · 90, 152, 274, 339, 341, 366, 371
  moslemische Antwort · 356
Rückfallgefahr · 355

S

Schicksal · 137
Schuld · 26, 27, 37, 68, 88, 184, 219, 281, 287, 326, 342, 349, 351, 367, 378
Schuldstrafrecht · 8
Seelsorge · 55, 72, 78, 84, 96, 97, 122, 124, 125, 160, 162, 163, 169, 172, 173, 174, 177, 181, 182, 202, 227, 326, 351, 358, 360, 367, 370
Seelsorger · 54, 61, 66, 78, 96, 172, 174, 178, 180, 184, 185, 286, 335, 367, 370
Selbstrechtfertigung · 348
Sexualstraftäter · 13, 17, 18, 63, 71, 86, 87, 116, 139, 189, 196, 283, 346, 366
Sicherheit · 9, 84, 313
Sicherung · 63, 64, 174, 209, 266, 276, 313, 365
Sicherungsverwahrung · 9, 15, 16, 23, 88, 98, 153, 322, 323, 325, 326, 327, 329
Skandal
  im Strafvollzug · 333
Sklaverei · 300
soziale Schlagseite · 175, 213, 259, 266, 310
Spaltung · 233
Strafcharakter · 174
Strafe · 7, 8, 11, 12, 13, 26, 32, 50, 52, 54, 77, 79, 81, 82, 83, 85, 89, 117, 124, 163, 168, 171, 174, 175, 178, 189, 192, 198, 199, 205, 206, 209, 210, 211, 216, 218, 221, 223, 234, 235, 237, 256, 259, 261, 267, 270, 271, 273, 274, 278, 280, 282, 288, 309, 310, 314, 322, 323, 331, 336, 339, 343, 349, 351, 352, 355, 365, 366, 369, 370, 371, 372, 394
Strafen · 259
Straflust · 9, 10, 13
Straftheorie
  absolute · 210
Strafzweck · 43, 81, 205, 209, 365
Suizid · 60, 62, 63, 66
Sünde · 48, 219
Sycamore Tree · 348

T

Täter · 9, 15, 24, 29, 31, 38, 43, 45, 46, 47, 51, 53, 66, 80, 88, 90, 103, 112, 140, 145, 148, 155, 156, 158, 164, 169, 198, 208, 212, 224, 225, 226, 230, 232, 233, 234, 235, 238, 239,

243, 247, 251, 254, 274, 278, 280, 287, 289, 293, 305, 321, 326, 336, 339, 341, 342, 343, 348, 349, 351, 352, 353, 354, 355, 358, 359, 360, 361, 362, 363, 365, 367, 371, 372, 375, 378, 379
Täter-Opfer-Ausgleich · 238, 358, 372, 375, 379
Täterorientierung · 256, 360, 362, 367
Therapie statt Strafe · 78, 94

U

Übergangsmanagement · 85
Ungerechtigkeit · 176, 207, 236, 237, 269, 314
Untersuchungshaft · 178
Urlaub · 180
Urteil · 51, 52, 63, 100, 147, 162, 164, 199, 211, 214, 217, 218, 219, 221, 255, 290, 292, 304, 323, 325, 326, 341, 369, 372
salomonisches · 217

V

Vergebung · 160, 164, 169, 172, 174, 186, 220, 347, 348, 357, 379
Vergeltung · 211, 214, 217, 218, 220, 236, 355, 371, 372
Vergewaltigung · 47, 230, 344, 345
Verhältnismäßigkeit · 27, 118, 199, 201, 380
Verleugnung · 233
Vernichtungsangst · 63
Verschiebung · 233
Versöhnung · 169, 249, 351, 367, 376, 379, 380
Vertauschung der Rollen · 233
Verwaltungsvollzug · 116
Vollzugslockerungen · 107
Vollzugsziel · 81

W

Weihnachten · 187, 188, 189, 191, 193
Weihnachtsamnestie · 189, 190, 192
Weihnachtsfeier · 135
Wiedergutmachung · 82, 148, 157, 168, 176, 213, 215, 221, 223, 225, 235, 273, 336, 345, 348, 353, 355, 362, 366, 369, 370, 371, 372, 374, 378, 379
Wiederholungstäter · 23, 46, 174, 263, 264, 268
Willensfreiheit · 29, 30, 35, 36, 37, 40, 42, 46, 49
Wünsche · 68, 188, 190, 192, 206, 208

Z

Zachäus · 220, 347
Zehn Gebote · 216
zero tolerance · 9
Zuwendung · 83, 175, 184, 367
Zwangsarbeit · 301
Zwangsprostitution · 305

Literaturverzeichnis

Abels, Heinz, Einführung in die Soziologie, Band 2, Die Individuen in ihrer Gesellschaft, Westdeutscher Verlag, Wiesbaden, 1. Aufl. 2001

Allgemeine Erklärung der Menschenrechte. Resolution 217 A (III) der Generalversammlung vom 10. Dezember 1948

Althaus, Paul, Die Ethik Martin Luthers, Verlagshaus Gerd Mohn, Gütersloh 1965

Aristoteles, Nikomachische Ethik, Körners Taschenausgabe Band 129, Stuttgart 1958

Armut , Kriminalität und Straffälligenhilfe, Positionspapier der nationalen Armutskonferenz in der BRD und der Bundesarbeitsgemeinschaft für Straffälligenhilfe, in: Rundbrief des Schleswig-Holsteinischen Verbandes für Straffälligen- und Bewährungshilfe e.V. Nr. 16, 6. Jahrgang, November 1995

Australian Federal Police: http://www.afp.gov.au/policing/human-trafficking. aspx

Bammann, Kai, Kein Schritt vorwärts, drei zurück? Aktuelle Entwicklungen im Strafvollzug(srecht): Angriff auf Vollzugsziel, Lockerungen und die Bundeskompetenz, in: Forum Recht (29.07.2007)

Barth, Karl, Antworten auf Grundsatzfragen der Gefangenenseelsorge in: Ulfried Kleinert, Hg., Strafvollzug, Chr. Kaiser Verlag, München, Matthias-Grünewald-Verlag, Mainz 1972

Becker, Gary, The economic approach to human behavior, Chicago 1976.

Benda, Ernst, Vom Sinn menschlichen Strafens, in B. Gareis und E. Wiesnet, Hg., Hat Strafe Sinn?, Verlag Herder Freiburg 1974, 16-31

Bennefeld-Kersten Katharina, Ausgeschieden durch Suizid – Selbsttötungen im Gefängnis, Science Publishers, Berlin u.a., 2009

Bennefeld-Kersten Katharina, u.a., Bericht der Arbeitsgruppe Suicidprophylaxe im Strafvollzug, Manuskript

Berger, Tobias M., Planungen des Justizministeriums zur Fortentwicklung des Übergangsmanagements vom Justizvollzug in die Freiheit, in: Zeitschrift für soziale Strafrechtspflege, 49, August 2013, 41-48.

Bianchi, Hermann, Alternativen zur Strafjustiz, München: Kaiser; Mainz: Matthias-Grünewald-Verlag 1988

Bieri, Peter, Das Handwerk der Freiheit. Über die Entdeckung des eigenen Willens, Hanser Verlag München 2001

Bieneck, Steffen; Pfeiffer, Christian, Viktimisierungserfahrungen im Justizvollzug, Kriminologisches Forschungsinstitut Niedersachsen e.V., Forschungsbericht Nr. 119, 2012

Böllinger, Lorenz, u.a.., Hg., Gefährliche Menschenbilder: Biowissenschaften, Gesellschaft und Kriminalität, Baden – Baden: Nomos-Verlag 2010

Bundeskriminalamt 65173 Wiesbaden: Menschenhandel Bundeslagebild2012, www.bka.de

Bundesarchiv: http://www.bundesarchiv.de/zwangsarbeit. Starting page or „home".

Connell, Robert W., Der gemachte Mann, Budrich und Leske, 2000

Cornel, Heinz; Kawamura-Reindl, Gabriele, Maelicke; Bernd; Sonnen, Bernd Rüdiger, Hg., Resozialisierung, Handbuch, Nomos Verlagsgesellschaft Baden-Baden, 3. Aufl. 2009

De Jong, G.F., Fawcett, J.T., Motivations for Migration: An Assessment and a Value-Expectancy Research Model. In: De Jong, G.F., Gardner, R.W. (Hg.), Migration Decision Making. New York, 1981, 13-58.

Domenig, Claudio, Restorative Justice, Vom marginalen Verfahrensmodell zum integralen Lebensentwurf, in: Restorative Justice, Der Versuch, das Unübersetzbare in Worte zu fassen, DHB-Materialiennr 71, 2013, 8-23

Dünkel, Frieder, Migration and ethnic minorities: impacts on the phenomenon of youth crime. The Situation in Germany. In: Queloz, N., u. a. (Hrsg.): Youth Crime and Juve-

nile Justice. The challenge of migration and ethnic diversity. Bern: Staempfli 2005, S. 45-71
Durckheim, Emile, Le Suicide, Paris 1895
Dutton, Kevin, Psychopathen. Was man von Heiligen, Anwälten und Serienmördern lernen kann, DTV München, 6. Aufl. 2014. Original : The Wisdom of Psychopaths. Lessons in Life from Saints, Spies an Serial Killers. William Heinmann, London 2012.
Egg, Rudolf, Verbrechensfurcht und Verbrechenswirklichkeit, in: Sichere Gesellschaft, Teil 1, Rundbrief Straffälligenhilfe Nr 38, 14. Jg., Sept. 2003, 14-21.
Eibach, Ulrich, Gott im Gehirn? – Ich - eine Illusion?, SMC R. Brockhaus im SMC-Verlag, Witten, 2. Aufl. 2008
Eidgenössisches Justiz- und Polizeidepartement EJPD, Auswertung: Zwangsprostitution und Menschenhandel anlässlich der WM 2006 und Empfehlungen für öffentliche Präventionskampagnen vor und während der UEFA EURO 2008 in der Schweiz
Ein Plädoyer zur Abschaffung der Sicherungsverwahrung, Mai 2003
Eisner, Manuel, Das Ende der zivilisierten Stadt? Die Auswirkungen von Modernisierung und urbaner Krise auf Gewaltdelinquenz, Frankfurt, New York 1997
Erlaß zur Umsetzung des Gesetzes zur Einführung der nachträglichen Sicherungsverwahrung, Ministerium für Justiz, Frauen, Jugend und Familie des Landes Schleswig - Holstein vom 5.10.2004.
Eurostat, Methodologies and Working papers, Trafficking in human beings, European Commision, 2013 edition.
Ev.Konferenz für Gefängnisseelsorge in Deutschland u.a., Gegen Menschenverwahrung.
Flaig, Egon, Weltgeschichte der Sklaverei, C. H. Beck, München, 2009
Freud, Sigmund, Totem und Tabu, in: Studienausgabe Band IX, S. Fischer Verlag Frankfurt am Main, 1974
Freud, Sigmund, Das Unbehagen in der Kultur, in: Studienausgabe Band IX, Frankfurt am Main: S. Fischer Verlag 1974, 191-270
Frommel, NK 3/2004, 88
Gareis, Balthasar, Wiesnet, Eugen, Hg., Hat Strafe Sinn?, Verlag Herder Freiburg i.Br. 1974
Geerds, F., Steigt die Kriminalität wirklich? , Frankfurter Allgemeine Zeitung vom 4.2.1972
Goethe, Johann Wolfgang von, Faust, Erster Theil, Stuttgart 1867
Gottfredson, Michael; Hirschi, Travis, A general theory of crime, Stanford: Stanford University Press 1990
Graz, Wolfgang, Das System Gefängnis, Neue Kriminalpolitik, 7. Jg., Heft 2, Mai 1995, 30 – 34
Hagemann, Otmar, Restorative Justice, Konzept, Ideen und Hindernisse, in: Ricarda Lummer u.a., Hg., Restorative Justice – Aeuropean and Schleswig-Holsteinian Perspektive, Verband für soziale Strafrechtspflege; Straffälligen- und Opferhilfe e.V., Kiel 2011, 151-178.
Hagenmaier, Martin, Mythos und Anomie, not published research in irregular migration at Rendsburg/Germany detention center in 2006
Hagenmaier, Martin, Holland und zurück, Europa: Asylbewerber werden hin- und hergeschoben in: zeitzeichen, 8. Jg., 2007, 11, S.60-62
Hagenmaier, Martin, Mythen, Konstruktionen, Lebensentwürfe, Perspektiven evangelischer Seelsorge in Zwangseinrichtungen, AVM München 2009
Hart SD, CoxDN & Hare RD (1966) The Hare PCL.SV. Psychopathy Checklist: Screening Version. MultiHealth Systems, North Tonawanda-Toronto
Heinrich, Wilfried, Thalmann, Thomas, Suizidproblematik im Justizvollzug, Justizvollzugsanstalt Kassel II, 1992
Hirschi, Travis, Causes of deliquency, Berkeley, Los Angeles, London: University of California Press 1969
Howard., J., The State of the Prisons. J.M. Dent and sons, London, Neudruck 1929.

https://www.openpetition.de/petition/online/resozialisierungs-insel-n-wider-willen-der-schutz-der-bevoelkerung-hat-vorrang.
Human rights watch: www.hrw.org/de/news/2014/02/11/aegyptensudan-folter-durch-menschen-haendler
Jasch, Michael, Wer hat Angst vor der Biologie?, Neue Kriminalpolitik 2008, Heft 2, 42-44
Joas, Hans, Ist die Menschenwürde noch unser Wert? In: Zeit – Philosophie, Nr. 25, 68. Jg., Juni 2013, 10f.
Kant, Immanuel, Die Metaphysik der Sitten, Akademische Ausgabe
Kant, Immanuel, Grundlegung zur Metaphysik der Sitten, Riga, Zweite Auflage 1786
Karstedt, Susanne, Die moralische Stärke schwacher Bindungen, Individualismus und Gewalt im Kulturvergleich, MschrKrim, 84. Jg, Heft 3, 2001, S. 226-243
Katastrophe, Neue Kriminalpolitik, 7. Jg. 1995, Heft 2, 16-22
Kersten, Joachim, Risiken und Nebenwirkungen: Die Bewerkstelligung von „Männlichkeit „ und „Weiblichkeit“ bei Jugendlichen der underclass, in: Sozialer Wandel und Jugendkriminalität, hrsg. v. der DVJJ, Bonn 1997, S. 129-142
Kleinert, Ulfried, Hg., Strafvollzug, Chr. Kaiser Verlag München und Matth.-Grünewald-Verlag Mainz 1972
Koch, J.L.A., Die psychopathischen Minderwertigkeiten, Maier Verlag Ravensburg 1891-93
Kohner – Kahler, Christian, Victim goes Superstar – eine kritische Lektüre des Opfers, Neue Kriminalpolitik, jg. 25, Nr. 2, 2013, 166-181
Kroehnert, Steffen, Theorien der Migration. http://berlin-institut.org/pages/fs/fs_migration.html
Libet, Benjamin, Mind Time. Wie das Gehirn Bewusstsein produziert, Suhrkamp Verlag Frankfurt am Main, suhrkamp taschenbuch wissenschaft 1834, 2007
Marian Liebmann, Restorative Justice, how it works, London, Philadelphia, Jessica Kingsley Publishers 2007
Lombroso, Cesare, Die Ursachen und Bekämpfung des Verbrechens, Berlin 1902
Maelicke, Bernd, Übergangsmanagement: Paradigmenwechsel oder alter Wein in neuen Schläuchen?, in: Forum Strafvollzug, 61. Jg. Heft 3, Mai/Juni 2012, 158f.
Maelicke, Bernd, Das Knastdilemma. Wegsperren oder resozialisieren? Eine Streitschrift, München, C. Bertelsmann Verlag 2015
Martinson, Robert, What Works? - Questions and Answers About Prison Reform, in: The Public Interest 1974, Seiten 22-54
Manuskript der Klinik und Poliklinik für Psychiatrie und Psychotherapie der Charite in Berlin
Markowitsch, Hans J.; Siefer, Werner, Tatort Gehirn. Auf der Such nach dem Ursprung des Verbrechens, Campus Verlag Frankfurt / New York, 2007
Gerhard Mauz, Drei Opfer sind zu beklagen, Der Spiegel 12/1981 vom 16.3.1981, 130 ff.
Mehr Polizeibeamte, weniger Straftaten?, in: Der Spiegel 22/1994
Menninger, Karl, Strafe - ein Verbrechen? , Fischer Taschenbuch 42244, Frankfurt 1982
Menninger, Karl, Strafe - ein Verbrechen? , Fischer Taschenbuch 42244, Frankfurt 1982
Möller, H.-J. u.a., Hg., Psychiatrie und Psychotherapie, Springer - Verlag, Berlin Heidelberg, New York 2000
Moser, Tilman, Jugendkriminalität und Gesellschaftsstruktur, Fischer Taschenbuch Verlag 1972
Narr, Wolf Dieter, Nachträgliche Sicherungsverwahrung oder wie Freiheit und Integrität der Bürgerinnen und Bürger präventiv/präemptiv zu Tode gesichert werden, hg. vom Komitee für Grundrechte und Demokratie, Aquinostraße 7-11, 50670 Köln
Neue Wege in der Kriminalpolitik, Denkschrift, TBT Verlag Sierksdorf 2001

Nickolai, Werner; Reindl, Richard, Hg., Sozialer Ausschluss durch Einschluss, Strafvollzug und Straffälligenhilfe zwischen Restriktion und Resozialisierung, Lambertus-Verlag, Freiburg i.Br., 2001
Nietzsche, Friedrich, Aus dem Nachlaß der Achzigerjahre,....
Nuscheler, Franz, Internationale Migration, Flucht und Asyl, Opladen 1995
OLG Koblenz: Beschluß vom 21. 09.2004, Gesch.-Nr. 1 Ws 561/04 1004 Js 8403 / 95 StA Bad Kreuznach
Ostendorf, Heribert, Kriminalität und Strafrecht, Heft 248 der Informationen zur politischen Bildung, 3. Quartal 1995
Pauen, Michael; Roth, Gerhard, Freiheit, Schuld und Verantwortung: Grundzüge einer naturalistischen Theorie der Willensfreiheit, Berlin, Suhrkamp Verlag 2. Aufl. 2008
Pinel, F., Traité Medico-Philosopique sur l'aliénation mentale, Brosson Verlag Paris 1809
Plack, Arno, Plädoyer für die Abschaffung des Strafrechts, Paul List Verlag München 1974
Plack, Arno, Ohne Lüge leben. Zur Situation des Einzelnen in der Gesellschaft, Deutsche Verlagsanstalt, 1976.
Platon, Politeia, IX, 578d-e
Rad, Gerhard von, Theologie des Alten Testaments, Band I, Chr. Kaiser Verlag München 1957
Raine, Adrian, Als Mörder geboren. Die biologischen Wurzeln von Gewalt und Verbrechen, Stuttgart, J.G. Cotta'sche Buchhandlung 2015
Ratgeber für Gefangene, Verlag schwarze Seele, Hamburg, Berlin, Frankfurt am Main 1985
Rauchfleisch, Udo, Außenseiter der Gesellschaft, Vandenhoeck und Ruprecht, Göttingen 1999
Rauchfleisch, Udo, Betreuung und Therapie von Strafgefangenen vor dem Hintergrund ihrer Psychodynamik, in: Wege zum Menschen, 36/1984, 52-62
Reckless, W.C., Halttheorie, in: MschrKrim 1961, 1-14; ders. The Crime Problem, 5. Aufl., New York 1973
Reiss, A. J., Delinquency as the Failure of Personal and Social Controls, in: American Sociological Review 16/1951, 196-207
Robinson, Gwen; Crow, Iain, Offender Rehabilitation, Theory, Research and Practice, Sage Publications, London 2009
Roth, Gerhard, Aus Sicht des Gehirns, Vollständig überarbeitete Neuauflage 2009, suhrkamp taschenbuch wissenschaft 1915, Suhrkamp Verlag Frankfurt am Main
Roth, Gerhard, Freier Wille, Verantwortlichkeit und Schuld, in: Berlin-brandenburgische Akademie der Wissenschaften, Elektronischer Dokumentserver, Debatte, Heft 1, Zur Freiheit des Willens, (2004), 63-70
Rotman, E., Beyond Punishment, A New View of the Rehabilitation of Offenders, Greenwood Press, Westport, 1990
Sack, Fritz, König, René, Hg., Kriminalsoziologie, Frankfurt 1968
Scheele, Michael, Schuld oder Schicksal, Komplett – Media Verlag, München 2016
Scheerer, Sebastian, Die abolitionistische Perspektive, in: Kriminologisches Journal, Nr. 16, 1984, 90-111
Schiltz K[1], Witzel JG, Bausch-Hölterhoff J, Bogerts B., High prevalence of brain pathology in violent prisoners: a qualitative CT and MRI scan study. Eur Arch Psychiatry Clin Neurosci. 2013 Oct;263(7):607-16. doi: 10.1007/s00406-013-0403-6. Epub 2013 Apr 9
Schulz, Benjamin, Unerwünschter Kollege. Hafenarbeiter protestieren gegen Sexualstraftäter.
Schuster, Martina, Sülzle, Almut, Zwangsprostitution, Sexarbeit, Menschenhandel und die WM 2006, Wien, Dezember 2006.
Seneca epistulae morales ad lucilium, liber V.
Sklaverei: http://de.wikipedia.org/wiki/Sklaverei_im_R%C3%B6mischen_Reich.

Sloterdijk, Peter, Der verletzte Stolz, Der Spiegel vom 8.11.2010 (45/2010)
Spiegel online, 25. Juni 2013, 16:49 Uhr. Sexualstraftäter als Kollege. Arbeitskampf am Containerterminal, Spiegel online vom 28.Juni 2013, 18:44 Uhr.
S.P.O.N. – Fragen Sie Frau Sibylle, Ja, sie darf Geld verdienen, Spiegel Online, 2. März 2013, 13:01
Strafe: Tor zur Versöhnung? Eine Denkschrift der Evangelischen Kirche in Deutschland zum Strafvollzug, Gütersloher Verlagshaus Gerd Mohn 1990
Strang, Heather, Is restorative justice imposing its agenda on victims?, in: Critical Issues, 95-106 Summary of the ILO 2012 Global Estimate of Forced Labour. http://www.ilo.org/global /topics/forced-labour/lang-en/index.htm.
Tidiane N'Diaye, Der verschleierte Völkermord: Die Geschichte des muslimischen Sklavenhandels in Afrika, Rowohlt 2010
Thielicke, Helmut, Mensch sein - Mensch werden, R. Piper & Co. Verlag München 1976
Thukydides, Der Peloponnesische Krieg 8, 40, 2
Tietze, Ulrich, Nur die Bösen? Seelsorge im Strafvollzug, Hannover: Luth. Verlagshaus 2011.
Tillmann Bartsch, Sicherungsverwahrung – Recht, Vollzug, aktuelle Probleme, Nomos – Verlag Baden-Baden, 2010
Treibel, Annette Migration in modernen Gesellschaften. Soziale Folgen von Einwanderung, Gastarbeit und Flucht. Beltz Verlag Weinheim und München 3. Aufl. 2003
Vergil, (P. Vergilius Maro), Aeneis, Ernst Heimeran Verlag München 1964.
United Nations office on Drugs and Crime: www.unodc.org/unodc/human-trafficking/.
Walter, Joachim, Minoritäten im Strafvollzug, in: Aus Politik und Zeitgeschichte 7/2010, http://www.bpb.de/apuz/32979/minoritaeten-im-strafvollzug?p=all
Weitekamp, Elmar; Herberger, Scania, Amerikanische Strafrechtspolitik auf dem Weg in die Katastrophe, Neue Kriminalpolitik 2/1995, 16ff.
Wichern, Johann Hinrich, Die Behandlung der Verbrecher, in: Ausgewählte Schriften Band 3, Schriften zur Gefängnisreform, Gütersloher Verlagshaus Gerd Mohn, Gütersloh, 1. Aufl. der Taschenbuchausgabe, 1979
Wirth, Wolfgang, Übergangsmanagement aus dem Strafvollzug: Fokus „Arbeitsmarktintegration“, INFO 2010 77 - 81
www.dhs.gov/topic/human-trafficking.
www.fbi.gov/about-us/investigate/civilrights/human_trafficking.
www.unodc.org/unodc/en/human-trafficking/faqs-migrant-smuggling.html
www.zeit.de/2008/17/Freier-Wille?, page 4
Zeit – Dossier: Die Schlechterungsanstalt, aus: Die Zeit Nr. 34 vom 16. 8. 2012

Anmerkungen

[1] Balthasar Gareis, Eugen Wiesnet, Hg., Hat Strafe Sinn?, Verlag Herder Freiburg i.Br. 1974, 6.

[2] Ulfried Kleinert, Hg., Strafvollzug, Chr. Kaiser Verlag München und Matth.-Grünewald-Verlag Mainz 1972, 9.

[3] A.a.O., 10.

[4] Martinson, Robert, "What Works?- Questions and Answers About Prison Reform" in: The Public Interest 1974, 22-54.

[5] Egg, Rudolf, Verbrechensfurcht und Verbrechenswirklichkeit, in: Sichere Gesellschaft, Teil 1, Rundbrief Straffälligenhilfe Nr 38, 14. Jg., Sept. 2003, 14-21, 15.

[6] Cornel, Heinz, Neue Punitivität durch Reduzierung der Strafrestaussetzungsquote im deutschen Strafvollzug?, Mönchengladbach, Forum Verlag Godesberg, 2013. Cremer-Schäfer, Helga; Steinert, Heinz, Straflust und Repression: Zur Kritik der populistischen Kriminologie, Münster, Westfälisches Dampfboot, 2. Aufl. 2014. Sack, Fritz, Wie die Kriminalpolitik dem Staat aufhilft, in: Kriminologisches Journal, 8. Beiheft 2004, 30-50.

[7] Fritz Sack, Wie die Kriminalpolitik dem Staat aufhilft. Governing through Crime als neue politische Strategie, in: Rüdiger Lautmann; Daniela Klimke; Ders. (Hg.), Punitivität, 8. Beiheft zum Kriminologischen Journal, Weinheim (Juventa), 2004, 30-50.

[8] Jasch, Michael, Wer hat Angst vor der Biologie?, Neue Kriminaltpolitik 2008, Heft 2, 42-44; Böllinger, Lorenz, u.a.., Hg., Gefährliche Menschenbilder: Biowissenschaften, Gesellschaft und Kriminalität, Baden – Baden: Nomos-Verlag 2010.

[9] Rainer Tölle, Psychiatrie, 8., neubearb.Auflage, Berlin, Heidelberg u.a. 1988, 101-117.

[10] Psychopathie wurde in dieser Zeit als genetische Minderwertigkeit gedeutet (nach J.L.A. Koch, Die psychopathischen Minderwertigkeiten, Maier Verlag Ravensburg 1891-93). Der Begriff kommt aber schon bei F. Pinel, Traité Medico-Philosopique sur l'aliénation mentale, Brosson Verlag Paris 1809.

[11] Michael Kölch, Theorie und Praxis der Kinder- und Jugendpsychiatrie in Berlin 1920-1935, 2006, http://www.diss.fu-berlin.de/diss/servlets/MCRFileNode Servlet/ FUDISS_derivate_000 000002422/02_mkdisskapitel1.pdf? hosts=, 27.

[12] Als Beispiel: Kurt Schneider, Die psychopathischen Persönlichkeiten, Leipzig; Wien 1923, erreichte bis 1950 9 Auflagen.

[13] Tölle, Psychiatrie, 101. Aus psychotherpeutischer Sicht hat bereits Harald Schultz-Henke, Lehrbuch der analytischen Psychotherapie, Stuttgart, Georg Thieme Verlag, 2. unveränderte Aufl. 1969 (1. Aufl. 10951), 298 – 308, den Begriff nur „in Anführungszeichen" verwendet.

[14] Hier spricht man von dissozialer oder antisozialer Persönlichkeitsstörung. Aufschlußreich ist jedoch die Zusammenfassung dieser Störungen unter dem Stichwort der Psychopathie, so etwa: Hart SD, CoxDN & Hare RD (1966) The Hare PCL.SV. Psychopathy Checklist: Screening Version. MultiHealth Systems, North Tonawanda-Toronto. Die Häufigkeit von Persönlichkeitsstörungen in nordamerikanischen Gefängnissen liegt nach Hare bei 20 %, in der forensischen Psychiatrie bei 10 %, in der Allgemeinpopulation rechnet man mit 3-7 % bei Männern und 1-2 % bei Frauen. Antisoziale Persönlichkeit werden angenommen zwischen 0,2 und 3 %, Bronisch, T., Persönlichkeitsstörungen. In: Möller, H.-J. u.a., Hg., Psychiatrie und Psychotherapie, Springer - Verlag, Berlin Heidelberg, New York 2000. Im Diagnoseschlüssel ICD 10 (F6) kommen die Persönlichkeitsstörungen unter F 60.1 bis F 60.8 vor.

[15] Michael Kölch, a.a.O. 25.

[16] Arno Plack, Ohne Lüge leben. Zur Situation des Einzelnen in der Gesellschaft, Deutsche Verlagsanstalt, 1976, 266.

[17] Kevin Dutton, Psychopathen, 2014, 230f.

[18] Erlaß zur Umsetzung des Gesetzes zur Einführung der nachträglichen Sicherungsverwahrung, Ministerium für Justiz, Frauen, Jugend und Familie des Landes Schleswig - Holstein vom 5.10.2004.

[19] Monika Frommel, NK 3/2004, 88 etwa stellt hohe Anforderungen an die Voraussetzung, es müsse sich um neue Tatsachen handeln. Dies würde die erkennenden Gerichte zwingen, immer dann zumindest von § 66 a StGB - der vorbehaltenen Sicherungsverwahrung - Gebrauch zu machen, wenn sie Tatsachen zu beurteilen haben, aus denen sich die Gefährlichkeit des für voll schuldfähig eingestuften Verurteilten ergibt. Verneinen sie dies, präkludiert diese Entscheidung die spätere Anwendung des § 66 b StGB. § 66 b StGB wäre dann nur für Altfälle oder für solche Fälle reserviert, in denen der die Gefährlichkeit begründende Hintergrund »neu« ist. Es wird sich zeigen, wie die nächste Stufe in der Umsetzung der neuen Sicherheitstechniken aussehen wird.

[20] Anlass der Neuordnung war ein Urteil des Europäischen Gerichtshofes zur nachträglichen SV. Das Gericht ordnete an, dass die SV nicht entgegen der Gesetzeslage ohne Befristung angeordnet werden dürfe. (Galt nur für Altfälle vor 1998.) Zum weiteren Fortgang s.u. 223ff.

[21] Die Gesetzesvorlage der Bundesregierung sieht das so vor.

[22] Zitiert nach dem Manuskript der Klinik und Poliklinik für Psychiatrie und Psychotherapie der Charite in Berlin.

[23] Bei diesem Problem spielte dann auch die Hirnforschung mit. Dazu siehe unter „freiem Willen".

[24] Helmut Thielicke, Mensch sein - Mensch werden, R. Piper & Co. Verlag München 1976, 90.

[25] labeling - appraoch, dargestellt in Fritz Sack, René König, Hg., Kriminalsoziologie, Frankfurt 1968, 443 und 472.

[26] Aristoteles, Nikomachische Ethik, 233.

[27] A.a.O., 236.

[28] A.a.O., 239f.

[29] René Girard hat das Begehren als den Antrieb zum Kampf aller gegen alle und damit die eigentliche Ursünde herusgearbeitet. Daher gibt es das Gebot „Du sollst nicht begehren…". Das Begehren Evas ist keine Straftat, sondern eine Grundausstattung des Menschen, mit der umzugehen sich immer als schwierig und meist als verhängnisvoll erwiesen hat. (Ich sah den Satan vom Himmel fallen wie einen Blitz. Eine kritische Apologie des Christentums, Frankfurt am Main: Verlag der Weltreligionen im Insel Verlag, 2008.)

[30] 1. Mose 4.

[31] Römer 7, 18b – 21.

[32] Ulrich Eibach, Gott im Gehirn? – Ich - eine Illusion?, SMC R. Brockhaus im SMC-Verlag, Witten, 2. Aufl. 2008, behandelt das Thema aus theologischer Sicht. Michael Scheele, Schuld oder Schicksal, Komplett – Media Verlag, München 2016, behandelt das Thema aus juristischer Erfahrung als Rechtsanwalt.

[33] So zuletzt in Cesare Lombroso, Die Ursachen und Bekämpfung des Verbrechens, Berlin 1902.

[34] Hans J. Markowitsch, Werner Siefer, Tatort Gehirn. Auf der Such nach dem Ursprung des Verbrechens, Campus Verlag Frankfurt / New York, 2007, 216.

[35] A.aO., 218.

[36] A.a.O., 222.

[37] A.a.O., 228f.

[38] A.a.O., 238f.

[39] www.zeit.de/2008/17/Freier-Wille?, page 4.

[40] Bieri, Peter, Das Handwerk der Freiheit. Über die Entdeckung des eigenen Willens, Hanser Verlag München 2001.

[41] Roth, Gerhard, Freier Wille, Verantwortlichkeit und Schuld, in: Berlin-brandenburgische Akademie der Wissenschaften, Elektronischer Dokumentserver, Debatte, Heft 1, Zur Freiheit des Willens, (2004), 63-70, Zitat 63.

[42] Roth, Gerhard, Aus Sicht des Gehirns, Vollständig überarbeitete Neuauflage 2009, suhrkamp taschenbuch wissenschaft 1915, Suhrkamp Verlag Frankfurt am Main, 180-204.

[43] Michael Pauen, Gerhard Roth, Freiheit, Schuld und Verantwortung: Grundzüge einer naturalistischen Theorie der Willensfreiheit, Berlin, Suhrkamp Verlag, 2. Aufl. 2008, 176.

[44] Libet, Benjamin, Mind Time. Wie das Gehirn Bewusstsein produziert, Suhrkamp Verlag Frankfurt am Main, suhrkamp taschenbuch wissenschaft 1834, 2007, 195.

[45] A.a.O., 196.

[46] A.a.O., 197f.

[47] Roth, a.a.O., 200-202.

[48] Bernd Bogerts, Individuelle und kollektive Gewalt – neurobiologische Ursachen und soziale Bedingungen, Vortrag auf dem Symposium forensische Psychiatrie: Aggression – Gewalt – Exzess, 10./11. 10. 2016 in Erfurt. Siehe auch: Schiltz K[1], Witzel JG, Bausch-Hölterhoff J, Bogerts B., High prevalence of brain pathology in violent prisoners: a qualitative CT and MRI scan study. Eur Arch Psychiatry Clin Neurosci. 2013 Oct;263(7):607-16. doi: 10.1007/s00406-013-0403-6. Epub 2013 Apr 9.

[49] Adrian Raine, Als Mörder geboren. Die biologischen Wurzeln von Gewalt und Verbrechen, Stuttgart, J.G. Cotta'sche Buchhandlung 2015, 392 ff.

[50] Aristoteles, a.a.O., 231.

[51] Insofern gibt Ulrich Tietze in seinem Buch über Gefängnisseelsorge mit der Titelfrage „Nur die Bösen?" (Luth. Verlagshaus 2011) die richtige und überfällige Antwort auf die Frage, ob die Bösen die sind, die in ein Gefängnis kommen. Sie sind es nicht, jedenfalls nicht allein!

[52] Matthäus 7, 12.

[53] Johann Wolfgang von Goethe, Faust, Erster Theil, Stuttgart 1867, 50

[54] Beispielhaft wurden diese Sündenbegriffe im sog. pelagianischen Streit bearbeitet, etwa 410-431. Augustinus trug mit seiner Erbsündenlehre den Sieg davon, Pelagius wurde wegen der Lehre, die Sünde sei vermeidbar, als Irrlehrer verurteilt. Schriften u.a.: S. Kopp u.a. Hg., A. Augustinus, Schriften gegen die Pelagianer, Würzburg 1955ff.. Aus Augustins originalwerken ua: De peccatorum meritis et remissione et de bapütismo paruulorum ad Marcellinum; De natura et gratia; De gratia Christi et den peccato originali.

[55] Dazu auch Bernd Maelicke, Das Knastdilemma. Wegsperren oder resozialisieren? Eine Streitschrift, München, C. Bertelsmann Verlag 2015, 24ff und 64ff.

[56] Zeit – Dossier: Die Schlechterungsanstalt, aus: Die Zeit Nr. 34 vom 16. 8. 2012.

[57] 2013 gab es in Thüringen 53% Mehrfachbelegung, in Hamburg 5%. Die anderen Länder liegen dazwischen. S. die Auswertung des Bundes der Strafvollzugsbediensteten vom 27. 9. 2013 auf der Internetseite des BSBD.

[58] § 201 Nr. 3 Satz 1 StVollzG.

[59] BGH III ZB 89/05 vom 28.9.2006.

[60] http://www.kn-online.de/News/Aktuelle-Nachrichten-Schleswig-Holstein/ Nachrichten-Schleswig-Holstein/Schleswig-Holstein-In-den-Gefaengnissen-waechst-die-Gewalt. http://www.kn-online.de/News/Aktuelle-Nachrichten-Schleswig-Holstein/Nachrichten-Schleswig-Holstein/Gewalt-im-Gefaengnis-Fast-taeglich-gibt-es-Rangeleien. https:// www.ndr.de/fernsehen/sendungen/schleswig-holstein_magazin/Waechst-die-Gewalt-in-den-Gefaengnissen,shmag42758.html.

[61] Katharina Bennefeld-Kersten u.a., Bericht der Arbeitsgruppe Suicidprophylaxe im Strafvollzug, Manuskript , 34f. S. auch Wilfried Heinrich, Thomas Thalmann, Suizidproblematik im Justizvollzug, Justizvollzugsanstalt Kassel II, 1992. Katharina Bennefeld-Kersten hat das Thema auch weiter bearbeitet in: Ausgeschieden durch Suizid – Selbsttötungen im Gefängnis, Science Publishers, Berlin u.a., 2009. Unter ihrer Regie läuft auch ein Projekt der Telefonseelsorge bei der Risikogruppe in den ersten Wochen der Untersuchungshaft mit den ev. und kath. SeelsorgerInnen in Niedersachsen.

[62] Wilfried Heinrich, Thomas Thalmann, Suizidproblematik im Justizvollzug, Justizvollzugsanstalt Kassel II, 1992, Zusammenfassung 91ff.

[63] Die Studie wurde Ende der 80iger Jahre an der Medizinischen Hochschule in Lübeck durchgeführt. Autor war A. Reimer. Eine schriftliche Fassung ist mir nicht bekannt. Die Ergebnisse stammen aus einem Referat.

[64] Anomie: Emile Durckheim, Le Suicide, Paris 1895.

[65] Karl Menninger, Strafe - ein Verbrechen? , Fischer Taschenbuch 42244, Frankfurt 1982, 45

[66] Beispielsweise Johann Hinrich Wichern, Die Behandlung der Verbrecher, in: Ausgewählte Schriften Band 3, Schriften zur Gefängnisreform, Gütersloher Verlagshaus Gerd Mohn, Gütersloh, 1. Aufl. der Taschenbuchausgabe, 1979, 27.

[67] Siehe destatis.de: Strafgefangene nach Geschlecht, Alter und Art des Vollzugs, voraussichtliche Vollzugsdauer, 31.3.2013. (Statistisches Bundesamt)

[68] Neue Wege in der Kriminalpolitik, Denkschrift, TBT Verlag Sierksdorf 2001, 22-24.

[69] Siehe Anmerkung 60.

[70] Vgl. Tobias M. Berger, Planungen des Justizministeriums zur Fortentwicklung des Übergangsmanagements vom Justizvollzug in die Freiheit, in: Zeitschrift für soziale Strafrechtspflege, 49, August 2013, 41-48. Ebenso: Bernd Maelicke, Übergangsmangement: Paradigmenwechsel oder alter Wein in neuen Schläuchen?, in: Forum Strafvollzug, 61. Jg. Heft 3, Mai/Juni 2012, 158f.

[71] Das Übergangsmanagement erfreut sich auch in anderen Bereichen großer Beliebtheit: Der Übergang von der Schule in den Beruf muss z.B. heute gemanagt werden.

[72] Wolfgang Wirth, Übergangsmanagement aus dem Strafvollzug: Fokus „Arbeitsmarktintegration“, INFO 2010 77, 81.

[73] Maelicke, 159.

[74] Ebd.

[75] Christian Kohner – Kahler, Victim goes Superstar – eine kritische Lektüre des Opfers, Neue Kriminalpolitik, jg. 25, Nr. 2, 2013, 166-181, Zitat 180.

[76] Unerwünschter Kollege. Hafenarbeiter protestieren gegen Sexualstraftäter, Spiegel online, 25. Juni 2013, 16:49 Uhr. Sexualstraftäter als Kollege. Arbeitskampf am Containerterminal. Von Benjamin Schulz, Spiegel online vom 28.Juni 2013, 18:44 Uhr.

[77] http://www.spiegel.de/panorama/justiz/bremerhaven-arbeitsgericht-billigt-kuendigung-von-hafenarbeiter-a-998436.html.

[78] Kai Bammann in Forum Recht (29.07.2007) Kein Schritt vorwärts, drei zurück? Aktuelle Entwicklungen im Strafvollzug(srecht): Angriff auf Vollzugsziel, Lockerungen und die Bundeskompetenz.

[79] Ebenda.

[80] Fritz Sack, René König, Hg., Kriminalsoziologie, Frankfurt 1968.

[81] Entwicklung über die orale, anale, ödipale Phase per Triebverzicht zur Ich – Stärke, dem Ich als Realitätsinstanz, die zwischen den Norm- (Gesellschaft) und Triebanforderungen (Individuum – Wunscherfüllung, Aggression) vermitteln kann. Dadurch ist das Individuum im Stande, eine Balance zwischen beidem zu entwickeln, die eine Normanpassung möglich macht. Freud, Sigmund, Das Unbehagen in der Kultur, in: Studienausgabe Band IX, Frankfurt am Main: S. Fischer Verlag 1974, 191-270.

[82] Die fünf Phasen der Sozialisation: 1) Dyade mit der Mutter, beginnende Kontrolle der Körperfunktionen und Kommunikation mit anderen, 3) Erlernen von Rollen und Anforderungen an diese, bes. Geschlechterrolle. Identifikation mit den Rollen der Eltern, expressiv bei Mädchen, instrumentell bei Jungen, 4) gesellschaftliche Rolle als Leistungsanforderung in der peer group, 5) Orientierung an der Anforderungen der Gesellschaft an die Erwachsenenwelt. Diese Theorie wird häufig dargestellt, so z.B. bei Abels, Heinz, Einführung in die Soziologie, Band 2, Die Individuen in ihrer Gesellschaft, Westdeutscher Verlag, Wiesbaden, 1. Aufl. 2001, 75ff. Hier wird auch erklärt, dass die Bedeutung der Theorie Parsons' darin liegt, dass sie Durkheim und Freud, die Lerntheorie, die kulturanthropolgische Forschung und den Sozialbehviorismus integriert.

[83] Abels, a.a.O., 74.

[84] In Anlehnung an den Titel: Nickolai, Werner; Reindl, Richard, Hg., Sozialer Auschluss durch Einschluss, Strafvollzug und Straffälligenhilfe zwischen Restriktion und Resozialisierung, Lambertus-Verlag, Freiburg i.Br., 2001.

[85] Hirschi, Travis, Causes of deliquency, Berkeley, Los Angeles, London: University of California Press 1969; Reiss, A. J., Deliquency as the Failure of Personal and Social Controls, in: American Sociological Review 16/1951, 196-207; Reckless, W.C., Halttheorie, in: MschrKrim 1961, 1-14; ders. The Crime Problem, 5. Aufl. New York 1973; Gottfredson, Michael; Hirschi, Travis, A general theory of crime, Stanford: Stanford University Press 1990.

[86] Cornel, Heinz, 1. Zum Begriff der Resozialisierung, in: Cornel, Heinz; Kawamura-Reindl, Gabriele u.a., Hg., Resozialisierung, Handbuch, Nomos Verlagsgesellschaft Baden-Baden, 3. Aufl. 2009, 27-60, zit. 41, Rn31.

[87] A.a.o., Rn 33.

[88] Mehr Polizeibeamte, weniger Straftaten?, in: Der Spiegel 22/1994 vom 30. 5. 1994, 50ff.

[89] S. Cornel, a.a.O., 41ff.

[90] Cornel, a.a.O., 43, Rn 38.

[91] S. Cornel, a.a.O., 41-44.

[92] S.dazu auch Cornel, a.a.O., 44-46.

[93] S. den Hinweis darauf von Cornel, a.a.O., 46.

[94] Cornel, a.a.O., 51, Rn 57.

[95] Gwen Robinson, Iain Crow, Offender Rehabilitation, Theory, Research and Practice, Sage Publications, London 2009.

[96] Martinson, Robert, "What Works? - Questions and Answers About Prison Reform" in: The Public Interest 1974, Seiten 22-54.

[97] Das „Lebach Urteil", BVerfG, Urteil v. 05.06.1973, Az. 1 BvR 536/72.

[98] Das BVerfG, Urteil v. 14.03.1972, Az. 2 BvR 41/71 hob diese Art von Grundrechtseingriffen ohne gesetzliche Grundlage mit Übergangsfrist auf.

[99] Unerwünschter Kollege. Hafenarbeiter protestieren gegen Sexualstraftäter, Spiegel online, 25. Juni 2013, 16:49 Uhr. Sexualstraftäter als Kollege. Arbeitskampf am Containerterminal. Von Benjamin Schulz, Spiegel online vom 28.Juni 2013, 18:44 Uhr. Zudem die Aktionen rund um entlassene Sicherungsverwahrte, etwa: https://www.openpetition.de/petition/online/ resozialisierungs -inseln-wider-willen-der-schutz-der-bevoelkerung-hat-vorrang.

[100] Maelicke, Bernd, Aus dem Knast ins Entlassungsloch, 17. Juli 2012. http://www.sueddeutsche.de/panorama/probleme-der-resozialisierung-aus-dem-knast-ins-entlas-sungsloch-1.1414170.

[101] §§ 14 I Nr. 2., 41 I Bundesbeamtengesetz, § 45 I StGB.

[102] Neuestes Beispiel ist der SPD-Abgeordete Edathy, der bereits durch die Vorermittlungen zum Vorwurf der Kinderpronographie als Politiker und Mensch erledigt ist. S. die zahlreichen Medienberichte und Talkshows dazu im Februar 2014.

[103] Rauchfleisch, Udo, Außenseiter der Gesellschaft, Vandehoeck und Ruprecht, Göttingen 1999; ders., Betreuung und Therapie von Strafgefangenen vor dem Hintergrund ihrer Psychodynamik, in: Wege zum Menschen, 36/1984, 52-62.

[104] Zur Persönlichkeit des Straftäters in psychoanalytischer Sicht siehe zusammenfassend: Udo Rauchfleisch, Betreuung und Therapie von Strafgefangenen vor dem Hintergrund ihrer Psychodynamik, in: Wege zum Menschen, 36/1984, 52-62.

[105] Udo Rauchfleisch, a.a.O., 55.

[106] Siehe Wolfgang Graz, Das System Gefängnis, Neue Kriminalpolitik, 7. Jg., Heft 2, Mai 1995, 30 - 34, bes. 31, Sp. 1und 2.

[107] Siehe dazu aber die Vorgänge um den Hauptbahnhof in Stuttgart (beginnend 2010) und den Essay von Peter Sloterdijk, Der verletzte Stolz, Der Spiegel vom 8.11.2010 (45/2010). Dabei ist nur klar, dass sich die BürgerInnen in diesem Fall nicht von ihrer Weltsicht trennen wollen und den Verantwortlichen deren Interpretation dieser Weltsicht nicht überlassen.

[108] Die Rückfallstatistik des Generalbundesanwaltes von 1990 weist eine Rückfallquote von rund 50% aus, bei Jugendlichen von über 70%. S. Heribert Ostendorf, Krimilaität und Strafrecht, Heft 248 der Informationen zur politischen Bildung, 3. Quartal 1995, 48.

[109] Ein Anfang ist aber doch gemacht von Wolfgang Heinz, Evaluation jugendkriminalrechtlicher Sanktionen – Eine Sekundäranalyse deutschsprachiger Untersuchungen, in: Friedrich Lösel, Doris Bender, Martin Jehle, Kriminologie und wissensbasierte Kriminalpolitik, Mönchengladbach, Forum Verlag Godesberg 2007, 495-516; ders., Die jugendstrafrechtliche Sanktionierungspraxis im Ländervergleich. In: Dölling, Hrsg., Das Jugendstrafrecht an der Wende zum 21. Jahrhundert, 2001, S. 63-97.

[110] §§ 81-93 Strafvollzugsgesetz des Bundes von 1976, §§ 72-80 Musterentwurf zum Landesstrafvollzugsgesetz vom 23. August 2011.

[111] §§ 63f. Strafgesetzbuch.

[112] Dazu die beiden Fälle BVerfGE 70/297 und Neue Juristische Wochenschrift 1995, 3048. Hier lautet der Entscheidungstenor der verfassungsrechtlichen Prüfung so: "1. Bei der Fortdauer der Unterbringung muß eine Würdigung im Lichte von Art. 2 Abs. 2 S. 2 GG stattfinden. In dieser Hinsicht ist die Schwere des Eingriffs, der mit der Maßregel verbunden ist, mit der Gefahr abzuwägen, die vom Täter ausgeht, wenn die erfor-

derliche Gesamtwürdigung stattfindet. Die weitere Unterbringung des Täters ist nur gerechtfertigt, wenn sein Zustand weitere erhebliche rechtswidrige Taten erwarten läßt. Daher muß beurteilt werden, ob und welche rechtswidrige Taten drohen, wie groß die Gefährdung ist (Häufigkeit, Rückfallfrequenz) und wie gewichtig die betroffenen Rechtsgüter sind. Die Verhältnismäßigkeit des Freiheitsentzugs ist desto strenger zu beurteilen, je länger der Täter bereits in einem psychiatrischen Krankenhaus untergebracht ist. 2. Besonders sorgfältige Abwägung, warum in Zukunft mit erheblichen rechtswidrigen Taten zu rechnen ist, muß stattfinden, wenn wegen Taten, die nicht einmal zur mittleren Kriminalität gehören, bereits ein Maßregelvollzug von mehr als 24 Jahren unter Berücksichtigung von immer wieder gewährten Bewährungschancen stattgefunden hat." Zur Problematik auch: Dessecker, Axel., Überlegungen zu einer Begrenzung des Maßregelrechts, in: Bender, Doris u.a., Täterbehandlung und neue Sanktionsformen: Kriminalpolitische Konzepte in Europa, Forum Verlag Godesberg 2000, 179-191.

[113] Frieder Dünkel, Kriminologische Grundsatzfragen der Kriminalprognose, in: Nomos-Kommentar zum StGB, 4. Aufl., 2013, § 57, Rn. 107-128. Endres, Die Kriminalprognose im Strafvollzug: Grundlagen, Methoden und Probleme der Vorhersage von Straftaten, ZfStrVo 2000, S. 67-84.

[114] Gefunden im Internet, Vortrag an der Universität Siegen am 24. 06. 2004, SPHF-Interventionschancen bei Multiproblemfamilien, 1f. Ähnlich ein Vortrag von Roel Bouwenkamp, am 10.10. 1998 in der LKFH Aachen: „Menschen aus den unteren sozioökonomischen Schichten sind eine große Risikogruppe."

[115] www.coping-project.eu.

[116] www.treffpunkt - nbg.de/projekte/coping/ergebnisse.html.

[117] Auch in der Politik wurde das Problem aufgegriffen, siehe die kleine Anfrage von Abgeordneten von Bündnis 90/Die Grünen, Drucksache 17/6984, http://dipbt.bundestag.de/dip21/btd-/17/072/ 1707231.pdf.

[118] ebd.

[119] Entwurf zum Strafvollzugsgesetz in Schleswig – Holstein § 3 VI, § 24, §42 II. Allerdings § 26 II des Hamburgischen Strafvollzugsgesetzes, Art. 27 Bayerisches Strafvollzugsgesetz jeweils eine Stunde Mindestbesuchszeit. Strafvollzugsgesetz Nordrhein-Westfalen §26 II.: vier Stunden für Kinder. Entwurf zum Strafvollzugsgesetz in Schleswig – Holstein § 3 VI, § 24, §42 II.

[120] Zeit-Dossier: Die Schlechterungsanstalt, aus: Die Zeit Nr. 34 vom 16. 8. 2012, Einleitungsabsatz.

[121] So die These von Susanne Karstedt, Die moralische Stärke schwacher Bindungen, Individualismus und Gewalt im Kulturvergleich, MschrKrim, 84. Jg, Heft 3, 2001, S. 226-243.

[122] Manuel Eisner, Das Ende der zivilisierten Stadt? Die Auswirkungen von Modernisierung und urbaner Krise auf Gewaltdelinquenz, Frankfurt, New York 1997.

[123] Joachim Kersten, Risiken und Nebenwirkungen: Die Bewerkstelligung von „Männlichkeit " und „Weiblichkeit" bei Jugendlichen der underclass, in: Sozialer Wandel und Jugendkriminalität, hrsg. v. der DVJJ, Bonn 1997, S. 129-142.

[124] Robert W. Connell, Der gemachte Mann, Budrich und Leske, 2000.

[125] Joachim Kersten, Risiken und Nebenwirkungen, 135.

[126] Udo Rauchfleisch, Außenseiter der Gesellschaft, Vandehoeck und Ruprecht, Göttingen 1999.

[127] http://www.spiegel.de/panorama/justiz/kriminalitaet-die-maer-von-der-steigenden-jugendkriminalitaet-a-1119162-druck.html.

[128] Alberto Adriano wurde am 11. Juni 2000 in Dessau von drei rechtsradikalen Männern im Dessauer Stadtpark derart misshandelt, dass er an den Folgen drei Tage später starb. Die Täter wurden am 30 8. 2000 zu langen Haftstrafen verurteilt. Siehe auch: http://www.rp-online.de/politik/gedenkstele-fuer-alberto-adriano-geschaendet-aid-1.2269403. und: Der spiegel 35/2000, 67 f. , http://magazin.spiegel.de/EpubDelivery/spiegel/pdf/17217924.

[129] Das scheint sich gerade zu ändern, wenn man die Entwicklung der Gesetze zum Strafvollzug in den Bundesländern betrachtet, besonders in den Entwürfen von Schleswig-Holstein und Berlin.

[130] Gesellschaften gibt es auf dieser Welt zu Hauf, wo sich loser oder vermeintliche loser das Recht zur ständigen Empörung stets nehmen. Beispiele sind heute Terrorismus (im Weltmaßstab) und Piratentum.

[131]Ratgeber für Gefangene, Verlag schwarze Seele, Hamburg, Berlin, Frankfurt am Main 1985, 21f.

[132] Hans Joas, Ist die Menschenwürde noch unser Wert? In: Zeit – Philosophie, Nr. 25, 68. Jg., Juni 2013, 10f.

[133] A.a.O., 10.

[134] Siehe die Diskussion über Natascha Kampusch, die nach Meinung mancher unnötigen Forendiskutanten ihre Opferrolle falsch wahrnimmt: S.P.O.N. – Fragen Sie Frau Sibylle, Ja, sie darf Geld verdienen, Spiegel Online, 2. März 2013, 13:01.

[135] Bieneck, Steffen; Pfeiffer, Christian, Viktimisierungserfahrungen im Justizvollzug, Kriminologisches Forschungsinstitut Niedersachsen e.V., Forschungsbericht Nr. 119, 2012, 10 und 34.

[136] Siehe unten das entsprechende Kapitel.

[137] Alexy, Robert, Theorie der Grundrechte, suhrkamp taschenbuch wissenschaft 582, 1994,73f.

[138] a.a.O., 78f.

[139] Matthäus 5, 45.

[140] Ernst Benda, Vom Sinn menschlichen Strafens, in B. Gareis und E. Wiesnet, Hg., Hat Strafe Sinn?, Verlag Herder Freiburg 1974, 16-31, Zitat 21.

[141] Schlagendes Beispiel: Die jüngste Strafrechtsreform in den USA, zusammenfassend beschrieben in: Elmar Weitekamp und Scania Herberger, Amerikanische Strafrechtspolitik auf dem Weg in die Katastrophe, Neue Kriminalpolitik, 7. Jg. 1995, Heft 2, 16-22.

[142] Arno Plack, Plädoyer für die Abschaffung des Strafrechts, Paul List Verlag München 1974, 105.

[143] Sigmund Freud, Totem und Tabu, in: Studienausgabe Band IX, S. Fischer Verlag Frankfurt am Main, 1974, 361.

[144] Sigmund Freud, Das Unbehagen in der Kultur, in: Studienausgabe Band IX, S. Fischer Verlag Frankfurt am Main, 1974, 251f.

[145] A.a.O., 110f.

[146] A.a.O., 117.

[147] Friedrich Nietzsche, Aus dem Nachlaß der Achzigerjahre,....

[148] Immanuel Kant, Die Metaphysik der Sitten, Akademische Ausgabe, 331f.

[149] A.a.O., 332. Kant legt dem moralischen Gesetz in der Grundlegung zur Metaphysik der Sitten, Riga, Zweite Auflage 1786, einen unbedingten Geltungsanspruch zugrunde (a priori... „in den Begriffen der reinen Vernunft“), 21. In der philosophischen Tradition hat schon Aristoteles sich kritisch mit der Wiedervergeltung auseinandersgesetzt. Er fordert „verhältnismäßige Wiedervergeltung“ nach dem Grundsatz der proportionalen

Gleichheit. (Nikomachische Ethik, Körners Taschenausgabe Band 129, Stuttgart 1958, 258ff.

[150] 2. Mose 21, 23f., ähnlich 3. Mose 24,20 und 5. Mose 19,21.

[151] 2. Mose 21, 12ff

[152] 2. Mose 21, 18f..

[153] 2. Mose 21, 28ff..

[154] 5. Mose 19,18ff..

[155] 4. Mose 35, 11f..

[156] 1. Mose 9,6.

[157] 1. Mose 4, 9-16.

[158] Gerhard von Rad, Theologie des Alten Testaments, Band I, Chr. Kaiser Verlag München 1957, 40.

[159] Vielzitiertes Beispiel: Paul Althaus, Die Ethik Martin Luthers, Verlagshaus Gerd Mohn, Gütersloh 1965, 140f.

[160] 3. Mose 5, 21 - 26.

[161] 2. Mose 20.

[162] Markus 12, 30f.

[163] 1. Könige 3, 16-28.

[164] Johannes 8,1-11.

[165] Lukas 19,1-10. Es handelt sich um ‚lukanisches Sondergut', eine Erzählung, die die ‚Rettung der Verlorenen' illustriert. S. auch 16.3.

[166] Matthäus 7, 1-5. S auch 16.11.

[167] Hermann Bianchi, Alternativen zur Strafjustiz, München: Kaiser; Mainz: Matthias-Grünewald-Verlag 1988 (aus dem Niederländischen) , 19.

[168] a.a.O., 97.

[169] Karl Menninger, Strafe - ein Verbrechen? , Fischer Taschenbuch 42244, Frankfurt 1982, 222.

[170] ebd.

[171] Tilman Moser, Jugendkriminalität und Gesellschaftsstruktur, Fischer Taschenbuch Verlag 1972, 289.

[172] Oberlies, a.a.O., 99, Anmerkung 9.

[173] Genesis 22, 1-19.

[174] Lukas 23, 32-49 par., Johannes 19, 17-37.

[175] Magnus Striet, Erlösung auf Golgota?: Der Opfertod Jesu im Streit der Interpretationen, Freiburg, Verlag Herder 2012.

[176] Islamistische Aktionen verdeutlichen das auf einprägsame Weise: Matthias Gebauer, Krieg in Mali, "Die Franzosen haben uns gerettet", spiegel-online, 26. Januar 2013, 11:04 Uhr. http://www. spiegel.de/politik/ausland/mali-franzosen-ruecken-vor-einwohner-fuerchten-islamisten-trotzdem-a-879790.html.

[177] Heinz Abels, Interaktion, Identität, Präsentation, Kleine Einführung in interpretative Theorien der Soziologie, Westdeutscher Verlag, 2., überarbeitete Auflage 2001, 120.

[178] Otmar Hagemann, victim needs and coping strategies of victims, in: Ricarda Lummer, Mario Nahrwold, Björn Süß, Hg., Restorative Justice – A victim Perspective and Issues of Co-operation, Schriftenreihe soziale Straf-rechtspflege Band 2, Kiel 2012, 46-67, 54.

[179] Fairsöhnt, 49.

[180] Reinhard Schmidt-Rost, Massenmedium Evangelium: Das andere Programm, Hannover 2011, 53.

[181] Da spricht man von restorative practice, siehe Thomas Trenczek, Restorative Justice in der Praxis, in: Restorative Justice, Der Versuch, das Unübersetzbare in Worte zu fassen, DHB-Materialien Nr. 71 (2013), 92-106, 106.

[182] Gisela Friedrichsen, Einblicke in die Hölle, http://www.spiegel.de/panorama/justiz/nsu-anschlag-in-der-keupstrasse-opfer-sagen-im-nsu-prozess-aus-a-1014266-druck.html.

[183] Friedrichsen, Opfer des NSU-Anschlags in Köln: "Das habe ich nicht verdient", http://www.spiegel.de/panorama/ justiz/nsu-anschlag-keupstrasse-opfer-sagen-im-nsu-prozess-aus-a-1014041.html.

[184] Friedrichsen, NSU-Anschlag in Köln: "Was ich sah, war fürchterlich", http://www.spiegel. de/ panorama/justiz/nsu-prozess-opfer-des-anschlags-in-koeln-keupstrasse-sagen-aus-a-1014490.html.

[185] Von 1992 bis 1997 gehörte die Angst vor Straftaten zun den sieben Ängsten der Deutschen: http://www.ruv.de/de/presse/download/pdf/aengste-der-deutschen-2013/aengste_ 92bis2013.pdf.

[186] S. auch Egg, Rudolf, Verbrechensfurcht und Verbrechenswirklichkeit, in: Sichere Gesellschaft, Teil 1, Rundbrief Straffälligenhilfe Nr 38, 14. Jg., Sept. 2003, 14-21.

[187] Ein Beispiel dafür ist der Hamburger Richter Schill, der aufgrund seiner harten Urteile gefeiert wurde und sich dann in die Politik begab, wo er in der Tat in einer Koalition mit der CDU zum Senator aufstieg. Nach wenigen Jahren war er verschwunden. Die Hinterlassenschaft seiner Partei sind rund tausend Haftplätze zuviel.

[188] Daten über Deutschland stammen aus den Statistiken des Statistischen Bundesamtes in Wiesbaden.

[189] F. Geerds, Steigt die Kriminalität wirklich? , Frankfurter Allgemeine Zeitung vom 4.2.1972.

[190] Siehe Eurostat, europa.eu/eurostat/statistiks-explained, mit Daten vom Januar 2014.

[191] Daten zugänglich über Google – Facts & statistics, Kriminalität, prisoners nach Ländern.

[192] Mehr Polizeibeamte, weniger Straftaten?, in Der Spiegel 22/1994, S. 50, Auszüge aus einer Studie von Thomas Feltes.

[193] So ein Bericht in den Kieler Nachrichten am 14.8.1996.

[194] Karl Menninger, Strafe - ein Verbrechen?, 43.

[195] Armut , Kriminalität und Straffälligenhilfe, Positionspapier der nationalen Armutskonferenz in der BRD und der Bundesarbeitsgemeinschaft für Straffälligenhilfe, in: Rundbrief des Schleswig-Holsteinischen Verbandes für Straffälligen- und Bewährungshilfe e.V. Nr. 16, 6. Jahrgang, November 1995, 5/6.

[196] Landgericht Düsseldorf, 2004-2006.

[197] Die Rache einer Mutter, Süddeutsche Zeitung, 17. Mai 2010, http://www.sueddeutsche.de/panorama/selbstjustiz-marianne-bachmeier-die-rache-einer-mutter-1.285988. Barbara Kotte, Die Tat einer Mutter, shz 7. März 2011, http://www. shz.de/regionales/schleswig-holstein-am-sonntag/die-tat-einer-mutter-id547916.html. Gerhard Mauz, Drei Opfer sind zu beklagen, Der Spiegel 12/1981 vom 16.3.1981, 130 ff. http://www. spiegel.de/spiegel/print/d-14319511.html. Fall Bachmeier: Warten auf ein modernes Gesetz, shz – Redation 28. 2. 2016, http://www.shz.de/regionales/schleswig-holstein-am-sonntag/fall-bachmeier-warten-auf-ein-modernes-gesetz-id12862216.html. Countdown mit Annas Mutter, Spiegel _1984_01_13508111.pdf.

[198] Mehr dazu in Klaus Kießling, Hg., Sexueller Missbrach, Fakten – Folgen – Fragen, Ostfildern, Matthias Grünewald Verlag 2011; Martin Hagenmaier, Mythen, Konstruktionen, Lebensentwürfe, 283-316.

[199] Dazu: Martin Hagenmaier, Selbsteinladung ins Paradies, Islamistischer Terrorismus als religiöse Herausforderung, Sierksdorf, TBT Verlag 2016.

[200] http://www.spiegel.de/kultur/tv/getoetete-studentin-maria-l-in-freiburg-warum-die-ard-nun-doch-ueber-den-mord-berichtet-a-1124574.html.

[201] http://www.freiewelt.net/nachricht/schon-300-morde-und-toetungsversuche-durch-fluechtlinge-10069431. http://www.spiegel.de/kultur/gesellschaft/getoetete-studentin-in-freiburg-unsere-taeglichen-toten-kolumne-stokowski-a-1124603.html. http://www.spiegel.de/panorama/gesellschaft/freiburg-nach-mord-an-studentin-wie-die-stadt-auf-rechte-hetze-reagiert-a-1124684.html.

[202] Inzwischen (2012 ff.) hat sich da etwas bewegt, weil die Terrorzelle NSU entdeckt wurde bzw. sich selbst durch Suizid und Brandstiftung enttarnt hat. Das war ein sehr beschämendes Kapitel für Polizei und Gehiemdienste.

[203] § 53 Aufenthaltsgesetz der Bundesrepublik Deutschland, Stand: 01.01.2014 aufgrund Gesetzes vom 17.06.2013 (BGBl. I S. 1555).

[204] §§ 53 Absatz 1, 54 Absatz 1 und 2.

[205] Das 2. Mosebuch.

[206] Siehe die Gewaltstatistik anhand der proportional errechneten Opferzahlen bei Pinker, Gewalt, 298. Hier wird der arabische Sklavenhandel mit 132 Millionen, der transatlantische mit 83 Millionen Opfern beziffert.

[207] Zwangsarbeit im NS-Staat, http://www.bundesarchiv.de/zwangsarbeit/.

[208] Sklaverei und Menschenhandel im 21. Jahrhundert. Verletzungen von Menschenwürde und Menschenrechten in einer globalisierten Gesellschaft. Eine Dokumentation der Roland Berger Stiftung, München 2008, 3.

[209] Summary of the ILO 2012 Global Estimate of Forced Labour. http://www.ilo.org/global/ topics/forced-labour/lang--en/index.htm.

[210] http://www.walkfree.org.

[211] Die Daten stammen aus: Bundeskriminalamt 65173 Wiesbaden: Menschenhandel Bundeslagebild2012, www.bka.de.

[212] Siehe Martina Schuster, Almut Sülzle, Zwangsprostitution, Sexarbeit, Menschenhandel und die WM 2006, Wien, Dezember 2006.

[213] A.a.O., 6. Dazu Eidgenössisches Justiz- und Polizeidepartement EJPD, Auswertung: Zwangsprostitution und Menschenhandel anlässlich der WM 2006 und Empfehlungen für öffentliche Präventionskampagnen vor und während der UEFA EURO 2008 in der Schweiz, 4: „Im Ausland (Schweden, Frankreich, EU-Kommission, Europarat) wurde Kritik von Personen laut, welche die WM darum boykottieren und Deutschland für sein liberales Prostitutionsgesetz massregeln wollten. Es hiess, Deutschland habe aus seiner Geschichte nicht gelernt und toleriere Formen moderner Sklaverei. Das dort geltende Prostitutionsgesetz öffne Menschenhandel und Zwangsprostitution Tür und Tor."

[214] http://www.unodc.org/unodc/en/human-trafficking/faqs-migrant-smuggling.html.

[215] (Article 3, Smuggling of Migrants Protocol).

[216] Martin Hagenmaier, Mythos und Anomie, not published research in irregular migration at Rendsburg/Germany detention center in 2006.

[217] Martin Hagenmaier, Holland und zurück, Europa: Asylbewerber werden hin- und hergeschoben in: zeitzeichen, 8. Jg., 2007, 11, S.60-62.

[218] http://www.unodc.org/unodc/en/human-trafficking/faqs-migrant-smuggling.html.

[219] See .

[220] Deutsche Presse-Agentur, Bayern inhaftiert Hunderte Schleuser, veröffentlicht: Freitag, 21.08.2015, http://www.kn-online.de/News/Nachrichten-Politik/Aktuelle-Nachrichten-Poli-tik-aus-der-Welt/Bayern-inhaftiert-Hunderte-Schleuser; die Welt am 25.10. 2015, Über 2600 Schleuser in Deutschland festgenommen, http://www.welt.de/politik/deutschland/article148012572/Ueber-2600-Schleuser-in-Deutschland-festgenommen.html.

[221] Holger Strumann, Syrische Brüder in Soest als Schleuser verhaftet, http://www.soester-anzeiger.de/lokales/soest/syrische-brueder-soest-schleuser-verhaftet-5661869.html.

[222] Mira Frenzel, Gute Tat mit Folgen. Hamburger Unternehmer in Dänemark als Schleuser verhaftet, http://www.abendblatt.de/hamburg/article205816839/Hamburger-Unternehmer-in-Daenemark-als-Schleuser-verhaftet.html, 30.09. 2015.

[223] Eine interessante Kurz-Beschreibung findet sich bei Daniel Müller, Mutter-Mord: Mutter muss weg, ZEIT Nr. 19 vom 7.5.2015, http://www.zeit.de/2015/19/mutter-mord-motiv.

[224] Die Orestie des Aischylos ist bis heute Theaterstoff und in zahlreichen Übersetzungen und Bearbeitungen im Umlauf. Euripides hat den Stoff in seiner Elektra mit anderem Akzent bearbeitet.

[225] Dafür stehen besonders die sexualmedizinischen Lehrstühle in Kiel (Bosinski, inzwischen aufgelöst) und Berlin (Beyer).

[226] BundesVerfassungsGericht BVerfG, 04.05.2011 - 2 BvR 2365/09; 2 BvR 2365/09; 2 BvR 740/10; 2 BvR 2333/08; 2 BvR 1152/10; 2 BvR 571/10 und weitere Entcheidungen.

[227] OLG Koblenz: Beschluß vom 21. 09.2004, Gesch.-Nr. 1 Ws 561/04 1004 Js 8403 / 95 StA Bad Kreuznach.

[228] Wolf Dieter Narr, Nachträgliche Sicherungsverwahrung oder wie Freiheit und Integrität der Bürgerinnen und Bürger präventiv/präemptiv zu Tode gesichert werden, hg. vom Komitee für Grundrechte und Demokratie, Aquinostraße 7-11, 50670 Köln.

[229] Siehe destatis.de: Strafgefangene nach Geschlecht, Alter und Art des Vollzugs, voraussichtliche Vollzugsdauer, 31.3.2013. (Statistisches Bundesamt).

[230] Zum Thema Sicherungsverwahrung: Tillmann Bartsch, Sicherungsverwahrung – Recht, Vollzug, aktuelle Probleme, Nomos – Verlag Baden-Baden, 2010.

[231] Ev.Konferenz für Gefängnisseelsorge in Deutschland u.a., Gegen Menschenverwahrung.

Ein Plädoyer zur Abschaffung der Sicherungsverwahrung, Mai 2003

[232] Weiter ausgeführt in: Betrüger – Mörder – Diebe. Restorative Justice im Gefängnis, Sierksdorf, TBT Verlag, Dezember 2015.

[233] Howard Zehr, Fairsöhnt, Restaurative Gerechtigkeit, Wie Opfer und Täter heil werden können, Neufeld Verlag Schwarzenfeld 2010, 49. In einer Anmerkung weist der Übersetzer darauf hin, dass eine ähnliche Definition auch bei Tony Marshall auftaucht: "Restorative Justice is a process whereby all the parties with a stake in a particular offence come together to resolve collectively how to deal with the aftermath of the offence and its implications for the future". Diese Definition wird sehr oft zitiert.

[234] Zehr, a.a.O., 18.

[235] Auf die nicht unproblematische Idealisierung der indigenen Umgangsweisen mit abweichendem Verhalten weist Claudio Domenig hin: Restorative Justice, Vom marginalen Verfahrensmodell zum integralen Lebensentwurf, in: Restorative Justice, Der Versuch, das Unübersetzbare in Worte zu fassen, DHB-Materialiennr 71, 2013, 8-23,

bes. 14f. Es gibt dazu auch die Warnung vor „Kolonialismus“: Es besteht die Gefahr, dass RJ alte indigene Muster des Umgangs mit Kriminalität in ihre Rationlität zwängt. S. Whonsé, How does the ‚who, what, where, when and how’ affect the practice of restorative justice, in: Barb Toews, Howard Zehr, Hg., Critical Issues in Restorative Justice, Lynne Rienner Publishers, London 2010 (Nachdruck von 2004), 253-263, bes. 255-257.

236 Zehr, a.a.O. 19.

237 Albert Eglash, Creative Restitution: Some Suggestions for Prison Rehabilitation Programs. American Journal of Correction, 20, 1958, 20-34. Creative Restitution: A Broader Meaning for an Old Term. Journal of Criminal Law, Criminology and Police Science, 48, 1958, 619-622.

238 In: Burt Galaway, Joe Hudson, Restitution in Criminal Justice: A Critical Assessment of Sanctions, Lexington Books, Lexington; Massachusetts, Toronto 1977, 91-100.

239 Ann Skelton, ‘The influence of the theory and practice of restorative justice in South Africa with special reference to child justice’. LLD thesis, University of Pretoria, Faculty of Law, 2005.

240 Schrey, Heinz Horst, Walz, Hans Hermann and Whitehouse, W.A. The Biblical Doctrine of Justice and Law. London: SCM Press, World Council of Churches, 1955, 182f.

241 Walther Schönfeld, Über die Gerechtigkeit, Vandehoeck & Ruprecht, Göttingen 1952, 117.

242 http://www.juraforum.de/lexikon/heilung-rechtshandlung

243 Dazu gibt es auch Literatur, die allerdings anders ausgerichtet ist, u.a.: Chris Marshall, The little Book of Biblical Justice: A Fresh Approach to the Bible’s Teaching of Justice, Good Books, 2005; ders. Beyond Retribution: A New Testament Vision of Justice, Crime and Punishment, B. Erdmanns Publishing company, 2001.

244 Enders-Götzelmann und Götzelmann sehen in der Geschichte eine der Exempelgeschichten von Gewalt der männlichen Bevölkerung gegen Frauen, in der Frauen sogar zum Tauschhandelsobjekt für Befriedung angeboten werden. (Claudia Enders-Götzelmann und Arnd Götzelmann, Gewalt und Geschlecht aus theologischer Sicht, in: Silke Brigitta Gahleitner, Hans-Joachim Lenz (Hrsg.), Gewalt und Geschlechterverhältnis, Juventa Verlag Weinheim und München, 2007 87f.

245 Christoph Recker, Die Erzählung vom Patriarchen Jakob – ein Beitrag zur mehrperspektivischen Bibelauslegung, LIT Verlag Münster Hamburg London, 2000, 225.

246 Enders-Götzelmann und Götzelmann, 76.

247 S. z.B. http://www.c-d-k.de/psychotherapie-klinik/Stoerungen/posttraumatische_merkmale.html; http://www.myhandicap.de/posttrau-matische-belastungsstoerung-trauma-krieg.html.

248 Howard Zehr, fairsöhnt, 29f.. Ausführlich dargelegt in: Howard Zehr, Changing Lenses, 126-157.

249 Diese Richtung ist theologisch von Augustin vorgeprägt. Wenn die frühe Kirche Pelagius gefolgt wäre, würden wir vielleicht heute anders denken. Dann wäre die Sünde schon durch tägliche Anstrengung zu beheben.

250 Howard Zehr, a.a.o, 76.

251 Am Prägnantesten hat das Niels Christie formuliert in: Conflicts as Property, The British Journal of Criminology, Vol. 17, January 1977, No. 1.

252 Allan McRae, Restorative Justice with Youth in the community, in: Ricarda Lummer u.a., Restorative Justice –A Victim Perspective an Issues of Co-operation, Kiel 2012, 202-224, hier 217ff.

[253] Nadia Wager u.a. Giving Victims Choice in Restorative Justice: Is there a detrimental affect on offender outcomes? Präsentation bei der Tagung "Restoring the Balance" in Oxford am 28. 11. 2013, http://rjustice.eu/en/conference-uk.html, 20.

254 Allan MaCrae, Youth Justice Regional Advisor (South), New Zealand: Vortrag auf der UK Coference des Projekts "Restorative Justice at post-sentencing level; supporting and protecting victims" am 28. 11. 2013 in Oxford, http://rjustice.eu/en/conference-uk.html. Siehe auch: Allan MacRae, Howard Zehr, Family Group Conferences, New Zealand Style, Good Books Intercourse 2004, bes. 67f.

[255] http://www.justice.govt.nz/policy/criminal-justice/restorative-justice.

[256] Dazu der Aufsatz von Thomas Trenczek, Restorative Justice in der Praxis: Täter-Opfer-Ausgleich und Mediation in Deutschland, http://www.toa-servicebuero.de/sites/toa-servicebuero.de/files/magazin/tm02_dezember_2013_0.pdf oder auch Otmar Hagemann, Restorative Justice, Konzept, Ideen und Hindernisse, in: Ricarda Lummer u.a., Hg., Restorative Justice – Aeuropean and Schleswig-Holsteinian Perspektive, Verband für soziale Strafrechtspflege; Straffälligen- und Opferhilfe e.V., Kiel 2011, 151-178.

[257] Täter-Opfer-Ausgleich in Deutschland Auswertung der bundesweiten Täter-Opfer-Ausgleichs-Statistik für den Jahrgang 2010. Bericht für das Bundesministerium der Justiz von Hans-Jürgen Kerner / Anke Eikens / Arthur Hartmann, hg. vom Bundesministerium der Justiz Berlin 2012, Mönchengladbach 2012.

[258] A.a.O., 33, Schaubild 20.

[259] A.a.O., 36, Schaubild 21.

[260] Zehr, a.a.O., 23.

[261] Die Schlechterungsanstalt, aus: Die Zeit Nr. 34 vom 16. 8. 2012, Einleitungsabsatz. Das ist sicher eine drastische Bewertung der Untersuchungsergebnisse folgender Untersuchung: Bieneck, Steffen; Pfeiffer, Christian, Viktimisierungserfahrungen im Justizvollzug, Kriminologisches Forschungsinstitut Niedersachsen e.V., Forschungsbericht Nr. 119, 2012.

[262] Zehr, a.a.O., 24.

[263] Islam and Restorative Justice: An Introduction. Presented by the Center for Restorative Justice and Peacemaking, http://www.cehd.-umn.edu/ssw/RJP/RJP-Islam/default.asp.

[264] Mitgeteilt von Marian Liebmann, Restorative Justice – How it works, London, Philadelphia (USA), Jessica Kingsley Publishers, 2007, 212. Die Josephsgeschichte steht im 1. Buch Mose, 37, 12-27a und 45. Im Koran wiedergegeben in Sure 12 (Joseph),7-20 und 90-92.

[265] Joanne Hemenway, Forget them not. A Holistic Guide to Prison Ministy, Imprint of Wipf & Stock Eugene, USA, 141f.

[266] Reinhardt Schmidt-Rost, Massenmedium,

[267] Der Kommunikative Prozess im Täter-Opfer-Ausgleich. Das Servicebüro im Gespräch mit Prof. Dr. Dieter Rössner, in: TOA – Magazin, Die Fachzeitschrift zum Täter-Opfer-Ausgleich, 39.

[268] Thomas Trenczek, Restorative Justice in der Praxis: Täter-Opfer-Ausgleich und Mediation in Deutschland, in: TOA – Magazin, Die Fachzeitschrift zum Täter-Opfer-Ausgleich, 30. http://www.toa-servicebuero.de/sites/toa-servicebuero.de/files/magazin/m02_dezember_2013_0.pdf.

[269] Leo von Garsse, Zwischen Zynismus und Nostalgie, in: Restorative Justice, DHB Materialien Nr. 71, Köln 2013, 76-91, zit. 90.

[270] Heather Strang, Is restorative justice imposing its agenda on victims? in: Critical Issues, 95-106, 96. Marian Liebmann, Restorative Justice, how it works, London, Philadelphia, Jessica Kingsley Publishers 2007, 26. Howard Zehr, Fairsöhnt, 21.

[271] Herman, a.a.O., 76.

[272] Herman, a.a.O..

[273] Herman, a.a.O., 77.

[274] Herman, ebd.

[275] Herman, 77f.

[276] Herman, a.a.O., 79-82.

[277] RJ ist kein fertiges Modell zum Nachahmen, sondern eine Philosophie, die immer neu umgesetzt werden muss. Zehr, a.a.O., 11f., 17f.

[278] Sebastian Scheerer, Die abolitionistische Perspektive, in: Kriminologisches Journal, Nr. 16, 1984, 90-111.

[279] Arno Plack, Plädoyer für die Abschaffung des Strafrechts, München, Paul List Verlag 1974, 323.

[280] A.a.O., 323-339.

[281] Zehr, a.o.O., 80.

[282] Zehr, a.a.O., 26f., 44.

[283] Karl Barth, Antworten auf Grundsatzfragen der Gefangenenseelsorge in: Ulfried Kleinert, Hg., Strafvollzug, Chr. Kaiser Verlag, München, Matthias-Grünewald-Verlag, Mainz 1972, Auszüge aus S. 47-49

[284] Strafe: Tor zur Versöhnung? Eine Denkschrift der Evangelischen Kirche in Deutschland zum Strafvollzug, Gütersloher Verlagshaus Gerd Mohn 1990, 75-77.

[285] Heribert Ostendorf, a.a.O., 17

[286] Dieser Umstand trat mit dem Beschluss des Bundesgerichtshofs vom 23. 7. 2014 ein, (AZ: V ZB 31/14) ein. Danach entspricht der § 62, III 1 Nr. 5 Aufenthaltsgesetz nicht dem Art. 28 II der Dublin III – Verordnung (604/2013 vom 26.6.2013). Abschiebungshaft kann bei Rückführungen innerhalb Europas nicht mehr verhängt werden.

[287] Dieses Zitat kann ich nicht mehr verifizieren. Wenn ein(e) LeserIn die Fundstelle weiß, bitte ich um Nachricht.